Christoph Butterwegge
Bettina Lösch · Ralf Ptak

Kritik des Neoliberalismus

Unter Mitarbeit von Tim Engartner

VS VERLAG FÜR SOZIALWISSENSCHAFTEN

Bibliografische Information Der Deutschen Nationalbibliothek
Die Deutsche Nationalbibliothek verzeichnet diese Publikation in der
Deutschen Nationalbibliografie; detaillierte bibliografische Daten sind im Internet
über <http://dnb.d-nb.de> abrufbar.

1. Auflage 2007

Alle Rechte vorbehalten
© VS Verlag für Sozialwissenschaften | GWV Fachverlage GmbH, Wiesbaden 2007

Lektorat: Frank Engelhardt

Der VS Verlag für Sozialwissenschaften ist ein Unternehmen von
Springer Science+Business Media.
www.vs-verlag.de

Umschlaggestaltung: KünkelLopka Medienentwicklung, Heidelberg
Druck und buchbinderische Verarbeitung: Krips b.v., Meppel
Gedruckt auf säurefreiem und chlorfrei gebleichtem Papier
Printed in the Netherlands

ISBN 978-3-531-15185-4

Inhalt

Einleitung

„Neoliberalismus" steht für eine seit den 1930er-Jahren entstandene Lehre, die den Markt als Regulierungsmechanismus gesellschaftlicher Entwicklungs- und Entscheidungsprozesse verabsolutiert. Es handelt sich um eine breite geistige Strömung mit unterschiedlichen historischen wie länderspezifischen Erscheinungsformen, Strategievarianten und Praktiken. Eigentlich müsste man von „Neoliberalismen" sprechen, die sich auf verschiedene theoretische Ansätze und Konzepte zur Umsetzung stützen. Das gesellschaftspolitische Projekt des Neoliberalismus strebt nach einem Kapitalismus ohne wohlfahrtsstaatliche Begrenzungen.

Die meisten Repräsentanten des Neoliberalismus verwenden diesen Terminus nicht zur Selbstetikettierung, weil sie darin einen politischen Kampfbegriff oder ein Schimpfwort sehen. Auch unter seinen Kritiker(inne)n sind die Einfluss- und Handlungsmöglichkeiten des Neoliberalismus umstritten: Manche hielten sein Ende schon für gekommen, bevor er in der Bundesrepublik zur vollen politischen und gesellschaftlichen Wirkungsmächtigkeit gelangte. Bis heute bestimmt der Neoliberalismus die Tagespolitik, die Medienöffentlichkeit und das Massenbewusstsein hierzulande jedoch so stark wie keine andere Weltanschauung.

Träger und führende Akteure des neoliberalen Projekts sind allerdings schwierig auszumachen, weil sich höchstens ein kleiner, aber politisch einflussreicher Personenkreis dieser Denkrichtung zuordnet. Dabei verfügt der Neoliberalismus über prominente Vordenker – fast ausschließlich Männer –, die unterschiedliche Theoriestränge ausgebildet und mehrere Denkschulen begründet haben. Allein acht führende Vertreter dieses Spektrums erhielten zwischen 1974 und 2002 den Nobelpreis für Wirtschaftswissenschaft. Das neoliberale Konzept wird auch von einflussreichen Meinungsmachern vertreten, die nicht nur unter den Marktradikalen von Unternehmerverbänden, des CDU-Wirtschaftsrates oder der FDP-Industrielobby zu finden sind. Selbst in Gewerkschaften, Kirchen, Wohlfahrtsverbänden und anderen sozialen Organisationen hat der Neoliberalismus überzeugte Anhänger/innen. Typisch für die gegenwärtige Situation ist, dass man neoliberale Argumentationsmuster im Einzelfall vertreten kann, ohne bewusster Parteigänger dieser Strömung zu sein.

Das neoliberale Denken ist in fast alle Lebensbereiche eingedrungen und seine Hegemonie, d. h. die öffentliche Meinungsführerschaft des Marktradikalismus, deshalb nur schwer zu durchbrechen. Trotzdem regt sich immer häufiger Protest, weil die innere Widersprüchlichkeit des Neoliberalismus klarer zutage tritt und seine negativen Konsequenzen für die Gesellschaft, den Wohlfahrtsstaat und die Demokratie inzwischen unübersehbar sind.

In dem vorliegenden Buch setzen wir uns mit den theoretischen Grundlagen des Neoliberalismus auseinander und analysieren die wichtigsten Denkrichtungen. Darüber hinaus werden seine praktischen Auswirkungen im Hinblick auf die Verfasstheit der Bundesrepublik beleuchtet. Ökonomie, (Sozial-)Politik und Demokratie stehen dabei im Zentrum der Aufmerksamkeit. Mit dieser Veröffentlichung wenden wir uns nicht nur an ein Fachpublikum, sondern auch an politisch Interessierte, die an einer kritischen Einführung in den Neoliberalismus, überzeugenden Gegenargumenten und alternativen Denkansätzen interessiert sind.

Um die Konsequenzen des neoliberalen Paradigmas zu verdeutlichen, haben wir einen Beitrag zur Privatisierung in den Band aufgenommen. Schließlich stellt die Forderung nach Liberalisierung und Deregulierung unterschiedlicher Handlungsfelder ein Kernelement der neoliberalen Wirtschafts- und Gesellschaftspolitik dar. Die lange Liste der Privatisierungsobjekte reicht mittlerweile von Kindergärten über (Hoch-)Schulen bis zu Krankenhäusern und Altenheimen, von kommunalen Wohnungsbeständen über Nahverkehrsbetriebe bis zu Museen sowie von der Flugsicherung über Haftanstalten bis zum Gerichtsvollzieherwesen, lässt also selbst traditionelle Hoheitsaufgaben des Staates nicht mehr unangetastet. Vormals gemeinwirtschaftlich organisierte Sektoren, die Beschäftigung sichern, Versorgungssicherheit gewährleisten und soziale Schieflagen ausgleichen sollten, werden ebenfalls Strategien der privaten Gewinnmaximierung unterworfen.

Herzlich bedanken möchten wir uns bei Tim Engartner, der das zuletzt genannte Thema abgehandelt, bei Martin Ohliger, der die notwendigen Recherchearbeiten erledigt, sowie bei Frank Engelhardt, der uns als Lektor mit Rat und Tat zur Seite gestanden hat. Karen Ehrhardt wiederum kümmert sich verlagsseitig mit großem Engagement um die Presse- und Öffentlichkeitsarbeit für das Buch. Anerkennung gebührt auch jenen nicht namentlich erwähnten Personen, die uns in anderer Weise unterstützt haben.

Köln, im Frühsommer 2007   *Christoph Butterwegge,*
                                                           Bettina Lösch und *Ralf Ptak*

Ralf Ptak

Grundlagen des Neoliberalismus

Zweifellos ist „Neoliberalismus" einer der schillerndsten Begriffe unserer Zeit. In der internationalen Diskussion steht er für die Kritik und das Unbehagen gegenüber einer entwurzelten Ökonomie im globalen Maßstab. Diese negative Deutung ist noch ein relativ junges Phänomen, obwohl der Neoliberalismus auf eine 70-jährige Geschichte zurückblicken kann. Zwar diskutierte man schon in der „alten" Bundesrepublik während der 50er- und 60er-Jahre über die marktoptimistischen Positionen der neoliberalen Stichwortgeber von Wirtschaftsminister Ludwig Erhard.[1] Auch das neoliberale Wirtschaftsprogramm des chilenischen Diktators Augusto Pinochet fand zusammen mit seiner „Verfassung der Freiheit" um die Mitte der 1970er-Jahre internationale Beachtung. Formuliert hatten es die „Chicago-Boys", eine Gruppe radikaler neoliberaler Wirtschaftswissenschaftler um den Nobelpreisträger Milton Friedman an der Universität in Chicago, die das lateinamerikanische Land unter diktatorischen Bedingungen zum ersten realen Großversuch des Neoliberalismus werden ließen. Gleichwohl blieb der Neoliberalismus damals im Kern ein Spezialthema wenig einflussreicher akademischer Zirkel.

Das änderte sich in den 90er-Jahren, als die Folgen jenes internationalen Politikwechsels offen zutage traten, der zu Beginn der 70er-Jahre eingeleitet worden war. Die Liberalisierung der Finanzmärkte und die Flexibilisierung der Wechselkurse der nationalen Währungen, die Intensivierung des Freihandels, der massive Rückbau der Sozialstaaten sowie eine Wirtschaftspolitik, die auf die einseitige Verbesserung der Angebotsbedingungen von Unternehmen zielt, hatten die Konturen einer neuen Wirtschafts- und Sozial(un)ordnung geformt und sichtbar werden lassen. Überall auf der Welt waren und sind die Auswirkungen des neuen Paradigmas zu spüren – wenngleich in unterschiedlicher Qualität und Quantität. Mit der neoliberalen

---

1 Vgl. z. B. Hans Peter, Freiheit der Wirtschaft. Kritik des Neoliberalismus, Köln 1953; Egon Edgar Nawroth, Die Sozial- und Wirtschaftsphilosophie des Neoliberalismus, Heidelberg 1961

Globalisierung vollzog sich insofern nicht nur eine Verallgemeinerung der sozialen und ökonomischen Probleme, sondern auch eine Internationalisierung der Diskussionen über die Ursachen dieser Neuordnung der Welt. Am Ende des 20. Jahrhunderts avancierte der Neoliberalismus zur dominanten Ideologie des Kapitalismus, deren Leitsätze international den Referenzrahmen für die Wirtschafts-, Sozial- und Gesellschaftspolitik vorgeben. Dabei ist der Machtanspruch des Neoliberalismus total und universell – total im Sinne einer umfassenden Entpolitisierung des Gesellschaftlichen und universell im Hinblick auf seinen globalen Geltungsanspruch. Wider diese Totalität hat sich im zurückliegenden Jahrzehnt eine breite internationale Bewegung gegen das Vordringen neoliberaler Politiken formiert – der Neoliberalismus wurde zum negativen Inbegriff des entfesselten, global agierenden Kapitalismus. Für die Gegner der Kritiker, etwa den Leiter des Wirtschaftsressorts der *Zeit*, Uwe Jean Heuser, ist deshalb „der Begriff des Neoliberalen (...) hoffnungslos politisiert und seiner ursprünglichen Bedeutung entfremdet" worden.[2] In seiner als „Einführung" ausgegebenen Verteidigung des Neoliberalismus spricht Gerhard Willke gar vom „Elend der Neoliberalismuskritik", um diese als völlig unangemessen erscheinen zu lassen.[3]

Tatsächlich hat die Popularisierung des Begriffs „Neoliberalismus" diesen zu einem politischen Schlagwort werden lassen, dem heute verschiedenste Bedeutungen zugewiesen werden. Die einen sehen darin eine rein ideologische Bewegung, andere verstehen darunter ausschließlich die expansionistische Politik der US-amerikanischen Supermacht, und wieder andere erkennen im Neoliberalismus einen allgemeinen Trend zur Ökonomisierung der Gesellschaft. Diese Bedeutungsvielfalt ist allerdings charakteristisch für ein politisches Schlagwort und sagt zunächst nichts über die Qualität der Kritik am Neoliberalismus aus, wie dessen Verteidiger suggerieren wollen. Sie kennzeichnet auch andere Schlüsselbegriffe, z. B. die „Soziale Marktwirtschaft", welche ihrem theoretischen Ursprung nach ein Konzept des deutschen Neoliberalismus der 1940er-Jahre war und heute im Bewusstsein der Bevölkerung mit unterschiedlichsten wohlfahrtsstaatlichen Arrangements verbunden wird.

Um ein tieferes Verständnis des Neoliberalismus zu gewinnen, bedarf es einer mehrschichtigen Betrachtung. Der folgende Überblick der historischen und theoretischen Grundlagen des Neoliberalismus beginnt mit einer

---

2 Siehe Uwe Jean Heuser, Neoliberalismus. Ein Gespenst geht um in Deutschland, in: Merkur 9-10/2003, S. 800

3 Siehe Gerhard Willke, Neoliberalismus, Frankfurt am Main/New York 2003, S. 184 ff.

Beleuchtung seiner Ursprünge. Die historische Einordnung zeigt, dass der Neoliberalismus kein abstraktes theoretisches Projekt, sondern aus spezifischen gesellschaftlichen Bedingungen heraus entstanden ist und unter veränderten Bedingungen immer wieder modifiziert und erweitert wurde. Im nächsten Schritt werden die zentralen Aspekte der neoliberalen Theorie vorgestellt, die im Kern allerdings ebenso unumstößlich sind wie das ihr zugrunde liegende Menschenbild. Abschließend widmen wir uns dem Neoliberalismus als Projekt der (Regierungs-)Praxis, seinem konkreten Programm wie seiner Strategie und Taktik.

Dass die 70-jährige Geschichte des Neoliberalismus hier nur exemplarisch und nicht in all ihren räumlichen und theoretischen Facetten diskutiert werden kann, versteht sich von selbst. Ziel ist es, wichtige Grundpositionen herauszuarbeiten, wobei ein besonderes Augenmerk auf die Entwicklung des deutschen Neoliberalismus gerichtet ist. Diese spezifische Strömung, welche durch die wirtschaftlichen Aufbauerfolge der frühen Bundesrepublik in den 50er- und 60er-Jahren lange Zeit großen Einfluss im neoliberalen Spektrum hatte, wird aufgrund der gegenwärtigen Dominanz der angloamerikanischen Strömung oft unterschlagen oder als völlig eigenständiger Ansatz betrachtet. Zu Recht hat der ehemalige FDP-Wirtschaftsminister Otto Graf Lambsdorff jüngst eine neoliberale Zuschreibung für Ludwig Erhard als herausragender politischer Persönlichkeit dieser Zeit reklamiert: „Wie eng sich Erhard mit den sittlichen Grundlagen liberalen Ordnungsdenkens verbunden fühlte, hat er wohl am eindrucksvollsten in seinem Bekenntnis zum ‚Neoliberalismus‘ ausgesprochen."[4] Unsere Analyse der neoliberalen Originalliteratur berücksichtigt insbesondere die Arbeiten Friedrich August von Hayeks, der von 1899 bis 1992 lebte: zum einen, weil er über ein halbes Jahrhundert lang eine Schlüsselfigur des Neoliberalismus war, und zum anderen, weil er wie kein anderer Wissenschaftler die intellektuelle Gesamtheit des neoliberalen Projekts verkörpert.[5]

1. Die Ursprünge des Neoliberalismus

Neoliberalismus bedeutet *neuer* Liberalismus. Aber was ist daran eigentlich neu? Und worin besteht der Bezugspunkt, der das Neue vom Alten ab-

---

4 Otto Graf Lambsdorff, Erhard wurde bei der CDU benötigt, in: FAZ v. 5.5.2007
5 Vgl. Kurt R. Leube, Friedrich August von Hayek. Eine Würdigung von Leben und Werk, in: Schweizer Monatshefte, Sondernummer 5a/1992, S. 7 ff.

grenzt? Seine Feinde sind eindeutig: der Wohlfahrtsstaat in all seinen Erscheinungsformen und mehr noch alle Spielarten des Sozialismus, der aus
neoliberaler Sicht die Mutter allen Übels der Moderne ist. Sein Bezugspunkt ist der alte Liberalismus in Gestalt des Wirtschaftsliberalismus, der allerdings auch kein Freund von Staat, Politik und Sozialreformen war. Zu
ihm pflegt der Neoliberalismus eine Art Hassliebe. Einerseits stützt sich der
Neoliberalismus auf wesentliche Annahmen der ökonomischen Klassik,
etwa im Hinblick auf die innere Funktionsweise des Marktmechanismus
oder das individualistische Menschenbild. Andererseits zieht der Neoliberalismus seine Legitimität gerade aus der Abgrenzung zum alten Liberalismus
eines Adam Smith, Bernhard de Mandeville oder David Hume. Seine Kritik
hebt in erster Linie auf die unzureichende institutionelle Umrahmung und
Sicherung des marktwirtschaftlichen Prozesses ab, die erst durch die Krisen
des späten 19. und beginnenden 20. Jahrhunderts sichtbar wurden. Die
langfristige Durchsetzung und dauerhafte Stabilisierung der Marktgesellschaft ist deshalb das Kernanliegen des Neoliberalismus. Er stellt in diesem
Sinne keine *neue* Erscheinung, sondern eine modernisierte und erweiterte
Variante des Wirtschaftsliberalismus in der Tradition von Klassik und Neoklassik dar.

1.1 Die Weltwirtschaftskrise 1929/32 als Geburtsstunde des Neoliberalismus

Der Erste Weltkrieg steht nicht nur für den Beginn einer barbarischen Ver-
teilungsschlacht um die ökonomische, politische und militärische Vorherrschaft in der Welt, sondern markiert auch das Ende eines wirtschaftsliberalen Zeitalters, das (besonders in Deutschland und Japan) von der Dynamik
nachholender Industrialisierung und außenwirtschaftlich von einer Phase
intensiver Globalisierung geprägt war.[6] In dieser Periode stieg Deutschland
seit der zweiten Hälfte des 19. Jahrhunderts zu einer der führenden, weltmarktorientierten Wirtschaftsmächte auf. Seine innere sozioökonomische
Struktur hatte sich dabei grundlegend gewandelt, weg von der autoritär-
liberalen hin zu einer ordnungspolitisch neu ausgerichteten korporativen
Marktwirtschaft. Der Wandel wurde deutlich an der Herausbildung neuer
Institutionen, die vor allem in der Etablierung eines ersten Systems sozialer
Sicherung seit den 1880er-Jahren und der Regulierung marktwirtschaft-

---

6 Vgl. Werner Abelshauser, Deutsche Wirtschaftsgeschichte seit 1945, München 2004,
   S. 34 ff.

licher Prozesse durch wirtschaftspolitischen Interventionismus bestand. Mit der Entstehung der Weimarer Republik 1918/19 wurde dieser Trend im Rahmen der ersten deutschen parlamentarischen Demokratie noch einmal verstärkt. Damit verschoben sich die politischen Kräfteverhältnisse. In der Folge wurden die sozialen Rechte ausgeweitet und erhielten erstmals Verfassungsrang. So wurde die (gesamt)wirtschaftliche und betriebliche Mitbestimmung rechtlich verankert und damit ein Stück Wirtschaftsdemokratie geschaffen.

Diese Veränderungen, bestehend aus dem allgemeinen Trend zur Korrektur unerwünschter Marktergebnisse und der prinzipiellen politischen Option, über den Parlamentarismus Einfluss auf die Ökonomie zu nehmen, bestimmten nachhaltig die wirtschaftswissenschaftlichen und -politischen Debatten der 1920er-Jahre. Hinzu kam, dass die reale ökonomische Entwicklung der Zwischenkriegszeit – verstärkt durch die Folgen des Weltkrieges (v. a. Kriegsschulden und Reparationszahlungen) – von tiefgreifenden Krisen und drastischen Inflationsraten geprägt war. Unter dem Eindruck des neuen Phänomens der Massenarbeitslosigkeit wandten sich die Staaten zunehmend vom liberalen Ideal einer weltmarktorientierten Volkswirtschaft ab und richteten den Blick auf binnenwirtschaftliche Fragen. In England unter der Führung von John Maynard Keynes, aber auch unter deutschen Wirtschaftswissenschaftlern formierte sich eine neue Schule des systematischen, makroökonomisch fundierten Interventionismus, welche darauf abzielte, die krisenhafte kapitalistische Ökonomie aktiv durch Prozesspolitik zu stabilisieren.[7] Das musste die liberal orientierten Wirtschafts- und Sozialwissenschaftler auf den Plan rufen, von denen einige schon seit den 1920er-Jahren begonnen hatten, erste Konturen eines *neuen* Liberalismus zu umreißen.[8]

Vor dem Hintergrund der Großen Depression seit Ende der 1920er-Jahre, die selbst zeitgenössische Ökonomen in dieser Wucht überraschte,[9] vollzog sich dann endgültig ein Paradigmenwechsel in den Wirtschaftswissenschaften und der Wirtschaftspolitik. Der zeitgenössische Wirtschafts-

---

7 Vgl. David Laidler, Fabricating the Keynesian Revolution. Studies of the Inter-war Literature on Money, the Cycle, and Unemployment, Cambridge 1999; Gottfried Bombach u. a. (Hrsg.), Der Keynesianismus, Bd. II und III, Berlin/Heidelberg/New York 1976 und 1981

8 Vgl. hierzu die Darstellung verschiedener Entstehungskontexte bei Bernhard Walpen, Die offenen Feinde und ihre Gesellschaft. Eine hegemonietheoretische Studie zur Mont Pèlerin Society, Hamburg 2004, S. 66 ff.

9 Vgl. Eric Hobsbawm, Das Zeitalter der Extreme. Weltgeschichte des 20. Jahrhunderts (engl. Erstausgabe 1994), München/Wien 1995, S. 115 ff.

und Sozialwissenschaftler Emil Lederer schrieb 1932: „Der Kapitalismus bewältigt nicht mehr die ihm von der Entwicklung gestellten Aufgaben. (...) Damit ist der Augenblick nahegerückt, in dem eine planmäßige Ordnung der gesellschaftlichen Produktivkräfte unvermeidbar wird. Eine solche ist heute – als Aufgabe – durchaus lösbar."[10] Die Weltwirtschaftskrise zwischen 1929 und 1932 bildete also nicht nur den sozialökonomischen Hintergrund des politischen Zerfalls der Weimarer Republik, sondern sie beendete auch den seit der Klassik herrschenden Marktoptimismus in der Ökonomie. Insofern ist von einer „Epochenbedeutung der Weltwirtschaftskrise" zu sprechen,[11] in deren Gefolge die politische Gestaltung und Intervention in den Markt zur allgemeinen Richtschnur fast aller kapitalistischen Staaten wurde, die sich in der Wirtschaftspolitik ab 1936 vornehmlich auf Keynes' „General Theory" stützten.[12]

Ein wesentlicher Grundgedanke dieser paradigmatischen Verschiebung war ein verändertes Krisenerklärungsmuster.[13] Seither ging man in Wissenschaft und Politik mehrheitlich von der Annahme aus, dass endogene, in der Struktur des entwickelten Kapitalismus begründete Faktoren für die Instabilitäten des Wirtschaftssystems verantwortlich sind und nicht in erster Linie exogene Faktoren, wie es die neoklassische Annahme eines an sich störungsfreien Verlaufs der Marktökonomie unterstellt. Damit war ein Analyserahmen vorgegeben, demzufolge der Kapitalismus in seiner ausgereiften Form aus sich selbst heraus zur Stagnation neigt, d. h. das Wirtschaftswachstum langfristig abflacht und möglicherweise vollständig zum Erliegen kommt. Oder anders ausgedrückt: Der Kapitalismus ist ohne umfangreiche wie systematische wirtschaftspolitische Eingriffe nicht in der Lage, das ihm zur Verfügung stehende Produktionspotenzial auszuschöpfen.

Durch diese Entwicklung geriet die bis dahin von der Neoklassik und der subjektiven Wertlehre dominierte Wirtschaftstheorie unter massiven Druck. Ihre Analyse eines normalen, wenn auch besonders ausgeprägten Verlaufs der Konjunktur in der Weltwirtschaftskrise, der sich in einem

---

10 Emil Lederer, Die Weltwirtschaftskrise – eine Krise des Kapitalismus. Ursachen und Auswege (Erstveröffentlichung 1932), in: ders., Kapitalismus, Klassenstruktur und Probleme der Demokratie in Deutschland 1910-1940, Göttingen 1979, S. 229 f.

11 Siehe Knut Borchardt, Wachstum und Wechsellagen 1914-1970, in: Hermann Aubin/ Wolfgang Zorn (Hrsg.), Handbuch der deutschen Wirtschafts- und Sozialgeschichte, Bd. 2, Stuttgart 1976, S. 710

12 Vgl. John Maynard Keynes, Allgemeine Theorie der Beschäftigung, des Zinses und des Geldes (engl./dt. Erstausgabe 1936), 7. Aufl. Berlin 1994

13 Vgl. Harald Mattfeldt, Keynesianismus, Monetarismus und Demokratie, in: Das Argument 145 (1984), S. 393 f.

schmerzhaften Anpassungs- und Reinigungsprozess selbstregulierend auf ein neues wirtschaftliches Gleichgewicht zubewegen würde, konnte vor dem Hintergrund der Zähigkeit dieser Krise, ihrer politischen Folgen sowie der theoretischen Verschiebungen in der Nationalökonomie kaum mehr aufrechterhalten werden. „Denn die Lektion, daß der liberale Kapitalismus der Vorkriegsjahrzehnte tot war", so der britische Historiker Eric Hobsbawm, „wurde fast überall in der Epoche der beiden Weltkriege und der Weltwirtschaftskrise selbst von denen begriffen, die sich weigerten, ihm ein neues theoretisches Etikett anzuhängen. Seit den frühen 30er Jahren waren die geistigen Wortführer einer reinen Marktwirtschaft 40 Jahre lang eine isolierte Minderheit, einmal abgesehen von vielen Geschäftsleuten, deren Horizont es schon immer schwergemacht hat, das wohlverstandene Interesse ihres Systems insgesamt zu sehen."[14] Allerdings, so ließe sich ergänzen, war die fundamentale Niederlage des Wirtschaftsliberalismus zugleich der Ausgangspunkt einer langfristig ausgerichteten Gegenbewegung der Marktradikalen, die sich nun endgültig als Neoliberalismus zu formieren begann.

1.2 Erste Formierungen des Neoliberalismus

Die Entstehung des Neoliberalismus ist insofern auch eine Reaktion auf den global aufblühenden Keynesianismus, der in den westlichen Industrienationen vornehmlich als sozialdemokratische Reformpolitik Verbreitung fand. Die Antwort der liberalen Kritiker orientierte sich an Altbekanntem. Auf das offensichtliche Scheitern des Wirtschaftsliberalismus reagierte der *neue* Liberalismus mit einer erweiterten Neuauflage der exogenen (neo)klassischen Krisenerklärung, nach der allein äußere Faktoren – und nicht der Marktmechanismus selbst – für die Krise verantwortlich seien. Statt Marktversagen wurde die These vom Staats- und Politikversagen ins Zentrum der Analyse gerückt, die zur Kernaussage des neoliberalen Programms werden sollte. Diese Bewegung lässt sich gerade an der Entwicklung in Deutschland beispielhaft verdeutlichen. Dort formierte sich der Neoliberalismus, später aufgrund seiner ordnungspolitischen Präferenzen als „Ordoliberalismus" bezeichnet, in offener Gegnerschaft zur Weimarer Republik.

Ein scharfer Angriff der wirtschaftsliberalen Ökonomen Walter Eucken und Alexander Rüstow auf die Weimarer Republik bildete den Gründungsakt des deutschen Neoliberalismus. Eucken führte die Weltwirtschaftskrise

---

14 Eric Hobsbawm, Das imperiale Zeitalter 1875-1914 (engl./dt. Erstausgabe 1987/89), Frankfurt am Main 1995, S. 418

in einem 1932 erschienenen Aufsatz maßgeblich auf den Einfluss der „chaotischen Kräfte der Masse" in Staat und Gesellschaft zurück.[15] Dieser Einfluss habe, so die Argumentation, den Interventionsstaat heraufbeschworen und damit die Kräfte des marktwirtschaftlichen Wettbewerbs zum Erliegen gebracht. Verantwortlich für die Erlahmung der Wirtschaft und die Massenarbeitslosigkeit sei die Entwicklung zu einem Staat, der zur „Beute" von „gierigen Interessenhaufen" werde.[16] Auch Alfred Müller-Armack, später Staatssekretär von Bundeswirtschaftsminister Ludwig Erhard, sah im „interventionistische(n) Parteienstaat" der Weimarer Republik die eigentliche Ursache des Verfalls der gesellschaftlichen Ordnung.[17]

Als Lösung des Problems favorisierten die neoliberalen Protagonisten in Deutschland – wohlgemerkt: 1932, vor dem Hintergrund des Aufstiegs der NSDAP – einen „starken Staat", der mit großer Machtfülle ausgestattet einem übergeordneten Gesamtinteresse Geltung verschaffen sollte, um so den Einfluss der Parteien und Gewerkschaften zurückzudrängen. Rüstow erwog gar die Außerkraftsetzung der gerade erst geschaffenen Demokratie, indem er in Anlehnung an den führenden Staatsrechtler im Nationalsozialismus, Carl Schmitt, „eine befristete Diktatur" empfahl, „sozusagen eine Diktatur mit Bewährungsfrist."[18] Zweck dieses *starken* Staates sollte es sein, den Einflussbereich des Parlaments durch eine Trennung der beiden Sphären Wirtschaft und Gesellschaft massiv zu begrenzen und so wirtschaftspolitische Eingriffe zur Beeinflussung der Marktprozesse und ihrer Ergebnisse zu unterbinden. Sieht man einmal von der offenen Sympathie für ein (befristetes) diktatorisches Element ab, hat diese Art der Krisenanalyse bis in die Gegenwart Gültigkeit für die deutschen Neoliberalen.[19] Die Kritik am ausufernden und fehllenkenden Interventionsstaat ist eine allgegenwärtige Grundfigur der neoliberalen Ideologie, die eng mit der Kritik an der parlamentarischen Demokratie verknüpft ist. Aber dazu später mehr.

---

15 Siehe Walter Eucken, Staatliche Strukturwandlungen und die Krisis des Kapitalismus; in: Weltwirtschaftliches Archiv 2/1932, S. 312
16 Siehe Alexander Rüstow, Interessenpolitik oder Staatspolitik, in: Der deutsche Volkswirt 6/1932, S. 171
17 Siehe Alfred Müller-Armack, Entwicklungsgesetze des Kapitalismus. Ökonomische, geschichtstheoretische und soziologische Studien zur modernen Wirtschaftsverfassung, Berlin 1932, S. 197
18 Siehe Alexander Rüstow, Diktatur innerhalb der Grenzen der Demokratie. Dokumentation des Vortrages und der Diskussion von 1929 an der „Deutschen Hochschule für Politik", in: Vierteljahrshefte für Zeitgeschichte 1/1959, S. 91
19 Vgl. z. B. die Vorbemerkung der Schriftleitung des ORDO, dem Theorieorgan des Ordoliberalismus, zum Wiederabdruck des Aufsatzes von Walter Eucken von 1932, in: ORDO, Bd. 48 (1997), S. 3 f.

Nachdem zu Beginn der 1930er-Jahre erste Problemstellungen des *neuen* Liberalismus aus einer staatstheoretischen, demokratiekritischen und kultur-pessimistischen Perspektive benannt waren, formierte sich der deutsche Or-doliberalismus während des Nationalsozialismus allmählich zu einer wirt-schaftswissenschaftlichen Richtung, die sich das Ziel setzte, allgemeingültige Ordnungsgrundsätze für eine Wirtschaftspolitik in der Marktwirtschaft zu formulieren – durchaus mit Blick auf die gesamtgesellschaftlichen Rahmen-bedingungen. Der Kreis um Eucken wurde zum Ausgangspunkt und theo-retischen Rückgrat des deutschen Ordoliberalismus. Da sein räumliches Zentrum in Freiburg (Breisgau) lag, ging er als „Freiburger Schule" in die ökonomische Theoriegeschichte ein. Während die „Freiburger" in den 1930er-Jahren die Grundlagen einer Theorie der Wettbewerbsordnung ent-wickelten, arbeiteten Alfred Müller-Armack sowie die Exilanten Alexander Rüstow und Wilhelm Röpke am Programm einer „widergelagerten Gesell-schaftspolitik" zur Stabilisierung der Marktwirtschaft.[20] Obwohl in dieser Entstehungsphase nur wenig unmittelbare personelle Verbindungen zwi-schen den verschiedenen Strängen des Ordoliberalismus bestanden, gelang es den Kreisen um Eucken, Röpke und Müller-Armack doch, sich und ihre Ideen nach 1945 als eine recht homogene Richtung zu präsentieren. Tat-sächlich hat der deutsche Ordoliberalismus das erste relativ geschlossene marktwirtschaftliche Programm des Neoliberalismus vorgelegt. Nicht zu-letzt deshalb war er nach 1945 in Westdeutschland so erfolgreich.[21]

Der Neoliberalismus war allerdings von Beginn an eine *internationale* Be-wegung, die sich über die entwickelten kapitalistischen Staaten ab den 1960er-Jahren auch in Entwicklungs- und Schwellenländern ausbreitete. Neben Deutschland formierten sich erste neoliberale Strömungen während der 1930er-Jahre vor allem in Österreich, England, Frankreich und den USA. 1937 erschien vom liberalen US-amerikanischen Publizisten Walter Lippmann mit „An Inquiry into the Principles of the Good Society", kurz als „Good Society" bezeichnet, ein Buch, das Grundzüge eines erneuerten Liberalismus umriss und international viel Beachtung fand. Lippmann war auch der Namensgeber eines ersten internationalen Kolloquiums 1938 in Paris,[22] das maßgebliche Vertreter der neuen Richtung versammelte, darun-

---

20 Siehe Wilhelm Röpke, Civitas Humana (1. Aufl. 1944), 2. Aufl. Erlenbach-Zürich 1946, S. 85
21 Vgl. Ralf Ptak, Vom Ordoliberalismus zur Sozialen Marktwirtschaft. Stationen des Neoli-beralismus in Deutschland, Opladen 2004, S. 133 ff.
22 Vgl. zum Colloque Walter Lippmann ausführlich: Bernhard Walpen, Die offenen Feinde und ihre Gesellschaft, a. a. O., S. 55 ff.

ter die später führenden Köpfe des angloamerikanischen Neoliberalismus, Friedrich August von Hayek und Ludwig von Mises, aber auch die Ordoliberalen Röpke und Rüstow. Im Mittelpunkt ihrer Diskussionen stand die Aufarbeitung der Krise des (Wirtschafts-)Liberalismus, also letztlich die Frage, ob und wie sein Niedergang zu stoppen ist. Konkrete Themen waren u. a. das Problem der Monopole, die Folgen von Spekulationen auf Märkten, der Einfluss der Gewerkschaften und die Aufgaben des liberalen Staates. Im Rahmen des Kolloquiums wurde dann der Begriff des Neoliberalismus im heutigen Verständnis eingeführt.

Die Bemühungen um eine internationale Vernetzung und Formulierung einer ersten Agenda des Neoliberalismus wurden zunächst durch den Krieg unterbrochen. Im Frühjahr 1947 gründete sich unter der Führung von Hayek die nach ihrem Schweizer Tagungsort benannte *Mont Pèlerin Society* (MPS), die als Verein in den USA (Illinois) eingetragen ist. Die MPS entwickelte sich in der Folge zum bedeutendsten neoliberalen Elitenetzwerk der Welt mit gegenwärtig an die 1 000 Mitgliedern aus allen Kontinenten und etwa 100 vernetzten Denkfabriken. Als knappe programmatische Grundlage diente das 1947 vereinbarte „Statement of Aims", das neben wirtschaftsliberalen Prinzipien wie Privateigentum, Wettbewerb und individueller Freiheit die Notwendigkeit einer neuen Rolle des Staates betont, aber auch die Rückbesinnung auf das liberale Verständnis von Rechtsstaatlichkeit (in Abgrenzung zum Interventionsstaat) beinhaltet.[23] Bernhard Walpen resümiert in seiner umfangreichen Untersuchung zur MPS: „Das vom britischen Ökonomen Lionel Robbins verfasste Statement ist die breiteste Plattform des Neoliberalismus. Es fand die Zustimmung der bedeutendsten Vertreter, sogar der beiden inhaltlich am weitesten auseinander liegenden Theoretiker Alexander Rüstow und Ludwig von Mises."[24]

1.3 Das neoliberale Selbstverständnis

Was Walpen hier andeutet, verweist auf die große programmatische wie strategisch-taktische Bandbreite des Neoliberalismus. Entgegen der gerade in Europa verbreiteten Annahme, der Neoliberalismus kennzeichne eine bestimmte Form des angloamerikanischen Kapitalismus, ist er weder eine rein US-amerikanische Erfindung noch eine neue Erscheinung. Im Gegenteil lie-

---

23 Vgl. Ronald Max Hartwell, A History of the Mont Pèlerin Society, Indianapolis 1995, S. 41 ff.
24 Bernhard Walpen, Die offenen Feinde und ihre Gesellschaft, a. a. O., S. 64

gen die Wurzeln für eine Modernisierung des Liberalismus – wie gezeigt
wurde – in verschiedenen Ländern, nicht zuletzt in Europa und hier vor allem in Österreich und Deutschland. Daraus entwickelten sich verschiedene
Hauptströmungen des akademischen Neoliberalismus, die als theoretische
Stichwortgeber bis in die Gegenwart von Bedeutung sind: zum einen die
durch die „Österreichische Schule" (auch „Wiener Schule" genannt) um
Ludwig von Mises und Friedrich August von Hayek sowie die „Chicago
School" um Milton Friedman geprägte angloamerikanische Variante; zum
anderen die „Freiburger Schule" und der Ordoliberalismus, die einen deutschen bzw. kontinentaleuropäischen Weg des Neoliberalismus prägen konnten. Im Laufe der Jahre kamen neue Strömungen hinzu, etwa die Theorie
kollektiver Entscheidungen (*Public-Choice*-Ansatz), die Theorie rationaler
Entscheidungen (*Rational-Choice*-Ansatz) oder die Theorie der Eigentumsrechte (*Property-Rights*-Ansatz).

Insofern kann man weder von *dem* Neoliberalismus noch von einer *ge-
schlossenen* theoretisch-ideologischen Konzeption des Neoliberalismus sprechen. Vielmehr haben sich vor dem Hintergrund unterschiedlicher staats-
theoretischer Leitbilder, verschiedener Traditionen des Liberalismus sowie
länderspezifischer Entwicklungen in den Wirtschafts- und Sozialwissenschaften nationale und auf den Zeitgeist abgestimmte Richtungen herausgebildet, die in bestimmten historischen Situationen nach Maßgabe der jeweiligen gesellschaftlichen Bedingungen mit unterschiedlichem Erfolg Einfluss
auf Regierungsentscheidungen zu nehmen versuchten. Hayek hat diese
Wandlungsfähigkeit des Neoliberalismus, die Teil seiner evolutionären Betrachtung von Gesellschaft und Wirtschaft ist, bereits 1944 hervorgehoben:
„Die Grundsätze des Liberalismus enthalten keine Elemente, die ihn zu einem starren Dogma machten, und es gibt keine strengen Regeln, die ein für
allemal feststünden. Das Hauptprinzip, wonach wir uns in allen Stücken so
weit wie möglich auf die spontanen Kräfte der Gesellschaft stützen und so
wenig wie möglich zu Zwangsmaßnahmen greifen sollten, kann in der Anwendung unendlich variiert werden."[25]
Insgesamt stellt der Neoliberalismus eine durchaus heterogene internationale Strömung der Wirtschafts- und Gesellschaftstheorie dar, deren verbindendes Ziel, eine zeitgemäße Legitimation für eine marktwirtschaftlich dominierte Gesellschaft zu entwerfen und durchzusetzen, unter verschiedenen
politischen und ökonomischen Bedingungen verfolgt wurde und wird. Es

---

25 Friedrich August von Hayek, Der Weg zur Knechtschaft (engl./dt. Erstausgabe 1944/45),
München 1971, S. 36 f.

zeigt sich, „dass der Neoliberalismus selbst kein Singular, sondern ein Plural ist, der über einer Basis gemeinsamer Grundbestandteile sehr vielfältige Ausprägungen kennt. (...) Er bildet ein widersprüchliches Ensemble von wissenschaftlichen, insbesondere ökonomischen Theorien, staatlichen und zivilgesellschaftlichen Politikformen, Konzernstrategien und Selbst-Praktiken."[26] Gerade diese Flexibilität hat sich historisch als große Stärke des neoliberalen Projekts erwiesen.

Ein weiteres Kernelement des neoliberalen Selbstverständnisses ist sein ausgeprägtes Freund-Feind-Denken. Mises hatte schon Anfang der 1920er-Jahre begonnen, mit scharfer Polemik die sowjetische Planwirtschaft und gemeinwirtschaftliche Ansätze in den westlichen Industrieländern gleichermaßen zu attackieren.[27] In der Nachkriegszeit sollte diese antisozialistische Grundhaltung zum Fixpunkt der neoliberalen Formierung werden, bei der vor allem Röpke und Hayek die Leitlinien im Kampf gegen den „Kollektivismus" vorgaben. Für die Neo- und Ordoliberalen, ausgestattet mit dem Selbstverständnis einer militärischen Formation, verlief hier die entscheidende Frontlinie im Kampf um die zukünftige Wirtschaftsordnung im Nachkriegsdeutschland: „So befinden wir uns in der Lage einer Armee, die einen Teil ihrer Schützengräben im Angesicht des Feindes ausbauen muss – eine Lage, die uns höchste Eile und Arbeitsintensität zur Pflicht macht."[28] In seinem berühmten Buch „Der Weg zur Knechtschaft", dem wichtigsten neoliberalen Werk der Nachkriegszeit, sprach Hayek vom „ideologischen Krieg", in dem „wir die *anständig gesinnten* Elemente in den *feindlichen* Ländern für uns gewinnen wollen".[29]

Im Mittelpunkt des politisch-ideologischen Angriffs stand die als Kampfbegriff verwendete Formel des „Kollektivismus". Darunter fasste Röpke praktisch die Gesamtheit der politischen und ideologischen Bewegungen und Phänomene des 20. Jahrhunderts, die er für die wirtschaftlichen Krisen ebenso verantwortlich machte wie für die beiden Weltkriege. „Die Verantwortung für das Wirtschaftsleben dem Staate anvertrauen, heißt: Kollekti-

26 Dieter Plehwe/Bernhard Walpen, Wissenschaftliche und wissenschaftspolitische Produktionsweisen im Neoliberalismus. Beiträge der Mont Pèlerin Society und marktradikaler Think Tanks zur Hegemoniegewinnung und -erhaltung, in: PROKLA 115 (1999), S. 206
27 Vgl. z. B. Ludwig von Mises, Die Gemeinwirtschaft: Untersuchungen über den Sozialismus, Jena 1922
28 Alexander Rüstow, Marktwirtschaft und Demokratie; in: ASU (Hrsg.), Unternehmer, Marktwirtschaft und Sozialpolitik. Schriftenreihe „Der selbständige Unternehmer", Heft 3, Frankfurt am Main 1951, S. 38
29 Siehe Friedrich August von Hayek, Der Weg zur Knechtschaft, a. a. O., S. 270 (Hervorh. R. P.)

vismus", so Röpke 1948 in einem diffusen Definitionsversuch.[30] Der „Kollektivismus" stand begrifflich insoweit für ein völlig indifferentes Bündel gesellschaftlicher und politischer Erscheinungen, einzig und allein zusammengeführt durch die Negation des Individualismus. Die ideologische Funktion war dafür umso deutlicher, ging es doch darum, Nationalismus und Sozialismus in unmittelbare Beziehung zueinander zu setzen.[31] Die sozialistische Planwirtschaft wurde ebenso wie die keynesianische Vollbeschäftigungspolitik mit der nationalsozialistischen Kriegswirtschaft identifiziert.

Gesamtwirtschaftliche Planung – in welcher Form auch immer – musste zwangsläufig, so lautet(e) die Botschaft aller Neoliberalen, in einer Gesellschaft voller Unfreiheit, Gewalt und Zwang, letztlich in einer Diktatur enden. „Kollektivistische Wirtschaft kann immer nur Kommandowirtschaft und nichts anderes sein, daran ist nichts zu rütteln." Darin sah Röpke zugleich den „schlechthin entscheidende(n) Einwand gegen jeden Kollektivismus: Er bedeutet unerträgliche Staatsallmacht, gerade weil es an der notwendigen Allwissenheit des Staates fehlt, und er ist mit einer liberal-demokratischen Struktur der Gesellschaft schlechthin unvereinbar, so sehr, dass er nur mit Hilfe eines totalitären, autokratischen Staates zu verwirklichen ist."[32] Dies ist auch gemeint, wenn Hayek vom „Weg zur Knechtschaft" spricht und das Buch den „Sozialisten in allen Parteien" widmet.

Schon hier wird deutlich, dass der „Kollektivismus"-Vorwurf von Röpke und Hayek letztlich für die Übertragung des Totalitarismus-Ideologems (der Gleichsetzung von sozialistischen Bewegungen bzw. Parteien und Nationalsozialismus) auf den wirtschaftspolitischen und -wissenschaftlichen Raum, gewissermaßen für „die ökonomische Variante der Totalitarismustheorie",[33] stand. Den Neoliberalen ging und geht es nicht um eine rationale wissenschaftliche Debatte, sondern um die Herabsetzung und Diskreditierung des Gegners an der politisch-ökonomischen Front. Seine Dynamik und einen beträchtlichen Teil seiner Identität bezieht der Neoliberalismus, so der emeritierte Berliner Ökonom Hajo Riese, „aus seiner Opposition gegen wesentliche Zeitströmungen (...). Diese Frontstellung erklärt sein kämpferisches Element."[34] Die Neoliberalen betrachten sich als einsame,

---

30 Wilhelm Röpke, Die Ordnung der Wirtschaft, Frankfurt am Main 1948, S. 8
31 Vgl. Friedrich August von Hayek, Der Weg zur Knechtschaft, a. a. O., S. 21 und S. 210 ff.
32 Wilhelm Röpke, Civitas Humana, a. a. O., S. 62 f.
33 Siehe Elmar Altvater, Der gar nicht diskrete Charme der neoliberalen Konterrevolution, in: PROKLA 44 (1981), S. 23
34 Hajo Riese, Ordnungsidee und Ordnungspolitik – Kritik einer wirtschaftspolitischen Konzeption, in: Kyklos, Vol. XXV (1972), S. 27

unerschrockene Kämpfer gegen die Skeptiker und Kritiker des freien Marktes. Viele der originären neoliberalen Publikationen zeugen von einem Selbstbezug, der bisweilen autistische Züge annimmt. Zu Recht weist der katholische Sozialethiker Egon Edgar Nawroth in seiner fundierten Untersuchung zu den wirtschafts- und sozialphilosophischen Grundlagen des Neoliberalismus darauf hin, „daß es den Neoliberalen nicht so sehr um eine ernsthafte Diskussion der aufgeworfenen Probleme, sondern mehr oder weniger um ein Gespräch zwischen den eigenen vier Wänden geht, das sich im wesentlichen darin erschöpft, die eigenen Thesen ständig zu wiederholen und grundsätzliche Einwände mit Schweigen zu übergehen."[35]

Aus dieser kämpferischen und gleichermaßen dogmatischen Haltung folgt ein weiteres Moment, das für das Verstehen des Neoliberalismus von Bedeutung ist: seine disziplinübergreifende und langfristige Orientierung. Neoliberalismus ist mehr als eine Wirtschaftstheorie, die ökonomische Vorgänge aus einer marktwirtschaftlichen Perspektive beobachtet, analysiert und prognostiziert. In ihm bündeln sich – ausgehend vom ökonomischen Zentrum – philosophische, rechts- und politikwissenschaftliche, soziologische und historische Stränge zu einem strategischen Projekt der Durchsetzung einer individualistischen Marktgesellschaft. Hier haben die Neoliberalen von Beginn an Realismus bewiesen, indem sie ihr Projekt auf Jahrzehnte anlegten. Das erforderte nicht nur die Entwicklung einer glaubhaften Utopie im Sinne von Lippmanns „Good Society", sondern auch eine Strategie zur langfristigen Beeinflussung von Staat und Öffentlichkeit. Aber widmen wir uns zunächst dem theoretischen Rahmen des Neoliberalismus.

2. Markt, Staat und Wettbewerb in der neoliberalen Theorie

Um den Neoliberalismus theoretisch einordnen zu können, ist es zunächst wichtig, einen kurzen Blick auf sein Verhältnis zur Klassik und zur Neoklassik zu werfen. Für die Glaubwürdigkeit eines *neuen* Liberalismus war es unabdingbar, ein theoretisches Programm zu entwerfen, das sich von seinen Vorläufern unterscheidet. Der schmale Grat, auf dem sich der neu formierte Liberalismus bewegen konnte, wurde von Wilhelm Röpke schon 1942 klar umrissen: „Der Kampf gegen den Kollektivismus (...) hat ja nur dann greifbare Erfolgsaussichten, wenn es uns gelingt, das liberale Prinzip so zu reakti-

---

35 Egon Edgar Nawroth, Die Sozial- und Wirtschaftsphilosophie des Neoliberalismus, a. a. O., S. 18

vieren, daß wir für alle heute offenbaren Schäden, Ausfallerscheinungen und Fehlleistungen des *historischen* Liberalismus und Kapitalismus befriedigende Lösungen finden, ohne damit die innere Struktur des marktwirtschaftlichen Konkurrenzsystems und die Funktionsfähigkeit unseres Wirtschaftssystems anzutasten."[36]

2.1 Klassischer Wirtschaftsliberalismus, Neoklassik und Neoliberalismus

Gegenüber dem klassischen Wirtschaftsliberalismus grenzt sich der Neoliberalismus in erster Linie durch seine Kritik am Laissez-faire-Grundsatz ab. Der von den Erfindern des Wirtschaftskreislaufes, den französischen Physiokraten, im Absolutismus geprägte Begriff „Laissez-faire" steht für eine freie Entfaltung des wirtschaftlichen Geschehens ohne jedwede staatliche oder sonstige Eingriffe. Man solle die Dinge einfach laufen lassen, hieß es. Dieses Bild, das sich an ersten Erkenntnissen der Naturwissenschaft über die Eigenschaften des Blutkreislaufes orientierte, prägte das Denken der liberalen Klassiker in Bezug auf ihr Verhältnis von Staat und Wirtschaft. Sie bezeichneten die freie Marktwirtschaft in Anlehnung an Gottfried Wilhelm Leibniz als eine „prästabilierte Harmonie". Dennoch akzeptierten auch die Klassiker in der Praxis bestimmte Staatseingriffe. So kam das harmonische Bild einer Marktwirtschaft bei Adam Smith nicht ohne staatliche Regulierungen aus, denn auch sein begrenzter „Nachtwächterstaat" musste über Steuern finanziert werden, um die Aufgaben der Verwaltung, Rechtsstaatlichkeit (zur Sicherung des Eigentums), Sicherheit und Bildung zu gewährleisten.

Aber für das Gros der Neoliberalen – eine Ausnahme bildet der einflussreiche Ludwig von Mises – unterschätzte die Klassik die ordnende Lenkung des Staates für das Funktionieren und die Stabilisierung des Marktmechanismus. Selbst der Mises-Schüler Friedrich August von Hayek sieht hierin einen Fehler: „Nichts dürfte der Sache des Liberalismus so sehr geschadet haben wie das starre Festhalten einiger seiner Anhänger an gewissen groben Faustregeln, vor allem an dem Prinzip des Laissez-faire."[37] Mit noch deutlicherem Akzent kritisierten die deutschen Neoliberalen die Zurückhaltung des Staates bei der Gestaltung des Marktes. „Wir wissen", heißt es bei Walter Eucken, „daß sowohl die Wirtschaftspolitik im Zeitalter des Laissez-faire

36 Wilhelm Röpke, Die Gesellschaftskrisis der Gegenwart (1. Aufl. 1942), 6. Aufl. Bern/Stuttgart 1979, S. 286 (Hervorh. im Original)
37 Friedrich August von Hayek, Der Weg zur Knechtschaft, a. a. O., S. 37

als auch in der folgenden Epoche der Experimente die Bedeutung und die Schwierigkeit des Problems, dem Wirtschaftsprozeß eine zureichende Lenkung zu geben – ein Problem, das mit der Industrialisierung in ein ganz neues Stadium eintrat – unterschätzte."[38] In seiner 1950 in der Zeitschrift „ORDO" erschienenen Hommage an den verstorbenen Kollegen Eucken bezeichnete es Franz Böhm, der später zu einem der einflussreichsten Wirtschaftspolitiker der CDU wurde, als den „entscheidendste(n) Fehler der Klassiker", dass sie „den Anteil der bewußten Kulturleistung an der Entfaltung der vorgegebenen Ordnungsmöglichkeiten weit unterschätzt" hätten.[39] Alexander Rüstow, der am weitesten sozialliberal ausgerichtete deutsche Neoliberale, warf den Klassikern zudem vor, von einer sich selbst realisierenden sozialen Harmonie der Marktwirtschaft auszugehen, weshalb er die Klassik abfällig als „Paläoliberalismus" bezeichnete.[40] So konnte der Neoliberalismus sein Konzept als „Dritten Weg" zwischen Laissez-faire-Liberalismus und kollektivistischem Sozialismus präsentieren.

Auch mit der Neoklassik, der bis heute standardmäßigen Lehrbuchökonomie, verbinden den Neoliberalismus sowohl weitreichende Übereinstimmungen als auch deutliche Distanz. Die Neoklassik hat sich ursprünglich von der Klassik dadurch abgesetzt, dass sie deren (Arbeits-)Wertlehre ablegte und auf Grundlage der Grenznutzenschule den subjektiven Nutzen der Konsument(inn)en im Angebot-Nachfrage-Modell ins Zentrum rückte. Damit liegt der Schwerpunkt ihrer Analyse auf dem Mechanismus des Austauschs ökonomischer Güter (in einem sehr weit gefassten Sinne) zwischen voneinander unabhängigen individuellen Entscheidungseinheiten – im Gegensatz zur klassischen Ökonomie, die sich in erster Linie auf das Problem der Produktion und Verteilung des „Wohlstand(s) der Nationen" (Adam Smith) konzentrierte. Vereinfacht könnte man von einer Theorie des Tausches sprechen, in der mit strengen mathematischen Methoden optimale Marktzustände in Gestalt von Gleichgewichtsmodellen konstruiert werden. Der perfekte Zustand einer Marktwirtschaft ist das Konstrukt einer vollständigen oder auch vollkommenen Konkurrenz, in der vielen Nachfragern viele Anbieter gegenüberstehen, die dabei über optimale Informationen und

---

38 Walter Eucken, Grundsätze der Wirtschaftspolitik (1. Aufl. 1952), 6. Aufl. Tübingen 1990, S. 254
39 Siehe Franz Böhm, Die Idee des ORDO im Denken Walter Euckens. Dem Freunde und Mitherausgeber zum Gedächtnis, in: ORDO, Bd. 3 (1950), S. XLVIII
40 Vgl. Alexander Rüstow, Paläoliberalismus, Kommunismus, Neoliberalismus, in: Franz Greiß/Fritz W. Meyer (Hrsg.), Wirtschaft, Gesellschaft und Kultur. Festgabe für Alfred Müller-Armack, Berlin 1961, S. 61 ff.

damit Markttransparenz verfügen, sodass ein gleichgewichtiges, effizientes Marktergebnis zustande kommt.

Der Charme dieser „Markt-Märchen"[41] liegt darin, die Ökonomie als ein abstraktes, quasi neutrales Feld zu präsentieren, das ohne Bezug auf Zeit und Raum Universalität suggeriert und die Wirtschaftswissenschaft zu einer entpolitisierten Zone werden lässt. Ihr Realitätsbezug ist – zurückhaltend formuliert – gering, weshalb Michael Krätke der Neoklassik zu Recht Züge einer modernen Religiosität attestiert.[42] Scheinbare Exaktheit und der hohe Grad an Formalität sollen das Modell unangreifbar machen, nicht zuletzt, weil es durch die stringente Mathematisierung selbst für viele Wissenschaftler/innen und Wirtschaftspraktiker/innen nur schwer nachvollziehbar ist. Manche Neoliberale – nicht zuletzt die Ordoliberalen – haben diese Vorstellung eines perfekten Wettbewerbs lange Zeit geteilt.

So benennt Walter Eucken in seinen „Grundsätzen der Wirtschaftspolitik", die bis heute als Lehrbuch im deutschsprachigen Raum große Verbreitung finden, als erstes konstitutives Prinzip der zu verwirklichenden Wettbewerbsordnung, dass „die Herstellung eines funktionsfähigen Preissystems vollständiger Konkurrenz zum wesentlichen Kriterium jeder wirtschaftspolitischen Maßnahme gemacht wird."[43] Dabei war Eucken natürlich bewusst, dass die vollständige Konkurrenz lediglich ein theoretisches Ziel ist, dem man sich in der realen Wirtschaftspolitik nur begrenzt annähern kann, was ihn allerdings nicht daran hinderte, den neoklassischen Idealzustand von Wettbewerb zum Orientierungspunkt zu erklären. Seit den 1970er-Jahren haben die meisten Neoliberalen von dieser mechanischen Vorstellung eines perfekten Wettbewerbs jedoch Abstand genommen und sich dem anglo-amerikanischen Konzept eines dynamischen Wettbewerbs angeschlossen. Schnittpunkte zwischen Neoliberalen und Neoklassikern bestehen neben der grundsätzlichen Übereinstimmung im Hinblick auf die positive Lenkungswirkung der Marktwirtschaft in weiteren Grundfragen, so in der Konzentration auf die Analyse von Tauschvorgängen oder in der Preisbestimmung durch die relative Knappheit der Ressourcen.

Ein Widerspruch zwischen den beiden Lehren besteht dagegen in der Legitimation des Marktes. Im neoklassischen Denken wird die Überlegenheit

---

41 Siehe Claus Peter Ortlieb, Markt-Märchen. Zur Kritik der neoklassischen akademischen Volkswirtschaftslehre und ihres Gebrauchs mathematischer Modelle, in: EXIT! 1/2004, S. 166 ff.
42 Vgl. Michael R. Krätke, Neoklassik als Weltreligion, in: Kritische Interventionen 3. Die Illusion der neuen Freiheit, Hannover 1999, S. 100 ff.
43 Siehe Walter Eucken, Grundsätze der Wirtschaftspolitik, a. a. O., S. 254

der Marktwirtschaft mit ihrer technisch-organisatorischen Effizienz begründet. Die Marktwirtschaft sei deshalb eine ideale Wirtschaftsform, weil sie durch die optimale Kombination der Produktionsfaktoren für das bestmögliche Ergebnis unter der Bedingung relativer Knappheit sorgen kann. Dieses Effizienz-Argument beruht im Ursprung auf einem utilitaristischen (d. h. nutzenorientierten) Verständnis menschlichen Handelns. Demnach sind Menschen stets ihren individuellen Nutzen maximierende Wesen, die mit einer in sich konsistenten wie statischen Präferenzstruktur ausgestattet sind. In der Theorie wird so aus dem Homo sapiens der „Homo oeconomicus", der sich seiner Präferenzen und Interessen bewusst ist und stets danach handelt, weil er über die rationalen Fähigkeiten einer effektiven Umsetzung verfügt.[44] Aus der Summe aller Einzelnutzen ergibt sich dann ein gesellschaftlicher Gesamtnutzen, dessen Maßstab die berühmte Grundregel des Utilitarismus von Jeremy Bentham ist: „das größte Glück der größten Zahl".

Der Neoliberalismus steht in zweifacher Hinsicht im Widerspruch zum neoklassischen Effizienzverständnis:

1. will er das Kosten-Nutzen-Kalkül nicht auf die ökonomische Sphäre begrenzt wissen, sondern es auf alle Bereiche des menschlichen Verhaltens ausdehnen. Dieser „ökonomische Imperialismus" findet sich im *Rational-Choice*-Ansatz, der insbesondere durch die Arbeiten des Nobelpreisträgers Gary S. Becker geprägt wurde.[45] Danach sind selbst private zwischenmenschliche Beziehungen letztlich nichts anderes als ein Tauschverhältnis. Ökonomischer Imperialismus – der Begriff stammt von Becker selbst – steht für ein Denken, das den Menschen und seine sozialen Beziehungen vollständig ökonomisiert und damit Marktverhältnisse totalisiert. Eine weitere Radikalisierung des Ökonomischen erfolgt im Rahmen des *Public-Choice*-Ansatzes. Darin wird das politische System in Gestalt der Demokratie als eine marktähnliche Institution aufgefasst, in der die Interessen der Politiker/innen einerseits und der Wähler/innen andererseits in einer Angebots-Nachfrage-Konstellation zueinander stehen. Mit dieser Analyse der Politik als Quasi-Marktbeziehung erweitern die Neoliberalen die alte wirtschaftsliberale These vom Staatsversagen. Zugleich richtet sich der Neoliberalismus damit gegen die von der Neoklas-

---

44 Vgl. Ole Marquardt/Mario Candeias, Stichwort homo oeconomicus, in: Wolfgang Fritz
    Haug (Hrsg.), Historisch-Kritisches Wörterbuch des Marxismus, Bd. 6/1, Berlin 2004,
    S. 501 ff.
45 Vgl. Gary S. Becker, Der ökonomische Ansatz zur Erklärung menschlichen Verhaltens
    (engl. Erstausgabe 1976), Tübingen 1982

sik eingeräumte Möglichkeit eines Marktversagens, das ggf. durch staatliche Akteure beseitigt werden muss. „In der ‚Marktversagens'-Lehre wird der Staat, verkörpert durch das demokratische Gemeinwesen, als die Institution angesehen, die ‚Marktversagen' korrigiert", schreibt der Neoliberale Christian Watrin. „Dabei wird übersehen, dass unter realistischen Annahmen im demokratischen Prozess selbst externe Effekte entstehen." Insofern könne „der politische Prozess einzelnen Bürgern Kosten auferlegen, die in Analogie zu denjenigen zu sehen sind, die sich auf dem Markt als externe Effekte ergeben."[46] Wenn aber die (staatliche) Politik dieselben Defekte hat wie ein Markt, ist es aus neoliberaler Sicht in jedem Fall sinnvoller, auf den Marktmechanismus zurückzugreifen, da er als effizientes Informationssystem die relativ beste Option zur Koordinierung gesellschaftlicher Belange darstellt.

2. widerspricht das Verständnis einer technischen Effizienz von Marktwirtschaft der (sozial)philosophischen Einbettung der Ökonomie, die ein konstitutives Moment des Neoliberalismus bildet. Schließlich ist die neoklassische Effizienz an eine gesellschaftliche Wohlfahrtsfunktion gebunden, die sich an konkreten wirtschaftlichen Ergebnissen (Output) orientiert, die messbar sein müssen. Das ist schon methodisch ein Problem und selbst mit erheblicher mathematischer Abstraktion nicht lösbar.[47] Wichtiger noch: Was gemessen werden kann, wäre auch überprüfbar (Soll und Haben), wenn etwa im Sinne „des größten Glücks der größten Zahl" ein möglichst großer Wohlstand für alle eingefordert würde. Das von Hayek geprägte neoliberale Marktverständnis versucht nun aber gerade die (Ergebnis-)Offenheit der Marktwirtschaft ins Zentrum der Analyse zu rücken. Hayek bezeichnet die Marktwirtschaft deshalb als eine „spontane Ordnung", mit der wir uns noch ausführlicher beschäftigen werden. Zudem widerspricht ein allgemein formulierter Nutzen etwa im Sinne gesamtgesellschaftlicher Wohlfahrt der strikten liberalen Auffassung, wonach das Individuum unantastbar ist, mithin auch diejenigen Individuen, die nicht in „der größten Zahl" enthalten sind. Aber gerade dieser Individualismus ist die wichtigste Säule im neoliberalen Menschenbild.

Aus neoliberaler Sicht stößt die Neoklassik dort an Grenzen, wo sie mit der ihr eigenen Konzentration auf technisch-mathematische Details abstrakter

---

46 Christian Watrin, „Marktversagen" versus „Staatsversagen". Zur Rolle von Markt und Staat in einer freien Gesellschaft, Zürich 1986, S. 17
47 Vgl. ebd., S. 14

Marktmodelle zwar eine formal geschmeidige *reine* Theorie artikulieren, nicht aber die gesellschaftliche Bedingtheit ökonomischer Prozesse erklären kann. Die reale Welt landet bei der Neoklassik in exogenen, außerhalb ihrer Modelle liegenden Annahmen und verkommt so zu einer abstrakten Datenwelt. Damit vernachlässigt die Neoklassik in sträflicher Weise eine Auseinandersetzung mit der normativen Dimension liberaler Wirtschaftstheorie, wie sie noch in der Klassik, insbesondere bei den schottischen Moralphilosophen, formuliert worden ist. Der Markt, so lautet die neoliberale Botschaft, ist nicht nur effizient, sondern mehr noch ein werteorientiertes, ethisches Prinzip. Die *reine* Theorie der Neoklassik taugt deshalb nicht für das Kernanliegen des Neoliberalismus, eine schlüssige Weltanschauung zur Verteidigung des freien Marktes zu formulieren.

2.2 Antrieb und Steuerung der Gesellschaft: Markt, Staat und Wettbewerb

Die neoliberale Rechtfertigung einer unbeschränkten Marktgesellschaft, die von einer Herauslösung und Verselbstständigung der Ökonomie gegenüber der Gesellschaft gekennzeichnet ist,[48] kann man aus einer historischen Perspektive in zwei unterschiedlichen theoretischen Zugängen erfassen. Diese bilden gewissermaßen die Pole in der neoliberalen Theorie, ohne deshalb einen grundlegenden Gegensatz zu begründen:

1. Der deutsche Neoliberalismus, der seine theoretischen Grundlagen unter dem Eindruck der nationalsozialistischen Herrschaft geschaffen hat, will mit Hilfe der Macht eines starken Staates eine tatsächlich funktionsfähige, d. h. wettbewerbsintensive Marktwirtschaft organisieren. Aus der Marktwirtschaft soll eine „Veranstaltung" (Leonhard Miksch) des Staates werden. Obwohl dieser Ansatz unter den Bedingungen der 1930er-Jahre entwickelt wurde, ist er mehr als nur eine Fußnote der ökonomischen Theoriegeschichte. Das Bestreben, die Dynamik und Stabilität einer Marktwirtschaft durch die ordnende Hand des Staates zu gewährleisten, bildet ein Fundament der Ordnungspolitik, die in der deutschen und europäischen Wirtschaftspolitik auch in der Gegenwart großen Einfluss hat. In der populären Übersetzung wird dann von der Aufgabe der Wirtschaftspolitik gesprochen, die richtigen Rahmenbedingungen zu setzen.

---

48 Grundlegend hierzu ist das Buch von Karl Polanyi, The Great Transformation. Politische und ökonomische Ursprünge von Gesellschaften und Wirtschaftssystemen (engl./dt. Erstausgabe 1944/1977), 4. Aufl. Frankfurt am Main 1997.

Damit ist gemeint, dass die Maßnahmen der Wirtschaftspolitik allein darauf ausgerichtet sein sollen, die Konstituierung und Sicherung von Märkten zu bewerkstelligen, nicht aber eigenständige Ziele wie beispielsweise Vollbeschäftigung zu formulieren und umzusetzen. Es handelt sich hier also keineswegs um einen Primat der Politik, denn Eingriffe in den Markt*prozess* (z. B. die Korrektur von Marktergebnissen) selbst sind – zumindest vom theoretischen Ansatz her – nicht vorgesehen. Da der starke Staat in diesem Ansatz eine herausragende Position innehat, handelt es sich in seiner ursprünglichen Form eher um das Konzept einer autoritären Marktwirtschaft.

2. Der andere, insbesondere durch Friedrich August von Hayek geprägte Ansatz konstruiert demgegenüber das Bild einer spontanen Ordnung von Märkten. Er baut auf eine sich selbst verstärkende Dynamik von Märkten, die sich historisch als überlegenes System herausgeschält hätten. Auch hier spielt der Staat durchaus eine Rolle, allerdings in wesentlich zurückhaltenderer Form, vor allem in Gestalt eines auf die Kernfunktionen beschränkten liberalen Rechtsstaates. Hayek fokussiert auf das Problem der Machbarkeit wirtschaftlicher Steuerung. Seine Verteidigung freier Märkte stützt sich in erster Linie auf die erkenntnistheoretische Annahme, wonach die Menschen aufgrund beschränkter Vernunft und mangelnden Wissens nicht in der Lage sind, komplexe wirtschaftliche Vorgänge erfolgreich zu lenken. Für Hayek sind Märkte weniger eine von Menschen geschaffene spezifische Ordnung als vielmehr – aufgrund ihrer überragenden Koordinierungs- und Steuerungsfunktionen – ein Selektionsergebnis der Evolution. Märkte sind überlegen, weil sie die Begrenztheit des Wissens überwinden können, und zugleich alternativlos, weil sie sich als menschengerechter, anonymer Mechanismus im evolutionären Prozess durchgesetzt haben.

2.2.1 Der Markt als staatliche Veranstaltung

Es scheint auf den ersten Blick paradox zu sein, dass sich ausgerechnet Wirtschaftsliberale auf den Staat stützen. In der Tat ist das Verhältnis der Neoliberalen zum Staat zwiespältig, was sich in besonderer Weise bei den Ordoliberalen zeigt.[49] Um die zwei Seiten des ordoliberalen Staatsverständnisses

---

49 Vgl. hierzu auch die Collège-de-France-Vorlesungen (1977/78 und 1978/79) von Michel Foucault, Geschichte der Gouvernementalität II. Die Geburt der Biopolitik, Frankfurt am Main 2004

nachzuvollziehen, lohnt sich ein Blick auf den rechtskonservativen Staatsrechtler Carl Schmitt, auf den sich die frühen Ordoliberalen der Weimarer Republik immer wieder beriefen. Schmitt hatte 1933 in seinem berühmten Vortrag „Starker Staat und gesunde Wirtschaft" vor rheinischen und westfälischen Industriellen zwischen zwei Typen des „totalen Staates" differenziert. Zuerst nannte Schmitt jenen, der „ein besonders starker Staat" sei: „Er ist _total im Sinne der Qualität und der Energie,_ so wie sich der faschistische Staat einen ‚stato totalitario' nennt (...)." Die zweite Variante des „totalen Staates" war für Schmitt einer, „der sich unterschiedslos auf alle Sachgebiete, alle Sphären des menschlichen Daseins begibt, der überhaupt keine staatsfreie Sphäre mehr kennt, weil er überhaupt nichts mehr unterscheiden kann. Er _ist total in einem rein quantitativen Sinne, im Sinne des bloßen Volumens, nicht der Intensität und der politischen Energie._ Das ist allerdings der deutsche Parteienstaat. (...) Der heutige deutsche Staat ist _total aus Schwäche_ und Widerstandslosigkeit, aus der Unfähigkeit heraus, dem Ansturm der Parteien und der organisierten Interessen standzuhalten."[50]

Abzulehnen wäre folglich nur jener im Grunde schwache „totale Staat", der zum damaligen Zeitpunkt für den demokratischen Sozialstaat der Weimarer Republik stand, in dem Parteien und Gewerkschaften ihre demokratischen Interessen artikulieren und ggf. auch durchsetzen konnten. Der wirklich starke Staat – „total im Sinne der Qualität und der Energie" – wäre dagegen ein autoritärer Staat, der sich auf die Führung durch Eliten stützt und mit aller Macht eine liberale Wirtschaftsordnung verteidigt. An diesem Leitbild orientierte sich das Staatsverständnis der frühen Ordoliberalen. „Die Erscheinung", so hob Alexander Rüstow in einem Diskussionsbeitrag vor der Dresdner Tagung des Vereins für Socialpolitik 1932 hervor, „die Carl Schmitt im Anschluss an Ernst Jünger den ‚totalen Staat' genannt hat (...), ist in Wahrheit das genaue Gegenteil davon: nicht Staatsallmacht, sondern Staatsohnmacht. Es ist ein Zeichen jämmerlichster Schwäche des Staates, einer Schwäche, die sich des vereinten Ansturms der Interessentenhaufen nicht mehr erwehren kann. Der Staat wird von den gierigen Interessenten auseinandergerissen."[51]

---

50 Carl Schmitt, Starker Staat und gesunde Wirtschaft. Ein Vortrag vor Wirtschaftsführern, in: Volk und Reich 2/1933, S. 84 (Hervorh. im Original)

51 Alexander Rüstow, Interessenpolitik oder Staatspolitik?, a. a. O., S. 171; zum Doppelverständnis des „totalen Staates" vgl. auch Alfred Müller-Armack, Entwicklungsgesetze des Kapitalismus. Ökonomische, geschichtstheoretische und soziologische Studien zur modernen Wirtschaftsverfassung, Berlin 1932, S. 196 f.

Die Ordoliberalen zogen daraus gerade nicht den Schluss der Entstaatlichung, sondern forderten im Gegenteil einem starken Staat, der das Gemeinwohl artikulieren und durchsetzen sollte. Dieser Staat habe die Aufgabe, so Walter Eucken, einem „einheitlichen Gedanken und Willen" folgend das „reine Staatsinteresse" zu repräsentieren.[52] Rüstow brachte diese Vorstellungen auf den Punkt: „Der neue Liberalismus (...) fordert einen starken Staat, einen *Staat oberhalb der Wirtschaft, oberhalb der Interessenten*." Für liberale Toleranz blieb in dieser Frage kein Platz, denn „wer sich zu diesem starken Staat bekennt, *muss* liberale Wirtschaftspolitik wollen, und wer liberale Wirtschaftspolitik für richtig hält, *muss* den starken Staat wollen. Eines bedingt das andere."[53] Während hier deutlich wird, dass das „reine Staatsinteresse" nur in einer liberalen Wirtschaftsordnung bestehen kann, blieb die Frage, wer darüber in der Gesellschaft eine Entscheidung treffen soll, unbeantwortet.

Aber für wen oder was sollte der starke Staat seine Macht einsetzen? Und wie ließ sich dies mit der scharfen liberalen Kritik am Weimarer Interventionismus vereinbaren? Die Lösung lag in einer Formel, die wiederum auf Rüstow zurückgeht. Er kam auf den genialen Gedanken, dem „punktuellen Interventionismus" der Weimarer Republik einen „liberalen Interventionismus" entgegenzusetzen. Diese neue Form des staatlichen wirtschaftspolitischen Eingriffs sollte „nicht entgegen den Marktgesetzen, sondern in Richtung der Marktgesetze" erfolgen und damit „zur Beschleunigung des natürlichen Ablaufs" beitragen.[54] Damit hatte Rüstow tatsächlich eine neue Botschaft formuliert, wurde doch deutlich, dass sich der *neue* Liberalismus nicht mehr allein auf die Selbstregulierung des Marktes verlassen wollte, selbst wenn der Glaube an den „natürlichen Ablauf" unerschüttert blieb.

Aus diesem Grundgedanken entwickelte die Freiburger Schule noch in den 1930er-Jahren ihr Konzept einer organisierten Wettbewerbswirtschaft, das in der Schriftenreihe „Ordnung der Wirtschaft" veröffentlicht wurde. „Die Wettbewerbspolitik des Staates, deren Bedeutung die Klassiker nicht oder nicht genügend erkannt haben, rückt in den Mittelpunkt", formulierte Leonhard Miksch, führender Wettbewerbstheoretiker der „Freiburger", welcher in der frühen Nachkriegszeit zum wichtigsten Mitarbeiter und Berater Ludwig Erhards wurde: „Aus der *‚Naturordnung' wird eine staatliche Veran*-

---

52 Siehe Walter Eucken, Staatliche Strukturwandlungen und die Krisis des Kapitalismus, a. a. O., S. 307

53 Alexander Rüstow, Interessenpolitik oder Staatspolitik?, a. a. O., S. 172 (Hervorh. *R. P.*)

54 Siehe ebd., S. 170

staltung."[55] Weiter schrieb er: „Wir wissen heute (...), daß es unter allen Umständen die Aufgabe des Staates ist, die Wirtschaft zu ordnen, und zwar durch eine einheitliche und widerspruchsfreie Wirtschaftsverfassung. Ordnen heißt aber keineswegs zentral lenken und regulieren. Die freie, selbstverantwortliche Entscheidung der im Wirtschaftsprozess tätigen Personen bildet den stärksten Kraftquell des Fortschritts."[56]

Der Staat soll also die Marktwirtschaft „veranstalten", um ihr reibungsloses Funktionieren zu ermöglichen. Im Zentrum dieser staatlichen Aktivität steht dabei die Durchsetzung und Überwachung ordnungspolitischer Grundsätze als Aufgabe der Wirtschaftspolitik. Um den staatlichen Eingriffen eine systematische Grundlage zu geben, forderten die Ordoliberalen eine ordnungspolitische Gesamtentscheidung auf der Basis einer Wirtschaftsverfassung (durch Einzelgesetze oder als Teil der allgemeinen Verfassung). Die Idee einer Wirtschaftsverfassung, erstmals von Franz Böhm in die Diskussion gebracht,[57] verdeutlicht eine zentrale Säule des deutschen Neoliberalismus: die institutionelle Absicherung des freien Marktes. Die theoretische Begründung dieser Absicherung durch eine ordnungspolitische Gesamtentscheidung lieferte Walter Eucken. Er entwickelte die Formel von der „Interdependenz der Ordnungen", nach der der nicht nur eine Abhängigkeit zwischen den einzelnen ökonomischen Indikatoren, sondern auch zwischen der Wirtschaftsordnung sowie der politischen und sozialen Ordnung besteht. Eben deshalb muss für Eucken *„vor* jeder einzelnen wirtschaftspolitischen Maßnahme Klarheit darüber bestehen, welche Wirtschaftsverfassung im ganzen realisiert werden soll. (...) Mag es sich um eine sozialpolitische, eine handelspolitische oder sonst eine ordnungspolitische Maßnahme handeln: Jeder Akt kann nur dann einen Sinn gewinnen, wenn er im Rahmen einer Politik erfolgt, die auf Herstellung und Erhaltung einer gewissen Gesamtordnung ausgerichtet ist."[58]

Wer wollte schon gegen eine solche Politik aus einem Guss sprechen? Schließlich bestätigt die Wirklichkeit tagtäglich, dass in einer dynamischen Ökonomie mit intensiver internationaler Arbeitsteilung bei permanenter

---

55 Leonhard Miksch, Wettbewerb als Aufgabe. Die Grundsätze einer Wettbewerbsordnung (Heft 4 der Schriftenreihe Ordnung der Wirtschaft, hrsg. von Franz Böhm, Walter Eucken und Hans Großmann-Doerth), Stuttgart/Berlin 1937, S. 9 (Hervorh. im Original)
56 Ebd., S. 11
57 Vgl. Franz Böhm, Wettbewerb und Monopolkampf. Eine Untersuchung zur Frage des wirtschaftlichen Kampfrechts und zur Frage der rechtlichen Struktur der geltenden Wirtschaftsordnung, Berlin 1933
58 Walter Eucken, Grundsätze der Wirtschaftspolitik, a. a. O., S. 379 (Hervorh. im Original)

Entwicklung der Produktivkräfte durch immer neue technologische Prozesse eine Vielzahl miteinander verwobener Probleme entstehen, deren wechselseitige Wirkungen auch bei einzelnen Maßnahmen berücksichtigt werden müssen. Diese Erkenntnis ist an sich einleuchtend. Erst wenn man sich das eigentliche Ziel der ordoliberalen Gesamtordnung vergegenwärtigt, erschließt sich der doktrinäre Charakter des Interdependenz-Postulates. Zwar erhebt Eucken in seinem 1940 erschienenen Hauptwerk „Grundlagen der Nationalökonomie" den Anspruch, eine unabhängig von Zeit und Raum gültige Theorie der Wirtschaftsordnungen zu entwickeln, um „das Ordnungsgefüge und damit den Aufbau der Wirtschaftsordnung einer *jeden* Epoche und eines *jeden* Volkes zu erkennen" sowie „ein geeignetes Werkzeug" zu besitzen, „um den konkreten wirtschaftlichen Alltag (...) einer *jeden* konkreten wirtschaftlichen Ordnung" zu erkennen.[59] Aber im Ergebnis zeigt sich, dass die Gegenüberstellung der zwei möglichen Grundsysteme wirtschaftlicher Ordnung – Zentralverwaltungswirtschaft (Planwirtschaft) einerseits und freie Verkehrswirtschaft (Marktwirtschaft) andererseits – keineswegs eine offene Frage darstellt.

Gerade unter Hinweis auf die „Interdependenz der Ordnungen" stellt Eucken klar, dass es eine grundsätzliche Entscheidung nur zugunsten der Marktwirtschaft geben kann, weil ausschließlich sie mit menschlicher Zivilisation und ökonomischem Fortschritt vereinbar sei, sodass die theoretische Alternative der Planwirtschaft eine nur scheinbare bleibt. Man kann deshalb Hajo Riese ohne Einschränkung zustimmen, wenn er feststellt, „daß Eucken nicht die Absicht hatte, eine Theorie der Funktionsweise von Wirtschaftsordnungen zu entwickeln, sondern daß er seine Ordnungstheorie schuf, um das Fundament der Rechtfertigung der freien Verkehrswirtschaft zu legen."[60] Letztlich ist die ordoliberale Formel von der „Interdependenz der Ordnungen" die erste theoretische Grundlage für die dann in den 1990er-Jahren popularisierte neoliberale Behauptung, dass eine freie, demokratische Gesellschaft nur mit einer freien Marktwirtschaft und privater Eigentumsordnung vereinbar sei.

Euckens Ordnungstheorie ist ein rein normatives Schema zur Verwirklichung einer ordnungspolitisch geformten Wettbewerbswirtschaft, die als „ORDO" bezeichnet wird.[61] Obwohl ihrer Meinung nach nur diese Ord-

---

59 Siehe ders., Die Grundlagen der Nationalökonomie, Jena 1940, S. 194 (Hervorh. *R. P.*)
60 Siehe Hajo Riese, Ordnungsidee und Ordnungspolitik, a. a. O., S. 36
61 Zum ORDO-Begriff vgl. Ralf Ptak, Vom Ordoliberalismus zur Sozialen Marktwirtschaft, a. a. O., S. 127 ff.

nung „der Vernunft oder der Natur des Menschen und der Dinge" entspricht,[62] zweifeln die Ordoliberalen an der allgemeinen Zustimmung zur
freien Marktwirtschaft. Deshalb suchen sie nach institutionellen Regelungen, welche die Gesellschaft im Allgemeinen und die staatlichen Institutionen im Besonderen auf die Grundsätze einer Marktwirtschaft verbindlich
festlegen. Die ordoliberale Idee einer eigenständigen Wirtschaftsverfassung
zielt darauf ab, den Spielraum staatlicher Wirtschaftspolitik zu begrenzen
und die übrigen Akteure des Wirtschaftsprozesses auf ein Handeln im Rahmen des Marktes zu verpflichten. Politik gegen den Markt soll auf institu-
tionellem Weg ausgeschlossen werden.

Die Verteidigung der wirtschaftlichen Freiheit wurde im ersten ordoliberalen Programm so zu einer ausgeprägten Zwangsveranstaltung, „denn auch
das Recht der freien Marktwirtschaft anerkennt die *Freiheit nur im Rahmen
der Ordnung.*" Franz Böhm ließ in der ersten programmatischen Schrift des
Ordoliberalismus keinen Zweifel aufkommen, dass „bei einem Konflikt zwischen Freiheit und Ordnung dem Gesichtspunkt der Ordnung unbedingter
Vorrang zu(kommt)."[63] Das Maß und „die Möglichkeit, Freiheit zu gewähren", hingen „notwendig von der effektiven psychologischen *Wirksamkeit
der Ordnungseinrichtungen* ab."[64] Das Paradoxe daran war, dass die Ordoliberalen zwar eine Freiwilligkeit in den Marktbeziehungen anstreb(t)en – als
notwendige Voraussetzung für die viel beschworene Innovationsfähigkeit
und Leistungsbereitschaft einer dynamischen Wirtschaft –, aber wenig Vertrauen hatten, dass die „Wirtschaftssubjekte" die notwendigen Spielregeln
der Wettbewerbswirtschaft tatsächlich akzeptieren und freiwillig einhalten
würden.

So mutierte der Wettbewerb als Kernelement der ordoliberalen Wirtschaftsordnung zu einer Institution, die ohne Androhung staatlichen
Zwangs nicht auszukommen schien. „Es (ist) da, wo sich der Staat der unmittelbaren Marktlenkung nicht bedient, *Pflicht* aller Beteiligten, *sich dem
Wettbewerb zu unterziehen.* (...) Die Teilnehmer an einem freien Wettbewerb sind jedenfalls nicht berechtigt, auf Kosten anderer Wirtschafts-
gruppen unter sich gegenseitig kollegiale Rücksicht zu nehmen und sich
über eine Abschwächung des gegenseitigen Leistungskampfes zu verständi-

---

62 Siehe Walter Eucken, Grundsätze der Wirtschaftspolitik, a. a. O., S. 372
63 Franz Böhm, Die Ordnung der Wirtschaft als geschichtliche Aufgabe und rechtschöpferische Leistung (Heft 1 der Schriftenreihe Ordnung der Wirtschaft, hrsg. von Franz Böhm,
   Walter Eucken und Hans Großmann-Doerth), Stuttgart/Berlin 1937, S. 101 f. (Hervorh.
   im Original)
64 Siehe ebd., S. 108 (Hervorh. im Original)

gen, sondern es ist umgekehrt ihre *Pflicht der Gesamtwirtschaft gegenüber, in den angespanntesten Leistungswettbewerb miteinander zu treten.*[65] Zuwiderhandlungen müssten aus der Sicht Böhms eigentlich „als *Sabotage* oder *Komplott*" bezeichnet werden, wenngleich er beklagte, dass man im Bereich der Wirtschaftswissenschaften dafür so harmlos anmutende Begriffe wie „Kartelle, Marktregelung, genossenschaftliche Selbsthilfe" usw. erfunden habe.[66]

Als eine Art Gegenleistung verspricht der originäre Ordoliberalismus eine Befreiung der Gesellschaft von wirtschaftlicher Macht (Monopole, Kartelle) in einer perfekt organisierten Marktwirtschaft. Denn, so behauptet Eucken, „nur in *einer einzigen* Marktform fehlt das Phänomen der wirtschaftlichen Macht fast völlig: nämlich bei der Verwirklichung der vollständigen Konkurrenz. (...) Oder – anders formuliert: *Jeder hat nur eine so kleine Portion an Macht, daß sie unbeachtlich ist.* Das Problem der ökonomischen Macht würde in einem solchen Lande praktisch nicht existieren."[67] Dieses Freiheitsversprechen entpuppt sich jedoch als Trugbild, denn Eucken geht es nicht etwa um die öffentliche Kontrolle wirtschaftlicher Macht auf betrieblicher oder gesamtgesellschaftlicher Ebene und schon gar nicht um Sozialisierungen oder eine Einkommenspolitik, die Verteilungsungleichheit eindämmt oder große Vermögen belastet. Wirtschaftliche Macht ist bei Eucken von ihren gesellschaftspolitischen Folgen losgelöst und im Kern ein Problem mangelhafter Marktorganisation, die dazu führt, dass insbesondere durch (staatliche wie private) Monopole ungerechtfertigter Einfluss auf die Preisbildung genommen wird. Wenn aber im Rahmen einer funktionsfähigen Wettbewerbsordnung der Preismechanismus seine eigentliche Dynamik entfalten kann, erfolgt gewissermaßen automatisch die Nivellierung wirtschaftlicher Macht, weil die Preise dann zum Gleichgewicht tendieren.

Damit bestätigt der Ordoliberalismus im Prinzip das klassische Ideal einer „natürlichen Ordnung", die im Verständnis der „Freiburger" allerdings nicht das Produkt übersinnlicher Kräfte oder eines Naturgesetzes ist, sondern per wirtschaftspolitischer Gesamtentscheidung auf den Weg gebracht

---

65 Ebd., S. 102 (Hervorh. im Original). Auch bei Leonhard Miksch, Wettbewerb als Aufgabe, a. a. O., S. 136, ist „für die Beteiligten (...) der Wettbewerb *nicht nur ein Recht, sondern eine Pflicht.*" (Hervorh. im Original)

66 Siehe Franz Böhm, Die Ordnung der Wirtschaft als geschichtliche Aufgabe und rechtschöpferische Leistung, a. a. O., S. 122 (Hervorh. im Original)

67 Walter Eucken, Grundlagen der Nationalökonomie, a. a. O., S. 230 (Hervorh. im Original)

und durch konsequente Ordnungspolitik realisiert wird.[68] Die Umsetzung soll durch eine Politik der Wettbewerbsordnung erfolgen, die Eucken nach „konstituierenden" und „regulierenden" Prinzipien unterscheidet.[69] Während die *konstituierenden* Prinzipien (funktionsfähiges Preissystem vollständiger Konkurrenz, währungspolitischer Stabilisator, offene Märkte, Privateigentum, Vertragsfreiheit, Haftung, Konstanz der Wirtschaftspolitik) den Rahmen der Wirtschaftsverfassung festlegen, stellen die *regulierenden* eine Art Sicherung dar gegen „gewisse systemfremde Ordnungsformen" sowie „Mängel und Schwächen, die der Korrektur bedürfen", was auch bei „strenge(r) Befolgung der konstituierenden Prinzipien" nicht ganz auszuschließen sei.[70] Das impliziert neben einer Monopolaufsicht die Option auf eine sehr begrenzt definierte Einkommenspolitik und bei einem – kaum erwarteten – anomalen Verhalten auf dem Arbeitsmarkt im äußersten Notfall die Festsetzung eines Mindestlohnes.

Aus heutiger Sicht ist der originäre Ansatz der deutschen Neoliberalen zumindest als geschlossenes Konzept gescheitert. Zwar haben wichtige Elemente wie das Instrumentarium der Ordnungspolitik, die Notwendigkeit starker Institutionen zur Absicherung der Marktwirtschaft und das Theorem von der „Interdependenz der Ordnungen" sowohl Einzug in die neoliberale Theorie als auch in den Mainstream der allgemeinen Wirtschaftswissenschaft gehalten. Aber das charakteristische Moment einer autoritären Struktur, die dem ordoliberalen Ansatz zugrunde liegt, konnte trotz vielfacher Modifikationen nicht überwunden werden. Das haben selbst Vertreter der nachfolgenden Generationen von Ordoliberalen wie etwa der Kölner Hans Willgerodt als Gefahr erkannt. Willgerodt, der den ordoliberalen Staat in der Rolle eines Schiedsrichters gegenüber den wirtschaftlichen Akteuren sieht, gibt zu bedenken, dass „ein Staat, der stark und funktionsfähig genug ist, die liberale Schiedsrichterfunktion auszuüben, auch stark genug sein kann, die Freiheit aller aufzuheben."[71] Und Nils Goldschmidt, Forschungsreferent des Walter Eucken Instituts in Freiburg, stellt in einem Resümee zum Wirken der frühen Ordoliberalen fest: „Freiheit kann sich also

---

68 Vgl. Dieter Haselbach, Autoritärer Liberalismus und Soziale Marktwirtschaft, Baden-Baden 1991, S. 110
69 Vgl. Walter Eucken, Grundsätze der Wirtschaftspolitik, a. a. O., S. 254 ff.
70 Siehe ebd., S. 291
71 Hans Willgerodt, Die Liberalen und ihr Staat. Gesellschaftspolitik zwischen Laissez-faire und Diktatur, in: ORDO, Bd. 49 (1998), S. 47

erst in der Ordnung richtig entfalten – ein Blickwinkel, der eher der scholastischen Tradition entspricht denn der Freiheitsphilosophie Kants."[72]
Zudem ist das Wettbewerbskonzept als Modell einer „veranstalteten" und zugleich freien Marktwirtschaft aufgrund seiner idealtypischen Annahmen in vielfacher Hinsicht angreifbar, abgesehen davon, dass schon rein logisch zwischen *frei* und *veranstaltet* ein eklatanter Widerspruch besteht. In diesem Punkt schadet dem originären Ordoliberalismus seine Nähe zur Neoklassik, denn die Verwirklichung der (oder Annäherung an die) vollkommene(n) Konkurrenz ist in der Realität jederzeit überprüfbar. „Wen können diese Modelle davon überzeugen, daß die reale Marktwirtschaft eine schlaue Sache ist?", fragt deshalb der Wirtschaftshistoriker Knut Borchardt und antwortet: „Tatsächlich sind sie doch Waffen in den Händen der Kritiker der Marktwirtschaft."[73]
Obwohl auch die deutschen Neoliberalen den Wettbewerb und die freie Preisbildung vergöttern, haben sie in einem sehr grundlegenden Punkt Realismus bewiesen: Eine Marktwirtschaft muss politisch organisiert werden. „Die Marktwirtschaft", so Wilhelm Röpke, „wird zu einem Objekt ständiger aktiver Politik, was den Wortführern des neuen Liberalismus das Recht gibt, sich gegen eine Verwechslung mit den Vertretern des Laissez-faire zu verwahren."[74] Demgegenüber setzt der evolutionäre Erklärungsansatz Hayeks auf eine vollständige Entpolitisierung des Marktes.

2.2.2 Der Markt als spontane Ordnung

Zunächst muss betont werden, dass auch das zweite – heute im neoliberalen Lager vorherrschende – Verständnis von Märkten und Wettbewerb keinesfalls im grundlegenden Widerspruch zu den Annahmen und Vorstellungen der Ordoliberalen steht. Es wurde maßgeblich von Friedrich August von Hayek entwickelt, dem neben Milton Friedman wohl einflussreichsten Neoliberalen des 20. Jahrhunderts. Hayek selbst unterhielt seit den 1930er-Jahren enge Kontakte zu führenden Vertretern der Freiburger Schule und sorgte dafür, dass Walter Eucken 1947 als einziger Deutscher zu den Gründungsmitgliedern der MPS gehörte. Er war lange Zeit Mitherausgeber des

---

72 Nils Goldschmidt, Zum 50. Todestag des Nationalökonomen Walter Eucken, in: Süddeutsche Zeitung v. 20.3.2000
73 Knut Borchardt, Die Konzeption der Sozialen Marktwirtschaft in heutiger Sicht, in: Otmar Issing (Hrsg.), Zukunftsprobleme der sozialen Marktwirtschaft, Berlin1981, S. 43
74 Wilhelm Röpke, Die natürliche Ordnung. Die neue Phase der wirtschaftspolitischen Diskussion, in: Kyklos, Vol. II/1948, S. 216

ORDO-Jahrbuchs, dem bis in die Gegenwart wichtigsten Theorieorgan des Ordoliberalismus, hatte in den 1960er-Jahren einen Lehrstuhl in Freiburg inne und war von 1963 bis 1970 Vorstandsmitglied des Walter Eucken Instituts, das Patrick Welter als „älteste(n) ordo-liberale(n) ‚think tank' der Welt" bezeichnet.[75]

Besonders in den 1940er- und 1950er-Jahren, während der Hochphase des Keynesianismus, waren die ordnungspolitischen Akzente auch in Hayeks Argumentation trotz seiner stärker individualistischen Orientierung deutlich sichtbar. Wie bereits an anderer Stelle dargelegt, kritisierte Hayek mit nachdrücklichen Worten den Laissez-faire-Grundsatz des Wirtschaftsliberalismus im 19. Jahrhundert. Auch Hayek hielt einen durchdachten Ordnungsrahmen für eine notwendige Voraussetzung, um den Wettbewerb sinnvoll nutzbar zu machen. Dieser Rahmen sollte sich auf marktfördernde Institutionen und wettbewerbsförderndes Recht stützen: „Das Funktionieren des Wettbewerbs setzt nicht nur eine zweckmäßige Organisation bestimmter Institutionen des Geldes, der Märkte und der Informationsquellen voraus – wofür wir uns niemals in vollem Umfang auf die Privatinitiative verlassen können –, sondern es hängt vor allem von der Existenz eines entsprechenden Rechtssystems ab, das die doppelte Aufgabe hat, den Wettbewerb aufrecht zu erhalten und ihn mit einem Maximum an Nutzen arbeiten zu lassen."[76]

Die ordoliberale Vorstellung vom Wettbewerb als perfekt organisierter staatlicher Veranstaltung ist aus der Sicht Hayeks allerdings ein Widerspruch in sich. Denn hierbei geht man von einer Situation aus, „in der alle wesentlichen Umstände als bekannt vorausgesetzt sind – ein *Zustand*, den die Theorie merkwürdigerweise vollkommenen Wettbewerb nennt, in dem aber für die *Tätigkeit*, die wir Wettbewerb nennen, keine Gelegenheit mehr besteht, und von der vielmehr vorausgesetzt wird, daß sie ihre Funktion bereits erfüllt hat."[77] Für Hayek ist der Wettbewerb ein „Entdeckungsverfahren", ein nicht im Voraus bestimmbarer Prozess, dessen Ergebnisse zwangsläufig offen sein müssen, wenn er seine Dynamik entfalten soll. Daraus ergibt sich, dass eine bestimmte Form des Wettbewerbs ebenso wenig angestrebt werden kann wie das Erreichen bestimmter Marktergebnisse.

75 Siehe Patrick Welter, Das Walter Eucken Institut und die Rolle des Staates. Freiburger Forschung auf den Spuren Walter Euckens und F. A. Hayeks, in: Handelsblatt v. 28.1. 1997
76 Friedrich August von Hayek, Der Weg zur Knechtschaft, a. a. O., S. 60
77 Friedrich August von Hayek, Der Wettbewerb als Entdeckungsverfahren, in: ders., Freiburger Studien. Gesammelte Aufsätze, Tübingen 1969, S. 254 (Hervorh. im Original)

Hayek sieht im Wettbewerb selbst ein Ordnungsprinzip der Gesellschaft. Für ihn ist deshalb weniger die Frage von Bedeutung, wie und mit welchen Mitteln man den Wettbewerb organisieren, als vielmehr, wie man seine Überlegenheit als Lenkungssystem im Rahmen eines förderlichen Arrangements von Individuum, Staat und Wirtschaft zum Ausdruck bringen kann. Wie Ludwig von Mises hält Hayek den Staat für wenig geeignet, aktive Wettbewerbspolitik zu betreiben, weil der Staat stets – selbst bei guten Absichten – das Marktversagen durch seine Interventionen erst hervorgebracht habe. Insofern ist das Vertrauen in die Selbstregulierungskräfte der Marktwirtschaft zwar groß, wird aber anders als bei den Klassikern im Gedankengebäude von Hayek weder naturrechtlich noch religiös begründet.

Im Zentrum des Hayek'schen Ansatzes steht die Kritik an der Machbarkeit bewusst herbeigeführter, zielorientierter Gestaltung von Wirtschaft und Gesellschaft, aus der er die Legitimität von freien Markwirtschaften ableitet. Dazu unterscheidet Hayek zunächst zwei Arten von Ordnungen: zum einen „konstruierte", d. h. bewusst gestaltete Ordnungen mit konkreten Zwecken und Zielen, die mehr oder minder auf Befehl und Gehorsam gestützt sind und dafür eine übergeordnete Autorität benötigen; zum anderen „spontane" Ordnungen, die nicht zielgerichtet entstehen, sondern sich aus einer Summe individueller Handlungen heraus bilden, die wiederum Regelmäßigkeiten begründen und allmählich zu abstrakten, anerkannten Regeln werden.[78] Hayek hält *konstruierte* Ordnungen für das Merkmal einfacher und deshalb übersichtlicher Lebensformen und *spontane* Ordnungen für das Gestaltungsprinzip komplexer entwickelter Gesellschaften.[79] Auf der Basis dieser Unterscheidung hat Hayek eine erkenntnistheoretisch geleitete Evolutionslehre zur Verteidigung freier Märkte entworfen.

Hayeks Ausgangspunkt bildet die These, dass die Befähigung des Menschen zu intellektueller Einsicht in die ihn umgebende natürliche und soziale Umwelt und einem daraus abgeleiteten vernunftgeleiteten Handeln begrenzt ist. Diese Beschränkung ist nicht beeinflussbar, denn es handelt sich dabei laut Viktor Vanberg, gegenwärtiger Leiter des Walter Eucken Instituts, um „die unaufhebbare Begrenztheit unseres Wissens." Wer dennoch eine bestimmte Wirtschafts- und Gesellschaftsordnung schaffen wolle, unterliege dem Irrtum eines „konstruktivistischen Rationalismus".[80] Kurzum:

---

78 Vgl. Friedrich August von Hayek, Arten der Ordnung, in: ORDO, Bd. 14 (1963), S. 3 ff.
79 Vgl. Torsten Niechoj/Dorothee Wolf, Der Mensch als Anpasser. Genese und Evolution von Ordnungen bei Hayek, Marburg 2000
80 Siehe Viktor J. Vanberg, Friedrich A. Hayek und die Freiburger Schule, in: ORDO, Bd. 54 (2003), S. 7

Hayeks heute auch von den Nachfahren der Freiburger Schule geteilte Kernthese besagt, dass die „konkrete Utopie" (Ernst Bloch) einer besseren oder anderen Welt weder wünschenswert noch aufgrund anthropologischer Bedingtheiten machbar sei. Dies ist das theoretische Fundament der TINA-Formel („There is no Alternative") von Margaret Thatcher, die als britische Premierministerin seit Ende der 1970er-Jahre die „neoliberale Gegenrevolution" (Milton Friedman) in die Praxis überführte.

Die Begrenzung des menschlichen Wissens und seiner Vernunft hat für Hayek zwei Ursachen:

1. sei der Mensch nicht in der Lage, eine komplexe soziale Ordnung zu entwerfen und zu gestalten. „Diese ganze Vorstellung, daß der Mensch bereits mit einem Verstand ausgestattet ist, der fähig ist, sich eine Zivilisation auszudenken, und sich daran gemacht hat, diese zu schaffen, ist grundlegend falsch."[81] Vielmehr müsse man von der „Grundtatsache der unvermeidlichen Unkenntnis des Menschen von einem Großteil dessen, worauf das Funktionieren einer Zivilisation beruht", ausgehen.[82] Diese Begrenztheit ergebe sich daraus, dass das bewusste Wissen nur ein Teil dessen sei, was den Menschen in seinem Handeln leitet. Der andere Teil besteht nach Hayek in einem vielschichtigen Prozess der oftmals unbewussten Aneignung von Erfahrungen, die als „stilles Wissen" in Gewohnheiten, moralischen Grundsätzen, Gebräuchen, Sprache etc. enthalten seien. Es sind gewissermaßen überlieferte Traditionen, die sich in einem langwierigen evolutionären Entwicklungsprozess über Generationen als Resultat von Erfolg und Misserfolg herausgebildet haben. Damit sind Zivilisation und Fortschritt nicht (oder nur begrenzt) die Folge von bewusstem Wissen und innovativem Handeln durch ihre Umwelt gestaltende Menschen, sondern in erster Linie Ausdruck einer unbewussten Anpassung an über Erfahrungen gewachsene Regeln: „Die erfolgreiche Kombination von Wissen und Fähigkeit wird nicht durch gemeinsame Erörterung von Menschen (...) ausgewählt; die Auswahl ergibt sich daraus, daß die Einzelnen die Erfolgreichen nachahmen und dass sie von Zeichen und Symbolen geleitet werden, wie den Preisen, die für ihre Erzeugnisse geboten werden, (...) kurz, aus der Verwendung der Ergebnisse der Erfahrungen anderer."[83]

---

81 Friedrich August von Hayek, Die Verfassung der Freiheit (engl. Erstausgabe 1960), Tübingen 1971, S. 31
82 Siehe ebd., S. 30
83 Ebd., S. 37

2. sieht Hayek eine wesentliche Begrenzung der menschlichen Erkenntnisfähigkeit darin begründet, dass das innerhalb einer Gesellschaft vorhandene Wissen auf eine Vielzahl von Menschen verstreut ist. Für ihn gibt es
kein *gesellschaftliches* Wissen, keine Form der *gemeinschaftlichen* Wissens-
produktion, sondern „Wissen existiert nur als Wissen von Einzelnen."[84]
Daraus ergibt sich die Frage, wie alle Mitglieder der Gesellschaft von diesem verstreuten Wissen der Einzelnen profitieren können. Man könnte
meinen, dass die Wissenschaft in Kooperation mit Bildung und Medien
die Aufgabe hat, einen solchen Prozess zu organisieren und für eine Verallgemeinerung des Wissens zu sorgen. Aber Hayek bestreitet, dass die
Wissenschaft dazu in der Lage ist, weil sie erstens mit ihren Methoden
nicht fähig sei, die Wissenserfordernisse der Gesellschaft tatsächlich zu
befriedigen, und zweitens, weil mit jedem Fortschritt in der Wissenschaft
zugleich das Bewusstsein über das Ausmaß der menschlichen Unkenntnis
wachse.[85] „Die Begrenzung des Wissens, mit der wir uns befassen, ist
deshalb nicht eine Begrenzung, die von der Wissenschaft überwunden
werden kann."[86]

Die Lösung dieses Problem liegt für Hayek in der Institution des Marktes.
Dieser bietet die Möglichkeit, die menschliche Unvollkommenheit beschränkten Wissens und dessen breite Streuung auf eine Vielzahl von Individuen zusammenzuführen, indem er es vermag, die unterschiedlichen Wis-
sensstände und Fähigkeiten zum Nutzen aller zu entfalten. Denn „nur in einer Wettbewerbswirtschaft (können) die konkreten Umstände, die wir zur
Befriedigung unserer Bedürfnisse verwenden wollen und deren Kenntnis
unter Hunderttausenden von Menschen verteilt ist, vollkommen ausgenützt
werden."[87] Was die Wissenschaft nicht kann, vermag also der Wettbewerb.
Indem der Markt über den Wettbewerb einen Such- und Experimentierpro-
zess anstößt, führt er die auf die einzelnen Subjekte verteilten Wissensfrag-
mente zusammen und produziert so eine „spontane Ordnung", die Hayek
auch als „Katallaxie" bezeichnet.

---

84 Siehe ebd., S. 33
85 Zum Wissenschaftsverständnis des Neoliberalismus vgl. Jürgen Nordmann, Der lange
   Marsch des Neoliberalismus. Vom Roten Wien zum freien Markt – Popper und Hayek im
   Diskurs, Hamburg 2005.
86 Friedrich August von Hayek, Recht, Gesetzgebung und Freiheit (engl. Erstausgabe 1979),
   Bd. 1: Regeln und Ordnung, München 1980, S. 31
87 Friedrich August von Hayek, Alte Wahrheiten und neue Irrtümer, in: ders., Freiburger
   Studien, a. a. O., S. 24

Die Katallaxie steht für eine komplexe funktionsfähige Marktwirtschaft, die Hayek von Einzelwirtschaften wie einem Haushalt oder kleinen Gemeinschaften unterscheidet.[88] Das Besondere der Katallaxie gegenüber früheren Formen des Wirtschaftens besteht für Hayek darin, dass sie die zur Verfügung stehenden Ressourcen einer Volkswirtschaft nicht nach einer bereits bestehenden oder von ihren Mitgliedern vereinbarten Hierarchie von Zielen einsetzt. Die spontane Ordnung des Marktes zeichnet sich vielmehr gerade dadurch aus, dass in einer gegebenen Periode offen bleibt, welche der am Wettbewerb teilnehmenden Individuen, Haushalte oder Wirtschaftsbereiche ihre selbst gesteckten Ziele in welchem Umfang erreichen. Diese Offenheit ist eine logische Folge der Beschreibung des Marktmechanismus als Suchprozess und der Zusammenführung von Wissen. Wenn der Wissensstand und die Ziele der Haushalte erst im Prozess der Marktteilnahme verallgemeinert werden, kann der Markt nicht im Voraus bestimmten Zielen den Vorrang geben. Dadurch sind die Resultate der Marktteilnahme für das einzelne Individuum nicht absehbar bzw. ist das Erreichen spezifischer Ziele nicht gesichert. Anders ausgedrückt: Die Verteilung der Produktionsergebnisse ist weder vorhersehbar noch bestimmbar. Das allerdings ist für Hayek keineswegs ein Nachteil, sondern die notwendige Voraussetzung für das Funktionieren der Katallaxie. Ihr allgemeiner Vorteil besteht der neoliberalen Deutung Hayeks nach darin, dass sie das Wissen aller Marktteilnehmer einbezieht und – bei allerdings offenem Ausgang – der Verfolgung individueller Ziele dient und nicht einem verordneten höheren Zweck.

Eine wesentliche Konsequenz der Betrachtung des Marktes als einer sozioökonomischen Organisationsform, welche die Grenzen individueller Erkenntnisfähigkeit durch die Schaffung einer spontanen Ordnung überschreitet, liegt darin, dass diese Organisationsform nicht einfach als ein zur Wahl stehendes abstraktes Modell (im Sinne der üblichen Lehrbuch-Gegenüberstellungen von Markt und Staat oder Markt und Plan) verstanden werden kann. Sie ist historisch bestimmt, denn aus Hayeks Perspektive hat sich die moderne Gesellschaft nicht bewusst für die Marktwirtschaft entschieden: *„Wir haben unser Wirtschaftssystem nicht entworfen, dazu waren wir nicht intelligent genug. Wir sind in dieses Wirtschaftssystem hineingestolpert, und es hat uns zu unvorhergesehenen Höhen getragen und Ansprüche aufkommen lassen, die uns vielleicht noch dazu verführen werden, es zu zer-*

---

88 Vgl. Friedrich August von Hayek, Recht, Gesetzgebung und Freiheit (engl. Erstausgabe 1979), Bd. 2: Die Illusion der sozialen Gerechtigkeit, München 1981, S. 147 ff.

stören."[89] Auf diese Weise muss der Markt nicht länger als ein abstraktes oder gar perfektes Modell im Sinne neoklassischer Vollkommenheit erscheinen, sondern wird – fast bescheiden – zu demjenigen Modell erklärt, welches unter den gegebenen Bedingungen der aufgeführten Beschränktheit das einzig mögliche und insofern das beste darstellt. Staatliche Interventionen zur Korrektur von Marktergebnissen oder gesamtwirtschaftliche Planung zur Durchsetzung gesellschafts- bzw. sozialpolitischer Zielsetzungen können aus dieser Logik heraus gar nichts anderes als störende Fremdkörper sein. Derlei Eingriffe sind für Hayek eine „Anmaßung von Wissen",[90] bedeuten – wenn man sie nicht verhindert – die Auflösung der spontanen Ordnung und müssen damit letztendlich in totalitären Zwangssystemen enden.

Hayeks Ansatz einer spontanen Ordnung des Marktes schließt alle Formen eines Ziel-Mittel-Ansatzes für die Gestaltung von Gesellschaft aus. Erlaubt sind bestenfalls Korrekturen von Schwachpunkten im als gegeben definierten Ordnungsrahmen der Gesellschaft. Das Verfolgen positiver, kollektiver Ziele – etwa Vollbeschäftigung oder soziale Gerechtigkeit – gilt als gegen den Zivilisationsprozess gerichteter Konstruktivismus. Damit beschränkt sich das menschliche Dasein auf die Möglichkeit zur individuellen Anpassung an die spontane Ordnung, der sich die Menschen unterzuordnen haben. Indem so „Unvollkommenheit das Schicksal (und die Hoffnung) dieser Welt (ist)",[91] soll der Kapitalismus von einem leidigen Dilemma befreit werden: Er muss sich nun nicht mehr an seinen Versprechungen und Ergebnissen messen lassen, sondern gilt als etwas Nicht-Perfektes – eben das für den Menschen real Machbare. Stefanie Blankenburg und Herbert Schui bringen es in ihrer Kritik am Neoliberalismus auf den Punkt: „Allgemeine Wohlfahrt besteht nicht länger im ‚Wohlstand der Nationen' (Entwicklung), und nicht einmal mehr in der optimalen Allokation vorhandener Ressourcen (allokative Effizienz), sondern in der bestmöglichen Selektion und Vergesellschaftung von Einzelwissen. (...) Damit hat die allgemeine Wohlfahrt keine materielle Substanz mehr: Die Leistungsfähigkeit des Marktes lässt sich nicht länger empirisch überprüfen."[92]

---

89 Ders., Recht, Gesetzgebung und Freiheit (engl. Erstausgabe 1979), Bd. 3: Die Verfassung einer Gesellschaft freier Menschen, München 1981, S. 222 (Hervorh. im Original)
90 Siehe ders., Die Anmaßung von Wissen; in: ORDO, Bd. 26 (1975), S. 12 ff.
91 Siehe Knut Borchardt, Die Konzeption der Sozialen Marktwirtschaft in heutiger Sicht, a. a. O., S. 44
92 Herbert Schui/Stephanie Blankenburg, Neoliberalismus: Theorie, Gegner, Praxis, Hamburg 2002, S. 77 f.

Vor diesem Hintergrund erschließt sich, warum in der angloamerikanischen Variante des Neoliberalismus eine aktive Rolle des Staates in der Wirtschaftspolitik sehr skeptisch betrachtet wird, während der Ordoliberalismus mit seiner herausgehobenen Staatsfunktion zwangsläufig in stärkerem Maß Interventionen erlauben muss. Um hierfür einen Maßstab zu finden, hatte Wilhelm Röpke die bis heute verwendete Unterscheidung zwischen marktkonformen und marktinkonformen Interventionen eingeführt,[93] eine Abgrenzung, die schon methodisch erhebliche Probleme aufwirft. Aus angloamerikanischer Perspektive öffnet sich damit die Büchse der Pandora: Hat der Staat erst einmal Interventionen zugelassen, deren Zweck die begrenzte Rahmensetzung einer Wettbewerbsordnung überschreitet, zieht dies zwangsläufig weitere Interventionen nach sich (Mises spricht von „Interventionsspiralen"), weil immer weitere Interessengruppen ihre Begehrlichkeiten gegenüber dem Staat durchsetzen wollen. Ganz ähnliche Vorbehalte äußert Hayek gegenüber dem ordoliberalen Konzept der Sozialen Marktwirtschaft. Seine Kritik daran, „dass nicht nur meine Freunde in Deutschland es für angezeigt und wünschenswert hielten, den Begriff der Marktwirtschaft als ‚soziale Marktwirtschaft' zu qualifizieren",[94] stützt sich auf die Befürchtung, durch die Verwendung des Adjektivs „sozial" wohlfahrtsstaatlichen Ambitionen Tür und Tor zu öffnen.

Die Verteidigung des Marktes als spontaner Ordnung hat nicht zuletzt deshalb großen Einfluss gewonnen, weil sie sich auf scheinbar plausible menschliche Unzulänglichkeiten stützt. Hayek macht sich dabei die in Teilen berechtigte Kritik an der Überformung und Unterdrückung von Individuen in totalitären Gesellschaftsexperimenten des 20. Jahrhundert zunutze, um letztlich alle Formen politischer Gestaltung von Wirtschaft und Gesellschaft zu diskreditieren. Die Vorstellung einer spontanen Ordnung trägt aber selbst totalitäre Züge, weil sie die Marktwirtschaft nicht mehr als *ein* mögliches Funktionsprinzip wirtschaftlichen Handelns betrachtet, sondern mit Gesellschaft in eins setzt und damit den marktwirtschaftlichen Wettbewerb zum Steuerungsprinzip zivilisatorischer Prozesse erhebt.

Hayeks Kernthese von der evolutionären Selbstdynamisierung der Märkte ist eine ahistorische Verbrämung der Wirklichkeit, die allein dem ideologischen Zweck dient, aus dem Instrument des Marktes eine Totalität von Marktverhältnissen zu konstruieren. Märkte sind aber stets durch Menschen

---

93 Vgl. Wilhelm Röpke, Die Gesellschaftskrisis der Gegenwart, a. a. O., S. 258 ff.
94 Friedrich August von Hayek, Was ist und was heißt sozial?, in: Albert Hunold (Hrsg.), Masse und Demokratie, Erlenbach-Zürich/Stuttgart 1957, S. 72

geschaffene soziale Institutionen.[95] Das gilt gleichermaßen für die Gegenwart wie die historische Perspektive: „Märkte bilden seit jeher besondere soziale Orte, wo der Austauschverkehr in aller Öffentlichkeit, nach strikten Regeln und unter ständiger sozialer und politischer Kontrolle stattfindet. Märkte zu konstituieren ist seit jeher Sache der Politik."[96] Die EU wurde aufgrund politischer Entscheidungen ihrer Mitgliedstaaten als europäischer Binnenmarkt institutionalisiert. Auch die Einrichtung eines Marktes für Verschmutzungsrechte (der sog. Emissionshandel) folgt politischen Vorgaben, und die Initiatoren hoffen, über den Marktmechanismus zur Eindämmung der Luftverschmutzung beizutragen. Es ließen sich auf zahlreichen Ebenen (regional wie sektoral) viele weitere Beispiele für die bewusste Einrichtung und Regulierung von Märkten finden.

Der Bedeutungsgehalt von „Wissen" folgt bei Hayek einer unbestimmten Semantik, die für diesen Begriff typisch ist. Ähnlich verhält es sich mit der in jüngerer Zeit häufig verwendeten Bezeichnung „Wissensgesellschaft" als Umschreibung für ein angeblich neues postindustrielles Zeitalter. Seit dem Lissaboner EU-Sondergipfel im März 2000 ist sie ein Schlüsselbegriff der europäischen Wettbewerbsstrategie, dessen konkreter Inhalt sich allerdings kaum fassen lässt. Gerade aufgrund dieser Unbestimmtheit wirkt der Hayek'sche Wissensbegriff auf den ersten Blick plausibel. Hayek verkennt allerdings in seinem Tunnelblick auf Marktverhältnisse, dass Wissen nicht allein und vermutlich nicht einmal in erster Linie über Märkte reproduziert wird. Nicht nur der marktwirtschaftliche Wettbewerb, sondern auch verschiedenste Formen der Kooperation innerhalb und außerhalb von Marktbeziehungen können verstreutes Wissen bündeln und zum wirtschaftlichen, sozialen oder kulturellen Erfolg führen. Schließlich hat es wissensbasierte Produktion und Kulturleistungen lange Zeit vor der Existenz komplexer Marktwirtschaften gegeben. Letztlich stellt sich auch die Frage, wie die positive Zusammenführung von verstreutem Wissen im Wettbewerb funktionieren soll, wenn im entfesselten Kapitalismus durch die Privatisierung des Bildungswesens das Wissen selbst zur Ware wird.[97] Konkurrenz und Selektion können bestenfalls einzelne wissensbasierte Spitzenleistungen hervorbringen, versagen aber bei der Verbreiterung der gesellschaftlichen Wissens-

---

95 Vgl. Reinhard Pirker, Märkte als Regulierungsformen sozialen Lebens, Marburg 2004
96 Michael R. Krätke, Die neue Weltunordnung. Was ist neo und was ist liberal am Neoliberalismus?, in: Regina Stötzel (Hrsg.), Ungleichheit als Projekt. Globalisierung – Standort – Neoliberalismus, Marburg 1998, S. 20
97 Vgl. Christoph Butterwegge, Globalisierung, Neoliberalismus und (Elite-)Bildung. Rahmenbedingungen für die Reform der Hochschulen, in: Vierteljahrsschrift für wissenschaftliche Pädagogik 1/2007, S. 79 ff.

basis. Zudem ist keineswegs sicher, dass das über den Markt produzierte Wissen tatsächlich den gesellschaftlichen Bedürfnissen und Notwendigkeiten entspricht.

3. Gesellschaft und Menschenbild im Neoliberalismus

Die folgende Diskussion der neoliberalen Vorstellungen von Mensch und Gesellschaft stützt sich wie im Abschnitt zur spontanen Ordnung des Marktes überwiegend auf Texte von Hayek. Das hat einen einfachen Grund: Sein Werk bietet auch auf diesem Feld den umfassendsten Einblick in neoliberales Denken und ist eine Grundlage der darauf basierenden Weltanschauung. Methodisch wird hier ein exemplarisches Vorgehen gewählt, das diese Kernposition anhand einzelner Schlüsseltexte herausarbeiten will. Das beginnt mit Hayeks Theorie der kulturellen Evolution, in welcher er den Gedanken der Spontaneität als Ordnungsprinzip von der ökonomischen Sphäre auf die Gesellschaft als ganze überträgt. Zwar ist seine Vorstellung einer evolutionären Herausbildung von Markt und Gesellschaft im neoliberalen Lager nicht unumstritten.[98] Genannt sei nur James M. Buchanan, der sich einer vertragstheoretischen Konzeption verschrieben hat und damit die vernunftgeleitete Gestaltbarkeit gesellschaftlicher Prozesse in gewissen Grenzen zugesteht.[99] Gleichwohl bildet die Hayek'sche Position den maßgeblichen Referenzpunkt im Neoliberalismus. Das gilt in ähnlicher Weise für die neoliberale Interpretation von Individualismus und Freiheit, die nichts mehr mit den ursprünglichen Werten der liberalen bürgerlichen Bewegung gegen den Spätfeudalismus und den Absolutismus gemeinsam hat. Im letzten Abschnitt des Kapitels wird dann deutlich, dass das konkrete, an der Realität orientierte neoliberale Leitbild von Gesellschaft allein aus negativen Kategorien besteht: gegen den Interventions- und Wohlfahrtsstaat, gegen eine „unbeschränkte" Demokratie und gegen den Grundsatz der sozialen Gerechtigkeit.

Der *akademische* Neoliberalismus welcher Schattierung auch immer hat zwar einzelne normative Vorstellungen, aber keine geschlossene Gesell-

---

98 Vgl. Werner Goldschmidt, „Freier Markt" oder „Soziale Gerechtigkeit". Kritische Anmerkungen zu F. A. v. Hayeks „evolutionärer" Gerechtigkeitstheorie, in: ders./Dieter Klein/ Klaus Steinitz (Hrsg.), Neoliberalismus – Hegemonie ohne Perspektive, Heilbronn 2000, S. 177 ff.

99 Vgl. James M. Buchanan, Die Grenzen der Freiheit. Zwischen Anarchie und Leviathan (engl. Erstausgabe 1975), Tübingen 1984

schaftstheorie entwickelt. Das ist insofern erstaunlich, als der Anspruch, die Gesellschaft (i. S. der Realisierung einer Marktgesellschaft) zu gestalten, ein Kernanliegen des neoliberalen Projekts ist, und umso mehr, als dieser Anspruch während der vergangenen drei Jahrzehnte in beträchtlichem Maße Realität geworden ist. Dabei verfolgt der *angewandte* Neoliberalismus eine politische Praxis, deren Folgen den Zusammenhalt und die Lebensgrundlagen der Gesellschaft bedrohen oder zerstören. Zugespitzt formuliert, stellt der Neoliberalismus ein Projekt zur Auflösung der politisch organisierten Gesellschaft dar. Sein Thema ist allein die Ökonomie in einem weit gefassten Sinne. Im Zentrum jedweder Analyse stehen fast götzenhaft der Markt, seine Struktur, seine Bedingungen und bestenfalls noch das ihn umgebende Umfeld. Insofern existiert die Gesellschaft im neoliberalen Weltbild nur als Rahmenbedingung des Marktes, als exogene Größe oder gar als Synonym für den Markt. Im neoliberalen Denken ist die Gesellschaft keine eigenständige Kategorie.

Am ehesten hat sich noch der *deutsche* Neoliberalismus konkreten gesellschaftspolitischen Fragen gewidmet. Sowohl Wilhelm Röpkes Idee einer sozialen „Strukturpolitik" als auch Alexander Rüstows Vorstellung von einer „Vitalpolitik" kennzeichnen diese Bemühungen zwischen den 1940er- und 1960er-Jahren.[100] Aber auch wenn Röpke und Rüstow in ihren Hauptwerken mit klaren Worten Kultur- und Gesellschaftskritik am klassischen Wirtschaftsliberalismus üben, liegt der Fokus ihrer gesellschaftspolitischen Analyse doch darauf, gesellschaftliche Rahmenbedingungen zu finden, die zur Stabilisierung der marktwirtschaftlichen Ordnung beitragen können. In seiner bis heute viel beachteten Anklage des Wirtschaftsliberalismus plädiert etwa Rüstow für ein „Gegengewicht starker umrahmender Integrationskräfte",[101] und Röpke konstatiert an anderer Stelle: „Die Marktwirtschaft bedarf also eines festen Rahmens, den wir der Kürze halber den *anthropologisch-soziologischen Rahmen* nennen wollen."[102] Auffallend ist der bereits weiter oben diskutierte konservativ-autoritäre Zug im Menschen- und Gesellschaftsbild des Ordoliberalismus. In der ordoliberalen Vorstellung gleicht die gesellschaftliche Struktur einer Pyramide, an deren Spitze eine Führerschicht steht. Die Einteilung der Menschen in eine *irrationale Masse*,

---

100 Vgl. Ralf Ptak, Vom Ordoliberalismus zur Sozialen Marktwirtschaft, a. a. O., S. 189 ff.
101 Siehe Alexander Rüstow, Das Versagen des Wirtschaftsliberalismus (1. Aufl. 1945), 2. Aufl. Bad Godesberg 1950, S. 50; vgl. auch die 3., überarbeitete Aufl., hrsg. von Frank P. Maier-Rigaud und Gerhard Maier-Rigaud, Marburg 2001, der die beiden Herausgeber einen umfangreichen Essay unter dem Titel „Das neoliberale Projekt" beigefügt haben.
102 Wilhelm Röpke, Civitas Humana, a. a. O., S. 83 (Hervorh. im Original)

die (missbräuchlich) über die Demokratie Marktkorrekturen erzwingt, und
eine *geistige Elite,* welche die Führung übernehmen muss, um den interventionistischen Verfall von Wirtschaft und Gesellschaft zu stoppen, zeugt
nicht nur von tiefem Kulturpessimismus und wenig Vertrauen in die Indivi-
dualität der Menschen. Sie bringt den Ordoliberalismus auch in unmittelbaren Konflikt mit demokratischen Grundsätzen.

Demgegenüber wirkt Hayeks Verteidigung liberaler Grundwerte wie Individualismus und Freiheit in seinen umfangreichen sozialphilosophischen
Schriften geschmeidiger. Das tief sitzende konservative Element wie auch
der autoritäre Charakter werden durch Hayeks permanente Selbstinszenie-
rung als Hüter liberaler Werte auf den ersten Blick verdeckt. Aber schon
seine Herleitung der Marktwirtschaft als spontaner Ordnung begründet ein
Verhältnis struktureller Gewalt, denn Spontaneität steht hier für nichts anderes als die universelle Umschreibung unverrückbarer objektiver (Sach-)
Zwänge. Diese Gewalt ist nicht (oder nur in Ausnahmefällen) der offene äußere Zwang einer autoritären Regierung oder eines (wohlmeinenden) Diktators. Sie ist nicht personell identifizierbar, weil sie durch die unpersönlichen Kräfte des Marktes ausgeübt wird, denn es sind die „anonymen
Märkte", die soziale Einschnitte einfordern oder Massenentlassungen erzwingen. Dies hat den Vorteil, dass die dahinter liegenden Partikularinteres-
sen der Reichen und Mächtigen überdeckt werden. Hayek baut auf die Verinnerlichung der Zwänge in den Subjekten, die sich den unverrückbaren
Gegebenheiten anpassen sollen. Hayeks Individualismus steht deshalb für
einen Prozess der Anpassung, seine Vorstellung von Freiheit für Demut und
Unterwerfung gegenüber den Marktverhältnissen.

Entsprechend umreißt Hayeks Definition von Gesellschaft gleicherma-
ßen die herausgehobene Stellung des Marktes wie darauf begründete
Zwangsverhältnisse. Die Gesellschaft „ist keine handelnde Person, sondern
eine geordnete Struktur von Handlungen, die sich daraus ergibt, daß ihre
Mitglieder gewisse abstrakte Regeln beachten. Wir alle verdanken die
Wohltaten (der Marktwirtschaft, *R. P.*) (...) nicht irgendjemandes Absicht,
sie uns zukommen zu lassen, sondern der Tatsache, daß die Mitglieder der
Gesellschaft im allgemeinen gewissen Regeln gehorchen, Regeln, die die Regel einschließen, daß niemand auf andere Zwang ausüben darf, um sich
(oder dritten Personen) ein bestimmtes Einkommen zu sichern. Das erlegt
uns die Verpflichtung auf, die Resultate des Marktes auch dann zu akzeptieren, wenn er sich gegen uns wendet."[103] Wer also ein Managergehalt in

---

103 Friedrich August von Hayek, Recht, Gesetzgebung und Freiheit, Bd. 2., a. a. O., S. 131

Millionenhöhe bezieht, erhält ein den (Spiel-)Regeln des Marktes entsprechendes Einkommen, ohne dabei Zwang auszuüben. Wer sich dagegen zusammenschließt, um durch öffentliche Protestaktionen und Streiks lebenswerte Mindestlöhne gegen sittenwidrige Niedriglöhne durchzusetzen, akzeptiert eben nicht die Ergebnisse des Marktes und übt damit einen Zwang aus, der nach Hayek nicht mit den überlieferten Regeln der Gesellschaft vereinbar ist.

3.1 Der Mensch als Objekt der Geschichte: Hayeks Theorie der kulturellen Evolution

Weit vor Hayeks Theorie der kulturellen Evolution hatte Alfred Müller-Armack – späterer Namensgeber der Sozialen Marktwirtschaft – mit den „Entwicklungsgesetze(n) des Kapitalismus", die als einer der Gründungstexte des deutschen Neoliberalismus gelten,[104] eine Studie zur Dynamik des Kapitalismus vorgelegt. Diese Dynamik umschrieb Müller-Armack mit dem Begriff der „Selbstrealisierung", einer Vokabel, die er bereits in seinen konjunkturtheoretischen Arbeiten zu verwenden begann und nun auf den Kapitalismus als historische Formation ausweitete. Müller-Armack charakterisierte die Selbstrealisierung als „Grundvorgang der Geschichte" oder auch als „primäre Kategorie der Geschichte", die im Unterschied zum Geschichtsmaterialismus und historischen Idealismus allein dazu befähige, geschichtliche Vorgänge zu erfassen und Entwicklungen zu begreifen. Voraussetzung dafür sei es, „den spontanen Charakter kultureller Entwicklung" zu akzeptieren, denn „Spontaneität und Freiheit sind die wesentlichen Attribute der Selbstrealisierung."[105]

Müller-Armack leitete aus seiner These einer Selbstgenerierung des Kapitalismus genau das ab, was Hayek dann mit seiner Evolutionstheorie in einem anthropologischen Rahmen begründete: die Alternativlosigkeit der freien Marktwirtschaft – der Kapitalismus als „geschichtliches Monopol".[106] Spontaneität steht schon bei Müller-Armack für ein Entwicklungsverständnis, nach dem die kapitalistische Gesellschaft eben nicht bewusst durch die Vorgabe bestimmter wirtschaftlicher oder gesellschaftlicher Ziele geschaffen wurde und auch nicht geschaffen werden kann, denn „nicht im Rationalismus liegt die Errungenschaft des Kapitalismus". Vielmehr sei „das ganze

---

104 Vgl. Ralf Ptak, Vom Ordoliberalismus zur Sozialen Marktwirtschaft, a. a. O., S. 24
105 Siehe Alfred Müller-Armack, Entwicklungsgesetze des Kapitalismus, a. a. O., S. 21
106 Siehe ebd., S. 18

System rationaler äußerer Ordnung und innerer Haltungen nur zu verstehen als ein Antizipationsschema für den ökonomischen Fortschritt."[107] Die Herausbildung des Kapitalismus ist gewissermaßen eine geschichtliche Eigenbewegung, deren Dynamik weder einer spezifischen Entwicklungslogik noch bestimmten Interessen folgt.

Die Kernaussage von Hayeks Theorie der kulturellen Evolution besteht darin, dass moderne gesellschaftliche Institutionen wie Gesetze, Recht, Sprache, Geld und Markt – oder genauer, der Grad an menschlicher Zivilisation, der in ihnen enthalten ist – nicht das Ergebnis eines beabsichtigten Prozesses sind. Es handelt sich um einen Prozess der unbewussten Herausbildung, Ansammlung und Weiterreichung von Erfahrungswissen und Handlungspraktiken in Form von Tradition und Moral, nicht jedoch um das Produkt bewussten menschlichen Gestaltens und Eingreifens in seine natürliche und soziale Umwelt. Wie die Märkte als spontane Ordnung, so sind auch Zivilisation und Gesellschaft nicht aktiv durch den Menschen geschaffen. „Um diese Entwicklung (die Geschichte der Zivilisation, *R. P.*) verstehen zu können, müssen wir uns vollkommen von der Auffassung freimachen, der Mensch sei deshalb imstande gewesen, Kultur zu entwickeln, weil er mit Vernunft begabt gewesen sei."[108]

Hayek zufolge gibt es drei Wurzeln bzw. Träger menschlicher Entwicklung, die er auch als die Quellen der menschlichen Wertbildung bezeichnet: Instinkte, Tradition und Vernunft. Während Instinkte ein Merkmal der biologischen oder genetischen Evolution sind, werden Tradition und Vernunft im Zuge der kulturellen Evolution entwickelt. In beiden Evolutionsformen erfolgt der Prozess der Anpassung an die unbekannte, äußere Umwelt in Form eines beständigen Wettbewerbs, der sich auf ein grundlegend identisches Selektionsschema gründet: Bestehen oder Untergehen. Was im Bereich der biologischen Evolution das physische Überleben ist, bedeutet in der kulturellen Evolution einen Produktivitätsvorsprung als Kriterium erfolgreicher Selektion im Wettbewerb mit Konkurrenten, die eine optimale Anpassung des Menschen an die äußeren Bedingungen erlaubt. Hier wie dort geht es – wenngleich auf unterschiedlichen Stufen – um das Problem einer sinnvollen Nutzung von Ressourcen für die bestmögliche Überlebensstrategie. Biologische wie kulturelle Evolution sind der Prozess eines permanenten *trial and error*, ein stetiges unbewusstes Experimentieren zur Anpas-

---

107 Ebd.
108 Friedrich August von Hayek, Recht, Gesetzgebung und Freiheit, Bd. 3., a. a. O., S. 213

sung an die sich verändernde Umwelt und deshalb weder vorhersehbar noch steuerbar.

Mit dieser Analogie zwischen biologischer und kultureller Evolution bewegt sich Hayek am Rande einer biologistischen Evolutionstheorie. Andererseits konzediert er, dass es einen maßgeblichen Unterschied gibt, da die kulturelle Evolution nicht genetisch vorbestimmt ist. Die Informationen, die im Verlauf kultureller Evolution selektiert und weitergereicht werden, sind nicht angeboren, sondern vermittels historisch überlieferter Verhaltensregeln in Gestalt von Moral und Tradition erlernt. Hayek sieht in der kulturellen Evolution eine langsame Befreiung des Menschen von seiner Gebundenheit an triebhafte Instinkthandlungen durch die Schaffung kultureller Regeln und gesellschaftlicher Institutionen, die diese Instinkte unterdrücken und produktivere Formen des Zusammenlebens in größerer Zahl ermöglichen. Kulturelle Evolution ist in diesem Sinn ein Synonym für den Prozess menschlicher Zivilisierung von einfachen Stammesgesellschaften zu hoch entwickelten arbeitsteiligen Massengesellschaften. Sie setzt in der menschlichen Entwicklung sehr viel später ein als die genetische Evolution, aber „da sie, im Gegensatz zur genetischen Evolution, auf der Weitergabe erworbener Eigenschaften beruht, läuft sie sehr schnell ab und wenn sie einmal vorherrschend geworden ist, drängt sie die Bedeutung der genetischen Evolution in den Hintergrund."[109]

Vom Tier unterscheidet den Menschen seine Fähigkeit, erfolgreiches Verhalten nachzuahmen, das Erlernte weiterzugeben und auf Basis dieser Erfahrungen allgemeine Verhaltensregeln zu formulieren, die eine Form akkumulierten menschlichen Wissens darstellen. Aus der Sicht Hayeks ist jedoch entscheidend, dass dieses Erfahrungswissen nicht durch vernunftgeleitetes Denken oder logische Schlüsse gewonnen wird, sondern durch die häufig unfreiwillige Unterordnung unter bzw. Anpassung an vorherrschende Sitten, Bräuche und Traditionen. Deshalb spielen Einsicht und Zustimmung der Individuen in Hayeks kultureller Evolution keine Rolle. Das Weiterleben von Instinkten, die doch eigentlich im Prozess der kulturellen Evolution überwunden werden, ist in Gestalt von unbewusster Unterwerfung zugleich ihre Voraussetzung. „Der Mensch nahm nicht neue Verhaltensregeln an, weil er intelligent war. Er wurde intelligent dadurch, dass er sich neuen Verhaltensregeln unterwarf. (...) Die elementaren Werkzeuge der

---

109 Ebd., S. 212

Zivilisation – Sprache, Moral, Recht und Geld – sind alle die Ergebnisse spontanen Wachstums und nicht eines Entwurfs."[110]

Solche gesellschaftlichen Verhaltensregeln entstehen in einer frühen Entwicklungsphase als ein eher sprachloses Regelwerk, bis es zu einem verbindlichen institutionellen Rahmen wird, der sich in Form negativer Vorschriften manifestiert. Denn im Hayek'schen Entwicklungsverständnis lernt der Mensch nicht auf der Grundlage von Ursache-Wirkungs-Zusammenhängen, sondern allein aus vergangenen Fehlern. Die Entwicklung der Verhaltensregeln erfolgt dabei in Stufen unterschiedlicher Verbindlichkeit. Während die persönlichen Wertvorstellungen des Individuums keiner allgemeinverbindlichen Verpflichtung unterliegen, stellen die Traditionen und Sitten bereits eine verbindlichere Stufe gesellschaftlicher Verhaltensmaßstäbe dar. Das gesetzte, kodifizierte Recht bildet die höchste Form allgemeinverbindlicher Verhaltensregeln. Sie gelten ohne Ausnahme für alle Gesellschaftsmitglieder und sind durch allgemein anerkannte Institutionen, die selbst Bestandteil des Regelwerks sind, erzwingbar. Am Ende der kulturellen Evolution steht somit der liberale Rechtsstaat, der dem Individuum einen überschaubaren Handlungsrahmen zuweist, in dem es seine eigenen Interessen verfolgen kann. Das ist Hayeks Variante des „Endes der Geschichte" (Francis Fukuyama).

Damit ist die Voraussetzung zur Formierung moderner Großgesellschaften geschaffen, in denen die Individuen nicht mehr wie in den Stammesgesellschaften in einem notwendigen Verhältnis der Kooperation miteinander stehen, um die (wenigen) Gemeinschaftsziele zu verwirklichen. Auf diese Weise wird es möglich, im Rahmen der von Moral und Tradition gesetzten Grenzen einen beständigen Wettbewerb um die Realisierung jeweils individueller Ziele zu bestreiten. Nun kann der Einzelne eine Vielzahl von Zielen verfolgen, ohne auf die Gruppe Rücksicht nehmen zu müssen. Es ist also ein Prozess der Ausdifferenzierung von Moralität, die durch den Übergang von kollektiver zu individualistischer Moralität auf gesellschaftlicher Ebene gekennzeichnet ist. Ursprüngliche Gruppeninstinkte überleben lediglich auf der privaten Mikroebene, während auf der Makroebene ein Übergang von unbedingter Kooperation zu (geregelter) Konkurrenz stattfindet – das aus den existenziellen Notwendigkeiten geborene Kleinkollektiv wird durch die offene Gesellschaft ersetzt. So ist das Ergebnis der kulturellen Evolution für Hayek ein doppeltes: Sie eröffnet *erstens* die Möglichkeit zur friedlichen Nutzung des Wettbewerbs und gestattet eine intensivierte Arbeitsteilung

---

110 Ebd., S. 220

mit ständig steigender Produktivität; und sie schafft *zweitens* durch die Vervielfachung der Zieloptionen die Grundlagen für individuelle Freiheit.

Auch die Gesellschaft ist also wie der Markt eine spontane Ordnung (nur umfassender) – spontan deshalb, weil sie weder genetisch bedingt ist noch durch menschliche Vernunft geschaffen wurde. Sie ist das Ergebnis kultureller Evolution. Aber welche Rolle spielt die Vernunft im Hayek'schen Denkgebäude? Sie hat eine nachrangige Bedeutung, denn die in der kulturellen Evolution herausgebildeten Verhaltensregeln enthalten „wahrscheinlich mehr ‚Intelligenz' als das Denken des Menschen über seine Umwelt." Vernunft ist – wie die verschiedenen Stufen der Moral selbst – ein Produkt der Evolution und kann daher nicht gestaltend auf die Entwicklung der Ordnung einwirken. Hayek argumentiert hier unter Bezugnahme auf die Soziobiologie: „Das Gehirn ist ein Organ, das uns befähigt, Kultur aufzunehmen, aber nicht sie zu entwerfen."[111]

Damit ist nicht gesagt, dass Vernunft für die Gestaltung von Gesellschaft ohne Bedeutung wäre. Sie hat im Gegenteil sogar eine wichtige Funktion, wenn es darum geht, die Traditionen, Wertvorstellungen und moralischen Orientierungen in allgemeines Recht zu transformieren und die spontane Ordnung durch die Entwicklung adäquater Organisationen (z. B. eine Firma, eine Aktiengesellschaft, Verbände, öffentliche Einrichtungen oder eine Regierung) zu ergänzen. Vernunft findet ihre Anwendung also im Entdecken und Übertragen des *bereits vorhandenen* Wissens und in der Auswahl derjenigen Aspekte, die für das Bestehen der „Großen Gesellschaft" von Bedeutung sind.[112] Wissenschaften, vor allen Dingen die Sozialwissenschaften, finden genau darin ihre Aufgabe, dürften allerdings in ihrer gestaltenden Funktion nicht überfrachtet werden. „Die hilfreiche Einsicht, die die Wissenschaft zur Leitung der Politik beisteuern kann, besteht in einem Verständnis der allgemeinen Natur der spontanen Ordnung und nicht in irgendeiner Kenntnis der besonderen Umstände einer konkreten Situation, die sie nicht besitzt und nicht besitzen kann."[113]

Hayeks Theorie der kulturellen Evolution mündet in Fatalismus. Da die spontane Ordnung sich unbewusst entwickelt hat und von den Menschen nicht verstanden wird, ist es unmöglich, sie grundlegend zu verändern. Die Botschaft, dass die kapitalistische Gesellschaft unumstößlich sei, begründet Hayek aber nicht mit einem Loblied auf den freien Kapitalismus, wie dies

---

111 Beide Zitate ebd., S. 214
112 Siehe Friedrich August von Hayek, Recht, Gesetzgebung und Freiheit, Bd. 1, a. a. O., S. 70
113 Ebd., S. 93

andere Neoliberale tun, sondern mit den Vorgaben und Festlegungen von Jahrtausenden der Evolution, deren Entwicklung die Beschränkung menschlicher Vernunft aufgezeigt habe. So werden aus der einen „unsichtbaren Hand" Adam Smiths bei Hayek zwei unsichtbare Hände – die unsichtbare Hand der ökonomischen Koordination und die unsichtbare Hand der gesellschaftlichen Organisation.

3.2 Vom Niedergang liberaler Grundwerte: Individualismus und Freiheit

Das Verhältnis des Neoliberalismus zum Individualismus als einem der herausragenden Grundwerte des Liberalismus ist ambivalent. Einerseits verfechten die Neoliberalen einen rigorosen, übersteigerten Individualismus, wie er sich im konzeptionellen Ansatz des *methodologischen Individualismus* niederschlägt. In diesem ökonomischen Denkansatz sind Handlungen von Gruppen und Kollektiven allein auf die Ziele, Einstellungen und das Verhalten von Individuen zurückzuführen. Eine eigenständige Handlungsorientierung von Kollektiven ist ausgeschlossen. Die fortwährenden Angriffe des Neoliberalismus auf sämtliche Formen des „Kollektivismus" zeugen von solchem Denken.

Dieser radikal individualistischen wie ökonomistischen Konstruktion des menschlichen Seins steht eine Sicht gegenüber, die sich aus den diskutierten neoliberalen Vorstellungen wirtschaftlicher und gesellschaftlicher Entwicklung ergibt: die unabdingbare Gebundenheit des individuellen Daseins. Trotz einiger Unterschiede im Detail ist den neoliberalen Erklärungsansätzen doch gemeinsam, dass das Individuum nicht (oder nur sehr begrenzt) aktiv den historischen Prozess gestalten und beeinflussen kann. Die Freiheit des Individuums, eigenständig Ziele festzulegen und geeignete Wege ihrer Umsetzung zu suchen, ist beschränkt auf die Sphäre des Marktes, in der es sich als Marktteilnehmer zwischen der Rolle als Konsument und Produzent bewegen kann. Der Markt gilt als eine gewachsene Ordnung, der sich das Individuum zu unterwerfen hat. Er ist aus neoliberaler Sicht, wie wir gesehen haben, historisch oder evolutionär determiniert.

Zwar hat der deutsche Neoliberalismus einen weitergehenden Gestaltungsanspruch von Wirtschaft und Gesellschaft, wenn beispielsweise Eucken die Wirtschaftsordnungen in „traditionell gewachsene und rational nach Ordnungsprinzipien geschaffene" einteilt.[114] Aber zum ORDO als

---

114 Siehe Walter Eucken, Grundlagen der Nationalökonomie, a. a. O., S. 62 f.

ordnungspolitischem Leitbild der Gesellschaft, das „dem Wesen des Menschen und der Sache entspricht",[115] gibt es für das Individuum ebenso wenig eine echte Alternative wie in Hayeks Rigorismus. Für Hayek bedeutet Individualismus in erster Linie die Unterwerfung und Anpassung des Einzelnen gegenüber den sozialen Prozessen der gesellschaftlichen Evolution. „Der Individualismus ist daher eine Haltung der Demut angesichts dieses sozialen Prozesses und der Duldsamkeit gegenüber anderen Meinungen. Er ist das genaue Gegenteil jener intellektuellen Hybris, in der das Verlangen nach einer umfassenden Lenkung des sozialen Prozesses wurzelt."[116]

In einem grundlegenden Aufsatz zu Bedeutung und Inhalt des Individualismus unterscheidet Hayek zwischen wahrem und falschem Individualismus.[117] Dabei handelt es sich um eine für den Neoliberalismus typische, in diesem Fall begriffliche Freund-Feind-Gegenüberstellung, in der sich die Neoliberalen wie selbstverständlich stets auf der Seite des Richtigen, Wahren oder Guten wähnen. Genau genommen und in Anwendung der Hayek'schen Erkenntnistheorie wäre die Feststellung eines *wahren* Individualismus gar nicht möglich, weil die Feststellung von Wahrheiten aufgrund der Begrenzungen menschlicher Vernunft und gesellschaftlichen Wissens kaum möglich sein sollte. Aber für die neoliberalen Denker gilt offensichtlich die Ausnahme von der Regel, die man sich als selbsternannte Elite zugesteht.

Hayeks duale Konstruktion des Individualismus entspricht seinen Hypothesen aus der Theorie der kulturellen Evolution. Während der „wahre" Individualismus einem behaupteten realistischen, antirationalistischen Menschenbild folgt, verortet Hayek den „falschen" Individualismus auf der Seite eines überzogenen Rationalismus in der Tradition insbesondere der französischen Aufklärung, der die Vernunft zum zentralen Element menschlicher Entwicklung erhebt. Dieser „Pseudo-Individualismus, der (...) zum Kollektivismus führt",[118] stützt sich auf einen übersteigerten Glauben an das vernunftbegabte Individuum, das die Wirklichkeit vollständig durchdringt und auf dieser Grundlage planvoll die Gesellschaft gestaltet. Der „falsche" Individualismus „will sich von nichts leiten lassen, das er nicht voll versteht, will im einzelnen und besonderen Fall auf Grund der Einsicht in alle Folgen

---

115 Siehe ders., Grundsätze der Wirtschaftspolitik, a. a. O., S. 372; vgl. auch Franz Böhm, Die Idee des ORDO im Denken Walter Euckens, a. a. O., S. XVI
116 Friedrich August von Hayek, Der Weg zur Knechtschaft, a. a. O., S. 209
117 Vgl. ders., Wahrer und falscher Individualismus, in: ORDO, Bd. 1/1948, S. 19 ff.
118 Siehe ebd., S. 24

entscheiden dürfen, was zweckmäßig ist; er will nicht Regeln gehorchen, sondern bestimmte Ziele verfolgen."[119]

Dagegen sieht Hayek das Individuum in einer weitgehend passiven Rolle gegenüber den gesellschaftlichen Prozessen, deren Entwicklung eben gerade nicht der bewussten Gestaltung erwächst, weil der Mensch mit zunehmender Komplexität moderner Gesellschaften die Welt immer weniger versteht und auch nicht verstehen kann. Er kann letztlich nur den in der kulturellen Evolution unverrückbar gewachsenen allgemeinen Regeln gehorchen: d. h. für die Ebene der Gesellschaft, die überlieferten Traditionen und moralischen Normen sowie Recht und Gesetz hinzunehmen, und für die Sphäre der Wirtschaft, die Spielregeln des Wettbewerbs auf dem Markt bedingungslos zu akzeptieren. Der „wahre" Individualismus entspringt dem Bewusstsein, „dass dem individuellen Verstand Grenzen gezogen sind, ein Bewusstsein, das zur Demut vor den unpersönlichen und anonymen sozialen Prozessen führt, durch welche die einzelnen mithelfen, Dinge zu schaffen, die größer sind, als sie selbst wissen."[120] Diese Begrenzung ist bei Hayek weit gefasst, denn „der einzelne (muß) bei seiner Teilnahme an sozialen Prozessen bereit und willig sein, sich Änderungen anzupassen und Konventionen zu unterwerfen, (...) auch dann, wenn deren Berechtigung in dem besonderen Fall nicht erkennbar sein mag und die ihm selbst oft unverständlich und irrational erscheinen werden."[121]

Hayek unterstellt dem „falschen" Individualismus zudem ein idealisiertes Menschenbild, welches allein das Gute im Menschen sieht. Wir kennen das aus aktuellen sozioökonomischen Reformdebatten, in denen mit zynischem Unterton vom „Gutmenschen" gesprochen wird, wenn Werte wie Mitgefühl, Solidarität oder soziale Gerechtigkeit verteidigt werden. Das angeblich realistische Menschbild, das der Neoliberalismus für sich in Anspruch nimmt, ist allerdings in seinem Kern nicht nur geprägt von der Ohnmacht und Passivität des Subjekts, sondern gründet auf tiefsitzendem Pessimismus gegenüber dem Individuum. Der neoliberale Individualismus „(stellt) ein System dar, in dem schlechte Menschen am wenigsten Schaden anrichten können."[122] Als tragende Säule erweist sich allein das Streben nach Eigennutz, den die Neoliberalen gegen jedwede Kritik verteidigen.

Für Hayek ist Eigennutz nicht mit kaltem Egoismus gleichzusetzen, da der „wahre" Individualismus durchaus Kleingruppen wie die Familie oder

---

119 Friedrich August von Hayek, Was ist und was heißt sozial?, a. a. O., S. 80
120 Ders., Wahrer und falscher Individualismus, a. a. O., S. 25
121 Ebd., S. 38
122 Ebd., S. 27 f.

den Freundeskreis mit einschließt. Er hat also durchaus eine soziale Dimension, die sich allerdings auf die freiwillige Einbeziehung von Kleingruppen beschränkt. So sieht es auch Milton Friedman, langjähriger Kopf der Chicagoer Schule: „Als Liberale sehen wir in der Freiheit des Individuums und vielleicht noch in der Freiheit der Familie das höchste Ziel aller sozialen Einrichtungen."[123] Das Verfolgen eigennütziger Interessen als Grundprinzip des neoliberalen Individualismus ist aus Hayeks Sicht überdies ein Ergebnis der Beschränkung des Individuums selbst, die darin liegt, „daß alles, was der Geist des Menschen wirklich erfassen kann, die Tatsachen des engen Kreises sind, dessen Mittelpunkt er ist, und daß (...) die Bedürfnisse, für die er wirksam Sorge tragen *kann*, nur einen verschwindenden Bruchteil der Bedürfnisse aller Glieder der Gesellschaft ausmachen."[124] Insofern entspricht der familiär eingebettete Egoismus den realen Möglichkeiten des Individuums in der spontanen Ordnung, während der „falsche" Individualismus die Menschen der Selbstüberschätzung preisgibt und einem kollektiven Machbarkeitsglauben unterliegt.

Was also bleibt vom Individualismus als höchstem Wert des Liberalismus? Im neoliberalen Wertekanon wird aus dem Menschen ein Objekt der von ihm nicht beeinflussbaren gesellschaftlichen Entwicklung – es ist ein Dasein der Unterordnung unter den permanenten Sachzwang. Aus der liberalen Befreiung von der Obrigkeit der feudalen Gesellschaft wird das Individuum in die neoliberale Zwangsjacke der spontanen Ordnung (= Zivilisation) gesteckt, der es sich bedingungslos ergeben muss und die seine Handlungsspielräume stark eingeschränkt. Ja, das Individuum ist nicht einmal von Geburt an frei, denn die spontane Ordnung gilt als höchste Form menschlicher Entwicklung und damit als Endpunkt der Geschichte. Die Anwendung der Vernunft beschränkt sich auf die Einsicht in die Notwendigkeit zur Demut und zur Unterwerfung unter die Prozesse der spontanen Ordnung, abgesehen von jenen wenigen Ausnahmeindividuen einer Spitzenelite, die Hayek als „original thinkers" bezeichnet – dazu später mehr. Die Freiheit des Individuums ist nicht mehr die Freiheit von gesellschaftlichen und materiellen Zwängen, sondern die Freiheit von einem überzogenen menschlichen Vernunftglauben, der die Gesellschaft bewusst und planend gestalten will. Was bleibt, ist ein dem Eigennutz verpflichtetes, armseliges Wesen, das bestenfalls seine eigene Situation versteht und die persön-

123 Milton Friedman, Kapitalismus und Freiheit (engl./dt. Erstausgabe 1962/71), München 1976, S. 32
124 Friedrich August von Hayek, Wahrer und falscher Individualismus, a. a. O., S. 29 (Hervorh. im Original)

lichen Lebensbedingungen nur in einem eng begrenzten Rahmen anonymer Regeln beeinflussen kann.

Diese Regeln der spontanen Ordnung sind zugleich auch die Begrenzungen der allgemeinen Freiheit. In der Hayek'schen Sozialphilosophie ist Freiheit ein dem Individuum zur Verfügung gestellter Handlungsrahmen, der deshalb Freiräume für die einzelnen Menschen schaffen kann, weil er ihnen durch ein allgemein akzeptiertes Regelwerk bestimmte Grenzen setzt. Das ist eine logische Folge des Verständnisses von Freiheit als Produkt der kulturellen Evolution, die für Hayek immer nur das selektiert, was sich im Prozess der Verarbeitung alltäglicher Erfahrungen als negativ erwiesen hat und damit in Zukunft zu vermeidende Handlungen begründet. „Freiheit wurde möglich durch die allmähliche Evolution der *Disziplin der Zivilisation, die auch zugleich die Disziplin der Freiheit ist*. (...) Wir verdanken unsere Freiheit Beschränkungen der Freiheit."[125] Das beinhaltet auch ein Bekenntnis zu einer stabilen gesellschaftlichen Ordnung, was Hayek von noch radikaleren „Anarcho-Liberalen" wie Murray Rothbard unterscheidet.[126] In ähnlicher Weise hatten bereits die frühen deutschen Neoliberalen den Gedanken einer unauflösbaren „Einheit von Freiheit und Bindung" formuliert, der sich in Texten von Alfred Müller-Armack, Ludwig Erhard, Franz Böhm und Walter Eucken findet.[127]

Freiheit wird hier verstanden als *negative*, als Freiheit von etwas, nicht aber als *positive* Freiheit zu etwas. Freiheit legitimiert sich allein aus der Abwesenheit von Zwang. Es geht, so heißt es im ersten Satz von Hayeks „Verfassung der Freiheit", um einen „Zustand der Menschen, in dem Zwang auf einige von seiten anderer Menschen so weit herabgemindert ist, als dies im Gesellschaftsleben möglich ist."[128] Dieses Freiheitsverständnis hat mit der Bereitstellung materieller oder politischer Voraussetzungen zur freien Entfaltung der Persönlichkeit nichts gemeinsam. Es steht in der Tradition der Wirtschaftsfreiheit des klassischen Liberalismus und ist eine Säule der neoliberalen Ethik, wie sie auch Milton Friedman in seinem Werk „Kapitalismus und Freiheit" vertritt. Hayek stellt lediglich einen erweiterten Begründungszusammenhang zur Verfügung, indem er auch den Wert der Freiheit aus den Bedingtheiten der gesellschaftlichen Evolution ableitet. Was aber bedeutet im neoliberalen Denken die Abwesenheit von Zwang?

---

125 Ders., Recht, Gesetzgebung und Freiheit, Bd. 3., a. a. O., S. 221 (Hervorh. im Original)
126 Vgl. Murray N. Rothbard, Die Ethik der Freiheit, Sankt Augustin 1999
127 Vgl. Ralf Ptak, Vom Ordoliberalismus zur Sozialen Marktwirtschaft, a. a. O., S. 52, 77, 99 und 114
128 Friedrich August von Hayek, Die Verfassung der Freiheit, a. a. O., S. 13

Um diese Frage beantworten zu können, ist es notwendig, sich noch einmal mit dem neoliberalen Staatsverständnis zu befassen, denn die Ausübung von Zwang obliegt allein dem Staat. Wie wir gesehen haben, ist der neoliberale Staat ein Minimalstaat, wenn es um die soziale Sicherheit und andere Leistungen der öffentlichen Daseinsvorsorge geht. Er ist allerdings ein starker Staat nach innen wie nach außen, wenn es um die Durchsetzung und Sicherung der marktwirtschaftlichen Ordnung geht. Jedoch ist auch der Staat ein Produkt der spontanen Ordnung und insofern dieser untergeordnet. Die Regierung kann also nicht beliebig Gesetze einbringen, sondern ist im Hayek'schen Sinne stets an die Einhaltung der gewachsenen allgemeinen Regeln gebunden. „Die Herrschaft des Gesetzes ist daher nicht eine Regel des Rechts, sondern eine Regel darüber, was Recht sein soll, ein metagesetzliches Prinzip oder ein politisches Ideal. Es wird nur insofern wirksam sein, als der Gesetzgeber sich daran gebunden fühlt. In einer Demokratie bedeutet das, daß es nicht erfüllt werden wird, wenn es nicht zur moralischen Tradition der Gemeinschaft gehört".[129] Aus dieser Logik heraus darf es keine Gesetzgebung geben, die z. B. das Gemeineigentum oder die Kooperation und dezentrale Planung zu wichtigen Institutionen des Wirtschaftsprozesses erklärt, da die spontane Ordnung wie gesehen auf Wettbewerb, Konkurrenz und Selektion gründet.

Der Staat kann zur Durchsetzung des Rechts – und nur dazu – Zwang anwenden. Zwang und Macht sind für Hayek nicht identisch. Der Nobelpreisträger grenzt die beiden Begriffe vielmehr deutlich voneinander ab, indem er Macht als positive Eigenschaft verstanden wissen will, als „die Fähigkeit, das Erstrebte zu erreichen."[130] Damit wird Freiheit nur durch Zwang, nicht aber durch Macht begrenzt. Insofern bestätigt sich eindrucksvoll die Negativität von Freiheit: Physische Gewalt beispielsweise stellt eine Bedrohung der Freiheit dar, weil sie eine Form des Zwangs ist. Die Unmöglichkeit, legitime Eigeninteressen zu verfolgen, also die ungenügende Macht, etwas zu erreichen (z. B. durch mangelnde Verfügung über Einkommen oder Kapital), bedeutet dagegen keine Unfreiheit.

Macht kollidiert für Hayek dann mit Freiheit, wenn sie mittels (staatlichen) Zwangs zur Veränderung der Marktergebnisse (z. B. durch eine nachhaltig wirkende Vermögensteuer) benutzt werden soll. „Diese Konfusion von Freiheit als Macht mit Freiheit im ursprünglichen Sinn führt unvermeidlich zu einer Gleichsetzung von Freiheit und Wohlstand; und das

---

129 Ebd., S. 266 f.
130 Siehe ebd., S. 163

macht es möglich, die Anziehungskraft des Wortes ‚Freiheit' zur Unterstützung der Forderungen nach einer Umverteilung der wirtschaftlichen Güter auszunützen."[131] Auch die ökonomische bzw. unternehmerische Macht, Menschen von ihren Grundbedürfnissen (z. B. Arbeit, Wohnung oder Gesundheitsversorgung) auszuschließen, stellt in dieser Logik keinen Verlust der Freiheit dar, da „die bloße Macht der Verweigerung eines Vorteils keinen Zwang (bedeutet)." Demnach wäre der Verlust der Wohnung eines „Hartz IV"-Empfängers, der nach gültiger Rechtslage durchaus als *Zwangsräumung* erfolgen kann, aus neoliberaler Perspektive kein Zwang: „Solange die Handlung, die seine Schwierigkeit verursacht hat, nicht bezweckte, ihn zu bestimmten Handlungen oder Unterlassungen zu zwingen, solange die Absicht der Handlung, die ihn schädigt, nicht ist, ihn in den Dienst der Ziele eines anderen zu stellen, ist ihre Wirkung auf seine Freiheit keine andere als die einer Naturkatastrophe – eines Feuers oder einer Überschwemmung, die sein Heim zerstören, oder eines Unfalls, der seine Gesundheit schädigt."[132] Wenn aber die Bedrohung der persönlichen Freiheit nicht oder zumindest nicht strukturell aus den Machtverhältnissen der ökonomischen Sphäre kommen kann, bleiben nur die politischen Akteure wie Parteien, Verbände und andere Interessengruppen der Zivilgesellschaft, die durch ihre Initiativen über den eingreifenden Staat Zwang ausüben können.[133] Zwang liegt also im neoliberalen Verständnis nur dann vor, wenn es kollektiven Akteuren gelingt, in die ökonomischen Macht- und Verteilungsverhältnisse einzugreifen.

Die neoliberale Freiheit fußt auf einem zutiefst instrumentellen Freiheitsverständnis, in dem das Problem ökonomischer Macht und die Notwendigkeit materieller Voraussetzungen zur Entfaltung der persönlichen Freiheit ausgeblendet werden. Freiheit beschränkt sich allein auf die Nichtdiskriminierung der Marktteilnahme. Durch diese einseitige Gleichsetzung von Freiheit mit *wirtschaftlicher* Freiheit entfernt sich der Neoliberalismus von den emanzipatorischen Wurzeln des bürgerlichen Liberalismus: Die *politische* Freiheit – einst die wichtigste Säule der bürgerlichen Revolutionen – wird zur Bedrohung der Marktgesellschaft. Dies ist der Punkt, an dem der Neoliberalismus ins Autoritäre kippt. Da macht es sich Milton Friedman zunächst einfach, wenn er schreibt: „Die wirtschaftliche Organisationsform, die unmittelbar für politische Freiheit sorgt, nämlich der Wettbewerbskapi-

---

131 Ebd., S. 23
132 Ebd., S. 166
133 Vgl. hierzu auch das für die neoliberale Debatte wichtige Buch von Mancur Olson, Der Aufstieg und Niedergang der Nationen (engl. Erstausgabe 1982), Tübingen 1991

talismus, sorgt auch für politische Freiheit, da sie die wirtschaftliche Macht von der politischen Macht trennt und es beiden Mächten ermöglicht, sich gegenseitig zu neutralisieren." Dann aber heißt es weiter: „Die Geschichte lehrt jedoch nur, daß der Kapitalismus eine notwendige Voraussetzung für politische Freiheit ist. Eine hinreichende Bedingung ist er freilich nicht."[134] Hier nähern wir uns der Realität. Die offene Unterstützung der Chicagoer Schule für die an die Macht geputschte Regierung von Augusto Pinochet im Chile der 1970er-Jahre zeugt von der möglichen Verbindung zwischen Diktatur und freier Marktwirtschaft. Erst durch die brutale Unterdrückung der demokratisch gewählten Regierung von Salvador Allende und der Gewerkschaften wurden die Voraussetzungen für den neoliberalen Modellversuch der chilenischen Gesellschaft geschaffen.[135]

Schon 1933 hatte Wilhelm Röpke, nach dem Zweiten Weltkrieg engster wirtschaftspolitischer Berater der Regierung Adenauer, mit aller Deutlichkeit erklärt, „daß Wirtschaftsfreiheit sehr wohl mit einem illiberalen Wirtschaftssystem vereinbar ist."[136] Einige Jahre später brachte der Ordoliberale die bemerkenswerte Unterscheidung zwischen einer (akzeptierbaren) „Diktatur" und einer (abzulehnenden) „Tyrannis" in die Diskussion, die in den folgenden Jahrzehnten zu einer regelmäßig wiederkehrenden Denkfigur neoliberaler und neokonservativer Kräfte werden sollte. Schließlich, so Röpke, „(enthält) jeder festgefügte Staat ein mehr oder weniger starkes hierarchisch-autoritäres Element, und es würde zu nichts Gutem führen, eine besonders ausgeprägte Form der autoritären Herrschaft, wie sie die Diktatur kennzeichnet, für das Merkmal der modernen ochlokratischen Gewaltherrschaften zu halten."[137] Der „wohlmeinende" Diktator wird – wenn nötig – zur Durchsetzung des neoliberalen Wettbewerbsstaates akzeptiert, die Herrschaft der „Masse" gilt dagegen als entartete Demokratie.

---

134 Milton Friedman, Kapitalismus und Freiheit, a. a. O., S. 29 f.
135 Vgl. Bernhard Walpen/Dieter Plehwe, „Wahrheitsgetreue Berichte über Chile". Die Mont Pèlerin Society und die Diktatur Pinochet, in: 1999. Zeitschrift für Sozialgeschichte des 20. und 21. Jahrhunderts 2/2001, S. 42 ff.; Helmut Hertwig, Zehn Jahre Diktatur in Chile. Die Resultate eines monetaristischen Modellversuchs, in: Blätter für deutsche und internationale Politik 8/1983, S. 1124 ff.
136 Siehe Wilhelm Röpke, Epochenwende (Erstveröffentlichung 1933), in: ders., Wirrnis und Wahrheit. Ausgewählte Aufsätze, Erlenbach-Zürich/Stuttgart 1962, S. 113
137 Wilhelm Röpke, Das „Zeitalter der Tyrannis" (Erstveröffentlichung 1939), in: ders., Gegen die Brandung. Zeugnisse eines Gelehrtenlebens unserer Zeit, hrsg. von Albert Hunold, Erlenbach-Zürich/Stuttgart 1959, S. 119

3.3 Das neoliberale Leitbild der Gesellschaft: Eindämmung des Interventionsstaates, Begrenzung der Demokratie und Diskreditierung der sozialen Gerechtigkeit

Wir haben gesehen, dass die gesellschaftliche Entwicklung in der neoliberalen Lehre ein Prozess unbewusster Anpassungsleistungen der Menschen ist. Das menschliche Sein gründet sich demnach auf den Selektionsmechanismus des Wettbewerbs, der die freie Marktwirtschaft als höchste Form der Zivilisation hat entstehen lassen. Darin wurde der Mensch zum Individuum, weil er sich diesen Prozessen in Demut unterworfen, und nicht, weil er die Entwicklung gestaltet hat. Eigennutz ist das ethische Fundament des neoliberalen Individualismus, der alles Kollektive (mit Ausnahme der Familie) als angebliches Relikt vormoderner Gesellschaften ablehnt. Das neoliberale Freiheitsverständnis beschränkt den Spielraum der Individuen auf die Teilnahme am Markt, wobei strukturelle und ökonomische Macht ausgeblendet werden. Wer das nicht akzeptieren will, muss mit der harten Hand des Wettbewerbsstaates rechnen.

Diese Vorstellungen von Mensch und Gesellschaft haben primär einen legitimatorischen Zweck, sollen sie doch die grundsätzliche Alternativlosigkeit der kapitalistischen Wirtschaftsform mit scheinbar wissenschaftlicher Argumentation begründen. Sie umreißen den Rahmen einer (negativen) neoliberalen Utopie, die allerdings mit der gesellschaftlichen Wirklichkeit nach 1945 zunächst wenig zu tun hatte. In den westlichen Industriestaaten entstanden bekanntlich gemischte Wirtschaftsformen, die marktwirtschaftliche und politische Lenkung in unterschiedlicher Weise miteinander kombinierten. Der Markt galt eher als *ein* – wenn auch zentrales – wirtschaftliches Instrument denn als dogmatischer Grundsatz und wurde um das Prinzip der sozialen Gerechtigkeit erweitert. Im Ergebnis entstand ein sozial regulierter Kapitalismus, der verschiedene Typen des Wohlfahrtsstaates hervorbrachte.[138] Durch den Befreiungskampf der ehemaligen Kolonien verschob sich auch das globale Kräfteverhältnis zwischen dem Norden und dem Süden. Die jungen Nationalstaaten wurden zu unabhängigen politischen Akteuren und forderten von den reichen Industrieländern (mehr) Unterstützung für eine nachholende Entwicklung. Damit wurde die Frage sozialer Gerechtigkeit auch im Weltmaßstab aufgeworfen.

---

138 Vgl. Gøsta Esping-Andersen, The Three Worlds of Welfare Capitalism, Cambridge 1990; ergänzend: Christoph Butterwegge, Krise und Zukunft des Sozialstaates, 3. Aufl. Wiesbaden 2006, S. 22 ff. und 63 ff.

Vor diesem Hintergrund verstärkten die Neoliberalen seit den 1960er-Jahren ihre Angriffe auf alle gesellschaftlichen Institutionen (wie auch Denkrichtungen), die den Markt in seinem Wirkungsbereich begrenzen und seine Verteilungsergebnisse beeinflussen können. Das Hauptangriffsziel ist bis heute ein handlungsfähiger sozialer Interventionsstaat, der die Macht hat, ein allgemeines gesellschaftliches Wohlfahrtsinteresse durchzusetzen. Aus neoliberaler Sicht ist es grundsätzlich problematisch, dass der Staat – noch dazu legitimiert durch demokratische Institutionen – über die Zwangsmittel verfügt, um in Marktprozesse einzugreifen. „Die fundamentale Bedrohung der Freiheit", folgt Friedman seinem Mitstreiter Hayek, „kommt gerade durch die Macht, Zwang ausüben zu können (...). Die Bewahrung der Freiheit verlangt die Eliminierung solcher Machtzusammenballung soweit es nur geht." Dann wird Friedman deutlicher: „Indem er (der Markt, *R. P.*) die Organisation der wirtschaftlichen Aktivitäten der Kontrolle der politischen Instanzen entzieht, eliminiert der Markt zugleich die Quelle der Macht, Zwänge auszuüben."[139] Hayek bezeichnet dieses Kernanliegen des Neoliberalismus als „Entthronung der Politik".[140]

Wie wir gesehen haben, ist der neoliberale Staat jedoch kein schwacher Staat. Die neoliberale Staatskritik zielt nicht auf die Zerstörung der staatlichen Macht als solcher, sondern will die Neuausrichtung der staatlichen Aufgaben durchsetzen. Es ist noch nicht einmal gesagt, dass der neoliberale Wettbewerbsstaat insgesamt weniger Aktivitäten entfaltet, denn mit der in Kauf genommenen Zuspitzung gesellschaftlicher Widersprüche steigen Aufwand und Kosten zur Sicherung der Einkommens- und Eigentumsverhältnisse. Die hohen Ausgaben der führenden kapitalistischen Staaten (v. a. der USA) für die innere und äußere Sicherheit belegen dies eindringlich. Zudem erfordert die Transformation des Wohlfahrtsstaates zum Wettbewerbsstaat ein hohes Maß an regulierenden staatlichen Eingriffen. Das zeigen die bisherigen Erfahrungen z. B. der Privatisierungspolitik seit den 1970er-Jahren. Aus dieser Perspektive ist die Hayek'sche Rede von der „Entthronung der Politik" irreführend, denn auch der neoliberale Staat betreibt Politik, allerdings in erster Linie zwecks Ausbaus und Sicherung der Marktgesellschaft.

Zwar sind Ziel und Zweck dieser Transformation des Staates ein verbindendes Kernelement des neoliberalen Projekts, aber die konkreten Positio-

---

139 Milton Friedman, Kapitalismus und Freiheit, a. a. O., S. 37
140 Siehe Friedrich August von Hayek, Recht, Gesetzgebung und Freiheit, Bd. 3., a. a. O.,
   S. 201

nen zu Aufgaben und Reichweite des Staates sind im neoliberalen Spektrum uneinheitlich. So vertritt Robert Nozick in seinem Buch „Anarchie, Staat und Utopia" ein rigoroses Minimalstaatskonzept, wonach sich der Staat ausschließlich auf die Durchsetzung von Verträgen und den Schutz vor Raub, Gewalt und Betrug zu beschränken hat. Damit wird die Sicherung der Eigentumsordnung in einer freien Marktwirtschaft letztlich als einzige Staatsaufgabe akzeptiert. Staatliche Tätigkeit, die auf die Herstellung distributiver Gerechtigkeit abzielt, lässt sich aus der vertragstheoretischen Perspektive Nozicks nicht rechtfertigen.[141] Für ihn ist deshalb eine Politik steuerlicher Umverteilung (z. B. durch eine progressive Einkommensteuer) „mit Zwangsarbeit gleichzusetzen".[142]

Mit einem anderen Akzent plädierte auch James M. Buchanan in den 1970er-Jahren für einen neuen Gesellschaftsvertrag, ausgehend von der These, dass die westlichen Wohlfahrtsstaaten zu einem modernen Leviathan verkommen seien. In Anlehnung an die im 17. Jahrhundert von Thomas Hobbes für den allmächtigen und entmündigenden Staat geprägte Figur des Leviathans fordert Buchanan eine grundlegende Abkehr vom sozialen Interventionsstaat. Buchanans Vorstellungen gehen allerdings über das – eher fundamentalistische – Minimalstaatsverständnis Nozicks hinaus. Er unterscheidet einen Rechtsschutzstaat (*protective state*), der einem Minimalstaat gleichkommt, und einen Leistungsstaat (*productive state*), der öffentliche Güter bereitstellen kann. Insoweit ist Buchanans Analyse eher für die praktische politische Ökonomie gedacht, wobei auch seine Vorstellungen eines neuen Gesellschaftsvertrages letztlich nur ein Ziel haben: die Macht des Leviathans zu beschränken, also deutlich zu machen, dass „die Regierungstätigkeit verfassungsmäßigen Beschränkungen und Kontrollen unterworfen werden (muss)."[143]

Nozicks und Buchanans Arbeiten waren wichtige Stichwortgeber einer publizistischen Welle neoliberaler Staatskritik (Entwicklung der These vom systematischen „Staatsversagen"), die während der 1970er- und mehr noch während der 1980er-Jahre international politischen Einfluss erlangte. Die Neoliberalen machten sich die immer sichtbarer werdende Wachstums- und

---

141 Zur neoliberalen Theorie des Gesellschaftsvertrages vgl. Jörg Reitzig/Sebastian Brandl, Vom wohlfahrtsstaatlichen Grundkonsens zum „schlanken Staat". Die marktradikale Wendung der Gesellschaftsvertragstheorie, in: Johanna Klages/Peter Strutynski (Hrsg.), Kapitalismus am Ende des 20. Jahrhunderts, Hamburg 1997, S. 54 ff.
142 Siehe Robert Nozick, Anarchie, Staat und Utopia (engl. Erstausgabe 1974), München 1976, S. 159
143 Siehe James M. Buchanan, Die Grenzen der Freiheit, a. a. O., S. 212

Strukturkrise in den entwickelten Industrieländern zunutze, um einen Kausalzusammenhang zwischen Staatstätigkeit und ökonomischer Krise zu behaupten. Die Angriffe reichten von einer Kritik an der überbordenden Bürokratie und mangelnder Effizienz der staatlichen Aktivitäten über den Vorwurf der systematischen öffentlichen Verschwendung bis zur These von den fehlenden Leistungsanreizen eines angeblich überversorgenden Wohlfahrtsstaates. Die *Public-Choice*-Theorie verfeinerte zudem das alte Argument aus neoliberalen Gründungszeiten, nach dem der demokratische Wohlfahrtsstaat nicht das allgemeine Interesse der Gesellschaft (Gemeinwohl) zum Ausdruck bringt, sondern durch die Eigeninteressen von Politiker(inne)n und mehr noch von mächtigen Interessengruppen bestimmt wird. Im Unterschied zur früheren neoliberalen Argumentation standen jetzt allerdings nicht mehr menschliche Unzulänglichkeiten (z. B. die „gierigen Interessenhaufen" bei Rüstow) im Mittelpunkt der Analyse, sondern die Ausweitung der Gültigkeit marktwirtschaftlicher Prinzipien auf die politischen Strukturen des Wohlfahrtsstaates. Die politischen Akteure könnten gar nicht in einem allgemeinen Interesse handeln, weil sie auch im Gemeinwesen stets als eigennutzorientierte und interessengeleitete Individuen agierten. Deshalb bleibt nur ein Weg: die Beschränkung der Demokratie selbst. „Die Demokratie kann", so Buchanan, „zu ihrem eigenen Leviathan werden, wenn nicht konstitutionelle Schranken aufgestellt und durchgesetzt werden."[144]

Damit ist Buchanan nicht allein. Für die Neoliberalen bildet die Demokratie insoweit eine potenzielle Bedrohung, als zumindest theoretisch die Möglichkeit besteht, dass die Mehrheit gewillt und in der Lage wäre, die Grundpfeiler der marktwirtschaftlichen Ordnung, Privateigentum und Wettbewerb, in ihre Schranken zu verweisen oder gar zu überwinden. Entsprechend ist das neoliberale Demokratieverständnis von Skepsis bis hin zu offener Feindschaft geprägt.[145] Demokratie ist aus neoliberaler Sicht so lange akzeptabel, wie der Marktprozess in seiner Substanz unangetastet bleibt. „Wenn der Liberalismus daher die Demokratie fordert", schrieb Wilhelm Röpke schon 1947, „so nur unter der Voraussetzung, daß sie mit Begrenzungen und Sicherungen ausgestattet wird, die dafür sorgen, daß der Liberalismus nicht von der Demokratie verschlungen wird."[146] Das Hauptau-

---

144 Ebd., S. 230
145 Vgl. Ralf Ptak, Chefsache. Basta! – Der Neoliberalismus als antiegalitäre, antidemokratische Leitideologie, in: Norman Paech/Eckart Spoo/Rainer Butenschön (Hrsg.), Demokratie – wo und wie?, Hamburg 2002, S. 87 ff.
146 Wilhelm Röpke, Das Kulturideal des Liberalismus, Frankfurt am Main 1947, S. 18

genmerk der neoliberalen Demokratiediskussion gilt deshalb der Rechtfertigung und Durchsetzung einer „beschränkten Demokratie", also einer Ent-
kernung der Demokratie von ihrem materiellen Gehalt und ihrer sozialen
Substanz unter Beibehaltung ihrer legitimatorischen Funktion. Erich Hoppmann, neben Hayek ein weiterer Nachfolger Euckens in Freiburg, umreißt
die neoliberale Vorstellung einer eingedämmten Demokratie ohne Um-
schweife: „Die Machthaber müssen gehindert sein, spezifische, diskrimini-
rende Maßnahmen zu ergreifen. Persönliche Freiheit und ökonomische Effizienz erfordern notwendigerweise die Evolution einer Ordnung im Sinne
einer beschränkten Demokratie. Eine immerwährende Aufgabe ist es, die
Art ihrer Beschränkung zu analysieren."[147]

Aber worin sollen diese Begrenzungen und Sicherungen der Demokratie
bestehen? Erstens in der Selbstbeschränkung der Regierung – neoliberale
good governance bedeutet das Akzeptieren der spontanen Ordnung des
Marktes oder doch zumindest die Einsicht in den marktwirtschaftlichen
Sachzwang. Zweitens in institutionellen Beschränkungen der Demokratie,
damit die Akteure erst gar nicht in Versuchung geraten, das „süße Gift"
staatlicher Interventionen in Anspruch zu nehmen. Das können allgemeine
verfassungsmäßige Normen im Sinne Buchanans oder Hayeks sein (etwa
durch die Verpflichtung der Wirtschaftpolitik auf die Realisierung einer
freien Marktwirtschaft wie im gescheiterten EU-Verfassungsvertrag vom 29.
Oktober 2004) oder auch fiskalpolitische Beschränkungen durch die Konstruktion „unabhängiger" Institutionen wie die Europäische Zentralbank.
Und drittens in der ideologischen Formierung der Gesellschaft im Sinne einer massenhaften Mobilisierung marktoptimistischer Positionen und Denkweisen in der Bevölkerung. Für den Fall, dass diese Vorkehrungen versagen,
behält sich der Neoliberalismus – wie wir gesehen haben – eine autoritäre
Option zur Durchsetzung marktwirtschaftlicher Freiheit vor, die für den
„Notfall" auch eine Diktatur nicht ausschließt.

Im neoliberalen Denken ist die Marktwirtschaft allerdings selbst schon
ein demokratisches Verfahren, gewissermaßen eine Alltagsdemokratie, die
sich über die Tauschbeziehungen des Marktes vermittelt. „Die sogenannten
Marktgesetze sind", so der führende Ordoliberale Franz Böhm, „nichts anderes als eine aufs Äußerste getriebene, technisch aufs Raffinierteste vervoll-
kommnete tägliche und stündliche *plebiszitäre Demokratie*, ein das ganze
Jahr hindurch vom Morgen bis in die Nacht währendes *Volksreferendum*,
die technisch idealste Erscheinungsform von Demokratie, die überhaupt

---

147 Erich Hoppmann, Eine universelle Quelle von Ordnung, in: FAZ v. 12.12.1998

existiert."[148] Damit wird politische Teilhabe zur Souveränität der Konsument(inn)en degradiert, und der Citoyen degeneriert zum Wirtschaftssubjekt.

Zugleich offenbart die Gleichsetzung von Marktwirtschaft und Demokratie das neoliberale Verständnis von Gerechtigkeit, die dann besteht, wenn niemand daran gehindert wird, an Marktprozessen teilzunehmen. Allgemein gesprochen geht es um formelle Gerechtigkeit, die explizit von materieller Gerechtigkeit abgegrenzt wird. Wie die Freiheit ist auch die Gerechtigkeit in der neoliberalen Lehre eine negative Kategorie,[149] die allein rechtliche Diskriminierungen ausschließen soll, aber keine positiven Normen beinhaltet. Für den neoliberalen Philosophen und Leiter des neoliberalen Think Tanks *Centre for the New Europe,* Hardy Bouillon, „(gründen) ungleiche Verteilungsergebnisse *in der Natur* der Knappheit und spontanen Ressourcenverteilung und sind im Rahmen der traditionellen Gerechtigkeitsidee gerecht, solange sie nicht anderweitig Regeln verletzen, zum Beispiel in Form von Marktzutrittsverwehrungen."[150] Wenn es um Gerechtigkeit und Gleichheit geht, argumentieren Neoliberale häufig mit dem Rückgriff auf natürliche Zustände. So spricht auch James M. Buchanan, ausgehend von einem ursprünglichen „Naturzustand (...), in dem die Menschen nicht gleich sind", von der Grundsituation „natürliche(r) Verteilung" und eines „natürlichen Gleichgewichtes".[151] Eine Rechtsordnung dient nach neoliberaler Lesart allein der gesellschaftlichen Befriedung der ursprünglichen Verhältnisse, nicht aber der Angleichung individueller Verteilungspositionen.

Aus neoliberaler Sicht ist soziale Gerechtigkeit eine „Fiktion" (Hardy Bouillon) oder gar eine „Fata Morgana" (Friedrich A. von Hayek), weil aufgrund einer fehlenden wissenschaftlichen Grundlage niemand in der Lage sei, eine konkrete positive Definition des Begriffs vorzunehmen. Die Vorstellung, dass eine demokratische Gesellschaft im kollektiven Aushandlungsprozess ein grundlegendes Verständnis sozialer Gerechtigkeit formulieren und ggf. unter veränderten gesellschaftlichen Bedingungen modifizieren

---

148 Franz Böhm, Wirtschaftsordnung und Staatsverfassung (Erstveröffentlichung 1950), in: ders., Freiheit und Ordnung in der Marktwirtschaft, hrsg. von Ernst-Joachim Mestmäcker, Baden-Baden 1980, S. 89 (Hervorh. im Original)
149 Vgl. den Abschnitt „Frieden, Freiheit und Gerechtigkeit: die drei großen Negativa" bei Friedrich August von Hayek, Recht, Gesetzgebung und Freiheit, Bd. 3., a. a. O., S. 179 ff.
150 Hardy Bouillon, Die Fiktion der sozialen Gerechtigkeit. Ein Begriff von unzureichender Präzision und Eindeutigkeit, in: FAZ v. 4.2.2006 (Hervorh. R. P.)
151 Siehe James M. Buchanan, Die Grenzen der Freiheit, a. a. O., S. 79 und 83

kann, schließt das neoliberale Weltbild aus. Soziale Gerechtigkeit gilt demnach als Kampfformel, die auf die Verteilung nicht leistungsgerecht erworbener Einkommen abzielt. Aus neoliberaler Sicht ist der Begriff des Sozialen eine ideologische Figur, die bewusst oder unbewusst die Marktwirtschaft (und damit auf lange Sicht die gesamte moderne Gesellschaft) untergräbt. „Die neue Moral des Sozialen, wenn wir das Wort sozial wörtlich als ‚das Gefüge einer Gesellschaft fördernd' nehmen", so Hayek, „ist das Gegenteil dessen, was sie vorgibt. Sie ist im Wesentlichen ein willkommener Vorwand für den Politiker geworden, Sonderinteressen zu befriedigen. Das Soziale bezeichnet kein definierbares Ideal, sondern dient heute nur mehr dazu, die Regeln der freien Gesellschaft, der wir unseren Wohlstand verdanken, ihres Inhalts zu berauben."[152]

Gemäß der neoliberalen Evolutionstheorie wird die soziale Gerechtigkeit dann als ein Rückfall in die Zeiten kollektiver Zwangsgemeinschaften gedeutet, da sie auf die Korrektur individueller Verteilungspositionen am Markt drängt. Wer eine sozial gerechte Verteilung der Einkommen fordert, bei dem sei „die lange Zeit unterdrückter Urinstinkte wieder an die Oberfläche gekommen. Die Forderung nach gerechter Verteilung, bei der eine organisierte Macht jedem das zuteilen soll, was er verdient, ist somit genaugenommen ein Atavismus, der auf Uremotionen beruht."[153] In der Übersetzung in die neoliberale Alltagssprache der Gegenwart sind die für höhere Löhne oder Arbeitszeitverkürzungen streikenden Gewerkschaften deshalb unmoderne, rückschrittliche Organisationen, welche die Funktionsmechanismen der modernen, auf Individualismus und Markt gegründeten Großgesellschaft nicht begriffen haben.

Zur Gerechtigkeit gehört auch der Wert der Gleichheit, der sich im klassischen Liberalismus zunächst auf die Abschaffung feudaler Privilegien bezog, aber mit der Erwirtschaftung großer Überschüsse im Kapitalismus auch eine verteilungspolitische Komponente bekam. Egalität bedeutet dabei nicht Gleichmacherei der Individuen, sondern neben der Schaffung gleicher Startvoraussetzungen (Chancengleichheit) eine Verteilungspolitik, in der die Einkommensunterschiede auf Grundlage politisch-moralischer Kollektiventscheidungen begrenzt werden. So verstandene Egalität bildet in dreifacher Hinsicht einen fundamentalen Gegensatz zum neoliberalen Modell: erstens, weil sie eine kollektive Kategorie voraussetzt, nämlich eine gesellschaftspolitische Verabredung über einen gewünschten Zustand, wie auch

---

152 Friedrich August von Hayek, Wissenschaft und Sozialismus, Tübingen 1979, S. 16
153 Ders., Recht, Gesetzgebung und Freiheit, Bd. 3., a. a. O., S. 223

immer dieser aussehen mag; zweitens, weil Egalität den direkten Gegensatz zu Konkurrenz und Wettbewerb bildet, also jenen Prinzipien, die das Grundgerüst der neoliberalen Marktgesellschaft ausmachen; und drittens, weil Egalität eine ökonomische Dimension hat, die auf die Korrektur der Marktergebnisse abzielt und eine gerechte Verteilung des Produktivitätsfortschritts anstrebt. Insofern ist es nur folgerichtig, wenn Hayek von der „fundamentalen Sittenlosigkeit eines jeden Egalitarismus" spricht.[154]

Gerade im aggressiven Antiegalitarismus der Neoliberalen verschwimmt schnell die Grenze zum offenen Sozialdarwinismus. Man kann dem Nobelpreisträger Hayek fast dankbar sein, dass er die Grundzüge des neoliberalen Wertesystems so unverhohlen preisgibt: „Ungleichheit ist nicht bedauerlich, sondern höchst erfreulich. Sie ist einfach nötig", heißt es einleitend in einem von Stefan Baron für die *Wirtschaftswoche* geführten Interview mit Hayek, der seine Argumentation im Hinblick auf den Nord-Süd-Konflikt zuspitzt: „Für eine Welt, die auf egalitäre Ideen gegründet ist, ist das Problem der Überbevölkerung (...) unlösbar. Wenn wir garantieren, dass jeder am Leben erhalten wird, der erst einmal geboren ist, werden wir sehr bald nicht mehr in der Lage sein, dieses Versprechen zu erfüllen. Gegen diese Überbevölkerung gibt es nur die eine Bremse, nämlich daß sich nur die Völker erhalten und vermehren, die sich auch selbst ernähren können."[155] Das war die offene Antwort des führenden Neoliberalen auf die damalige Forderung der Länder des Südens nach einer neuen, gerechten Weltwirtschaftsordnung.

4. Der Neoliberalismus als Projekt der politischen Praxis

Der Neoliberalismus beschränkt sich nicht auf die Analyse der politischen und ökonomischen Bedingungen von Märkten, sondern geht über einen rein wissenschaftlichen Ansatz weit hinaus. Er ist nicht nur eine ideologisch geformte Lehre zur Verteidigung der von politischen Korrekturen befreiten Marktwirtschaft, sein Programm beinhaltet vielmehr auch die permanente Suche nach einer politischen und institutionellen Strategie und Taktik zur Durchsetzung der Marktgesellschaft. Darin liegt ein wesentlicher Unterschied zu anderen marktoptimistischen Wirtschaftslehren, die sich wie die

---

154 Siehe ders., New Studies in Philosophy, Politics and Economics and the History of Ideas, London 1978, S. 157
155 Interview mit Friedrich August von Hayek, in: Wirtschaftswoche v. 6.3.1981

Neoklassik meist auf die Ebene abstrakter Wissenschaft beschränken und die praktischen Schlussfolgerungen der (Regierungs-)Politik überlassen. Im Neoliberalismus geht es von Beginn an um die Formierung einer „Bewegung" für die Realisierung seines Gesellschaftsprojekts, die jedoch nichts mit einer sozialen Bewegung herkömmlicher Art zu tun hat. Nach neoliberalem Selbstverständnis handelt es sich um eine von oben inszenierte und gesteuerte „Bewegung", also im klassischen Sinne um ein Elitemodell, an dessen Spitze sich die führenden Neoliberalen stets selbst wähnen. Dieser „Elite kommt die Sendung zu", wie es Louis Baudin – einer der Gründungsväter des internationalen neoliberalen Netzwerkes – formulierte, „die Hebel fest in der Hand zu behalten." Weiter schreibt er: „Das Schicksal der Zivilisation hängt davon ab, wie man dieser Forderung nachleben wird."[156]

Allerdings darf man die Wirkungen der neoliberalen Implementierungsstrategie auch nicht überschätzen. Sie kann nur greifen und Erfolg haben, wenn die realen gesellschaftlichen Bedingungen dies zulassen oder gar befördern. Schließlich waren die Neoliberalen – mit Ausnahme der Nachkriegszeit in Westdeutschland – bis in die 1960er-Jahre hinein eine kaum wahrnehmbare intellektuelle Sekte, die weder im wissenschaftlichen noch im politischen Raum über nennenswerten Einfluss verfügte. Gleichwohl ließen sich die Neoliberalen niemals von ihrer selbstgestellten historischen Mission abbringen, erschlossen stetig neue Finanzquellen von Unternehmen und wohlhabenden Privatleuten und bauten beharrlich ihre Institutionen und Netzwerke aus. In den 1970er-Jahren kam dann die Wende, und seit den 1990er-Jahren wurde der Neoliberalismus sukzessive zum dominierenden Referenzpunkt der Wirtschafts-, Sozial- und Gesellschaftspolitik im globalen Maßstab. Perry Anderson bemerkt dazu: „Die Ausbreitung des Neoliberalismus in den vergangenen zwei Dekaden über alle Kontinente machte ihn zur vielleicht universalsten Ideologie in der Weltgeschichte."[157]

Vor diesem Hintergrund ergeben sich mehrere Fragen: Was sind die wichtigsten Instrumente neoliberaler Strategie und Taktik, unter welchen veränderten gesellschaftlichen Bedingungen wurde der neoliberale Durchbruch möglich, und auf welche Elemente stützt sich das Programm der permanenten Reform konkret?

156 Louis Baudin, Die Theorie der Eliten, in: Albert Hunold (Hrsg.), Masse und Demokratie, Erlenbach-Zürich/Stuttgart 1957, S. 54
157 Perry Anderson, Das Zeitalter des Eric Hobsbawm, in: Sozialistische Hefte 5/2003, S. 46

4.1 Strategie und Taktik zur Durchsetzung des neoliberalen Projekts

Die neoliberale Implementierungsstrategie wurde Schritt für Schritt entwickelt und besteht aus vier Säulen:

1. einer übergeordneten Ideologie und Präsentation des Neoliberalismus als Projekt der Befreiung und der Moderne;
2. dem dauerhaften „Kampf um die Köpfe" durch permanente Propaganda für die Vorzüge einer freien Marktwirtschaft und gleichzeitige Diskreditierung der Kritiker;
3. der systematischen Politikbeeinflussung im Sinne des neoliberalen Projekts durch staatliche wie private Bildungs-, Beratungs- und Lobbyinstitutionen (*think tanks*);
4. der Absicherung und Dynamisierung marktwirtschaftlicher Reformen durch unterschiedliche Formen institutioneller Verankerung.

Es waren die frühen deutschen Neoliberalen, die in der Schriftenreihe „Ordnung der Wirtschaft" als erste Fragen nach den politischen und institutionellen Voraussetzungen zur Durchsetzung einer Wettbewerbsordnung in ihre Analyse einbezogen. Die Ordoliberalen verfolgten den Gedanken einer umfassenden ideologischen Formierung der Gesellschaft als strategischen Eckpfeiler, um der innnerhalb der Bevölkerung verbreiteten Marktskepsis entgegenzuwirken. Es bedürfe einer übergeordneten Idee, einer Art positiven Leitbildes, um die gesellschaftlichen Kräfte für Wettbewerb und Markt zu gewinnen. Der „Zentrifugalkraft der Interessen" müsse, so Franz Böhm in der ersten programmatischen Schrift des Ordoliberalismus, „die Einheit einer politisch-sittlichen Idee" entgegengesetzt werden, um die „in sich gespaltene Gesellschaft zu einer wahren Volksgemeinschaft zusammenzuschweißen."[158]

Diesen Gedanken griff Friedrich August von Hayek 1949 in einem Aufsatz zur neoliberalen Diskursstrategie auf: „Was uns heute mangelt", ermahnte er seine Mitstreiter, „ist eine liberale Utopie, ein Programm, das weder eine bloße Verteidigung des Bestehenden ist, noch einfach als ein verwässerter Sozialismus erscheint, ein *liberaler Radikalismus*, der weder die Empfindlichkeiten der bestehenden Interessengruppen schont, noch glaubt, so ‚praktisch' sein zu müssen, daß er sich auf Dinge beschränkt, die heute

---

158 Siehe Franz Böhm, Die Ordnung der Wirtschaft als geschichtliche Aufgabe und rechtschöpferische Leistung, a. a. O., S. 21

politisch möglich erscheinen."[159] Dabei ist wichtig, dass diese „Utopie" keine feste Größe darstellt, sondern von den spezifischen historischen wie gesellschaftlichen Bedingungen und Kräfteverhältnissen abhängig ist. So war in der Gründungsphase der Bundesrepublik die in ihrem Ursprung von den Ordoliberalen konzipierte Soziale Marktwirtschaft der ideelle Träger zur Durchsetzung neoliberaler Programmatik. Heute stellt sich der Neoliberalismus dagegen als moderner, zeitgemäßer Individualismus dar, der die Menschen von der verkrusteten Sozialstaatsbürokratie befreien will.

Die zweite Säule, eine Strategie der systematischen öffentlichen Beeinflussung, findet sich wiederum bereits in den frühen Texten der Ordoliberalen. Böhm setzte große Hoffnungen darauf, die Einhaltung der Marktdisziplin durch „die Methode der *psychologischen Beeinflussung*" und „der politischen Erziehung" der Bevölkerung zu erreichen.[160] Walter Eucken hatte bereits 1932 von der Notwendigkeit „einer strengen theoretisch-ökonomischen Schulung" gesprochen.[161] Davon erhoffte man sich gewissermaßen eine Verinnerlichung der marktwirtschaftlichen Grundsätze (mit dem Menschen als einsichtigem Wirtschaftssubjekt), die staatliche Zwangsmaßnahmen möglichst überflüssig machen sollte. Die frühe Freiburger Schule forderte deshalb von der Regierung die öffentliche Verankerung einer „*sozial- und wirtschaftspolitische(n) Ehrenpflicht*" als moralisch-ethisches Korsett einer Wettbewerbswirtschaft.[162] Auch diesen Gedanken entwickelte Hayek weiter, wenngleich er die Markterziehung weniger dem Staat als privaten Akteuren (vor allem Stiftungen und Denkfabriken, den sog. *think tanks*) überlassen wollte. Für ihn war klar, „daß wir keine echte Wettbewerbswirtschaft haben werden, solange die öffentliche Meinung nicht die Wohltätigkeit der Konkurrenz unter allen Umständen anerkennt. (...) Die langfristige Aufgabe der Erziehung der öffentlichen Meinung durch Aufklärung, um möglich zu machen, was heute unmöglich ist, bleibt so im Grunde die entscheidende Aufgabe, von deren Erfolg oder Misserfolg die künftige Entwicklung abhängt."[163]

---

159 Friedrich August von Hayek, Die Intellektuellen und der Sozialismus (Erstveröffentlichung 1949), in: Schweizer Monatshefte, Sondernummer 5a/1992, S. 53 (Hervorh. im Original)
160 Siehe Franz Böhm, Die Ordnung der Wirtschaft als geschichtliche Aufgabe und rechtschöpferische Leistung, a. a. O., S. 117 (Hervorh. im Original)
161 Siehe Walter Eucken, Staatliche Strukturwandlungen und die Krisis des Kapitalismus, a. a. O., S. 320
162 Siehe Franz Böhm, Die Ordnung der Wirtschaft als geschichtliche Aufgabe und rechtschöpferische Leistung, a. a. O., S. 122 (Hervorh. im Original)
163 Friedrich August von Hayek, Marktwirtschaft und Wirtschaftspolitik, in: ORDO, Bd. 5/ 1954, S. 17

Dabei setzt Hayek weniger auf allgemeine Massenpropaganda und Basis-arbeit, die sich mit dem großbürgerlichen Habitus der Neoliberalen und ih-rer Abneigung gegenüber den „Massen" kaum verträgt. Sein Konzept ist vielmehr ein elitärer Diskurs von oben, der auf die ideologische Eroberung und Vereinnahmung der Intellektuellen zielt.[164] Hayek unterscheidet zu diesem Zweck die „original thinkers", originelle Denker in Gestalt der neo-liberalen Elite, die das Programm und die daraus abzuleitenden Stichworte entwerfen, sowie „the second hand dealers of ideas", also „die ‚Zwischen-händler von Ideen'; eine Gruppe, die von entscheidender Bedeutung ist, weil sie bestimmt, was die Massen denken."[165] Gemeint sind damit Leh-rer/innen, Journalist(inn)en, Fernseh- und Radiomoderator(inn)en, Geist-liche, Schriftsteller/innen, Künstler/innen und Schauspieler/innen, die in der Strategiebildung die Aufgabe zugewiesen bekommen, die neoliberalen Botschaften unter das Volk zu bringen. Das geschieht in der Regel nicht in transparenter Form, die auf Zweck und Ziel hinweist, sondern in Gestalt scheinbar objektiver Informationsvermittlung. Die „Secondhand Dealer" sind insofern Objekte der neoliberalen Strategie zur öffentlichen Meinungs-beeinflussung

In der Bundesrepublik entstand 1953 mit der Aktionsgemeinschaft So-ziale Marktwirtschaft (ASM) ein erstes Projekt dieser Art, das unter der Führung von Alexander Rüstow zur ersten neoliberalen Bildungseinrich-tung im Hayek'schen Sinne wurde. Bis heute leistet die ASM – aktuell un-ter dem Vorsitz des Tübinger Wirtschaftswissenschaftlers Joachim Starbatty – durch Tagungen und Veröffentlichungen neoliberale Adressatenarbeit, die seit den 1990er-Jahren auch auf die Entwicklung der Marktwirtschaften in Osteuropa ausgerichtet ist. Fast parallel zur ASM gründeten westdeutsche Großunternehmen allerdings auch einen Verein, der unter der Bezeichnung „Die WAAGE" das damals neue Instrument der *Public Relations* für ziel-gruppenorientierte marktwirtschaftliche Massenpropaganda einsetzte. Der Verein realisierte zwischen 1952 und 1965 verschiedenste aufwendige Wer-bekampagnen zur gesellschaftlichen Verankerung der Sozialen Marktwirt-schaft im Sinne ordoliberaler Grundsätze und zur Unterstützung des wirt-schaftspolitischen Kurses der Regierung Adenauer/Erhard. Dafür investier-

---

164 Vgl. als grundlegenden Text: Friedrich August von Hayek, Die Intellektuellen und der Sozialismus, a. a. O.
165 Ders., Die Wiederentdeckung der Freiheit – Persönliche Erinnerungen, in: VDMA (Hrsg.), Produktivität, Eigenverantwortung, Beschäftigung. Für eine wirtschaftspoliti-sche Vorwärtsstrategie, Köln 1983, S. 19

ten die Unternehmen durchschnittlich über eine Mio. DM pro Jahr.[166] Aus jüngster Zeit kennen wir die Aktivitäten der „Initiative Neue Soziale Marktwirtschaft" (INSM), die von den deutschen Metall- und Elektroarbeitgebern mit einem jährlichen Budget von rund 10 Mio. EUR ausgestattet wird.[167] Sie betreibt sowohl professionelle PR-Kampagnen (mit der Agentur Scholz & Friends) in der Tradition des Waage-Vereins wie auch die gezielte Ansprache gesellschaftlicher Multiplikatoren, besonders von Lehrer(inne)n, die mit kostenlosem, vordergründig plural gestaltetem Unterrichtsmaterial zur zeitgemäßen Markterziehung versorgt werden.

Die dritte Säule der neoliberalen Implementierungsstrategie betrifft das Feld der Politikberatung und Lobbyarbeit gegenüber wirtschafts- und sozialpolitischen Entscheidungsträgern. Für die Ordoliberalen lag und liegt hierin ein Schlüssel zur erfolgreichen Durchsetzung einer Wettbewerbsordnung. Sie traten schon früh für eine „Generalstabsarbeit (...) von hoher wissenschaftlicher Qualität" bei den entscheidenden Regierungsstellen ein.[168] Nach 1945 richtete Ludwig Erhard mit der Abteilung für Grundsatzfragen im Bundeswirtschaftsministerium (BMWi) erstmals eine entsprechende Institution ein, als deren Leiter ab 1952 Alfred Müller-Armack eingesetzt wurde. Die Abteilung stand in der Folge personell wie inhaltlich über Jahrzehnte in der Tradition des ordnungspolitischen Ansatzes des deutschen Neoliberalismus. Eng damit verknüpft entstand der Wissenschaftliche Beirat beim BMWi, der gerade in der richtungweisenden Anfangszeit mehrheitlich mit ordoliberalen Vertretern besetzt war. Zur Beratungsstruktur des Ministeriums gehört auch die 1950 gebildete Arbeitsgemeinschaft deutscher wirtschaftswissenschaftlicher Forschungsinstitute und der 1963 per Gesetz begründete Sachverständigenrat zur Begutachtung der gesamtwirtschaftlichen Entwicklung (SVR).[169] Zur langfristigen Stärkung der neoliberalen Position in den Wirtschaftswissenschaften unterstützte das BMWi seit den frühen 50er-Jahren gezielt den Aufbau verschiedener Forschungseinrichtungen, die fast alle bis heute fester Bestandteil des neoliberalen Netzwerkes in Deutschland sind. Dazu gehörten das 1950 von Müller-Armack gegründete Institut für Wirtschafts-

---

166 Vgl. Dirk Schindelbeck/Volker Ilgen, „Haste was, biste was!" – Werbung für die Soziale Marktwirtschaft, Darmstadt 1999, S. 270 f.

167 Vgl. Rudolf Speth, Die politischen Strategien der Initiative Neue Soziale Marktwirtschaft, Hans-Böckler-Stiftung, Arbeitspapier 96, Düsseldorf 2004, S. 3

168 Siehe Franz Böhm, Die Ordnung der Wirtschaft als geschichtliche Aufgabe und rechtschöpferische Leistung, a. a. O., S. 183

169 Vgl. Ralf Ptak, Vom Ordoliberalismus zur Sozialen Marktwirtschaft, a. a. O., S. 248 ff.

politik an der Universität zu Köln, das im selben Jahr von Erich Welter begründete Forschungsinstitut für Wirtschaftspolitik an der Universität
Mainz, die 1954 von K. Paul Hensel ins Leben gerufene Forschungsstelle
zum Vergleich wirtschaftlicher Lenkungssysteme, die ihren Sitz seit 1957 in
Marburg hat, und nicht zuletzt die seit 1951 von Erhard mit Nachdruck betriebene und 1954 vollzogene Gründung des Walter Eucken Instituts in
Freiburg. Sie versorgten das Ministerium nicht nur mit einem „kontinuierlichen Strom von Gutachten, Stellungnahmen, Forschungsberichten und
Programmschriften",[170] sondern bildeten darüber hinaus ein Reservoir für
die Rekrutierung von Spitzenbeamten des BMWi und der angegliederten
Behörden. Unter der Leitung von Herbert Giersch, der selbst MPS-Mit-
glied und von 1986 bis 1988 sogar deren Präsident war, rückten im Laufe
der Zeit das Institut für Weltwirtschaft (IfW) in Kiel sowie das heute von
Thomas Straubhaar geleitete Hamburgische WeltWirtschaftsInstitut
(HWWI) in den Kreis neoliberal dominierter wirtschaftswissenschaftlicher
Forschungseinrichtungen auf.

Seit der konservativ-liberalen Wende unter Helmut Kohl spielt ein privater *think tank* eine Schlüsselrolle in der offensiven neoliberalen Politikbeeinflussung: die Stiftung Marktwirtschaft/Frankfurter Institut mit Sitz in Berlin und ihr wissenschaftlicher Beirat, der Kronberger Kreis, die in Deutschland ein einflussreiches marktradikales Elitenetzwerk bilden. Dieser Ansatz
folgt der Konzeption angloamerikanischer *think tanks*, die seit den 1950er-
Jahren vor allen Dingen in den USA und Großbritannien mit dem privaten
Kapital finanzstarker Unternehmer aufgebaut wurden. Ihr Auftrag: „Den
Krieg der Ideen gewinnen".[171] Deutsche Neoliberale wie Gerard Radnitzky
fordern seit vielen Jahren den Ausbau deutscher und europäischer *think
tanks* nach angloamerikanischem Vorbild, denn sie seien „nachahmenswert
für alle, die an einer freien Marktwirtschaft interessiert sind." *Think tanks*
haben laut Radnitzky „eine Art Katalysator-Funktion", indem sie der Aufgabe nachgehen, „das öffentliche Denken zu prägen und damit auch die wirtschaftspolitische Entwicklung zu beeinflussen."[172] Und tatsächlich konnten
neoliberale *think tanks* in den USA und Großbritannien maßgeblich zum

---

170 Siehe Karl-Heinz Roth, Klienten des Leviathan: Die Mont Pèlerin Society und das Bundeswirtschaftsministerium in den fünfziger Jahren, in: 1999. Zeitschrift für Sozialgeschichte des 20. und 21. Jahrhunderts 2/2001, S. 31
171 Siehe Susan George, Den Krieg der Ideen gewinnen, in: Mario Candeias/Frank Deppe
(Hrsg.), Ein neuer Kapitalismus?, Hamburg 2001, S. 207 ff.
172 Siehe Gerard Radnitzky, Einleitende Bemerkungen – ein Plädoyer für marktwirtschaftlich orientierte think tanks, in: ders./Hardy Bouillon (Hrsg.), Ordnungstheorie und Ordnungspolitik, Berlin/Heidelberg 1991, S. XIX

Erfolg der Regierungen Ronald Reagans und Margaret Thatchers beigetragen.[173] Die internationale Vernetzung der neoliberalen Hegemonialbestre-
bungen erfolgt über die eingangs vorgestellte *Mont Pèlerin Society*, die auf
Initiative von Hayek und mit tatkräftiger Unterstützung durch Ludwig von
Mises und Wilhelm Röpke 1947 ins Leben gerufen wurde. Sie ist heute ein
über die ganze Welt verteiltes Elitenetzwerk, das mittlerweile über 1 000
neoliberale Protagonisten und eine Vielzahl von *think tanks* miteinander
vernetzt.[174]

Wie dargestellt, haben die Ordoliberalen in ihren ersten Entwürfen einer
neoliberalen Wettbewerbsordnung die Idee einer eigenständigen Wirtschaftsverfassung aufgeworfen. Sie waren damit Pioniere für die Vorstellung
einer institutionellen Absicherung der Marktwirtschaft, die als vierte Säule
der neoliberalen Implementierungsstrategie betrachtet werden kann. Der
Grundgedanke ist einfach, geht es doch darum, Institutionen zu schaffen,
welche die Regierung und politischen Akteure, aber letztlich die ganze Gesellschaft, auf die Spielregeln der Marktwirtschaft festlegen sollen. Dieser
indirekte Weg der Marktdynamisierung hat weitreichende gesellschaftspolitische Folgen, da er nichts anderes bedeutet als die Aushebelung der politischen Einflussnahme auf das Wirtschaftsgeschehen. Was über die Mehr-
heitsverhältnisse in der Demokratie nicht erreicht werden kann (z. B. die
grundlegende Abkehr vom Wohlfahrtsstaat), soll über die strukturelle
Macht der Institutionen befördert werden.

Aus Deutschland kennen wir die von den Ordoliberalen geprägte Institution einer unabhängigen Bundesbank, deren Status darauf abzielt, die geld-
und fiskalpolitischen Spielräume der Regierung zu beschränken. Diese Unabhängigkeit von den politischen Entscheidungsträgern wurde zum Vorbild
für die Gründung der Europäischen Zentralbank (EZB), noch ergänzt
durch den Europäischen Stabilitäts- und Wachstumspakt, der eine expan-
sive Wirtschaftspolitik zur Förderung von Vollbeschäftigung und Massen-
wohlfahrt durch enge Verschuldungsgrenzen praktisch unmöglich macht.

---

173 Vgl. Richard Cockett, Thinking the unthinkable. Think-Tanks and the economic counter-revolution, London 1994; Radikha Desai, Second-Hand Dealers in Ideas: Think
Tanks and Thatcherite Hegemony, in: New Left Review 203 (1994), S. 27 ff.; Frank Fi-
scher, Die Agenda der Elite. Amerikanische Think Tanks und die Strategien der Politikberatung, in: PROKLA 104 (1996), S. 463 ff.; Keith Dixon, Die Evangelisten des Marktes. Die britischen Intellektuellen und der Thatcherismus (franz. Erstausgabe 1998),
Konstanz 2000

174 Vgl. Dieter Plehwe/Bernhard Walpen, Between network and complex organization: the
making of neoliberal knowledge and hegemony, in: dies./Gisela Neunhöffer (Hrsg.),
Neoliberal Hegemony. A Global Critique, London/New York 2006, S. 27 ff.

Verstößt ein Land gegen diese Auflagen, muss es mit drastischen finanziellen Sanktionen rechnen – ein Mechanismus, der interessanterweise für das Verfehlen der wenigen sozial- und beschäftigungspolitischen EU-Ziele nicht vereinbart wurde.[175] Die deutsche Diskussion über einen nationalen Stabilitätspakt und die Einführung einer verfassungsrechtlichen Verschuldungsgrenze, wie er von einigen CDU-Ministerpräsidenten im Rahmen der „Föderalismusreform II" vertreten wird, weist in gleiche Richtung.

Insbesondere James M. Buchanan und die *Public-Choice*-Schule haben sich mit Fragen einer „konstitutionellen Revolution" beschäftigt. Was vordergründig der Eindämmung des Leviathans dienen soll, bedeutet in der Praxis, Institutionen oder institutionelle Vorkehrungen zu schaffen, die marktkonformes Handeln befördern und die Möglichkeit von Marktkorrekturen zumindest beschneiden oder gar beseitigen. Dies gilt etwa für die Idee Buchanans, einzelne Gesetze und wirtschaftspolitische Maßnahmen auf ihre Marktkonformität hin zu prüfen oder die Begrenzung der Staatsquote in die Verfassung aufzunehmen. Perfide daran ist, dass es sich um eine abstrakte, indirekte Form der politischen Steuerung handelt, deren Intention für die breite Öffentlichkeit nur schwer zu erfassen ist.

4.2 Entwicklungsphasen des Neoliberalismus

Nach der ersten Phase der neoliberalen Formierung in den 1930er-Jahren folgten zwei Jahrzehnte der theoretischen, ideologischen und organisatorischen Orientierung, ohne dass der Neoliberalismus maßgeblichen Einfluss auf Wissenschaft und Politik erlangen konnte. Die Neoliberalen galten nach Ende des Zweiten Weltkrieges in der politischen wie in der wissenschaftlichen Öffentlichkeit als marktradikale Exoten. Ausgerechnet im Nachkriegsdeutschland trat dann die Wende ein. Die 1950er-Jahre in Westdeutschland sind zweifelsohne als erste Triumphzeit des Neoliberalismus zu werten, die selbst Hayek überrascht hat: „Eine Zeitlang hatte ich mir sogar eingebildet, Deutschland könne, ich möchte sagen, auf fast groteske Weise, die führende Nation werden, die der Welt wieder den klassischen Liberalismus schenkt."[176] Mitten in der Hochphase wohlfahrtsstaatlicher Politik (erinnert sei an die Politik des *New Deal* in den USA, das skandinavische Modell des

---

175 Vgl. Michel Heine/Hansjörg Herr, Die Europäische Zentralbank. Eine kritische Einführung in die Strategie und Politik der EZB, Marburg 2004
176 Friedrich August von Hayek, Die Wiederentdeckung der Freiheit – Persönliche Erinnerungen, a. a. O., S. 21

umfassenden Wohlfahrtsstaates oder den britischen Beveridge-Plan) gelang
es Ludwig Erhard mit seinem ordoliberalen Beraterstab im Handstreich und
mit Duldung der US-amerikanischen Besatzungsmacht, die Weichen in
Richtung einer den Grundsätzen des Neoliberalismus folgenden Wirt-
schafts- und Sozialordnung zu stellen.[177] Getragen von den Rekonstruk-
tionskräften der Nachkriegskonjunktur sowie einer Reihe günstiger politischer und ökonomischer Rahmenbedingungen kam es zum „Wirtschaftswunder", das der deutsche Neoliberalismus bis in die Gegenwart legenden-
haft als seinen ordnungspolitischen Erfolg verbucht.

Dieser Erfolg hatte aus neoliberaler Sicht allerdings einen hohen Preis,
war er doch mit massiven Zugeständnissen an den antikapitalistischen Zeitgeist verbunden. Der in Westdeutschland erfolgreiche Neoliberalismus der
Nachkriegszeit präsentierte sich als „Dritter Weg" zwischen Sozialismus und
„Paläoliberalismus" und stützte sich mit der Sozialen Marktwirtschaft auf
eine politische „Strategie im gesellschaftlichen Raum", so Alfred Müller-
Armack zum programmatischen Kern dieser Konzeption.[178] Die neoliberale
Utopie in ihrer konkreten (west)deutschen Ausformung verlor sich im politischen Pragmatismus, denn die Bundesrepublik entwickelte sich entgegen
aller ordnungspolitischen Ermahnungen bereits zu Zeiten der Regierung
Adenauer/Erhard faktisch zum Wohlfahrtsstaat mit einer gemischten Wirtschaft. Damit endete der historische Triumph des Ordoliberalismus in seiner programmatischen Entleerung, während der angloamerikanische Neoliberalismus von nun an zur bestimmenden Größe im wirtschaftspolitischen
Diskurs werden sollte.

Bereits seit Ende der 1960er-Jahre zeichnete sich international ein Ende
der großen Nachkriegskonjunktur ab, an der die Bundesrepublik in besonderer Weise Anteil hatte. Das durch seine intensive Ausprägung in Deutschland zum Mythos stilisierte Wirtschaftswunder zeigt sich aus empirischer
Perspektive allerdings eher als eine Sonderphase des konjunkturellen Verlaufs. Nach durchschnittlichen Wachstumsraten von etwa 8 Prozent p. a. in
den 1950er-Jahren sank der Durchschnitt während der folgenden Dekade
auf die Hälfte und brachte 1966/67 die erste Rezession nach dem Zweiten
Weltkrieg hervor. Zwar waren auch die 1970er-Jahre noch von relativ hohen Raten des Wirtschaftswachstums geprägt, die aber bereits von keynesianischer Stabilisierungspolitik begleitet wurden und den Trend zum deutlich

---

177 Vgl. Ralf Ptak, Vom Ordoliberalismus zur Sozialen Marktwirtschaft, a. a. O., S. 235 ff.
178 Siehe Alfred Müller-Armack, Das gesellschaftspolitische Leitbild der Sozialen Marktwirtschaft, in: Wirtschaftspolitische Chronik 3/1962, S. 13

niedrigeren, langfristigen Wachstumspfad Deutschlands verdeutlichen – der Wirtschaftshistoriker Werner Abelshauser spricht in diesem Zusammenhang von der „Rückkehr zum klassischen Zyklus".[179]

Die durch sinkendes Wirtschaftswachstum veränderten Verteilungsspielräume, aber auch stagnierende und sinkende Profitraten generierten dann – wie auch in den anderen führenden westlichen Industriestaaten – seit Mitte der 1970er-Jahre erste Debatten über eine Neujustierung der Wirtschafts- und Sozialordnung (Legitimationskrise des Sozialstaates) und der betrieblichen Strukturen. Mit der Einführung und Anwendung neuer Schlüsseltechnologien wie der Mikroelektronik und den neuen Informations- und Kommunikationstechnologien wurden die Unternehmen strukturell neu ausgerichtet. Daraus ging ein grundlegend verändertes Produktionsregime hervor, das die bis dahin „fordistisch" dominierte Arbeitsorganisation durch Flexibilisierung und Individualisierung auf den Kopf stellte. Durch die Intensivierung der internationalen Arbeitsteilung wurde zudem ein scharfer Kosten- und Standortwettbewerb initiiert, der Druck auf die Löhne sowie die regulierenden Arrangements der Arbeits- und Sozialordnung ausübte. Die wachsende Massenarbeitslosigkeit disziplinierte zunehmend die abhängig Beschäftigten und schwächte gleichzeitig die Gewerkschaften.

Die 1970er-Jahre kennzeichnet insoweit eine tiefe Krise des nationalstaatlichen keynesianischen Interventionismus. Diese Krise nutzten die Neoliberalen als Anker zur Verbreitung ihres Programms, indem sie den keynesianischen Klassenkompromiss – Umverteilung über den Wohlfahrtsstaat, makroökonomische Vollbeschäftigungspolitik, Regulierung und Demokratisierung der Arbeitsbeziehungen – als Ursache der strukturellen Krise des Kapitalismus deuteten. Damit ist der Ausgangspunkt der „neoliberalen Konterrevolution" (Milton Friedman) markiert, die nun als Prozess einer schleichenden Transformation oder, wie es der italienische Marxist Antonio Gramsci einstmals formuliert hat, in Gestalt einer „passiven Revolution" zu greifen begann.

Passiv oder schleichend sind deshalb treffende Umschreibungen, weil die Neoliberalen über keinen strategischen Schlachtplan verfügen – das wäre eine verschwörungstheoretische Kategorie, die in die Irre führt. Das neoliberale Projekt setzt auf eine sich selbst dynamisierende Transformation zur Marktgesellschaft durch eine bewusste Zerstörung der alten Ordnung. Die Eckpunkte dieser zerstörenden Dynamisierung sind: Deregulierung, Liberalisierung, Privatisierung, Flexibilisierung und Freihandel. Sie bieten gewis-

---

179 Siehe Werner Abelshauser, Deutsche Wirtschaftsgeschichte seit 1945, a. a. O., S. 294 ff.

sermaßen einen modularen Baukasten, aus dem sich die Politik neoliberaler Modernisierung bedient. Das bedeutet Abbau von Schutzrechten und Marktbeschränkungen (Deregulierung), von Zöllen und nichttarifären Handelshemmnissen (Freihandel), die Erosion der öffentlichen Daseinsvorsorge (Privatisierung), die Schaffung immer neuer Märkte (Liberalisierung) und die erzwungene Anpassung der Individuen an den Marktmechanismus (Flexibilisierung).

Ein wichtiger, wenn nicht entscheidender Katalysator für die globale Ausbreitung der neoliberalen Lehre bestand in der Aufkündigung fester Wechselkurse und einer Liberalisierung der Finanzmärkte. Damit endete 30 Jahre nach der Konferenz von Bretton Woods (1944) die politische Regulierung für Währungen und Kapitalmärkte, die den Volkswirtschaften nach dem Zweiten Weltkrieg einen relativ berechenbaren, stabilen ökonomischen Rahmen geschaffen hatte. Diese durchaus erfolgreiche Regulierung basierte auf dem wirtschaftspolitischen Konsens jener Zeit, wonach „internationale Finanzflüsse die Durchführung nationaler Wirtschaftpolitik stören können und dies nicht sollten."[180] In der Folge kam es zu einem grundlegenden Funktionswandel an den Kapitalmärkten, die nun nicht mehr in erster Linie als Instrument der Investitionsfinanzierung eingesetzt, sondern mehr und mehr für spekulatives Finanzinvestment genutzt wurden. Auch die Bildung von Wechselkursen und Zinssätzen wurde den Einflüssen der privaten Finanzmarktakteure ausgesetzt und damit die Möglichkeit makroökonomischer Lenkung durch staatliche Stellen beschnitten. Die „Entfesselung der Finanzmärkte" schuf eine Sphäre „entbetteter" Märkte (Karl Polanyi), auf denen die internationalen Investmentbanken und Fonds nach höchsten Renditen drängen.[181] Längst sind die weitreichenden Auswirkungen auf die reale Ökonomie sichtbar, die sich unter den Bedingungen der Liberalisierung an den hohen Gewinnerwartungen auf den Finanzmärkten messen lassen muss.

Einen weiteren Meilenstein für die globale Vorherrschaft des Neoliberalismus bildete der Siegeszug des Monetarismus, der ebenfalls in die 1970er-Jahre fällt. Der von Milton Friedman und der Chicagoer Schule geprägte Monetarismus ist eine Neuformulierung der Quantitätstheorie des Geldes und richtet sich gegen das Herzstück des keynesianischen Interventionismus, die beschäftigungsorientierte Zinspolitik der Zentralbank zur Steue-

---

180 Siehe Jörg Huffschmid, Politische Ökonomie der Finanzmärkte, 2. Aufl. Hamburg 2002, S. 268

181 Vgl. Elmar Altvater, Das Ende des Kapitalismus, wie wir ihn kennen. Eine radikale Kapitalismuskritik, Münster 2005, S. 110 ff.

rung der Investitionen.[182] Der Monetarismus geht im Unterschied zum Keynesianismus von der grundsätzlichen Stabilität des privaten Sektors aus. Gerade vor dem Hintergrund der krisenhaften wirtschaftlichen Entwicklung in den 1970er-Jahren (Ausbreitung der Arbeitslosigkeit, Inflation und hohe Haushaltsdefizite) fand die empirisch unterfütterte Botschaft der Monetaristen Widerhall, wonach die fiskalpolitischen Instrumente des Keynesianismus die angestrebten Beschäftigungseffekte verfehlen, aber die Inflationsgefahr erhöhen. Damit endete die Phase antizyklischer keynesianischer Wirtschaftspolitik. Die fortan vom Monetarismus geprägte Wirtschaftspolitik konzentriert sich auf die Sicherung der Preisniveaustabilität, welche durch die „unabhängigen" Zentralbanken gewährleistet wird. Die Schaffung von Vollbeschäftigung ist aus monetaristischer Sicht keine Aufgabe steuernder Wirtschaftspolitik, sondern ergibt sich quasi automatisch, wenn „Marktstörungen" wie z. B. die Arbeitslosenversicherung oder die Sozialhilfe beseitigt werden. Insoweit nahm die bis in die Gegenwart propagierte Deregulierung der Arbeitsmärkte nicht zuletzt mit der monetaristischen „Gegenrevolution" ihren Ausgang.

Mit dem Zusammenbruch des realsozialistischen Staatenblocks erlebte der Neoliberalismus zu Beginn der 1990er-Jahre einen erneuten Aufschwung. Der Traum vom Kapitalismus als „geschichtliches Monopol" (Alfred Müller-Armack) schien aus neoliberaler Sicht greifbar zu werden. Der US-amerikanische Neokonservative Francis Fukuyama sah die Marktwirtschaft und das westliche Modell der Demokratie unaufhaltsam voranschreiten und bereits das „Ende der Geschichte" gekommen.[183] In der Tat konnten große Teile des Erdballs als neue Märkte erschlossen werden, und bisher dem Neoliberalismus eher reserviert gegenüberstehende politische Kräfte schienen sich nun mit dem marktradikalen Zeitgeist zu versöhnen. So suchten weite Teile der europäischen Sozialdemokratie in einer programmatischen Neuorientierung Anschluss an einen gemäßigten Neoliberalismus. Aber dieser scheinbare Siegeszug überdeckt nur die Risse und Zerstörungen, die das neoliberale Projekt in den vergangenen drei Jahrzehnten angerichtet hat. Während der Neoliberalismus in Teilen West- und Osteuropas noch

---

182 Vgl. Milton Friedman, Die Gegenrevolution in der Geldtheorie, in: Peter Kalmbach (Hrsg.), Der neue Monetarismus, München 1973, S. 47 ff.; der Band umfasst zwölf Aufsätze recht unterschiedlicher Autor(inn)en zur Debatte um den Monetarismus.
183 Siehe Francis Fukuyama, Das Ende der Geschichte. Wo stehen wir?, München 1992

auf dem Vormarsch ist, zeigt sich etwa in mehreren Ländern Lateinamerikas
bereits eine starke und zugleich vielgestaltige politische Gegenbewegung.[184]
Allzu oft wurde in den vergangenen Jahren bereits das Ende des Neoliberalismus ausgerufen. Nicht nur die globale Ungleichzeitigkeit der Verhältnisse, sondern auch die sehr unterschiedliche politische Performance des
Neoliberalismus macht eine Beurteilung der Lage schwierig. Die Erfahrung
lehrt, dass die politischen Träger des neoliberalen Projekts gleichermaßen
Neokonservative, Liberale oder ehemalige Sozialdemokraten sein können.
Für die Analyse des neoliberalen Projekts ist es deshalb wichtig, seine Dynamik zu verstehen, denn der Neoliberalismus zielt nicht auf einen Zustand,
sondern einen Prozess der permanenten Marktentfesselung. Damit gibt es
keinen spezifischen Endpunkt des Neoliberalismus, zumal eine reine Marktgesellschaft niemals funktionsfähig wäre. Entscheidend ist, ob es international gelingt, den neoliberalen Geschichtsdeterminismus zu durchbrechen
und die sich selbst verstärkende Dynamik von Wettbewerb und Konkurrenz
zu stoppen. Es gilt heute, was Karl Polanyi vor 60 Jahren schrieb: „Zusammen mit der Freiheit von der Versklavung durch den Markt gewinnt der
Mensch eine wichtigere Freiheit. Seine Phantasie ist wieder frei – zuver-
sichtlich, daß er die Fülle der Freiheit, die er zu planen, zu organisieren und
sicherzustellen bereit ist, besitzen kann – sich seine Gesellschaft zu erschaf-
fen und zu gestalten."[185]

---

184 Vgl. Dieter Boris/Stefan Schmalz/Anne Tittor, Lateinamerika: Verfall neoliberaler Hege-
    monie?, Hamburg 2005
185 Karl Polanyi, Über den Glauben an den ökonomischen Determinismus (Erstveröffentli-
    chung 1947), in: ders., Chronik der großen Transformation. Artikel und Aufsätze (1920-
    1947), Bd. 3, hrsg. von Michele Cangiani u. a., Marburg 2005, S. 334

Tim Engartner

Privatisierung und Liberalisierung – Strategien zur Selbstentmachtung des öffentlichen Sektors

Mit dem Aufstieg des Neoliberalismus in den 1970er-Jahren brach sich im gesellschaftlichen wie im politischen Raum mehr und mehr eine Haltung Bahn, die einseitig auf die Privatisierung staatlicher Aufgaben setzt. Die Befriedigung gesellschaftlicher Bedürfnisse durch den freien Markt – die zentrale Devise lautet: „Less government is good government"[1] – stellt seither ein konstitutives Merkmal wirtschaftspolitischer Entscheidungsprozesse dar. Ungeachtet regionaler und sektoraler Unterschiede zielt die neoliberale Doktrin auf eine „Entthronung der Politik" (Friedrich A. von Hayek), die sich in der Forderung nach einer möglichst weitreichenden Rückführung des öffentlichen Sektors konkretisiert.

Hatte lange Zeit die Vorstellung dominiert, der Staat müsse die Feinsteuerung komplexer ökonomischer Systeme übernehmen und im Falle des Marktversagens intervenieren, so wurden die „Steuerungsdefizite *des* Staates und *im* Staate", denen Martin Jänicke seine Aufmerksamkeit schenkte,[2] schon vor der „geistig-moralischen Wende", die Helmut Kohl anlässlich seiner Amtsübernahme als Bundeskanzler im Herbst 1982 versprach, unter dem Etikett der „Unregierbarkeit" thematisiert.[3] Die steigende Arbeitslosigkeit galt nunmehr als Ergebnis nachfrageorientierter Wirtschaftspolitik, was eine Erosion des keynesianischen Grundkonsenses in der Bundesrepublik bedeutete und eine Abkehr vom interventionistischen Wohlfahrtsstaat auslöste. Da die „Pathologien politischer Steuerung" (Fritz Scharpf) überzeich-

---

1 John Moore, Why privatise?, in: John A. Kay/Colin Mayer/David Thompson (Hrsg.), Privatisation and Regulation. The UK Experience, Oxford 1983, S. 93

2 Martin Jänicke, Vom Staatsversagen zur politischen Modernisierung?, in: Carl Böhret/Göttrik Wewer (Hrsg.), Regieren im 21. Jahrhundert – zwischen Globalisierung und Regionalisierung. Festgabe für Hans-Hermann Hartwich zum 65. Geburtstag, Opladen 1993, S. 65 (Hervorh. im Original)

3 Vgl. dazu: Claus Offe, „Unregierbarkeit". Zur Renaissance konservativer Krisentheorien, in: Jürgen Habermas (Hrsg.), Stichworte zur „Geistigen Situation der Zeit", Bd. 1: Nation und Republik, Frankfurt am Main 1979, S. 294 ff.

net wurden, verschoben sich die Anschauungen über den Staat schließlich vom „Sicherheits- und Vorsorgestaat" in Richtung von zunehmender „Freiheit" und „Selbstverantwortung" der Bürger/innen.

In den Unternehmen wie in der Politik gewann ein Liberalisierungsfundamentalismus an Einfluss. Erklärtes Ziel seiner Protagonisten war es, das Zusammenwirken von Staat und Wirtschaft in nahezu sämtlichen Sektoren aufzulösen, um für die Marktmechanismen neuen Raum zu schaffen. In das Visier der Privatisierer gerieten Schwimmbäder, Kliniken, Seniorenheime und Theater genauso wie kommunale Wohnungsbaugesellschaften oder Wasser-, Klär- und Elektrizitätswerke. Privatisiert werden aber zunehmend auch Schulen, Universitäten, Teilbereiche der Armee sowie Luft- und Raumfahrtbehörden. Dabei begründet man die profitorientierte Ausrichtung der vormals meist gemeinwirtschaftlich organisierten Bereiche mit der Notwendigkeit, die Effizienz zu steigern, Synergieeffekte zu erzielen und Organisationsstrukturen zu „verschlanken". Ausgeblendet wird hingegen, dass öffentliche Güter und Dienstleistungen zentrale Zielbereiche der Wirtschafts- und Sozialpolitik betreffen: die Sicherung von Beschäftigung, die Stabilisierung der Wirtschaftsentwicklung, die Gewährleistung der Versorgungssicherheit und die Begrenzung sozialer Ungleichheiten auf personeller wie räumlicher Ebene.

1. Ein Kernpunkt des neoliberalen Projekts: das Privateigentum als Basis menschlichen Daseins

Die Beantwortung der Frage, wer über was im Rahmen der rechtlichen, ökonomischen und ggf. religiösen Regeln eines Sozialsystems verfügen darf, d. h. vornehmlich, in welcher Relation öffentliches und privates Eigentum zueinander stehen, ist konstitutiv für jede Gesellschaftsordnung. Da sich die Verfügungsgewalt nicht allein auf die Nutzung oder Nichtnutzung erstreckt, sondern darüber hinaus soziale Beziehungen stiftet, auslöst, verhindert, hierarchisiert oder jedenfalls beeinflusst, waren die Eigentumsverhältnisse seit jeher Gegenstand der Staats-, Rechts- und Sozialphilosophie.

1.1 Begriff und Bedeutung des Eigentums

Der englische Aufklärer John Locke nahm im 17. Jahrhundert an, Menschen würden sich vornehmlich deshalb einer Regierung unterordnen, weil sie ihr Eigentum geschützt wissen wollten.[4] Im frühliberalen Staatsdenken galten ausschließlich (männliche) Eigentümer als politisch mündig und zur aktiven Teilnahme am Gemeinwesen berufen. Seine konkrete Ausprägung fand dieser für das Bürgertum typische Gedanke in der Französischen Verfassung von 1791, die das Wahlrecht auf Personen mit einem gewissen Steueraufkommen, die *citoyens actifs*, beschränkte. Noch bis zu Beginn des 20. Jahrhundert spielte das Zensuswahlrecht in vielen europäischen Staaten eine bedeutende Rolle im Hinblick auf die politische Machtverteilung und -sicherung. Es entsprang in Deutschland einer Forderung der rechten bürgerlich-liberalen Opposition in den Aufständen von 1848 und existierte als Dreiklassenwahlrecht in Preußen noch bis 1918. In Österreich wurde das an Besitz und Steueraufkommen orientierte Wahlrecht landesweit erst 1907 durch das allgemeine Männerwahlrecht abgelöst, bevor nach Ende des Ersten Weltkrieges auch Frauen zur Urne gehen durften.[5]

Angesicht des langen historischen Vorlaufs der Diskussion über die Eigentumsfrage ist es wenig verwunderlich, dass auch die Vertreter/innen der neoliberalen Lehre eigentumsrechtliche Themen zum Ausgangspunkt ihrer gesellschafts- und wirtschaftspolitischen Überlegungen machten. Wie in den Werken Friedrich A. von Hayeks besonders eingängig formuliert, bilden Freiheit und Privateigentum ein unzertrennliches, sich wechselseitig bedingendes Gespann. Reichweite und Stellenwert des privaten Eigentums werden darüber hinaus zu Gradmessern für das Maß an (individueller) Freiheit erklärt.[6] Schließlich besitze die Institution des Privateigentums einen Leitbildcharakter für die kulturelle Evolution. Erst die Konkurrenz um die begrenzten Ressourcen führe – gesteuert durch den Preismechanismus – zu einer Lösung des Verteilungsproblems. Der österreichische Nationalökonom Ludwig von Mises hat in seinem viel beachteten, 1920 erschienenen Artikel „Die Wirtschaftsrechung im sozialistischen Gemeinwesen" darauf hingewiesen, dass die in Geld ausgedrückten Preise die zentrale Voraussetzung für eine wirtschaftliche Verwendung der verfügbaren Mittel darstellen. Die damit verbundene Grundsatzkritik an einer gemeinwirtschaftlichen Wirtschaftsordnung beinhaltet ein Plädoyer für die ausschließlich privatrechtliche Ausgestaltung der Eigentumsverhältnisse. Das gesetzliche Rahmenwerk müsse derart konzipiert sein, dass es „jeden notwendigen Antrieb

---

4 Vgl. John Locke, Über die Regierung (The Second Treatise of Government), Reinbek bei Hamburg 1966, S. 26 ff.
5 Vgl. dazu: Thomas Kühne, Dreiklassenwahlrecht und Wahlkultur in Preußen, Düsseldorf 1994, S. 386 ff.
6 Vgl. Friedrich A. von Hayek, Der Weg zur Knechtschaft, München 2003, S. 58

für die Privatinitiative" biete.[7] Deshalb zeichnet sich „Freiheit als Men-
schenrecht" (James M. Buchanan) im neoliberalen Sinne dadurch aus, dass
Individuen mit ihrem Eigentum nach Belieben, d. h. ohne fremde Interessen wahren zu müssen, verfahren dürfen – zumindest solange dies in Übereinstimmung mit der freiheitlichen Grundordnung geschieht.

Der am 16. November 2006 verstorbene US-Amerikaner Milton Friedman behauptete ebenso wie andere neoliberale Ökonomen, dass der volkswirtschaftliche Wohlstand steige, je mehr Eigentum sich in privater Hand
befindet. Durch den *Trickle-Down*-Effekt erreiche der erwirtschaftete
Reichtum zeitlich verzögert schließlich auch die ärmeren Bevölkerungsschichten. Erforderlich seien lediglich Regeln, „mit deren Hilfe jederzeit die
Grenze des geschützten Bereiches jedes einzelnen ermittelt und somit zwischen *Mein* und *Dein* unterschieden werden kann. Die Einsicht ‚Gute Zäune machen gute Nachbarn', (…) ist die Grundlage, auf der sich die gesamte
bekannte Kultur entwickelt hat."[8] Aus demselben Grund befürwortet Hayek für sämtliche Güter, die entstehende Nutzenkonkurrenz über den Selektionsmechanismus des Marktes abzuwickeln. Dass in diesen Gedankengang
lediglich die Zahlungs*bereitschaft* Eingang findet, nicht jedoch der häufige
Fall der Zahlungs*unfähigkeit* bzw. der begrenzten finanziellen Ressourcen,
zeugt von der Grundhaltung neoliberaler Theoretiker und Praktiker: Warum soll es unfair sein, meinen diese, wenn einer Person der Zugang zu
etwas verwehrt wird, was sie zuvor selbst hätte erwerben können? Da der
Umfang privaten Eigentums lediglich als Abbild der unterschiedlichen
menschlichen Fähigkeiten verstanden wird, finden Verteilungs- und Gerechtigkeitsfragen keine Berücksichtigung. Die dogmatische Präferenz zugunsten privaten Eigentums dient dem „Hohepriester des Monetarismus"
Friedman genauso wie seinem Mitstreiter James M. Buchanan als Ausgangspunkt der Überzeugung, dass neben einer Privatisierung des Gesundheits-,
Bildungs- und Rentenversicherungssystems auch eine flächendeckende
Überführung staatlicher Unternehmen in private Hände erfolgen soll. Staatliche, gemeinwohlorientierte Wirtschaftstätigkeit wird als „präzeptoral auf-
gedrängte Tugendhaftigkeit" abqualifiziert.[9]

Den umfassendsten, prägnantesten und folgenreichsten Gegenentwurf zu
dieser neoliberalen „Eigentumstheorie" hat Karl Marx verfasst, der „die gesamte Menschheitsgeschichte mit dem Fluchtpunkt der Entstehung des mo-

---

7 Siehe Friedrich A. von Hayek, Individualismus und wirtschaftliche Ordnung, 2. Aufl.
   Salzburg 1976, S. 176
8 Ders., Der Weg zur Knechtschaft, a. a. O., S. 110 f. (Hervorh. im Original)
9 Siehe Gerhard Willke, Neoliberalismus, Frankfurt am Main/New York 2003, S. 68

dernen Kapitalismus als Abfolge von Trennungs- und Enteignungsprozessen" rekonstruierte.[10] Seiner Ansicht nach spiegelt das Eigentum als ökonomisch-deskriptive Größe aufgrund des Zusammenhangs von Produktion und Verteilung zugleich die gesellschaftlichen Beziehungen wider. Nicht zuletzt mittels der marxistischen Theorie lässt sich der zentrale Stellenwert von Eigentumsverhältnissen samt den dadurch bedingten Macht- und Herrschaftspositionen erkennen. Der Antagonismus zwischen Arm und Reich schwelt ungeachtet der Tatsache, dass ein Großteil der (Verteilungs-)Konflikte über die bestehende Eigentumsordnung normativ geregelt ist.

Die Eigentumsverhältnisse sind bedeutsam, weil sich hinter den daraus resultierenden Machtstrukturen jeweils Inklusions- und Exklusionsmechanismen verbergen, Eigentum also sowohl aus- als auch einschließend wirken kann. Während Privateigentum nach der geltenden Zivilrechtsordnung (§ 903 Satz 1 BGB) eine Ausschlussbefugnis gegenüber Dritten beinhaltet und damit zugleich Schutz vor staatlicher Willkür gewährt, stellt sich die Sachlage bei Gütern in öffentlichem Eigentum gegensätzlich dar: Öffentliche Güter und Dienstleistungen unterliegen einem politisch zu bestimmenden Zugriff und erlauben in der Regel die Teilhabe aller Bürger/innen, wirken mithin „integrativ".

Einschränkungen zulasten des Privateigentums ergeben sich hierzulande aus seiner Sozialpflichtigkeit, soll es doch „zugleich dem Wohle der Allgemeinheit dienen" (Art. 14 Abs. 2 GG). Historisch zurückzuführen ist diese Eigentumsbeschränkung als zentrale Kategorie der Sozialstaatsidee auf „die sozialen Unerträglichkeiten, welche die Industrielle Revolution hervorgebracht hatte und die durch die Eigentumsauffassung des Liberalismus juristisch perpetuiert zu werden drohten."[11] Lange bevor sozialistische Eigentumskonzepte in der Vergesellschaftung sachlicher Produktionsmittel politisch wirksam wurden, hatten bereits Ansichten aus der Theologie Einfluss gewonnen, wonach aus der Position des Eigentümers eine Verpflichtung gegenüber Gott und den Mitmenschen erwächst. Mit der *Déclaration des droits de l'homme et du citoyen* (1789) wuchs die Enteignung zur verfassungsrechtlichen Kehrseite der Eigentumsgarantie heran, obwohl das Privateigentum nach der liberalen Eigentumstheorie staatlichem Zugriff prinzipiell entzogen sein sollte. Letzteres wurde mit der *Allgemeinen Erklärung der Menschen- und Bürgerrechte* insoweit umgesetzt, als die in der *Bill of Rights*

---

10 Siehe Wolfgang Hein/Reinhart Kößler/Michael Korbmacher, Historisch-kritische Überlegungen zum Eigentum, in: Peripherie 101/102 (2006), S. 6
11 Siehe Dieter Schwab, Eigentum, in: Otto Brunner/Werner Conze/Reinhart Koselleck (Hrsg.), Geschichtliche Grundbegriffe, Stuttgart 1975, S. 104

(1776) bereits angelegte staatliche Garantie des Privateigentums zu einem
Grundpfeiler der Verfassungen avancierte. Gleichzeitig findet die Sozialbindung des Eigentums hierzulande ihren schärfsten Ausdruck in der Möglichkeit zur Enteignung, die jedoch einer gesetzlichen Bestimmung bedarf, welche Art und Umfang der Entschädigung regelt (Art. 14 Abs. 3 und Art. 15
GG).

Besonders deutlich manifestiert sich der Bedeutungszuwachs des Privateigentums seit nunmehr gut zwei Jahrzehnten in der Ausgestaltung geistiger
Eigentumsrechte (*Intellectual Property Rights*).[12] Die Ausdifferenzierung der
Rechtssysteme mit einem detaillierten Urheberrecht, einem großzügig aus-
gestalteten Markenschutz, einem Sortenschutz für landwirtschaftliche Nutz-
pflanzen und einem produzentenorientierten Patentschutz macht Wissen
und Ideen zunehmend zur Ware. So hat sich durch das TRIPS-Abkommen
der WTO ein über-, zwischen- und außerstaatliches Regime des Eigentums-
schutzes herausgebildet. Ein weithin konträres Bild zeichnet sich hingegen
in der Computernutzung ab. Dort lässt die elektronische Datenverarbeitung
die Unterschiede zwischen Original und Kopie zusehends verschwimmen,
sodass sich Forderungen nach einem generellen Verzicht auf die Geltendmachung von Eigentumsrechten mehren. Sichtbare Resultate der *Open-
Source*-Initiative, die mit den klassischen Mustern kapitalistischen Eigentums an Produktionsmitteln bricht, sind neben freier Software, die beliebig
kopiert, verbreitet und genutzt werden darf, auch offengelegte Quelltexte.[13]

Festzuhalten bleibt, dass Eigentumsverhältnisse – ob sie ihren Bezugspunkt nun in materiellen oder immateriellen Gütern haben – nach wie vor
als eine politisch konstruierte Entscheidung zu begreifen sind. „Der Eigen-
tumsbegriff ist nur der Reflex, das Erzeugnis der Staats- und Gesellschafts-
zustände und mit diesen naturgemäß einer beständigen Änderung unterworfen."[14] Marx und Engels erhoben die Eigentumsfrage zum Kernthema
der Arbeiterbewegung und schilderten unmittelbar vor der bürgerlichen Revolution von 1848 ein dem Untergang geweihtes System: Das reine Privateigentum habe allen Schein des Gemeinwesens abgestreift und sämtliche
Einwirkungsmöglichkeiten des Staates darauf ausgeschlossen. Trotz aller
Veränderungen im 20. Jahrhundert hat die Frage nach dem sozialen Cha-

---

12 Vgl. Jeremy Rifkin, Access – Das Verschwinden des Eigentums, 2. Aufl. Frankfurt am
    Main/New York 2000, S. 34 ff.
13 Vgl. Felix Welti, Eigentum und Zugang – Herausforderungen für den modernen Sozialis-
    mus, in: spw – Zeitschrift für Sozialistische Politik und Wirtschaft 123 (2002), S. 37; Sas-
    kia Sassen, Machtverhältnisse im elektronischen Raum, in: Das Argument 238 (2001),
    S. 701 ff.
14 Wilhelm Liebknecht, Zur Grund- und Bodenfrage, 2. Aufl. Leipzig 1876, S. 7

rakter des Eigentums bis zum heutigen Tag nichts von ihrer Brisanz verloren: Die neoliberale Doktrin drängt stärker als jede andere auf eine Abkehr von öffentlich verantwortetem Eigentum.

1.2 Öffentliche, private, positionelle und Allmendegüter

Um die Privatisierung öffentlichen Eigentums als zentrales Merkmal neoliberaler Gesellschaftspolitik analysieren zu können, muss man nicht nur eine Vorstellung von den Eigentumsverhältnissen haben, sondern auch die Klassifizierung der Güter verstehen. Dabei ist die der Finanztheorie entlehnte Unterscheidung zwischen privaten und öffentlichen Gütern von herausragender Bedeutung.

Private Güter werden bereitgestellt, weil sich mit ihnen Gewinn erzielen lässt. Die Entscheidung über Art, Umfang und Verteilung dieser Güter erfolgt mithin durch die dezentrale Abstimmung der individuellen Präferenzen über den Markt. Der wesentliche Erwerbsanreiz liegt für den Konsumenten (oder Haushalt) darin, dass er gegen Zahlung eines entsprechenden Preises all jene Interessenten ausschließen kann, die nicht bereit oder in der Lage sind, für dieses Gut so viel zu zahlen (Ausschlussprinzip).

Nach („reinen") öffentlichen Gütern besteht zwar eine gesellschaftliche Nachfrage, ihre Bereitstellung ist für den Einzelnen jedoch nicht sinnvoll.[15] Denn anders als bei privaten Gütern bleiben beide Grundvoraussetzungen für eine effiziente Allokation über den Marktmechanismus unerfüllt: Weder greift das Konsumausschluss- noch das Konsumrivalitätsprinzip, d. h. niemand kann von der Nutzung solcher Güter ausgeschlossen werden (Nichtausschließbarkeit), die zeitgleich von verschiedenen Individuen ohne gegenseitige Beeinträchtigung konsumiert werden können (Nichtrivalität). Zu den öffentlichen Gütern werden so heterogene Erscheinungen gezählt wie der Leuchtturm, von dessen warnendem Licht beliebig viele Schiffer profitieren können, ohne einander zu stören, die für jedermann zugänglichen Parkanlagen, die örtliche Feuerwehr, die Verkehrs- und Telekommunikationsinfrastruktur sowie die Landesverteidigung. Diesen Einrichtungen werden positive externe Effekte zugeschrieben, d. h. jedes Gesellschaftsmitglied profitiert – bisweilen unbewusst – von ihnen, ohne als Nutznießer eine direkte, aufwandsbezogene Gegenleistung entrichten zu müssen.

---

15 Vgl. zu den nachfolgenden Ausführungen insbesondere: International Task Force on Global Public Goods, Meeting Global Challenges: International Cooperation in the National Interest, Stockholm 2006, S. 13 ff.

War die Bereitstellung öffentlicher Güter in der Vergangenheit national-staatlich geprägt, so sind seit Anfang der 1990er-Jahre die globalen öffentlichen Güter als ein weiterer Referenzrahmen in den Blickpunkt geraten. Gemeint sind damit eine intakte Umwelt, das kulturelle Erbe, aber auch finanzielle Stabilität, d. h. Güter, deren Nutzen über Landesgrenzen, Bevölkerungsgruppen und Generationen hinweg reicht.

Daneben existieren noch *Allmende*güter als „unreine" (oder natürliche) öffentliche Güter, die zwar Rivalität zwischen den Nutzern hervorrufen, aber keinen Ausschluss zulassen. So bleibt bei den elementaren Bedingungen des Lebens wie Wasser, Luft und Erde eines der beiden Kriterien für „reine" öffentliche Güter unerfüllt. Dasselbe gilt für das öffentliche Straßennetz oder den Fischbestand in frei zugänglichen Gewässern. Auch sie sind nur in begrenzter Quantität ohne Qualitätseinbußen nutz- bzw. herstellbar und entfalten ihren höchsten Gebrauchswert für den Einzelnen dann, wenn sie einen „oligarchischen" Charakter aufweisen. Sie entstehen dann, „wenn die Produktion bzw. Verfügbarkeit der öffentlichen Güter im Vergleich zur Konsumtion bzw. Verwendung und Nutzung (...) begrenzt ist."[16]

Garrett Hardin wandte in seinem 1968 veröffentlichten Essay „The Tragedy of the Commons" ein, dass der uneingeschränkte Zugang zu öffentlichen Gütern eine übergebührliche Inanspruchnahme oder gar deren Erschöpfung nach sich ziehe, da jede/r versuchen werde, soviel Ertrag wie möglich zu erwirtschaften.[17] Übersteige die Zahl der Nutzer/innen ein bestimmtes Maß, greife schließlich die „Tragik der Allmende", was zunächst zulasten der Allgemeinheit gehe, letztlich aber auch jedem Einzelnen zum Nachteil gereiche. Hardins viel beachteten Ausführungen können aber zahlreiche Beispiele für langlebige Allmenden entgegengehalten werden. Außerdem ist mittlerweile ein weithin akzeptierter Einwand formuliert worden: In beinahe allen denkbaren Fällen durchlaufen Allmendegüter einen Wandel zu Clubgütern, bei denen bis zu einer gewissen Nutzungsintensität keine Rivalität gegeben ist, andere – nämlich Nichtmitglieder – aber ausgeschlossen werden können. Die Weide-Allmende beispielsweise wird aufgrund sozialer Kontrollmechanismen und entsprechender Nutzungsabkommen – von wenigen Ausnahmen abgesehen – lediglich von einer bestimmten Gruppe genutzt, wie z. B. den Bauern des angrenzenden Dorfes.

---

16 Siehe Elmar Altvater, Was passiert, wenn öffentliche Güter privatisiert werden?, in: Peripherie 101/102 (2006), S. 177
17 Vgl. Garrett Hardin, The Tragedy of the Commons, in: Science 162 (1968), S. 1243 ff.

Überließe man die Bereitstellung öffentlicher Güter der privaten Wirtschaft, würde dies zu einer Unter-, womöglich gar einer Nullversorgung führen, weil Wirtschaftssubjekte das Gut aufgrund der Nichtausschließbarkeit kostenlos nutzen könnten (sog. *Freerider-* bzw. Trittbrettfahrerverhalten), folglich kein Produzent bereit wäre, es zur Verfügung zu stellen. Nun kann man diesem Marktversagen entweder mit staatlichen Eingriffen und einem kostenfreien Angebot für jede/n Einzelne/n begegnen (Beispiel: Straßenbeleuchtung) oder aber den „marktwirtschaftsfremden" Zustand der Nichtausschließbarkeit durch die Zuteilung exklusiver Eigentumsrechte „marktgängig" machen. Dies bedeutet in der Konsequenz, dass – wie bei privaten Gütern – all jene von der Nutzung ausgeschlossen werden, die nicht als Käufer/innen und Konsument(inn)en auftreten (können).

Als öffentliche Güter sui generis werden die meritorischen Güter begriffen. „Verdienstvolle" Güter sind solche, die zwar aufgrund des Ausschlussprinzips auch auf privaten Märkten bereitgestellt werden könnten, bei denen aber ein Eingriff des Staates in das Marktgeschehen bzw. eine staatliche Bereitstellung gerechtfertigt ist, weil andernfalls elementare gesellschaftliche Bedürfnisse unbefriedigt zu bleiben drohen. Die Müllabfuhr und der straßengebundene Verkehr werden größtenteils ebenso (noch) mittels staatlicher Unterstützung „unter Preis" angeboten wie der Kindergarten-, Schul- und Museumsbesuch. Man verspricht sich von der Bereitstellung durch den Staat zu nicht kostendeckenden Preisen eine höhere Nutzungsintensität und damit einen spürbaren volkswirtschaftlichen Mehrwert.

Eine objektive Definition dessen, was „privat" und was „öffentlich" ist oder sein sollte, erscheint jedoch nicht immer möglich. Elmar Altvater weist darauf hin, dass es sich in erster Linie um eine normative Entscheidung handelt, und benennt zugleich das zentrale Unterscheidungsmerkmal: „Öffentliche Güter nutzen Menschen in ihrer Eigenschaft als Staatsbürger/innen; private Güter kaufen sie als Konsument/innen. Der eine Anspruch ergibt sich aus einem politischen Recht, der andere aus der Verfügung über monetäre Kaufkraft."[18] Dabei hat die gegenwärtig erodierende demokratische Legitimationsbasis öffentlicher Güter ihren Ursprung in der als alternativlos apostrophierten neoliberalen Doktrin, die ihre gesellschaftliche Wirkung in der „Destruktion", zumindest jedoch im Umbau des Bestehenden entfaltet.[19] Demnach soll der Staat als Akteur überall dort zurückgedrängt

---

18 Elmar Altvater, Was passiert, wenn öffentliche Güter privatisiert werden?, a. a. O., 186 f.
19 Siehe Ralf Ptak, Neoliberalismus: Geschichte, Konzeption und Praxis, in: Ulrich Müller/
    Sven Giegold/Malte Arhelger (Hrsg.), Gesteuerte Demokratie? – Wie neoliberale Eliten
    Politik und Öffentlichkeit beeinflussen, Hamburg 2004, S. 23

werden, wo er nicht der Sicherung marktwirtschaftlicher Mechanismen dient. Zahlreiche Güter und Dienstleistungen, die aufgrund ihrer ökonomischen Besonderheiten und gesellschaftlichen Funktionen über Jahrhunderte hinweg der Steuerung durch Angebot und Nachfrage entzogen waren, werden mithin zur Disposition gestellt: Was ehemals solidarisch finanziert und organisiert war, wird nunmehr den Gesetzen des Marktes und damit seinen Wettbewerbs-, Selektions- und Ausgrenzungsmechanismen unterworfen.

Womit aber wird die Universalität des Marktprinzips gerechtfertigt, also die breit angelegte Orientierung am Markt als der zentralen Koordinationsinstanz, wenn doch die Nutzung öffentlichen Eigentums einer anderen Handlungslogik folgt als diejenige privater Güter, Rechte und Dienstleistungen? Gary S. Becker, 1992 mit dem Nobelpreis für Wirtschaftswissenschaften ausgezeichnet, sieht die Vorzüge des Marktprinzips in dessen Allgemeingültigkeit: „In der Tat bin ich zu der Auffassung gekommen, daß der ökonomische Ansatz so umfassend ist, daß er auf alles menschliche Verhalten anwendbar ist, sei es nun Verhalten, das monetär meßbar ist oder unterstellte ‚Schatten'-Preise hat, seien es wiederkehrende oder seltene Entscheidungen, handle es sich um emotionale oder nüchterne Ziele, reiche oder arme Menschen, Männer oder Frauen, Erwachsene oder Kinder, kluge oder dumme Menschen, Patienten oder Therapeuten, Geschäftsleute oder Politiker, Lehrer oder Schüler."[20] Die Universalisierung des Marktgedankens, welche sich in dem Anspruch ausdrückt, das Kosten-Nutzen-Kalkül auf alle gesellschaftlichen Bereiche und sogar auf die Naturwissenschaften übertragen zu können, wurde von seinen Protagonisten selbst als „ökonomischer Imperialismus" bezeichnet.[21] Der Anspruch, Marktmechanismen sektorenübergreifend zur Anwendung zu bringen, unterstreicht die messianische Dimension des Neoliberalismus und liefert zugleich die argumentative Grundlage für die Überführung öffentlicher Güter und Dienstleistungen in privatwirtschaftliche Organisations- und Eigentumsverhältnisse.

---

20 Gary S. Becker, Der ökonomische Ansatz zur Erklärung menschlichen Verhaltens, Tübingen 1982, S. 7

21 Siehe Gordon Tullock, Economic Imperialism, in: James Buchanan/Robert Tollison (Hrsg.), Theory of Public Choice. Political Applications of Economics, Ann Arbor 1972; vgl. auch: Kenneth E. Boulding, Ökonomie als eine Moralwissenschaft, in: Winfried Vogt (Hrsg.), Seminar: Politische Ökonomie. Zur Kritik der herrschenden Nationalökonomie, Frankfurt am Main 1973, S. 118

2. Die neoliberale Kritik an öffentlichem Eigentum und staatlicher Wirtschaftstätigkeit

Der Staat ist „übergewichtig" – so lautet die gängige Diagnose, seit der Neoliberalismus weltweit zum „bestimmenden Narrativ" geworden ist.[22] Aber der Staat wird nicht nur als ausbeuterischer, eigenwilliger Leviathan, der seine Bürger/innen mit zu hohen Steuern und Abgaben drangsaliert, um- bzw. fehlinterpretiert. Ineffizienzen und Fehlplanungen werden vielmehr zugleich als Charakteristika des öffentlichen Sektors gedeutet, um vormals partei- und länderübergreifend akzeptierte Schlüsselstellen staatlicher Wirtschaftstätigkeit leichter dem Diktat der Privatwirtschaft unterwerfen zu können.

2.1 Erklärungsansätze für die Umgestaltung des Staates

Da die Motive und politischen Strategien, welche den Prozess der Entstaatlichung auslösten und nach wie vor befördern, sehr verschieden sind, existiert trotz vielversprechender Ansätze bislang noch keine geschlossene, allgemein anerkannte Theorie der Privatisierung. Gleichwohl nahm Adam Smith bereits gegen Ende des 18. Jahrhunderts zwei zentrale Argumente der Privatisierungsbefürworter vorweg, als er die Veräußerung englischer Kronländereien befürwortete: Einerseits gehe damit eine Entlastung des Staatshaushaltes einher, weil die öffentlichen Schulden durch den Verkaufserlös reduziert (und die laufenden Ausgaben zum Zweck der Schuldentilgung vermindert) würden, andererseits weise die Kultivierung des Bodens durch private Eigentümer eine höhere Qualität auf.[23]

War die Privatisierung öffentlicher Unternehmen für den österreichischen Begründer der neoliberalen Theorie, Ludwig von Mises, und seinen Schüler Friedrich A. von Hayek noch von untergeordneter Bedeutung gewesen, so widmete sich Milton Friedman diesem Thema mit ganzer Kraft.[24] Trotz ihrer beträchtlichen Bandbreite ist allen Positionen innerhalb der neoliberalen Strömung gemeinsam, dass die *staatliche* Wirtschaftstätigkeit als regelrechte Last empfunden wird: „Bringt sie – was die Regel ist – Ver-

---

22 Siehe Eva Kreisky, Ver- und Neuformungen des politischen und kulturellen Systems. Zur maskulinen Ethik des Neoliberalismus, in: Kurswechsel 4/2001, S. 38

23 Vgl. Rainer Bartel, Theoretische Überlegungen zur Privatisierung, in: Friedrich Schneider/Markus Hofreither (Hrsg.), Privatisierung und Deregulierung öffentlicher Unternehmen in westeuropäischen Ländern, Wien 1990, S. 19

24 Vgl. beispielhaft: Milton Friedman, Kapitalismus und Freiheit, Frankfurt am Main 1994; ders., Die Tyrannei des Status quo, München 1985

lust, so muß der Fiskus über den Verlust hinaus Neuinvestitionen finanzieren. Bringt sie Gewinn, so reicht der meist nicht einmal zur notwendigen
Eigenkapitalbildung aus."[25] Deshalb wird die Privatisierung öffentlicher
Unternehmen als bevorzugtes Instrument zur Entlastung der Staatskassen
empfohlen. Mit dem Verkauf defizitärer Unternehmen würden zwar geringere Einnahmen erzielt, aber wenigstens ließen sich die laufenden Zuschüs-
se sparen. Für James M. Buchanan, Vertreter der Konstitutionellen Ökonomie, ergibt sich die Forderung nach Privatisierungen aus den Unzulänglichkeiten des politischen Systems und seiner Repräsentanten. Da Politiker sich
als „politische Unternehmer" verstünden und in erster Linie versuchten, ihren Gewinn in Form von Prestige, Macht und Geld zu steigern, sei die von
ihnen verantwortete staatliche Wirtschaftstätigkeit zum Scheitern verurteilt.[26]

Die Auffassung, dass privates Eigentum öffentlichem grundsätzlich überlegen sei, vertritt die überwiegende Zahl der Privatisierungsbefürworter bis
heute – meist gepaart mit der Hoffnung, durch das Aufbrechen „verkruste-
ter" Strukturen in sich wandelnden Industrien neue Wachstumsimpulse erzeugen zu können. Dominanter Auslösemechanismus für die Durchsetzung
von Privatisierungsprogrammen ist dabei häufig das erste, bereits von Adam
Smith angeführte Argument: die fiskalisch begründete, unzureichende Fi-
nanzierungsbasis des Staates.[27] In Großbritannien, das man als „Wiege der
Privatisierung" bezeichnen kann, strebte die 1979 ins Amt gewählte Regierung Thatcher neben der Abkehr von einer nachfrageorientierten Wirtschaftspolitik insbesondere eine Reduzierung der staatlichen Finanzierungs-
verpflichtungen an. Ähnlich verhielt es sich in der Bundesrepublik, wo die
Rahmenbedingungen für einen neoliberal geprägten Um- bzw. Abbau des
Wohlfahrtsstaates in der „Wendezeit" zu Beginn der 1990er-Jahre besonders günstig erschienen. Auch in vielen bisher öffentlich dominierten Sektoren hielten „Marktgesetze" verstärkt Einzug, wie auf dem Verkehrs-, Ener-
gie-, Telekommunikations- und Gesundheitsmarkt sichtbar wurde. Methoden und Instrumentarien, die der betriebswirtschaftlichen Rechnungslegung
entlehnt waren und von wohlklingenden Etiketten wie „Neues Steuerungsmodell", „Flexibilisierung" und „Kundenorientierung" begleitet wurden,

---

25 Frankfurter Institut für wirtschaftspolitische Forschung (Hrsg.), Mehr Mut zum Markt.
     Wege zur Erneuerung von Wirtschaft und Gesellschaft, Bad Homburg 1982, S. 23
26 Vgl. James Buchanan, Social Choice, Democracy, and Free Markets, in: Journal of Politi-
     cal Economy 62 (1954), S. 114 ff.; ders./Gordon Tullock, The Calculus of Consent. Logi-
     cal Foundations of Constitutional Democracy, 5. Aufl. Ann Arbor 1974, S. 23 f.
27 Vgl. Rainer Bartel, Theoretische Überlegungen zur Privatisierung, a. a. O., S. 19

sollten unter dem „Diktat leerer Kassen" nicht nur Wettbewerbs- und Effizienzsteigerungen bewirken, sondern auch und vor allem durch einen Verkauf von Bundesbeteiligungen Mittel zur Haushaltssanierung frei werden lassen.

Wer die Initiatoren der Privatisierungsstrategie waren, erklärte in der Vergangenheit einigermaßen verlässlich die Parteiendifferenzthese: „Je stärker die Partizipation linker Parteien an der nationalen Regierung, desto seltener und weniger intensiv wird privatisiert. (...) Umgekehrt gilt, dass rechte Parteien den Abbau des Staates und den Ausbau des Marktes präferieren und dies auch umsetzen, wenn sie die Regierung übernehmen."[28] Dieser tragenden Säule linker Politik kehrten mit Beginn der 1990er-Jahre weltweit zahlreiche sozialdemokratische Parteien den Rücken, sodass der Rückgriff auf das bisherige „Links-rechts"-Schema in Sachen Privatisierung nicht mehr funktionierte. Die einst eherne Verbindung zu den Gewerkschaften, eine historisch gewachsene Liaison, wurde von den Sozialdemokraten sukzessive aufgekündigt – hierzulande insbesondere mit der Proklamation der „Neuen Mitte" unter der Ägide Gerhard Schröders. Die Ankündigung des seinerzeitigen Bundeskanzlers, „nicht alles anders, aber vieles besser machen" zu wollen, ließ frühzeitig erkennen, dass die „Neue Mitte" ebenso wie „New Labour" die Privatisierungspolitik „als Sachwalter des thatcheristischen (...) und kohlistischen Erbes" fortführen würde.[29]

Die Verlangsamung des Wirtschaftswachstums hatte bereits gegen Mitte der 1970er-Jahre das Ende des *Golden Age of Capitalism* eingeläutet sowie zu erheblichen Steuer- und Beitragsausfällen und damit zu einer stetig steigenden Staatsverschuldung geführt. Aber erst die CDU/CSU/FDP-Koalition und die rot-grüne Bundesregierung setzten mit einer expliziten und beinahe ausschließlichen Orientierung an ökonomischen Effizienzkriterien sämtliche Bereiche staatlicher Reproduktion unter Legitimationsdruck. Die Privatisierung öffentlicher Infrastrukturen auf Gemeinde-, Landes- und Bundesebene wurde ebenso wie der Um- bzw. Abbau des Sozialstaates recht bald von der Mehrheit der Bevölkerung als unentrinnbares Schicksal begriffen, nicht zuletzt deshalb, weil der Niedergang des öffentlichen Sektors allerorten sichtbar wurde: Sanierungsbedürftige Schulgebäude, fehlende Krippen- und Kindertagesstättenplätze, geschlossene oder mit privaten Spenden not-

---

28 Volker Schneider/Marc Tenbücken, Erklärungsansätze für die Privatisierung staatlicher Infrastrukturen – ein Theorieüberblick, in: dies. (Hrsg.), Der Staat auf dem Rückzug. Die Privatisierung öffentlicher Infrastrukturen, Frankfurt am Main 2004, S. 90 f.
29 Siehe Dieter Plehwe/Bernhard Walpen, Wissenschaftliche und wissenschaftspolitische Produktionsweisen im Neoliberalismus, in: PROKLA 115 (1999), S. 204

dürftig weiterbetriebene Theater und Museen ließen die Folgen des teilweise bewusst herbeigeführten Investitionsrückstandes sichtbar werden.

2.2 Unzulänglichkeiten der herkömmlichen Effizienzargumentation

Sowohl auf gesamtwirtschaftlicher wie auch auf Unternehmensebene werden mit Privatisierungen verschiedene Effizienzzuwächse verknüpft, wobei selbst die bloße Übertragung der Eigentumsrechte vom öffentlichen in den privaten Sektor nach herrschender Meinung positive Effekte zeitigt. Öffentliche Unternehmen sind der Kontrolle durch die Kapitalmärkte zwar nicht gänzlich entzogen, aufgrund ihres besonderen rechtlichen Status jedoch nicht ernstlich der Gefahr eines Konkurses ausgesetzt. Die Tatsache, dass den Steuerzahler(inne)n als den eigentlichen Eigentümer(inne)n und Nutzer(inne)n jegliche Einflussnahme auf Unternehmensentscheidungen versagt bleibt, sämtliche Betriebsverluste hingegen auf sie abgewälzt werden, lässt nach Auffassung neoliberaler Ökonomen größere Handlungsspielräume für verantwortungsloses Verhalten seitens des Managements ebenso unvermeidlich werden wie eine daraus resultierende wirtschaftliche Fehlentwicklung des gesamten Unternehmens.[30]

Dabei müsste die Effizienz-Debatte im Kern um zwei unterschiedliche Aspekte des Begriffs kreisen, die eine gemeinsame Schnittmenge aufweisen: die *Allokations*effizienz, bei der es um die Erreichung eines volkswirtschaftlichen Wohlfahrtsoptimums durch ein entsprechendes Güterangebot geht, sowie die *Produktions*effizienz, die eine Minimierung der Produktionskosten bei der Leistungserstellung zum Ziel hat. Überlegungen, die Kriterien der Produktivität, Kostenwirtschaftlichkeit und Rentabilität einschließen, werden unter dem Stichwort „Produktionseffizienz" gebündelt und führen in der Regel zu dem Ergebnis, dass bei starker Konkurrenz und gleichzeitiger Abwesenheit von Marktversagen fördernden Faktoren die Effizienz im privaten Sektor höher ist. Eine um die Mitte der 1980er-Jahre durchgeführte, breit angelegte Untersuchung des ehemals am renommierten *Regulatory Policy Institute* in Oxford forschenden George Yarrow kam hingegen zum gegenteiligen Ergebnis. Sie legt nahe, dass ein funktionierender Wettbewerb und eine wirksame staatliche Regulierung die entscheidenden Faktoren für

---

30 Vgl. stellvertretend für diese Position: Wernhard Möschel, Privatisierung – Erfahrungen in Deutschland, in: Wolfgang Wiegand (Hrsg.), Rechtliche Probleme der Privatisierung, Bern 1998, S. 39 ff.; Heinz Grossekettler, Privatisierung, Deregulierung und Entbürokratisierung. Zeichen des Zeitgeistes oder ordnungspolitische Daueraufgabe?, Münster 1993, S. 15 ff.

die Steigerung der Produktionseffizienz sind – und nicht zwangsläufig die Eigentumsrechte.[31] Yarrow belegt das nicht nur am Beispiel der *British Steel Corporation*, die im letzten Jahrzehnt vor der Privatisierung im Jahre 1988 einen Produktivitätszuwachs von 132 Prozent erzielte und unmittelbar vor dem Eigentümerwechsel zum weltweit profitabelsten Unternehmen ihrer Branche avancierte. Ähnlich erfolgreich wirtschaftete *British Airways* unter staatlicher Führung. Der US-Amerikaner Gladstone A. Hutchinson wies in seiner 1991 veröffentlichten empirischen Studie identische Allokationseffizienzen für miteinander im Wettbewerb stehende öffentliche und private Unternehmen nach.[32]

In der Diskussion um betriebswirtschaftliche Effizienz im Sinne einer Mitteloptimierung wird häufig die Frage ausgespart, ob die eingeleitete Marktorientierung zugleich gesamtwirtschaftlichen Zielvorgaben gerecht wird. Dies müsste in vielen Fällen verneint werden, denn betriebswirtschaftlich effiziente Strukturen lassen nicht zwangsläufig volkswirtschaftlich optimale Ergebnisse erwarten. Zieht sich beispielsweise die DB AG aus der flächendeckenden Versorgung mit Schienenverkehrsleistungen zurück, um ihre Kosten zu senken, steht dies in völligem Einklang mit den Erfordernissen der Produktions- als „betriebswirtschaftlicher" Effizienz, unabhängig davon, ob das Kostensenkungsprogramm mittel- bis langfristig zu schwerwiegenden Rückgängen der Effektivität des gesamten Sektors („Verkehrsinfarkt") und somit zu gesamtwirtschaftlichen Fehlallokationen führt. Wenn private Unternehmen die Kosten für Frühverrentungen und Massenentlassungen über die sozialen Sicherungssysteme externalisieren, wirkt sich dies (jedenfalls kurzfristig) positiv auf ihre Bilanz aus. Zugleich trägt die Gesamtgesellschaft jedoch die Last dieser Personalpolitik. Beispielsweise wird der Bund im Jahr 2009 allein knapp 10 Mrd. EUR Altersruhegeld für die vorzeitig pensionierten Postbeamt(inn)en aufwenden müssen. Vor diesem Hintergrund weist Werner Rügemer darauf hin, dass Kund(inn)en der Deutschen Telekom AG und vergleichbarer Anbieter zwar aufgrund der Liberalisierung des Telekommunikationsmarktes von insgesamt gesunkenen Tarifen profitieren, zugleich aber in ihrer Eigenschaft als Steuerzahler/innen

---

31 Vgl. George Yarrow, Privatization in Theory and Practice, in: Economic Policy 2/1986, S. 323 ff.
32 Vgl. Gladstone A. Hutchinson, Efficiency Gains through Privatization of UK Industries, in: Attiat F. Ott/Keith Hartley (Hrsg.), Privatization and Economic Efficiency. A Comparative Analysis of Developed and Developing Countries, Aldershot 1991, S. 87 ff.

für den „sozialverträglichen" Stellenabbau und die Pensionslasten der einstigen Bundesbehörde aufkommen müssen.[33]

Obwohl privatisierte Entsorgungs-, Versorgungs- und Nahverkehrsunternehmen oftmals kostengünstiger wirtschaften als öffentliche Anbieter, werden Gebühren und Fahrpreise im Anschluss an Privatisierungen – gelegentlich unter Wahrung einer die Gemüter beruhigenden Schamfrist – regelmäßig angehoben. Auf der Grundlage monopolartiger Strukturen verlagern jene regionalen Anbieter auch auf anderem Wege einen Großteil ihrer Kosten auf die Bürger/innen. Weil die Kosteneinsparungen überwiegend dadurch erzielt werden, dass Arbeitsplätze abgebaut, Löhne bzw. Gehälter gesenkt und Arbeitnehmer/innen zulasten der Renten- und Sozialkassen in den vorgezogenen Ruhestand entlassen werden, kann eine schlüssige Effizienzbewertung nur im Sinne einer wohlfahrtstheoretischen Gesamtanalyse erfolgen.

Schließlich lassen sich raum-, struktur- und industriepolitische Zielsetzungen beinahe ebenso schwer in ökonomische Rentabilitätskalküle, sprich: betriebswirtschaftliche Kennzahlen, übersetzen wie soziale und normative Standards: Welchen Wert haben sozialstaatliche Prinzipien wie die Gleichwertigkeit der Lebensverhältnisse oder die Verteilungsgerechtigkeit? Wie soll das Vertrauen der Bevölkerung in Verwaltung und Gerichtsbarkeit monetär qualifiziert werden? Nach welchen Kriterien sind institutionelle Arrangements wie Demokratie, Mitbestimmung, Minderheitenschutz etc. zu bewerten? Antworten auf solche Fragen, die an den Kern der Staatlichkeit heranreichen und diese letztlich begründen, entziehen sich effizienztheoretischen Bewertungsmaßstäben und verlangen geradezu nach einer normativen Einschätzung. Insofern hängt die Beantwortung der Frage, ob Unternehmen von öffentlicher oder privater Hand geführt werden sollen (und in welchem Umfang) stets davon ab, wie „das Ergebnis gesellschaftlicher Aushandlungsprozesse" ausfällt.[34]

---

33 Vgl. Werner Rügemer, Privatisierungszauber, in: Blätter für deutsche und internationale Politik 6/2003, S. 665
34 Siehe Barbara Dickhaus/Kristina Dietz, Private Gain – Public Loss?, in: rls-standpunkte 11 (2004), S. 2

3. Politische Voraussetzungen, Strategien und Instrumente der Privatisierung

Angesichts der Privatisierungswelle, von der die Kommunen, die Länder und der Bund seit Beginn der 1980er-Jahre geradezu überrollt werden, scheint es angebracht, von einer „Epoche der Staatsvergessenheit" zu sprechen. Denn in dem Maße, wie der Neoliberalismus zum hegemonialen Rat- bzw. Stichwortgeber der politischen Entscheidungsträger/innen heranwuchs, verlor der öffentliche Sektor als politisches Hoheitsgebiet an Bedeutung. Während Neoliberale einen Degenerationsprozess von der „Sozialen" zur „sozialistischen Marktwirtschaft" erkennen und unvermindert eine noch rigidere Inwertsetzung öffentlichen Eigentums fordern,[35] stößt der häufig aus reiner Finanznot geborene Ausverkauf von Volksvermögen mittlerweile bis in die Mitte der Gesellschaft auf (meist unzureichend artikulierte) Skepsis.

3.1 Der Rückzug des Staates und die Neuformulierung staatlicher Kernaufgaben

Grundsätzlich können staatliche Tätigkeiten zwei verschieden intensive Ausprägungen aufweisen: Entweder stellt der Staat die Leistungen in eigener Verantwortung zur Verfügung („produzierender" bzw. „Leistungsstaat") oder er überlässt dies Privaten und beschränkt seine Aktivitäten auf die Kontrolle durch Regulierungsbehörden („Gewährleistungs-" bzw. „Regulierungsstaat"). In der Bundesrepublik wurde mit Art. 33 Abs. 4 GG gar eine organisationsrechtliche Richtschnur für die Verwaltungsaufgaben des Staates in der Verfassung festgeschrieben. Staatsrechtler(inne)n zufolge lässt sich aus dem dort formulierten Funktionsvorbehalt eine indirekte Privatisierungssperre herleiten – sofern man neben der klassischen Eingriffsverwaltung auch Teilbereiche der Leistungsverwaltung zum Spektrum der „hoheitlichen Befugnisse" zählt.[36] Indem die Norm vorschreibe, die Ausübung hoheitlicher Befugnisse in der Regel Beamt(inn)en anzuvertrauen, werde mittelbar zum Ausdruck gebracht, dass derartige Befugnisse im Allgemeinen zur Sphäre der öffentlichen Verwaltung gehören und nur bei sachlich begründe-

---

35 Vgl. z. B. Michael von Prollius, Von der sozialen zur sozialistischen Marktwirtschaft. Die Irrwege eines ordnungspolitischen Konzepts, in: FAZ v. 25.6.2005
36 Vgl. Ernst Hasso Ritter, Bauordnungsrecht in der Deregulierung, in: Deutsches Verwaltungsblatt 10/1996, S. 542

ten Einwänden aus der öffentlich-rechtlich organisierten Verwaltung ausgegliedert werden dürfen. Genau diese Einwände werden vorgetragen, wenn der Verlauf der roten Linie, die der privatisierende Staat nicht überschreiten darf, im Zusammenhang mit dem Börsengang der DB AG diskutiert wird.

Dabei war der Umfang des staatlichen Industriebesitzes in der Bundesrepublik historisch betrachtet stets gering; selbst 1978 belief er sich nur auf 3,9 Prozent. Weder hatte es nach dem Zweiten Weltkrieg eine Verstaatlichung von Schlüsselindustrien wie z. B. in Frankreich und Großbritannien gegeben, noch wurde die Grenzziehung zwischen Staat und Wirtschaft während der 60er- und 70er-Jahre in bedeutenden Industriezweigen wie der Automobilindustrie oder der Stahlverarbeitung durchbrochen. Nur auf einem Gebiet gibt es eine konstitutionell verankerte und tief im gesellschaftlichen Bewusstsein verwurzelte Tradition staatlicher Präsenz: im Infrastrukturbereich. Das Verkehrswesen (Straßenbau, Eisenbahn, Luftverkehr), das Post- und Fernmeldewesen, die Wasser- und Energieversorgung, aber auch Rundfunk und Fernsehen sowie Bildung und Wissenschaft standen bis zum Beginn der 90er-Jahre in staatlichem Eigentum oder genossen zumindest eine privilegierte Behandlung durch den Staat. In jenem Bereich war der Staat nicht nur korrigierend und kompensierend zur Absicherung privater Risiken tätig, sondern in die Erbringung von Leistungen unmittelbar einbezogen. Edgar Grande und Burkard Eberlein nehmen gar an, dass „der Leistungsstaat im Infrastrukturbereich seinen letzten und größten Triumph" erlebte.[37] Letztlich erfuhr die Bundesrepublik im Telekommunikationssektor den „letzten Kraftakt des Staatsmonopols", als die damalige Bundespost unmittelbar nach der Vereinigung ein umfassendes Investitionsprogramm in Höhe von 55 Mrd. DM (28,12 Mrd. EUR) auflegte, um auf dem ehemaligen Gebiet der DDR eines der weltweit leistungsfähigsten Telekommunikationsnetze zu errichten.[38]

Dennoch bereiteten die chronische Unterfinanzierung der öffentlichen Haushalte, die Internationalisierung der Handels- und Finanzmärkte, der tatsächlich vorhandene Reformdruck in der Erbringung öffentlicher Dienstleistungen sowie das Fehlen alternativer Reformvorschläge den Boden dafür, dass die Reorganisation des öffentlichen Sektors nach privatwirtschaftlicher Logik mittlerweile – zumindest bei den Entscheidungsträgern – auf ein ho-

37 Siehe Edgar Grande/Burkard Eberlein, Der Aufstieg des Regulierungsstaates im Infrastrukturbereich, München 1999, S. 7
38 Siehe Tobias Robischon, Letzter Kraftakt des Staatsmonopols: Der Telekommunikationssektor, in: Roland Czada/Gerhard Lehmbruch (Hrsg.), Transformationspfade in Ostdeutschland, Frankfurt am Main 1998, S. 61 ff.

hes Maß an Akzeptanz stößt. Waren öffentliche Dienstleistungen jahrzehntelang als „Fundament einer demokratisch gestalteten Teilhabe aller Menschen an gesellschaftlicher Entwicklung" begriffen worden,[39] so bildeten die einzelwirtschaftlichen Profitinteressen und die Sanierung des Staatshaushaltes alsbald zentrale Motivations- und Legitimationskriterien für die Beschränkung auf die „Kernaufgaben" des Staates.

Dies geschah nicht zuletzt unter expliziter Kenntnisnahme der in ihrer Konsequenz und Tragweite einmaligen Privatisierungspolitik in Großbritannien, die eine der radikalsten ökonomischen und industriellen Reformen der Nachkriegszeit darstellte und nicht nur im europäischen Raum eine neoliberale Wende einleitete. Das von Margaret Thatcher aufgelegte Privatisierungsprogramm mag bis zum heutigen Tag als „wirkungsvollste Politikinnovation seit 1979" gelten,[40] zumal viele Dritte-Welt-Länder diese Politik kopierten. Mit Blick auf den Gesamterlös der Privatisierungen wird deutlich, weshalb der Inselstaat hier Pionierarbeit leistete: Zwischen 1980 und 1996 erlösten die Tory-Regierungen unter den beiden Premiers Thatcher und Major durch den Verkauf staatlicher Industriebeteiligungen annähernd 90 Mrd. US-Dollar.

Seit 1992 fungierte der Maastrichter Vertrag bzw. die auf Betreiben der Bundesregierung im europäischen Stabilitäts- und Wachstumspakt festgeschriebene Defizitobergrenze für die öffentliche Verschuldung als Argumentationshilfe, wenn es darum ging, die angebliche Notwendigkeit von Privatisierungsmaßnahmen zu belegen. Obwohl die Unzulänglichkeiten der Liberalisierung teilweise offen zutage traten (Herausbildung privater Monopole, Fragmentierung und Dysfunktionalität der Netzwerksektoren etc.), schlägt das politische Pendel seit rund zwei Jahrzehnten auch in der Bundesrepublik eindeutig in Richtung Privatisierung aus.

3.2 Verschiedene Grade der Privatisierung

Der an die *Property-Rights*-Theorie angelehnte, diesem Beitrag zugrunde gelegte Privatisierungsbegriff umfasst „alle Prozesse, die den Einflußbereich politischer Verfügungsrechte über ökonomische Güter zugunsten des Dispositionsspielraums privater Verfügungsrechte vermindern."[41] Auch mittels

---

39 Siehe Barbara Dickhaus/Kristina Dietz, Private Gain – Public Loss?, a. a. O., S. 1
40 Siehe Peter Riddell, The Thatcher Decade, Oxford 1989, S. 87 f.
41 Siehe Rupert Windisch, Privatisierung natürlicher Monopole. Theoretische Grundlagen und Kriterien, in: ders. (Hrsg.), Privatisierung natürlicher Monopole im Bereich Bahn, Post und Telekommunikation, Tübingen 1987, S. 8

der Einräumung unternehmerischer Handlungsspielräume, des Verzichts auf pauschale Defizitausgleichszahlungen, der Abschaffung des öffentlichen Dienstrechts sowie der Abdeckung politisch motivierter Sonderleistungen durch spezielle Entgelte verzichtet der Staat auf die Geltendmachung seines Einflusspotenzials.

Grundsätzlich können Privatisierungen verschiedene Grade erreichen. Die schwächste Form der Privatisierung stellt die bereits erwähnte formelle gesetzliche Privatisierung dar, bei der ein öffentliches Unternehmen ohne die Übertragung von Eigentumsrechten von der öffentlich-rechtlichen in die privatrechtliche Rechtsform überführt wird. Das im mittel- oder unmittelbaren Eigentum einer Gebietskörperschaft stehende Unternehmen erfährt seine Umwandlung in eine Kapitalgesellschaft (AG, GmbH oder KGaA) mit 100-prozentiger Staatsbeteiligung. Der Prozess einer formellen finanziellen Privatisierung bezieht sich ausschließlich auf die Art der Finanzierung: Während sämtliche Aufgaben in der Hand des Staatsunternehmens verbleiben, erfolgt die Finanzierung nunmehr über private Kapitalgeber. Eine derartige Finanzierungsprivatisierung erlangt in klassischen Verwaltungsbereichen wie dem Straßenbau zunehmend Bedeutung; so ermöglicht das *Fernstraßenbaufinanzierungsgesetz* mittlerweile die Übertragung von Bau, Erhalt, Betrieb und Finanzierung gebührenpflichtiger Bundesfernstraßen. Das explizite Ziel nahezu jeder formellen Privatisierung ist es, ehemals öffentlich-rechtlich organisierte Unternehmen auf Rentabilitätsvorgaben zu verpflichten, um eine Entlastung des Staatshaushalts bzw. der Steuerzahler/innen herbeizuführen. Die Orientierung zugunsten von mehr Eigenverantwortlichkeit korrespondiert auch bei dieser „Organisationsprivatisierung" mit einer Abkehr von gemeinwirtschaftlichen Prinzipien, wird doch die von staatlicher Seite erwartete Bedarfsdeckung durch eine Bedienung der Nachfrage zu Marktpreisen ersetzt.

Wie nicht nur die Entwicklung der ehemaligen Staatsunternehmen Bundesbahn, Bundespost und Lufthansa erkennen lässt, bildet die formelle Privatisierung meist die Vorstufe zu einer materiellen, bei der das „öffentliche Vermögen an Private veräußert wird und/oder bisher von der öffentlichen Hand wahrgenommene Aufgaben auf Private übertragen werden."[42] Diese Rückzugsstrategie wird auch als Aufgabenprivatisierung, eingängiger: als „echte" Privatisierung bezeichnet, weil der Staat Aufgaben aus seinem Ver-

---

42 Siehe Wolfgang Cornetz/Peter Kalmbach, Privatisierung unter veränderten Rahmenbedingungen, in: Bremer Ausschuss für Wirtschaftsforschung (Hrsg.), Bremer Zeitschrift für Wirtschaftspolitik 3-4/1993, S. 16

antwortungsbereich ausgliedert. Hervorzuheben bleibt, dass ein Unternehmen nach gängigen Bestimmungen wie denen des Statistischen Bundesamtes erst nach einer materiellen Privatisierung dem privaten Sektor der Wirtschaft zuzurechnen ist, d. h. erst dann, wenn die Verfügungsgewalt über das Eigentum mehrheitlich von privaten Anlegern wahrgenommen wird. Darüber hinaus gibt es zahlreiche Mischformen wie die Lizenzvergabe (auch: Franchising) als eine auf Dauer angelegte Zusammenarbeit zwischen selbstständigen Unternehmen, die freie Ausschreibung und das *Contracting out*, mit dem eine Verringerung der vertikalen Integration staatlicher Unternehmen angestrebt wird. Implizite (auch: konkludente) Privatisierung bezeichnet die durch deregulierende Gesetze herbeigeführte Implementierung von Wettbewerb innerhalb eines Sektors, der von einem Staatsmonopolisten dominiert wurde.[43]

Festzuhalten bleibt, dass jede Privatisierung unabhängig von ihrer konkreten Ausgestaltung auf eine Intensivierung des Wettbewerbs und eine Redimensionierung des Staates als eine Neuausrichtung der Aufgabenwahrnehmung durch ihn abzielt, die nicht selten in seinen vollständigen Rückzug mündet. So wird nach erfolgter Privatisierung nicht mehr auf politischer, sondern auf privater Ebene über den Umfang der Leistungserstellung entschieden – häufig unter sträflicher Missachtung eines konstitutiven Merkmals demokratischer Gesellschaften: des öffentlichen Interesses.

3.3 Die Privatisierung öffentlicher Unternehmen – ahistorisch, kurzsichtig und eindimensional

Hierzulande wurde die Privatisierungsdebatte mit der Bundestagswahl am 6. März 1983 zentraler und gleichsam unabdingbarer Bestandteil der parteipolitischen Auseinandersetzung. Zwar hatte es bereits im Zeitraum zwischen 1959 und 1965 partielle Privatisierungen bei öffentlichen Unternehmen wie der Preussag, Volkswagen und der VEBA gegeben, aber erst unter der Ägide Helmut Kohls wurde die „Staatskapitalprivatisierung" (Bodo Zeuner) flächendeckend umgesetzt. Dies geschah im Einklang mit einem 1985 von der CDU/CSU-geführten Bundesregierung verabschiedeten Konzeptpapier, welches vorsah, die verlustbringenden Bundesbeteiligungen zu reorganisieren und nach Möglichkeit zu reduzieren. Darüber hinaus sollte privatwirt-

---

43 Eine ausführliche Darstellung unter juristischen Gesichtspunkten findet sich bei: Wernhard Möschel, Privatisierung – Erfahrungen in Deutschland, in: Wolfgang Wiegand (Hrsg.), Rechtliche Probleme der Privatisierung, a. a. O., S. 37 ff.

schaftliches Engagement im öffentlichen Sektor weder behindert werden
noch durch staatliche Konkurrenz an Attraktivität verlieren. Die historische
Sondersituation der deutschen Vereinigung, die den wirtschaftlichen und
sozialen Problemlösungsdruck offen zutage treten ließ, begünstigte das konzeptionell minutiös ausgearbeitete und in der Praxis mit Verve durchgefoch-
tene Privatisierungsprogramm.

Von 1982 bis zum Jahresende 2005 sank die Zahl der unmittelbaren und
mittelbaren staatlichen Beteiligungen auf Bundesebene von 985 auf den historischen Tiefstand von 109. Mehr als die Hälfte dieser Privatisierungen
wurden nach 1999 durchgeführt, was erkennen lässt, dass die Reduzierung
staatlicher Steuerungsansprüche als zentrales Leitmotiv neoliberaler Politik-
konzeptionen von der vorgeblich auf den „aktivierenden Staat" setzenden
rot-grünen Regierungskoalition mit besonderem Nachdruck umgesetzt wurde. Seit Beginn der 80er-Jahre wurden so bedeutsame bundeseigene Unternehmen wie die bereits erwähnte VEBA-Gruppe, die als Dachgesellschaft
für Industriebeteiligungen des Deutschen Reiches gegründete VIAG, die
Immobiliengesellschaft IVG, die Deutsche Lufthansa, die Bundesanstalt für
Flugsicherung (BFS), die Deutsche Siedlungs- und Landesrentenbank
(DSL), die im Maschinen- und Anlagenbau tätige Deutsche Industrieanla-
gen AG (DIAG), die Gesellschaft für Nebenbetriebe der Bundesautobahn
(nunmehr Tank und Rast GmbH) sowie die Deutsche Bundespost materiell
privatisiert.

Während sich vorher gegen die meisten Veräußerungen über den Kreis
der Beschäftigten hinaus allenfalls verhaltener Protest regte, sorgte die Privatisierung der Bundespost für eine breite öffentliche Debatte über Chancen
und Risiken, die mit einer Preisgabe der staatlichen Aufgabenwahrnehmung
verbunden sind. Der damalige Minister für Post und Telekommunikation,
Christian Schwarz-Schilling, hatte es in einem Interview zum Ziel der
CDU/CSU/FDP-Regierung erklärt, „das Unternehmen (...) in Zukunft von
den Einflüssen der Politik" zu befreien, „die Fesseln des öffentlichen
Dienstrechts (zu) sprengen" und die für eine Privatisierung der Behörde erforderlichen (grund)gesetzlichen Voraussetzungen zu schaffen.[44] Nachdem
die Bundespost mit dem zum 1. Juli 1989 umgesetzten *Poststrukturgesetz*
(„Postreform I") eine sektorale Neugliederung der Organisationsbereiche erfahren hatte, aber noch bevor 1994 die „Postreform II" – aus der Deutsche
Post AG, Deutsche Telekom AG und Postbank AG hervorgingen – abge-

---

44 Siehe Christian Schwarz-Schilling, „Das kostet Kraft" – Interview mit dem Bundespost-
   minister über die Post-Misere, in: Wirtschaftswoche v. 26.7.1991, S. 33 und 35

schlossen war, wurde die von Schwarz-Schilling ausgegebene Losung konsequent umgesetzt: Der Verzicht auf eine flächendeckende Postversorgung äußert sich nicht nur in der Verkleinerung des Filialnetzes von 29 000 (1983) auf 13 000 (2005) Niederlassungen, sondern auch darin, dass seit 1990 mehr als 160 000 Arbeitsplätze abgebaut wurden.

Privatisierungen finden mit steigender Tendenz nicht nur auf Bundes-, sondern auch auf kommunaler Ebene statt: Allein im Jahr 2005 veräußerten die Städte und Gemeinden Vermögen im Wert von 5,7 Mrd. EUR, wobei zehntausende Arbeitsverhältnisse in den privatwirtschaftlichen Sektor transferiert – und damit nicht selten prekarisiert – wurden. Der Hausmüll wird zu beinahe zwei Dritteln von den rund 1 000 privaten Entsorgungsbetrieben beseitigt, etwa von den Branchenriesen Remondis und Sulo. Da sich das Abfallgeschäft wegen gestiegener Rohstoffpreise und neuer Recyclingtechniken bzw. -kreisläufe („Grüner Punkt") seit geraumer Zeit jedoch als ausgesprochen profitabel erweist und die Qualität der Leistungserbringung durch Private in der Vergangenheit oftmals nicht zufriedenstellend war, zeigen viele Kommunen neuerdings wieder Interesse an einer eigenverantwortlichen Wahrnehmung des Entsorgungsauftrages. Mancherorts kündigen sie gar den einstigen Auftragnehmern, um „die Wertschöpfung und die Arbeitsplätze (...) in der eigenen Gemeinde halten" zu können, wie Karin Opphard, Geschäftsführerin des Verbandes Kommunale Abfallwirtschaft und Stadtreinigung, betont.[45] Gleiches gilt für den brandenburgischen Landkreis Uckermark, der seinen Vertrag mit einer westdeutschen Versorgungsfirma kündigte, weil man nicht länger dulden wollte, „dass ein privater Investor mit einer öffentlichen Aufgabe zweistellige Renditen erzielt."[46] Zum 1. Januar 2007 wurde die Müllabfuhr auch im Rhein-Sieg-Kreis und im Landkreis Neckar-Odenwald wieder in kommunales Eigentum überführt. Ebenso verfuhr man in den nordrhein-westfälischen Städten Bergkamen, Fröndenberg und Leichlingen, wo mit der Rekommunalisierung erhebliche Kosteneinsparungen erzielt und gut bezahlte Arbeitsplätze geschaffen wurden. Ein vergleichbares Beispiel liefern die Vorgänge in der Stadt Potsdam: Nachdem die dortigen Wasserwerke 1997 zu 49 Prozent an den deutsch-französischen Konzern Eurawasser veräußert worden waren, kam es binnen drei Jahren zu Preissteigerungen von beinahe 80 Prozent. Proteste der lokalen Wirtschaft, die stark unter den gestiegenen Abnahmepreisen litt,

---

45 Zit. nach: Ulrike Meyer-Timpe, Müllabfuhr: Zurück zur Kommune, in: Die Zeit v. 22.6.2006
46 Siehe Günter Hoffmann, Sozialistische Müllhaufen, in: Die Zeit v. 28.9.2006

veranlassten den Stadtrat der brandenburgischen Landeshauptstadt dazu, den Rückkauf der Anteilsscheine zu befürworten.

Bei den Kommunen, die nicht selten dem Haushaltssicherungsrecht und damit der Verpflichtung zur Vorlage eines ausgeglichenen Haushalts unterliegen, werden die Privatisierungen häufig von der dann bei den Regierungspräsidenten oder Bezirks- bzw. Landesregierungen angesiedelten Kommunalaufsicht angestoßen. Zahlreiche Städte verkaufen ihren Wohnungsbestand oder ihre Wasserwerke geradezu „aus einer erpresserischen Notlage heraus", kritisiert der Münchener Oberbürgermeister Christian Ude: „Der Regierungspräsident sagt ihnen, dass er andernfalls den Haushalt nicht genehmigen würde."[47] Tatsächlich wächst die von den Kommunen zu schulternde Zinslast aufgrund fehlender Steuereinnahmen unaufhörlich, sodass die kommunalen Investitionen auf die Hälfte des Niveaus von 1992 zurückgegangen sind. Der Stadtstaat Berlin hat Schulden von 60 Mrd. EUR aufgetürmt, pro Kopf entfällt auf jede/n Berliner/in also eine jährliche Zinslast von 730 EUR. Die rot-rote Landesregierung beschloss einschneidende Sparmaßnahmen, in deren Folge nicht nur zahlreiche städtische Einrichtungen geschlossen wurden, sondern auch drei Kernbereiche staatlicher Daseinsvorsorge, die Gas-, Wasser- und Stromversorgung, vollständig oder mehrheitlich in private Hände überführt wurden.

Einen viel beachteten Beitrag zur Privatisierungsdebatte lieferte die Stadt Dresden, deren Veräußerung des kommunalen Wohnungsbestandes zunehmend nachgeahmt wird. Das „Florenz an der Elbe" verkaufte im Frühjahr 2006 die städtische Wohnungsbaugesellschaft Woba mit einem Bestand von 48 000 Wohnungen abzüglich aller Verbindlichkeiten für 982 Mio. EUR an die US-amerikanische Investorengruppe Fortress und stellte sich damit (vorerst) schuldenfrei. Während die Befürworter/innen der Transaktion auf die wiedergewonnenen Handlungsspielräume verweisen und Investitionen in Schulen, Kindertagesstätten sowie den Straßenbau in Aussicht stellen, sehen die Kritiker/innen 100 000 Mieter/innen als Spekulationsopfer alleingelassen und fürchten um die kommunalen Steuerungsinstrumente, die eine soziale Balance innerhalb der Stadt gewährleisten.[48] Schließlich sorgen Privatinvestoren kaum dafür, dass das soziale Gefälle innerhalb urbaner Siedlungsräume austariert wird. Ferner löst die Veräußerung von gemeinwirtschaftlichem Wohnungsbestand an Privatinvestoren regelmäßig ei-

---

47 Zit. nach: Klaus-Peter Schmid, Kommunalwaren. Alles muss raus, in: Die Zeit v. 22.6. 2006

48 Vgl. Bernhard Honnigfort, Dresdens Milliarden-Ding, in: Frankfurter Rundschau v. 9.3. 2006

nen Anstieg der Mietpreise aus, sodass sich Bezieher/innen kleiner und mittlerer Einkommen genötigt sehen, preiswerte(re)n Wohnraum im Umland zu beziehen.

Ähnlich kurzsichtig verhalten sich die kommunalen Akteure bei den seit Anfang der 1990er-Jahre verstärkt zu beobachtenden Verkäufen ihrer Verkehrsbetriebe. Zunehmend entledigen sich Städte und Gemeinden des häufig defizitären öffentlichen Personennahverkehrs (ÖPNV) – in erster Linie verbunden mit der Hoffnung auf hohe Einmaleinnahmen sowie eine kostengünstigere und qualitativ höherwertige Leistungserbringung durch die Privaten. Stadt- und Gemeinderäte ignorieren dabei zentrale Sekundäreffekte und begeben sich der Möglichkeit, solche Streckenabschnitte aufrechtzuerhalten, die vordergründig betrachtet unwirtschaftlich sind, für die dortigen Bewohner/innen jedoch ein Mindestmaß an beruflicher und privater Mobilität sicherstellen. Die infrastrukturelle Erschließung eines Wohngebietes mit Bussen sowie Straßen- und U-Bahnen kann auch sinnvoll sein, um die Attraktivität dünn besiedelter Stadtteile und Regionen zu steigern.

Ein weiterer wesentlicher Einwand gegen den mit jeder Privatisierung verbundenen Rückzug des Staates ergibt sich daraus, dass die beliebte Metapher vom „Verkauf des Tafelsilbers" die Entwicklung verharmlost, weil Letzteres bloß unnütz im Schrank herumsteht, während staatliche Unternehmen der öffentlichen Hand laufende Einnahmen verschaffen.[49] So belegt die Historie des Bahn- und Postwesens, dass Staatsunternehmen durchaus profitabel arbeiten können. Die Bundespost ließ dem Staatshaushalt noch gegen Ende der 1980er-Jahre einen Jahresüberschuss von mehr als 5 Mrd. DM (2,56 Mrd. EUR) zufließen. Mindestens ebenso beeindruckt die Tatsache, dass der preußische Staat vor dem Ersten Weltkrieg nahezu ein Drittel seines Haushaltes durch die Einnahmen aus dem Bahnbetrieb decken konnte; 1894 hatten die preußischen Eisenbahnen noch 55,9 Prozent der Haushaltsüberschüsse erwirtschaftet.[50] In den 1920er-Jahren leistete die Reichsbahn beinahe sämtliche Reparationsleistungen an die Siegermächte des Ersten Weltkrieges. Dass die Preisgabe staatlicher Steuerungsmöglichkeiten auch gegenwärtig noch einen Verzicht auf staatliche Einnahmen bedeuten kann, zeigt das Beispiel der Schweizerischen Bundesbahnen. Diese konnten in den vergangenen Jahren trotz kostspieliger Investitionsprojekte wie z. B. der 153 Kilometer langen Alpentransitstrecke zwei- bis dreistellige

---

49 Vgl. Christoph Butterwegge, Wohlfahrtsstaat im Wandel. Probleme und Perspektiven der Sozialpolitik, 3. Aufl. Opladen 2001, S. 112
50 Vgl. Winfried Wolf, Eisenbahn statt Autowahn. Personen- und Gütertransport auf Schiene und Straße – Geschichte, Bilanz, Perspektiven, Hamburg/Zürich 1987, S. 114

Millionenbeträge als Überschüsse verbuchen. Ähnlich verhält es sich bei der französischen Staatsbahn SNCF: Zwar kehrte das Staatsunternehmen unter der Führung von Louis Gallois erst im Geschäftsjahr 2000 nach 15 verlustreichen Jahren wieder in die Gewinnzone zurück, zuletzt belief sich der Netto-Konzernüberschuss jedoch auf rund 300 Mio. EUR.

3.4 Cross Border Leasing und Public Private Partnership

Seit 1994 findet die neoliberale Politik mit der umfassenden Deregulierung der Märkte, der massiven steuerlichen Entlastung von Kapitaleinkünften und der Auszehrung des öffentlichen Sektors ihren sichtbaren Ausdruck in einem „Cross Border Leasing" (CBL) genannten Finanzkonstrukt. Dabei handelt es sich um transnationale Leasinggeschäfte, die auf der Fiktion zweier steuerlicher Eigentümer beruhen und aus denen vordergründig sowohl den heimischen Kommunen bzw. Landes- und Bundesunternehmen als auch den privaten ausländischen Investoren finanzielle Vorteile erwachsen. Unter Zwischenschaltung eines treuhänderischen Trusts wird das öffentliche Eigentum für einen Zeitraum von 99 Jahren nach US-amerikanischem Recht an den dortigen Investor übertragen und gleichzeitig ein Rückmietverhältnis zwischen den beiden Vertragsparteien für 25 bis 30 Jahre vereinbart. Nehmen die Kommunen das regelmäßig zum Ablauf der Vertragsfrist eingeräumte Rückkaufsrecht nicht wahr, fällt das Eigentum gemäß „Dienstleistungsvertrag" für die restliche Laufzeit an den Investor, der nun einen privaten Betreiber beauftragen kann. Die besondere Eigenheit solcher Dienstleistungsverträge besteht darin, dass sie dem Investor „die Befreiung von den Vorschriften des kostendeckenden und nicht gewinnorientierten kommunalen Wirtschaftens" – zulasten der Bürger/innen – garantieren.[51]

Das von Neoliberalen nicht selten als kommunales „Engagement" Privater deklarierte *Cross Border Leasing* legt Zeugnis von den Liberalisierungsprozessen ab, die innerhalb der weltwirtschaftlich dominanten Triade (Nordamerika, Südostasien und Westeuropa) zur „Entgrenzung des Kapitals" (Johannes Agnoli) und damit zum viel zitierten „Kasinokapitalismus" (Susan Strange) geführt haben. Kämmerern bietet sich das Modell insofern an, als es scheinbar einen Ausweg aus der „Schuldenfalle" zeigt oder zumindest eine Möglichkeit bietet, den begrenzten finanziellen Handlungsspielraum von Kommunen geringfügig zu erweitern. Inzwischen haben mehr als 150 deutsche Städte und Gemeinden hochwertiges Eigentum, das einst zum

---

51 Siehe Werner Rügemer, Cross Border Leasing, in: Kurswechsel 3/2004, S. 58

Kernbereich der öffentlichen Daseinsvorsorge zählte, in private Kapitalanlagen überführt. Auf der anderen Seite stehen internationale Investorengruppen meist US-amerikanischer Provenienz, die sich auf ihrer Suche nach (hoch) rentablen Anlagemöglichkeiten seit Anfang der 1990er-Jahre verstärkt auch um Kapitalinvestitionen im öffentlichen Sektor bemühen. Finanztöchter der *global players* befördern zwar das Wachstum der US-Ökonomie, schaffen aber „keinerlei neue Dienstleistung, kein neues Realprodukt und keinen einzigen neuen Arbeitsplatz", bemerkt Werner Rügemer.[52]

Bei einem für Kanalsysteme von Großstädten durchaus üblichen Transaktionsvolumen von 1 Mrd. US-Dollar summieren sich die Investorengewinne über die regelmäßig vereinbarte Laufzeit von 30 Jahren auf beträchtliche 3 Mrd. US-Dollar, was einer Gesamtrendite von 300 Prozent entspricht. Neben den Kanalnetzen in Gelsenkirchen, Schwerin und Wuppertal, den Kläranlagen in Düsseldorf und Ulm sowie den Messehallen in Berlin, Essen und Köln sind die Straßenbahnen in Köln, Wien und Zürich einschlägige Beispiele für derartige Geschäfte. Aber auch die Eigentumsrechte an Schulen und anderen öffentlichen Gebäuden wurden in der Vergangenheit mittels *Cross Border Leases* preisgegeben.

Den Kommunen erwachsen aus solchen Verträgen regelmäßig Einmaleinnahmen in dreistelliger Millionenhöhe, die sich aus dem „Barwertvorteil" von 4 bis 6 Prozent des Transaktionsvolumens ergeben. Die Kehrseite des Barwertvorteils: Damit die Anlage während der gesamten Vertragslaufzeit als abschreibungsfähiges Wirtschaftsgut gilt, verlangt das US-amerikanische Steuerrecht, dass die Anlage in ihrem Bestand vollständig erhalten bleibt. Treten daran Schäden auf, ist entweder der vertragsgemäße Zustand wieder herzustellen, oder es werden pauschalierte Schadensersatzzahlungen auf der Basis des Zeitwerts fällig. Eine weitere Handlungsbeschränkung besteht darin, dass die Anlagen im Rahmen des Rückmietvertrages hinsichtlich ihres Nutzungs- und Raumumfangs begrenzt sind. Somit können Aus- oder Rückbauten, die beispielsweise als Folge einer veränderten Siedlungsstruktur erforderlich werden, nicht ohne Zustimmung des Investors durchgeführt werden. Soll dies dennoch geschehen, müssen die Kommunen entweder für die Instandhaltung der Anlage sorgen (ohne sie zu nutzen) oder aber für den Ausfall der Steuervergünstigungen jenseits des Atlantiks aufkommen, welcher sich aus der Betriebsverkleinerung ergibt. Der Grund dafür liegt in einer Vertragsbestimmung, wonach zum Zeitpunkt der Vertragsbeendigung die *volle* Funktionsfähigkeit *sämtlicher* Anlageteile gewährleistet

---

52 Ebd., S. 56

sein muss. Für die Berliner Verkehrsgesellschaft (BVG) bedeutet dies z. B., dass sie „ihre" überflüssigen Straßenbahnwagen weder verkaufen noch verschrotten darf.

Neben einem Finanznotstand erkennt der auf diesen Themenkomplex spezialisierte Publizist Werner Rügemer einen regelrechten „Demokratie-Notstand" darin, dass die häufig mehrere tausend Seiten umfassenden Vertragswerke nicht in die deutsche Sprache übersetzt und den Stadt- bzw. Gemeinderäten lediglich kurze Zusammenfassungen zur Verfügung gestellt werden. Eine sachgerechte Bewertung der bisweilen buchstabengetreu an den einschlägigen Bestimmungen des US-amerikanischen Steuerrechts (meist des Bundesstaates Delaware) ausgerichteten Verträge wäre den – in aller Regel nebenberuflich tätigen – Kommunalpolitiker(inne)n aber auch bei Vorlage der Gesamtfassung nicht möglich. Dies trifft auch auf im Verwaltungsdienst tätige Jurist(inn)en zu, die mit derartigen internationalen Vertragswerken nur selten Erfahrung haben. Eine mehr als bedenkliche Informationsasymmetrie resultiert daraus, dass kommunalen Leasingnehmern hoch spezialisierte Kapitalgesellschaften als Geschäftspartner gegenüberstehen, die sich von international tätigen Anwaltskanzleien wie Shearman & Sterling oder Freshfields Bruckhaus Deringer sowie den „Big Four" der Wirtschaftsprüfungsgesellschaften (KPMG, Deloitte & Touche, Price Waterhouse Coopers sowie Ernst & Young) beraten lassen und über sog. *Special Purpose Entities* auch Steueroasen wie die Kayman-Inseln einzubeziehen wissen.[53]

Die rechtliche Zulässigkeit der transatlantischen Abschreibungsmodelle besteht zwar unverändert, steuermindernd können diese jedoch mittlerweile nicht mehr geltend gemacht werden: Rückwirkend zum 12. März 2004 wurden die grenzüberschreitenden Leasing-Verträge sowohl vom US-amerikanischen Senat wie auch vom Repräsentantenhaus als missbräuchliche Steuerumgehung deklariert. Grundsätzlich können derartige Kontrakte hierzulande aber nach wie vor abgeschlossen werden, weil sich anders als in Frankreich – wo *Cross Border Leases* frühzeitig gesetzlich untersagt wurden – nur in einzelnen Städten wie in Bergisch Gladbach, Bochum und Mülheim an der Ruhr vernehmbarer Widerstand formierte.

An der Enteignung deutscher Städte, die einem „Raubzug auf öffentliche Kassen" gleichkommt,[54] wird somit vorerst festgehalten. Selbst für den Fall, dass die Kommunen von ihrer Kündigungsoption Gebrauch machen, wird

---

53 Vgl. ebd., S. 59
54 Siehe Elmar Altvater, Was passiert, wenn öffentliche Güter privatisiert werden?, a. a. O., S. 197

ihr Eigentum mit Auswirkungen bis wenigstens 2034 über derartige Scheingeschäfte zugunsten US-amerikanischer Investoren „in Wert gesetzt". Ferner gewinnt die „Verscherbelung" kommunalen Eigentums qua *Cross Border Leasing* in zahlreichen anderen Ländern (z. B. Großbritannien, Japan und Schweden) massiv an Bedeutung. Und auch innerstaatlich ist es in der Bundesrepublik ansässigen unternehmenseigenen Stiftungen nach wie vor erlaubt, staatliche Immobilien zu erwerben und an den Bund, die Länder oder Kommunen zurückzuvermieten.

Eine weitere Preisgabe staatlicher Gestaltungsmöglichkeiten erfolgte durch einen Privatisierungsschub, der mit dem Gutachten „Public Private Partnership im öffentlichen Hochbau" an Popularität bei den politischen Entscheidungsträgern gewann. Die im Auftrag des Verkehrs- und Wohnungsbauministeriums 2003 von der Wirtschaftsprüfungsgesellschaft Price Waterhouse Coopers und der Anwaltskanzlei Freshfields Bruckhaus Deringer angefertigte Expertise empfiehlt den Kommunen eine Rückführung ihrer Haushaltsdefizite mittels eines Instruments, welches in nahezu sämtlichen OECD-Staaten an Bedeutung gewinnt: *Public Private Partnership* (PPP). Allgemein wird darunter eine zeitlich befristete Zusammenarbeit verstanden, bei der die öffentliche Hand einen privaten Investor beauftragt, Planung, Durchführung und Betrieb einer ursprünglich öffentlichen Aufgabe (Bau und/oder Sanierung von Schulen, Rathäusern, Messehallen etc.) zu übernehmen. Bund, Länder und Gemeinden zahlen für einen Zeitraum von 10 bis 30 Jahren ein Entgelt in Form von Mieten o. Ä. und bewahren sich trotz des privaten Kapitalzuflusses ein Mindestmaß an Steuerungs- und Kontrollbefugnissen.

Obschon derartige „öffentlich-private Partnerschaften" bereits seit Ende der 80er-Jahre in der Finanzbranche entwickelt und in der Bundesrepublik etwa zwei Dutzend große Müllverbrennungsöfen seit 1989 entlang dieser Vorgaben gebaut wurden, erfuhr das Instrument erst seit der Jahrtausendwende flächendeckend Anwendung. Mittlerweile übernehmen private Unternehmen in mehr als 130 Kommunen Tätigkeiten, die einst als öffentliche Angelegenheiten angesehen wurden und vielerorts immer noch werden: von Reinigungsdiensten über die Müllentsorgung, Wasserver- und -entsorgung bis zum Betrieb von Krankenhäusern und Kindergärten. Insofern ist Jörg Huffschmid zuzustimmen: „Gegenwärtig findet die heftigste Form der Privatisierung in der EU ohne Änderung der Eigentumsverhältnisse statt, indem die Bereitstellung öffentlicher Dienstleistungen ausgelagert und an private Unternehmen vergeben wird, die aus dem öffentlichen Haushalt bezahlt werden."[55]

Wie die sozialpolitische Regression insgesamt, betrifft auch die Veräußerung öffentlichen Eigentums primär solche Personenkreise, die über keine politische Lobby verfügen, für eine prosperierende Wirtschaft nur von geringer Bedeutung sind und/oder eine sehr heterogene Wählerstruktur aufweisen: Schüler/innen und Studierende, Erwerbslose, einkommensschwache Familien sowie Behinderte. Mithin drohen „zentrale Ziele, entlang deren die öffentlichen Dienstleistungen über Jahrzehnte gewachsen sind, wie sozialer Ausgleich, gleicher Zugang für alle, Bürgerorientierung und Verbraucherschutz, Ausgleich zwischen Ballungsgebieten und ländlichen Regionen", vernachlässigt zu werden.[56]

4. Wegbereiter der Privatisierung: EU-Richtlinien, GATS und TRIPS

Um den Verzicht des Staates auf die Bereitstellung öffentlicher Güter und Dienstleistungen politisch einordnen zu können, bedarf es der Erörterung von Liberalisierungsbestrebungen, die es auf nationaler, europäischer und internationaler Ebene seit längerem gibt. Allgemein gesprochen hat jede Liberalisierung den Abbau von Handelshemmnissen, die stärkere Akzentuierung von Marktkräften sowie die trennschärfere Aufgabenteilung zwischen privatwirtschaftlichem Markt und öffentlichem Sektor zum Ziel. Um dieses zu erreichen, hat „sich jenseits des modernen Staates internationale bzw. transnationale Politik in einer Intensität und Qualität verdichtet (...), die in der Geschichte so bisher nicht festzustellen waren."[57] Die Institutionen demokratischer Entscheidungsfindung wie die nationalen Parlamente büßen trotz ihrer Einbindung in transnationale Entscheidungsabläufe auf zentralen Handlungsfeldern an Souveränität und damit Legitimationskraft ein. Belege dafür, dass die supranationale Dynamik im Sinne von Marktöffnung und Privatisierung einen Strukturwandel von Staatlichkeit herbeigeführt hat,

---

55 Jörg Huffschmid, Ein starker und demokratischer öffentlicher Sektor statt des Vorrangs für Privatisierung und Deregulierung, in: Miren Etxezarreta u. a. (Hrsg.), Euro-Memo 2003, Hamburg 2004, S. 160
56 Siehe Frank Bsirske, GATS, Soziale Regeln und Demokratie, in: Achim Brunnengräber (Hrsg.), Globale öffentliche Güter unter Privatisierungsdruck. Festschrift für Elmar Altvater, Münster 2003, S. 189
57 Siehe Arthur Benz, Der moderne Staat. Grundlagen der politischen Analyse, München/ Wien 2001, S. 254

bieten die Gesetzgebung der Europäischen Union (EU) und die materielle Rechtsordnung der Welthandelsorganisation (WTO).

4.1 Schaffung und Auswirkungen des EU-Binnenmarktes

Mit dem Inkrafttreten des Maastrichter Vertrages am 1. November 1993 hat die EU als staatliches Mehrebenensystem Kompetenzen übernommen, die sich auf zahlreiche Politikfelder wie den Arbeits-, Umwelt- und Gesundheitsschutz, die öffentliche Sicherheit sowie die Außen- und Verteidigungspolitik erstrecken. Darüber hinaus agiert die EU spätestens seit Beginn der 1990er-Jahre in zahlreichen Sektoren – genannt seien die Telekommunikation, die Energieversorgung sowie das Post- und Bahnwesen – als zentraler Akteur nachhaltig wirkender Liberalisierungsbestrebungen. Zwar begreift die EU-Kommission öffentliche Dienstleistungen nach wie vor als „ein Schlüsselelement des europäischen Gesellschaftsmodells" und erkennt deren „Rolle bei der Förderung von sozialer und territorialer Kohärenz" durchaus an.[58] Trotz solcher offizieller Bekundungen löste die Schaffung eines gemeinsamen Binnenmarktes aber „in den westeuropäischen Ländern einen Strukturbruch in ihrer politischen Ökonomie" aus.[59]

Am 13. Januar 2004 legte der damalige EU-Wettbewerbskommissar Frits Bolkestein den Entwurf einer anschließend nach ihm benannten Richtlinie vor, die einen marktbezogenen Konvergenzprozess der mitgliedstaatlichen Regulierungsregime mit Blick auf Dienstleistungen in Gang setzen soll. Erklärtes Ziel der mittlerweile in modifizierter Form vom Europäischen Parlament gebilligten Richtlinie ist es, einen vollkommen liberalisierten Binnenmarkt zu schaffen, in dem (bürokratische) Hindernisse und Beschränkungen für die Niederlassungsfreiheit von Dienstleistungserbringern beseitigt sind und der freie Leistungsaustausch zwischen den EU-Mitgliedstaaten möglich ist. Auch wenn das Zielland nun lediglich noch für die freie Aufnahme und Ausübung der Dienstleistung Sorge zu tragen hat und die sog. Entsenderichtlinie (96/71/EG) Ausnahmeregelungen für einzelne Branchen wie z. B. den Bausektor zulässt, tangieren die geltenden Bestimmungen historisch gewachsene Schlüsselstellen sozialstaatlicher Handlungsparameter.

Eingebettet ist die „Bolkestein-Richtlinie" in die Lissabon-Agenda. Auf dem dortigen EU-Sondergipfel am 23./24. März 2000 hatte man als „strate-

---

58 Siehe EU-Kommission, Leistungen der Daseinsvorsorge in Europa. Mitteilungen der Kommission, Brüssel 2000, S. 3

59 Siehe Edgar Grande/Burkard Eberlein, Der Aufstieg des Regulierungsstaates im Infrastrukturbereich, a. a. O., S. 4

gisches Ziel" festgelegt, die Union im laufenden Jahrzehnt „zum wettbe-
werbsfähigsten und dynamischsten wissensbasierten Wirtschaftsraum der
Welt zu machen – einem Wirtschaftsraum, der fähig ist, ein dauerhaftes
Wirtschaftswachstum mit mehr und besseren Arbeitsplätzen und einem größeren sozialen Zusammenhalt zu erzielen."[60] Infolgedessen basiert der
Handlungskatalog weniger auf dem Sozialstaats- als auf dem Wettbewerbs-
prinzip. So wandte der Bundesrat in einer Erklärung ein, dass bei Inkrafttreten der Richtlinie lokale Qualitätsstandards und staatliche Investitions-
verpflichtungen preisgegeben werden müssten. Anfang März 2005 demons-
trierten Zehntausende in der „EU-Hauptstadt" Brüssel gegen den Abbau
sozialstaatlicher Errungenschaften. Denn trotz des Bekenntnisses zu einem
„Europäischen Sozialmodell" geben sowohl die Lissabon-Agenda als auch
der Sapir- und der Kok-Report über sozialstaatliche Kategorien nur unzureichend Auskunft: „Was diesen Berichten fehlt, ist die systematische Diskussion der Frage, wie die Innovationen, die sie vorschlagen, mit den Anforderungen der sozialen Gerechtigkeit in Einklang gebracht werden können."[61]
Um die Akzeptanz der EU und ihrer Institutionen zu steigern, bräuchte es
eine Vision, die über Schlagworte wie „Sicherheit", „Standortwettbewerb"
und „Subsidiarität" hinausgeht. Bislang hat es die Politik versäumt zu erklären, „dass Europa mehr ist als ein außer Kontrolle geratener Binnenmarkt",[62] in dem 380 Mio. Menschen ein Bruttosozialprodukt von rund 10
Bio. EUR pro Jahr erwirtschaften.

Warum aber wird der Privatisierungsprozess dadurch stimuliert, dass der
umverteilende und existenzsichernde Sozialstaat kontinentaleuropäischer
Prägung durch Brüsseler Vorgaben unter Druck gerät? Ein zentraler Begründungszusammenhang ergibt sich aus dem nach der EU-Osterweiterung
beschleunigten Steuersenkungswettlauf und der daraus resultierenden
Handlungsunfähigkeit. Denn der Rückzug des Staates findet gerade auch in
der Fiskalpolitik seinen Niederschlag. So rangiert die Bundesrepublik mit
einer effektiven Steuerbelastung von ca. 21 Prozent an zweitletzter Stelle der
15 „alten" EU-Staaten, deren Quote bei durchschnittlich knapp 30 Prozent
liegt. Körperschaft- und Unternehmenssteuern wurden fortlaufend gesenkt,
sodass sich deren Anteil am Gesamtsteueraufkommen sukzessive verringerte: von 28 Prozent Ende der 1970er-Jahre auf nur noch 14 Prozent im Jahr

---

60 Siehe Europäischer Rat, Schlussfolgerungen des Vorsitzes. Europäischer Rat (Lissabon),
   23. und 24. März 2000, http://www.ue.int/newsroom/LoadDoc.asp, 9.3.2004
61 Anthony Giddens, Die Zukunft des Europäischen Sozialmodells, in: Berliner Republik
   1/2006, S. 25
62 Siehe Leonard Novy, Der Geist ist aus der Flasche, in: Berliner Republik 3/2005, S. 9

2003.[63] Diese Entwicklung entspricht der neoliberalen Doktrin, wonach die zur Finanzierung des öffentlichen Sektors unerlässlichen Steuereinnahmen als „Beleg einer die Gesellschaft kolonialisierenden Staatsmaschinerie" begriffen werden – eine Wertung, welche die Verachtung für staatliche Tätigkeit zum Ausdruck bringt.[64]

Durch die ausschließliche Fokussierung auf die Marktgängigkeit des europäischen Wirtschaftsraums (Stichwort: „Vollendung eines wirklichen Binnenmarktes") sehen sich insbesondere die zum 1. Mai 2004 beigetretenen mittel- und osteuropäischen EU-Mitgliedstaaten zu einem *race to the bottom* verleitet – und zwar gleich in zweifacher Hinsicht: Sie senken die Steuern *und* die Sozialstandards, um in der Automobil-, Elektronik-, Möbel- und Pharmabranche sowie in den modernen Dienstleistungssektoren (Telekommunikation, Bankwesen, Großhandel etc.) neben den Lohnvorsprüngen weitere Wettbewerbsvorteile zu erzielen. So senkte die Slowakei die Steuern auf Gewinne, Einkommen, Kapital und Umsatz auf einheitlich 19 Prozent. Zusätzlich wurden die Grunderwerbs-, die Schenkungs-, die Erbschaft- und die Kapitalertragsteuer abgeschafft. Auch die baltischen Staaten Estland, Lettland und Litauen führten unmittelbar vor ihrem Beitritt eine *flat tax* als sog. Einheitssteuer ein.

Dieser Abwärtsspirale begegneten nicht wenige „alte" EU-Mitgliedsländer, indem sie ihre Steuern gleichfalls senkten. Österreich, die Bundesrepublik und Großbritannien seien als Beispiele für Staaten genannt, die nicht nur ihre direkten Steuern (auf Einkommen und Gewinne) senkten, sondern darüber hinaus die Bemessungsgrundlage aushöhlten, indem beispielsweise die Möglichkeit von Verlustvorträgen geschaffen wurde. Nicht wenige der im Deutschen Aktienindex (DAX) notierten Konzerne wissen derart viele steuerrechtliche Ausnahmetatbestände zu nutzen, dass ihr effektiver Steuersatz bei null liegt.[65] Eben jene Steuererosion ist ursächlich für eine dramatische finanzielle Unterversorgung der Gebietskörperschaften, die sich in chronisch defizitären Haushalten niederschlägt. Wie die Regierungen auf Landes- und Bundesebene sehen sich auch kommunale Entscheidungsträger/innen genötigt, öffentliches Eigentum zu veräußern – nicht selten wegen auf null abgesenkter Gewerbesteuersätze.

63 Vgl. Martin Kutscha, Erinnerung an den Sozialstaat, in: Blätter für deutsche und internationale Politik 3/2006, S. 361
64 Siehe Mario Candeias, Neoliberalismus – Hochtechnologie – Hegemonie. Grundrisse einer transnationalen kapitalistischen Produktions- und Lebensweise. Eine Kritik, Hamburg 2004, S. 287
65 Vgl. Katinka Barysch, Is Tax Competition Bad?, in: CER Bulletin 37 (2004), S. 2

4.2 Die Rechtsordnung der WTO als global wirkende Keimzelle von Privatisierungen

Seit Beginn der 1980er-Jahre gab es auf Betreiben multinationaler Konzerne intensive Bemühungen, Handelshindernisse sowie Standards im Sozial-, Umwelt- und Arbeitsrecht aufzuheben oder zumindest abzusenken. Lobbygruppen wie der *European Round Table of Industrialists* (ERT) und der europäische Arbeitgeberverband *Union of Industrial and Employers Confederation of Europe* (UNICE) nahmen schließlich ebenso nachhaltig auf die 22 000 Seiten umfassende Welthandelsordnung Einfluss wie die *Coalition of Service Industries* als einflussreichster Verband der US-amerikanischen Dienstleistungsunternehmen. Das im April 1994 in Marrakesch ratifizierte Vertragswerk löste das seit 1948 für den internationalen Warenhandel geltende *General Agreement on Tariffs and Trade* (GATT) ab. Zentrale Ergebnisse waren die institutionelle Gründung der WTO, die Einrichtung eines Schiedsgerichts (*Dispute Settlement Body*) mit einem umfassenden Sanktionsapparat und die Inkraftsetzung zahlreicher Verträge, darunter das *General Agreement on Trade in Services* (GATS) und das Übereinkommen über handelsbezogene Aspekte der Rechte des geistigen Eigentums (TRIPS-Abkommen).

Mit dem GATS, das zum 1. Januar 1995 als multilaterales Rahmenabkommen über die Liberalisierung des Dienstleistungssektors in Kraft trat, erfuhren die Privatisierungsbemühungen ihre Fortsetzung im Weltmaßstab. Der dynamisch wachsende tertiäre Sektor wird von den dort festgeschriebenen Bestimmungen nahezu flächendeckend erfasst. Insgesamt fallen 155 Sektoren in den Geltungsbereich des GATS, darunter auch solche, die in zahlreichen Staaten von öffentlichen Unternehmen oder jedenfalls in staatlichem Auftrag erbracht werden: Post, Telekommunikation, Müllabfuhr, Wasser- und Erdgasversorgung, Krankenhäuser, Pflegeheime, Kranken- und Rentenversicherung sowie Nah- und Fernverkehr. Über das Instrument der *Public Private Partnership* sollen aber auch Theater, Museen, Bibliotheken und Bildungseinrichtungen für eine marktliche Verwertung geöffnet, d. h. privatisiert werden.

Kritiker/innen monieren, dass der in Teilbereichen irreversible Vertrag die staatliche Regulierung in ein neoliberales Korsett zwingt, und fordern daher eine Präzisierung der GATS-Bestimmungen über hoheitliche Aufgaben. Zwar erstrecke sich das Abkommen nach Art. 1 Abs. 3 nicht auf solche Dienstleistungen, „die im Rahmen staatlicher Zuständigkeit erbracht werden"; da aber zusätzlich festgeschrieben sei, dass diese „weder zu kommerziellen Zwecken noch im Wettbewerb mit einem anderen oder mehreren

Dienstleistungserbringern erbracht werden", nehme diese Hoheitsklausel kaum eine Leistung vom vertraglichen Geltungsbereich aus.[66] Somit sei es den WTO-Mitgliedstaaten untersagt, eigenverantwortlich über die Ausgestaltung des öffentlichen Sektors zu entscheiden und eine flächendeckende Versorgung mit lebensnotwendigen Dienstleistungen zu garantieren. Stattdessen sind die Industriestaaten bemüht, ihre Wachstumsziele mit Hilfe der bei ihnen beheimateten Konzerne durch eine Ausweitung der Absatzmärkte zu realisieren: „Die bestehenden Machtverhältnisse in der WTO sind dafür verantwortlich, dass immer wieder neue Versuche unternommen werden, die Binnenwirtschaften von Entwicklungsländern in die unmittelbare Abhängigkeit transnationaler Konzerne zu bringen."[67]

Die referierten Befürchtungen sind berechtigt, obwohl Staaten einzelne Teilbereiche von den GATS-Regularien ausnehmen und zu diesem Zweck mit spezifischen Vorbehalten auf sog. Länderlisten setzen können. Ausnahmen der genannten Art lassen sich auf verschiedene Sektoren (horizontal) oder verschiedene Erbringungsarten (vertikal) erstrecken und werden mit ihrer Hinterlegung in Genf rechtsverbindlicher Bestandteil des GATS. Trotz dieser vergleichsweise flexiblen Vertragskonstruktion geraten die geschaffenen Ausnahmetatbestände mit jeder weiteren Verhandlungsrunde stärker unter Druck, weil sich die Handelspartner nach der in Artikel XIX verankerten Norm zur progressiven Liberalisierung bzw. zur stetigen Erhöhung von deren Niveau verpflichtet haben. Selbst schwerwiegende Fehlentwicklungen, die sich aus der Liberalisierung des skandinavischen Strommarktes oder des britischen Bahnwesens ergaben, können nur revidiert werden, wenn im Gegenzug ein anderer Sektor in Übereinstimmung mit den Handelspartnern liberalisiert wird. Durch die kaum mögliche Wiederherstellung des Status quo ante wird auch jede Nachfolgeregierung in der Auswahl ihrer wirtschafts- und sozialpolitischen Instrumentarien massiv eingeschränkt.

Die Norm über „innerstaatliche Regulierung" (Artikel VI Abs. 4) verlangt die Entwicklung von Richtlinien, die gewährleisten, dass Qualifikationsniveaus und -verfahren, technische Normen, Zulassungsmodalitäten etc. keine „unnötigen Hemmnisse für den Handel darstellen." Befürchtungen, dass diese Maßgaben einen Unterbietungswettlauf bei einzelstaatlichen Auflagen in Gang setzen könnten, scheinen angesichts der geringen Zahl

---

66 Vgl. Thomas Fritz, Daseinsvorsorge unter Liberalisierungsdruck. Wie EU und GATS öffentliche Dienste dem Markt ausliefern, Berlin 2004, S. 13
67 Gerd Zeitler, Der Freihandelskrieg. Von der neoliberalen zur zivilisierten Globalisierung, Münster 2006, S. 212 f.

von Ausnahmetatbeständen berechtigt. Arbeits- und Sozialstandards, wie sie sich in den Kernarbeitsnormen der Internationalen Arbeitsorganisation (ILO) oder in der Europäischen Entsenderichtlinie finden, weist der Vertrag nicht auf. Die Vergabe öffentlicher Bauaufträge wird z. B. nicht von der Einhaltung ortsüblicher Tarifverträge abhängig gemacht – anders als in der EU-Entsenderichtlinie vom 16. Dezember 1996 vorgeschrieben.

Trotz bestehender Ausnahmeregelungen, die den Nationalstaaten und Staatengemeinschaften punktuell Entscheidungs- und Handlungsspielräume lassen, ist das mit der Implementierung der GATS-Bestimmungen verknüpfte Fernziel eindeutig erkennbar: die multilaterale und letztlich weltweite Liberalisierung des Dienstleistungshandels bei gleichzeitiger Verringerung des Spielraums „für politisch motivierte Debatten auf der nationalen Ebene", wie es beim Lobbyverband *European Services Forum* heißt.[68] Insoweit kann das GATS als „ein paradigmatisches Beispiel für die Schere zwischen Liberalismus und Demokratie" gewertet werden.[69] Deshalb ist die „Internationalisierung" des Nationalstaates eben nicht allein der raschen Zunahme grenzüberschreitender Handels- und Finanztransaktionen geschuldet, sondern vor allem eine Folge der politisch forcierten Erosion von (Sozial-)Staatlichkeit.

Mit den TRIPS-Bestimmungen von 1994 wurde der Handlungspfad der wohlfahrtsstaatlichen Demokratien in Richtung des von der neoliberalen Chicagoer Schule geprägten *Washington Consensus* verlassen. Nunmehr sind die Vertragsstaaten verpflichtet, immateriellen Gütern, d. h. Leistungen künstlerischer, intellektueller oder schöpferischer Natur, einen eigentumsrechtlichen Status zu gewähren und entsprechende Schutzsysteme einzurichten. Somit wurden das Urheberrecht, der industrielle Marken- und Patentschutz sowie weitere Rechte an geistigem Eigentum nach überwiegend europäischer und US-amerikanischer Prägung ausgeweitet. Der Schutz immaterieller Leistungen wurde eingerichtet, um den Handel im weltweiten Kontext zu ermöglichen und sicherzustellen, „dass diese Leistungen an den Grenzen nicht ‚gemeinfrei' werden, also nicht entschädigungslos angeeignet und zur schnellen Produktimitation verwendet werden können."[70] Das

68 Siehe European Services Forum, Second ESF Position Paper on The Temporary Movement of Key Business Personnel, Brüssel 2000, S. 8
69 Siehe Stefan Mertens, Der GATS-Vertrag als ein paradigmatisches Beispiel für die Schere zwischen Liberalismus und Demokratie, in: Sigrid Pfeiffer (Hrsg.), GATS und Maus – ein ungleiches Spiel, Berlin 2003, S. 21
70 Siehe Achim Seiler, Das WTO-TRIPS-Abkommen und die Optionen zur Umsetzung des Art. 27.3 (b). Patente, Sortenschutz, Sui generis. Studie im Auftrag der GEZ, Frankfurt am Main 2000, S. 5

„Grüne Gold der Gene" (Joscha Wullweber) beispielsweise wird nicht mehr als gemeinsames Erbe der Menschheit begriffen, sondern für Unternehmen aus der Kosmetik-, Pharma- und Nahrungsmittelindustrie zur exklusiven Verwertung freigegeben.

Die meisten Entwicklungsländer sahen und sehen sich gezwungen, im Einklang mit den Industriestaaten sowohl neue Patentgesetze als auch kostspielige Kontrollbehörden zu installieren. Den sog. *Least Developed Countries* wurde für die Schaffung eines nationalen Patentrechts, das Produkt- und Prozessinnovationen im Pharmasektor für wenigstens 20 Jahre unter Schutz stellt, eine Frist bis zum Jahr 2016 eingeräumt. Obschon allen Unterzeichnerstaaten formell Gestaltungsspielräume bei der Ausgestaltung der patentrechtlichen Bestimmungen gewährt werden, existieren angesichts der internationalen Machtverhältnisse de facto kaum Handlungsoptionen.

Auch im Gesundheitswesen haben sich die Machtstrukturen innerhalb der *global polity* einseitig zugunsten der privatwirtschaftlichen Produktionsinteressen verschoben. Oftmals bleibt die lebensrettende medizinische Versorgung in ökonomisch marginalisierten Staaten aus, weil die Produktion preiswerter(er) Nachahmermedikamente, der sog. Generika, untersagt ist und entsprechende Originalpräparate dort nicht erschwinglich sind.[71] Trotz heftiger Kontroversen im Zusammenhang mit dem Einsatz von Medikamenten für antiretrovirale Therapien zur Behandlung von HIV/Aids-Patient(inn)en in Südafrika erfolgte der Weltmarktzutritt lange Zeit exklusiv für solche Pharmaunternehmen, die entsprechende Verwertungsrechte erworben hatten. Das Scheitern der fünften WTO-Ministerkonferenz, die vom 10. bis 14. September 2003 im mexikanischen Cancún stattfand, lassen ebenso wenig wie die nationalstaatlichen Egoismen hoffen, dass die Ärmsten der Armen in absehbarer Zeit auf der Grundlage umfassender Zwangslizenzen die medizinische Grundversorgung erhalten, die sie benötigen. Weiterhin werden Tag für Tag rund 30 000 Kinder unter fünf Jahren an behandel- oder vermeidbaren Krankheiten wie Masern, Durchfall, Bronchitis oder Malaria sterben.

---

71 Während die Behandlung von HIV/Aids bei einem Einsatz von Originalmedikamenten Kosten von ca. 10 000 US-Dollar pro Patient verursacht, sind gleichwertige Behandlungen mit Generika bereits für etwa 600 US-Dollar möglich.

4.3 Eine konzertierte Aktion

Das GATS, die TRIPS-Übereinkunft und das europäische Binnenmarktprojekt müssen in ihrer Gesamtheit als eine konzertierte Aktion neoliberaler Prägung zulasten öffentlicher Güter und Dienstleistungen bewertet werden. Wenngleich es durchdachte Konzeptionen gibt, wie die Weltwirtschaftsdurch eine Weltsozialordnung flankiert werden könnte („Globale Rechtsstaatlichkeit"), und welche arbeits- und sozialrechtlichen (Mindest-)Standards einzuhalten wären, haben derartige Reformanliegen bislang keinen Widerhall bei den Verantwortlichen gefunden. Auch das europäische Mehrebenengeflecht lässt keinen grundlegenden Wandel in Richtung einer *mixed economy* unter Betonung wohlfahrtsstaatlicher Regulationsmechanismen erkennen. Vielmehr hinkt die politische EU-Vertiefung der ökonomischen erneut hinterher – zulasten der öffentlichen Infrastruktur sowie der historisch gewachsenen Einrichtungen der Daseinsvorsorge.

5. Abkehr von einst ehernen demokratischen und sozialstaatlichen Prinzipien

Das 1938 von dem Staatsrechtler Ernst Forsthoff entwickelte Konzept der Daseinsvorsorge sieht vor, dass (über)lebenswichtige Güter und Dienstleistungen wie die Energie- und Wasserversorgung, (Aus-)Bildung und Mobilität sowie die Alters- und Krankenvorsorge allen Menschen unabhängig von ihrer finanziellen Ausstattung wenn nicht in gleichem, so doch zumindest in ausreichendem Maße zur Verfügung stehen.[72] Lange bevor die Daseinsvorsorge als ein verfassungsrechtlich geschützter Aspekt des Sozialstaatsprinzips in Frage gestellt wurde und schließlich auf europäischer Ebene unter Druck geriet, wurde sie als zentrale Legitimationsbasis für staatliche Wirtschaftstätigkeit angesehen. Bis weit in die 1970er-Jahre hinein hatte es einen breiten gesellschaftlichen Wertekonsens darüber gegeben, dass die Marktwirtschaft sozial gesteuert und durch eine auf sozialen Ausgleich bedachte Gesellschaftspolitik gebändigt werden solle.[73] Der „Rheinische" galt als würdiger Gegenentwurf zum angloamerikanischen Kapitalismus, der im Grunde bis heute auf einer Kultur des „survival of the fittest" fußt. Bei aller Kontrover

---

72 Vgl. Ernst Forsthoff, Die Verwaltung als Leistungsträger, Stuttgart 1938, S. 6 ff.
73 Vgl. Siegfrid Katterle, Die neoliberale Wende zum totalen Markt aus der Sicht des Nordens, in: Willibald Jacob/Jakob Moneta/Franz Segbers (Hrsg.), Die Religion des Kapitalismus, Luzern 1996, S. 48 ff.

sität der Debatte über die Reichweite sozialer Gerechtigkeit und deren Spannungsverhältnis zu anderen Werten wurde der sozialstaatliche Auftrag grundgesetzlich verbrieft, um dem übergeordneten Konsens Rechnung zu tragen, dass eine Wirtschaftsordnung von sozialer Gerechtigkeit geprägt sein muss. Wenngleich zunehmend weniger, so verdankt das bundesrepublikanische Wirtschaftssystem seine Akzeptanz doch im Kern auch heute noch der *welfare culture* – der Kultur eines Wohlfahrtsstaates, der auch denjenigen die lebensnotwendige Versorgung garantiert, die sich diese finanziell nicht leisten können.

5.1 Die Entstaatlichung der Daseinsvorsorge

Spätestens ab der zweiten Hälfte des 19. Jahrhunderts zählte das Gros der Infrastruktur- und Versorgungsleistungen in den entwickelten Industrieländern zum öffentlichen Sektor oder wenigstens zu den „staatsnahen" Sektoren. Aber während der Interventionsstaat noch bis weit ins 20. Jahrhundert hinein als Träger der Industrialisierung in Erscheinung getreten war, hat der neoliberale Paradigmenwechsel mittlerweile einen grundlegenden Wandel herbeigeführt. In zahlreichen Sektoren entledigte sich die Politik auf nationaler, europäischer und globaler Ebene der hierzulande aus dem Sozialstaatsprinzip hergeleiteten Verpflichtung, „„für einen Ausgleich der sozialen Gegensätze zu sorgen", wie es das Bundesverfassungsgericht in einem seiner Urteile formulierte.[74] Das ehemals sakrosankte öffentliche Eigentum an spezifischen Unternehmen und Einrichtungen zur Erbringung von Dienstleistungen geriet derart unter Druck, dass selbst Bildung, Kultur und Wissenschaft in zunehmendem Maße dem freien Markt überantwortet werden. Allein klassisch hoheitliche Funktionen wie polizei- und ordnungsrechtliche Aufgaben sowie Dienste der Grundbuch- und Standesämter sind hierzulande bislang von der Debatte um „Privatisierungspotenziale" ausgenommen. Die in den USA durchaus übliche und in Hessen bereits vorexerzierte Privatisierung der Justizvollzugsanstalten lässt indes auch für solche originär öffentlichen Sektoren das Schlimmste befürchten.

Dabei liegt die Vermutung nahe, dass die moderne Industrie- und Dienstleistungsgesellschaft zunehmend „staatsbedürftiger" wird, weil viele Problemkonstellationen auf persönlicher Ebene nicht mehr zu lösen sind. So entpuppt sich der Wohlfahrtsstaat mit seinen Institutionen „angesichts des allenthalben zu beobachtenden Versagens der Gesellschaft, insbesondere

---

74 Siehe BVerfGE, 100 (1999), S. 284

ihrer ,Keimzelle', der Familie, (...) immer stärker als unabdingbarer Repara-
turbetrieb und lebensbegleitende Voraussetzung von Freiheit und Gerechtigkeit."[75] Apologeten des Neoliberalismus beklagen dagegen eine „schleichende Hypertrophie des Sozialstaates" sowie ein „unentwirrbares Netz von
Regelungen, Auflagen und Abgaben, (das sich) wie Mehltau über die Wirtschaft gelegt" habe.[76] Sie tun dies, obwohl sich die Schere bei den Einkom-
mens- und Vermögensverhältnissen weiter dramatisch öffnet, das seit Jahren
für reformbedürftig erklärte Gesundheitssystem unverändert die Zwei-Klas-
sen-Medizin zementiert, die soziale Herkunft den schulischen Erfolg stärker
als in nahezu allen anderen OECD-Staaten determiniert und die Selektions-
mechanismen im universitären Bildungssystem mit der Einführung von
Studiengebühren weiter verschärft werden.

5.2 Die Notwendigkeit staatlicher Regulierung

Das am weitesten verbreitete und stichhaltigste Argument gegen die Privatisierung vormals öffentlicher Unternehmen leitet sich aus der Tatsache ab,
dass private Unternehmen aufgrund ihrer Verpflichtung, profitabel zu wirtschaften, zahlreiche Ziele verfolgen, die einer am Gemeinwohl orientierten
Politik diametral entgegenstehen. Mit jeder Privatisierung werden gewich-
tige Instrumente zur Gestaltung einer wünschenswerten wirtschaftlichen,
ökologischen und sozialen Entwicklung aus der Hand gegeben, denn die
Ausweitung bzw. Stärkung der Marktkräfte höhlt bei gleichzeitiger Einschränkung der staatlichen Regulations- und Kontrollmöglichkeiten die
wirtschaftspolitischen Instrumentarien sukzessive aus.[77] Mit einem Verzicht
auf Infrastrukturinvestitionen beispielsweise begibt sich der Staat der Möglichkeit, den intensiven Substitutionswettbewerb auf dem Verkehrsmarkt
zugunsten des Verkehrsträgers Schiene zu justieren bzw. die Schienenver-
kehrsnachfrage durch die Schaffung eines entsprechenden Angebotes zu be-
leben. Mit der Entpolitisierung ehemals originärer staatlicher Tätigkeitsfel-
der gehen darüber hinaus regelmäßig Kostensteigerungen und Zugangs-
schwierigkeiten für einzelne Nutzergruppen, Umweltschäden sowie be-
triebsbedingte Kündigungen einher, sodass selbst überzeugte Befürworter
der Privatisierung zu bedenken geben, dass diese unweigerlich Verlierer/in-

---

75 Siehe Albrecht von Lucke, Markt oder Staat, in: Blätter für deutsche und internationale
   Politik 6/2006, S. 647
76 Siehe Gerhard Willke, Neoliberalismus, Frankfurt am Main/New York 2003, S. 21
77 Vgl. Rainer Zugehör, Die Globalisierungslüge. Handlungsmöglichkeiten einer verantwortlichen Wirtschaftspolitik, Unkel am Rhein/Bad Honnef 1998, S. 24

nen hervorbringt.[78] Die soziale Polarisierung bestätigen die meisten der zahlreichen Fallstudien, die im „Schwarzbuch Privatisierung" und im jüngsten „Bericht an den Club of Rome" angeführt werden, wobei die Liste der Schattenseiten von unzureichenden Wettbewerbsstrukturen durch private Monopolbildung sowie Unregelmäßigkeiten bei der Auftragsvergabe und Defiziten bei der demokratischen Willensbildung über eine verschärfte Marginalisierung der Armen bis zu qualitativ minderwertigen Leistungsangeboten durch Private reicht.[79]

Dass sich die Wahrnehmung öffentlicher Aufgaben und eine gleichzeitige Orientierung an Markt- und Preiskriterien widersprechen, hat Bodo Zeuner unter Verweis auf den Bildungssektor eindrucksvoll illustriert: „Wer (...) das Bildungssystem in gegeneinander konkurrierende Unternehmen aufspaltet, die mit eigenen Budgets arbeiten und im Interesse der ‚Wirtschaftlichkeit' Gebühren von Studenten, demnächst vielleicht sogar von Schülern, erheben dürfen, der stärkt nicht irgendwelche ‚Eigenverantwortlichkeiten', sondern baut das demokratische Recht auf gleiche Bildungschancen unabhängig vom Einkommen ab und entzieht letztlich der demokratischen Gesellschaft die Möglichkeit, ihre Ressourcen sozialstaatlich umzuverteilen."[80]

Sofern Unternehmen auch nach ihrer Privatisierung in ein Netz mikro-, meso- und makropolitischer Rahmenvorgaben eingebunden bleiben sollen, bedarf es der kostenintensiven Installierung staatlicher Regulierungsregime, die im Regelfall eine differenziertere und kompliziertere Architektur aufweisen als die Strukturen des alten Leistungsstaates. Politisch definierte Grundsätze der Versorgungssicherheit müssen dabei ebenso Berücksichtigung finden wie die Möglichkeit zur Inanspruchnahme von Leistungen zu sozialverträglichen Preisen. Der regulierende Gewährleistungsstaat hat somit sektorspezifische Wettbewerbssteuerungen stets dort vorzunehmen, wo die Problemlösungsfähigkeit des Marktes nicht ausreicht und die Sicherstellung gemeinwohlkonformer Leistungen erklärtes Ziel ist. Um den diskrimini-

---

78 Vgl. z. B. Andreas Brenck, Privatisierungsmodelle für die Bundesbahn, in: Werner Allemeyer u. a., Privatisierung des Schienenverkehrs, Göttingen 1993, S. 80 f.

79 Vgl. Michel Reimon/Christian Felber, Schwarzbuch Privatisierung. Was opfern wir dem freien Markt?, Wien 2003, S. 11 ff.; Ernst Ulrich von Weizsäcker/Oran R. Young/Matthias Finger (Hrsg.), Grenzen der Privatisierung. Wann ist des Guten zu viel? – Bericht an den Club of Rome, Stuttgart 2006, S. 25 ff.

80 Bodo Zeuner, Entpolitisierung ist Entdemokratisierung. Demokratieverlust durch Einengung und Diffusion des politischen Raums. Ein Essay, in: Rainer Schneider-Wilkes (Hrsg.), Demokratie in Gefahr? – Zum Zustand der deutschen Republik, Münster 1997, S. 31

renden Allokationsmechanismus des Marktes mit seiner Neigung zur asymmetrischen Verteilung abzumildern und dem sozialen Inklusionsprinzip Rechnung zu tragen, braucht es staatliche Interventionen.

Da jede Regulierung erneut Kosten entstehen lässt, kommen kritische Autor(inn)en zu dem Schluss, dass jede Deregulierung regelmäßig nur Reregulierung bedeute.[81] Denn selbst dann, wenn eine Reduktion staatlicher Verantwortung angestrebt wird, ist das Erlassen rechtlicher Bestimmungen ebenso unabdingbar wie die Installation neuer bzw. der Umbau bestehender Verwaltungseinrichtungen. Mit Blick auf die Kostendifferenz zwischen dem ehemaligen Bundesministerium für Post und Telekommunikation auf der einen sowie der Regulierungsbehörde für Post und Telekommunikation auf der anderen Seite wusste das Nachrichtenmagazin *Der Spiegel* im August 1997 zu berichten, dass Letztere mit einem Jahresetat von 365 Mio. DM (186,62 Mio EUR) „teurer und größer als das alte Bötsch-Ministerium" sein werde.[82] Wenngleich diese „Erblast" der Privatisierung nicht zu verallgemeinern ist, zeigt das Beispiel doch, welche immensen finanziellen Anstrengungen seitens des Staates unternommen werden müssen, um eine *industry of regulation* mit dem Ziel eines funktionierenden Wettbewerbs zu schaffen.

Ein letzter Blick auf Großbritannien lässt erkennen, dass auch die Privatisierung anderer staatlicher Netzwerkindustrien zu beträchtlichen Preissteigerungen führen kann. Nachdem die englischen und walisischen Wasserversorgungsfirmen 1989 an der Londoner Börse für 5,23 Mrd. Pfund St. veräußert worden waren, stiegen die Wasserpreise bis Ende der 90er-Jahre um über 40 Prozent, obwohl den neuen Eigentümern ein Schuldenerlass in Höhe von 5 Mrd. sowie eine „ökologische Mitgift" von 1,5 Mrd. Pfund St. gewährt worden war. Nicht einmal die Neuordnung des regulativen Zugriffs auf den Wassersektor, in deren Zentrum das mit umfassenden Handlungsrechten ausgestattete *Office of Water Services* steht, konnte die Transformation vom Leistungs- zum Regulierungsstaat für die Verbraucher vorteilhaft gestalten. Vor diesem Hintergrund räumt selbst die als *think tank* der Deutschen Bank Gruppe fungierende DB Research ein: „Die ausreichende Bereitstellung von Trinkwasser zählt zu den Kernbereichen der Daseinsvorsorge. In der deutschen Wasserwirtschaft (Trinkwasserversorgung) gingen 1999 die ersten Liberalisierungsbestrebungen vom Bundeswirtschaftministerium (BMWi) aus, lösten aber Widerstände bei Umweltver-

---

81 Vgl. z. B. Wolfgang Hoffmann-Riem, Tendenzen der Verwaltungsrechtsentwicklung, in: Die öffentliche Verwaltung 11/1997, S. 436
82 Siehe Hochkarätige Experten, in: Der Spiegel v. 4.8.1997, S. 73

bänden und anderen Institutionen aus. (...) Nicht zu Unrecht wurde auf die teilweise wenig erfolgreichen Wettbewerbsmodelle in anderen Ländern und auf die hohe Wasserqualität und Versorgungssicherheit verwiesen."[83]

Letztlich zielt jede Privatisierung darauf ab, den Staat als Steuerungsorgan durch den Markt zu ersetzen. Werden Regulationsmechanismen nur unzureichend etabliert, bergen Privatisierungs- und Deregulierungsmaßnahmen die Gefahr, dass die staatlich verantworteten legalistischen Barrieren durch private monopolistische ersetzt werden, wodurch wiederum Regulierungsbedarf entsteht. Auch Liberalisierung allein reicht für eine Effizienzsteigerung nicht aus, wenn natürliche Monopole oder strategische Wettbewerbsvorsprünge (*First-mover*-Vorteile) bestehen. Den fairen Marktzutritt für Mitbewerber kann der Markt nicht garantieren, sodass wiederum auf einen staatlichen Regulator zurückgegriffen werden muss. Kurzum: In dem Maße, wie die Entpolitisierung des Infrastruktursektors mittels Liberalisierung und Privatisierung in Fragen des Eigentums und der Leistungsfähigkeit staatlicher Bürokratien vorangetrieben wird, steigt die Politisierung des vormals „unpolitischen" Infrastrukturbereichs, wenn es um Grundsatzfragen der Regulierung, z. B. „die angemessene Reichweite der öffentlichen Gewährleistungspflicht für Infrastrukturleistungen in liberalisierten Märkten", geht.[84]

5.3 Die Unterminierung des verfassungsrechtlich verankerten Sozialstaatsgebotes

Die ideologischen Wegbereiter eines „von den Fesseln der Sozialstaatlichkeit" befreiten Kapitalismus lehnen nicht nur korporatistische und staatswirtschaftliche Interventionen im Glauben an die grundsätzliche Überlegenheit „marktgerechter" Lösungen ab. Zugleich schlussfolgern die Anhänger/innen des Neoliberalismus, dass die Privatisierung sozialer Risiken als eine Befreiung aus „bürokratischer Bevormundung", eine beschäftigungswirksame „Belebung der Eigeninitiative" und ein gleichsam die Entschlusskraft weckendes „Fördern und Fordern" zu deuten sei. Dabei arbeiten sie an einem verhängnisvollen Projekt: der Auflösung des Gemeinwesens. Denn wie auch immer die schmückende Philosophie heißen mag, verschärft sich mit

---

83 Deutsche Bank Research, Daseinsvorsorge – Alibi für staatliche Wirtschaftstätigkeit?, EU-Monitor: Beiträge zur europäischen Integration, Frankfurt am Main 2003, S. 14
84 Siehe Edgar Grande/Burkard Eberlein, Der Aufstieg des Regulierungsstaates im Infrastrukturbereich, a. a. O., S. 22

den partei- und gebietskörperschaftenübergreifend vorangetriebenen Privatisierungen nicht nur der Gegensatz von öffentlicher Armut und privatem Reichtum, vielmehr auch die sozioökonomische Kluft zwischen den Gesellschaftsmitgliedern.

Besonders anschaulich belegt dies die Privatisierung von Lebensrisiken. Dazu zählt die Zuzahlungspflicht bei der Inanspruchnahme bestimmter ärztlicher Leistungen ebenso wie der Missstand, dass die meisten prekär Beschäftigten die vom Gesetzgeber mit der Absenkung des gesetzlichen Rentenniveaus geschaffene Lücke mit einer privaten „Riester-" oder „Rürup-Rente" nicht zu schließen vermögen. Ähnlich separierend wirkte die „Ich-AG", welche nicht nur die Degeneration der wirtschaftlich Schwächsten zu einem „Aktienpaket" abbildete, sondern zugleich die semantische Konkretisierung eines sichtbar gewordenen Verfalls solidarischer Bindungen darstellte.

Wie die genannten werden auch andere Maßnahmen den Erfordernissen des in Art. 20 Abs. 1 und Art. 28 Abs. 1 Satz 1 GG festgeschriebenen Sozialstaatsprinzips nicht gerecht. Schließlich hat das Bundesverfassungsgericht das Sozialstaatsprinzip in mehreren Urteilen als Verpflichtung des Staates interpretiert, „für einen Ausgleich der sozialen Gegensätze und für eine gerechte Sozialordnung zu sorgen und die Existenzgrundlage der Bürger zu sichern und zu fördern."[85] Aber selbst diejenigen Verfassungsrechtler, die wie Peter Badura einst gefordert hatten, der Staat dürfe „nicht nur eine Eingreifreserve der letzten Linie (darstellen), wie es das liberale Subsidiaritätsprinzip fordert",[86] plädieren heutzutage mehrheitlich für eine Rückführung des sozialen Staatsziels, da die Leistungsfähigkeit und -bereitschaft der Einzelnen die Daseinsvorsorge ausreichend sicherstelle. Markanter kann der Wandel in der Sozialstaatsinterpretation vom allseits gepriesenen „Modelfall" zum historischen „Auslaufmodell" kaum ausfallen: „Aus einer Ermächtigung zur gezielten sozialgestaltenden Umverteilung ist ein verfassungsrechtlicher Appell zu staatlicher Unternehmensförderung geworden."[87] Dabei kommt dem Prinzip der Sozialstaatlichkeit und der in Art. 14 und 15 GG explizit festgeschriebenen Sozialbindung des Privateigentums besondere Bedeutung zu. Denn letztlich begründen diese beiden Vorgaben eine

---

85 Siehe Gerhard Bäcker u. a., Sozialpolitik und soziale Lage in Deutschland, Bd. 1, 3. Aufl. Wiesbaden 2000, S. 36 f.
86 Siehe Peter Badura, Das Verwaltungsmonopol, Berlin 1963, S. 304 f.
87 Martin Kutscha, Die Anpassung des Verfassungsrechts im „schlanken Staat", in: Christoph Butterwegge/Martin Kutscha/Sabine Berghahn (Hrsg.), Herrschaft des Marktes – Abschied vom Staat?, Baden-Baden 1999, S. 107

Mischform aus wirtschaftlicher Freiheit und politischen Gestaltungsmöglichkeiten des Staates im Interesse des Gemeinwohls und erlauben eben kein Wirtschaftssystem, das allein an wettbewerblichen, marktimmanenten Mechanismen ausgerichtet ist. Insofern gefährdet die rigide Liberalisierungs-, Deregulierungs- und Privatisierungsstrategie den Status der Bundesrepublik als „sozialer Bundesstaat".

5.4 Die Übertragung der Gestaltungsmöglichkeiten vom öffentlichen in den privaten Raum

Jede Privatisierung wirkt als „Politikverzichtslegitimierung" (Manfred Prisching), werden doch die Einflussmöglichkeiten von demokratisch legitimierten Akteuren zu Privaten verschoben, sodass die zentralen Entscheidungen – jedenfalls prinzipiell – Personen und Gremien fällen, die sich nicht öffentlich verantworten müssen. Somit können schwerwiegende Verfehlungen, deren negative Auswirkungen oftmals erst mit einigem zeitlichen Abstand erkennbar sind, den Verantwortlichen nur bedingt (und meist ausschließlich bei strafrechtlicher Relevanz) mit unmittelbaren Folgen für sie selbst angelastet werden.

Dass die Möglichkeiten der demokratischen Partizipation kontinuierlich unterminiert werden, haben zahlreiche Bürger/innen bereits erfahren müssen. Als es im Februar 2004 in der Freien und Hansestadt Hamburg auf Betreiben des Bündnisses „Gesundheit ist keine Ware" zu einem Bürgerentscheid gegen die Privatisierung der städtischen Krankenhäuser kam, stimmten 76,8 Prozent der Abstimmungsberechtigten (bei einer Beteiligung von 64,9 Prozent) gegen das Vorhaben des Senats. Dieser setzte sich jedoch über das eindeutige Bürgervotum hinweg und beschloss die Veräußerung des Landesbetriebs Krankenhäuser (LBK) an den privaten Betreiber Asklepios. Im Dezember 2004 wurde dann im Rahmen eines Organstreitverfahrens festgestellt, dass der Volksentscheid weder für den Senat noch für die Bürgerschaft rechtlich bindend gewesen sei, sondern lediglich eine Aufforderung dargestellt habe. In der mündlichen Urteilsbegründung wies der Gerichtspräsident ferner darauf hin, dass das Landesparlament – aufgrund der Gleichrangigkeit von parlamentarischer und Volksgesetzgebung – selbst dann ein Gesetz mit anderem Inhalt hätte beschließen dürfen, wenn sich der Volksentscheid explizit gegen jenes Privatisierungsgesetz gerichtet hätte.[88]

---

88 Vgl. HVerfG 6, Urteil v. 15.12.2004

Nach erfolgreichen Bürgerentscheiden wurden die einschlägigen Gesetze nicht allein in der Elbmetropole derart geändert, dass Unterschriften nur noch während der Öffnungszeiten in den Amtsstuben geleistet werden dürfen (und nicht mehr auf Straßen oder öffentlichen Plätzen). Auch in zahlreichen anderen Kommunen ergreift man bei „unliebsamen" Bürgerentscheiden Maßnahmen, um demokratische Verfahrenswege auszuhebeln: So werden häufig keine Wahlbenachrichtigungen mehr versandt. Gleichzeitig wird die Zahl der Wahlbüros möglichst gering gehalten. Dabei binden Bürgerentscheide Politik und Verwaltung in mehreren Bundesländern ohnehin nur noch für eine bestimmte Zeit, in Nordrhein-Westfalen beispielsweise zwei Jahre lang. Einbußen erfahren demokratische Prinzipien aber auch, weil die Rahmenbedingungen für die Erbringung öffentlicher Dienstleistungen vielfach nicht mehr auf kommunaler, regionaler oder bundesstaatlicher Ebene abgesteckt werden (die Möglichkeit unmittelbarer Partizipation also eingeschränkt wird), sondern zunehmend nur noch entsprechend supranationaler Vorgaben des GATS oder der EU umgesetzt werden können. Einmal mehr verschieben sich damit die Grenzen zwischen Ökonomie und Gesellschaft zum Nachteil der Letzteren.

5.5 Versuche zur Popularisierung von Privatisierungen

War die materielle Leistungserbringung durch den Staat einst konstitutiv für diesen, ist seit einem Vierteljahrhundert eine deutlich verstärkte Inanspruchnahme Privater für die Erfüllung vormals öffentlicher Dienstleistungen zu beobachten. In den meisten entwickelten Industriestaaten wurde eine Transformation des keynesianischen Sozialstaates in einen „schumpeterianischen Leistungsstaat" (Bob Jessop) in Gang gesetzt, dessen vordringlichstes Ziel die Sicherung internationaler Konkurrenzfähigkeit ist. Vor dem Hintergrund dieser neuen „Qualität von Staatlichkeit" (Wolfgang Streeck) ist davon auszugehen, dass die Diskussion der Fragen, welchen Staat und wie viel Staat wir brauchen, auf absehbare Zeit eine bedeutende, wenn nicht gar die zentrale Bruchlinie durch unsere Gesellschaft markieren wird. Jan Roß, Redakteur der *Zeit*, glaubt gar, dass „in der Auseinandersetzung um den Staat (...) das Potential eines neuen Klassenkampfes" stecke.[89] In der Vergangenheit verhallte der Widerstand gegen Privatisierungen als zentra-

---

89 Siehe Jan Roß, Die neuen Staatsfeinde. Was für eine Republik wollen Schröder, Henkel, Westerwelle und Co.?, Frankfurt am Main 2000, S. 20

lem Element neoliberaler Politik trotz deren regressiver Verteilungswirkungen indes meist ungehört.

Obschon die Frage nach der Reichweite staatlicher Aufgabenwahrnehmung eindeutig eine staatstheoretische Dimension aufweist, werden Privatisierungsentscheidungen gegenwärtig nahezu ausschließlich unter Verweis auf die „Sachzwänge" wie die verarmten öffentlichen Haushalte debattiert. Dies zeigt die Diskussion um die materielle Privatisierung der Deutschen Bahn AG, die von den Regierungsparteien CDU/CSU und SPD befürwortet wird, obwohl das letzte große deutsche Staatsunternehmen als „global aufgestellter" Logistikkonzern mittlerweile profitabel wirtschaftet. Die Absicht, den ehemals größten Arbeitgeber der Bundesrepublik auf das Börsenparkett zu führen, wo die Marktmechanismen am wirkungs- und oftmals verhängnisvollsten greifen, liegt erkennbar in der Absicht begründet, hohe Einmaleinnahmen zur Sanierung des Bundeshaushalts zu erzielen. Gleichzeitig werden folgenschwere ökologische, wirtschaftliche und gesellschaftliche Auswirkungen dieser „Jahrhundertentscheidung" verkannt. Seit der formellen Privatisierung im Jahre 1994 wurden unter dem Druck der Kapitalmarktorientierung nicht nur mehr als 200 000 Mitarbeiter/innen entlassen, sondern auch ländliche Streckenabschnitte stillgelegt, Fahrtakte ausgedünnt, Bahnhofsgebäude verkauft und Fahrpreise stark angehoben.

Es bleibt abzuwarten, ob sich das Märchen vom Segen der Privatisierung als zentralem Hebel neoliberaler Politik weiter „wie ein endloses Spruchband (...) durch Talkshows, Unternehmensverbandskonferenzen, Parteitage und Regierungserklärungen" zieht.[90] Denn anders als von den meinungsbildenden Medien beharrlich beteuert, stellt sich die Abkehr vom öffentlichen Versorgungsauftrag nicht als Schritt in Richtung einer „zivilgesellschaftlichen Selbstverwaltung" dar, vielmehr als Paradigmenwechsel von einer emanzipatorischen Demokratie zu einer *Ownership Society*. Deren sozioökonomische Polarisierung lässt sich in historischer, sektoraler und internationaler Perspektive leicht erkennen und rührt an den Grundfesten einer solidarischen, mündigen und sozial durchlässigen Gesellschaft.

---

90 Siehe Werner Rügemer, Privatisierung in Deutschland – Eine Bilanz, Münster 2006, S. 173

Christoph Butterwegge

Rechtfertigung, Maßnahmen und Folgen einer neoliberalen (Sozial-)Politik

Um den Neoliberalismus zu ergründen, sollen nunmehr die Zielsetzungen, Leitprinzipien und Funktionsmechanismen seiner „Reform"-Politik im Bereich des Sozialstaates genauer untersucht werden. Dieser steht deshalb im Mittelpunkt der folgenden Überlegungen, weil er aus Sicht neoliberaler Wissenschaftler, Politiker und Publizisten das Haupthindernis für die freie Entfaltung der Marktkräfte als vermeintlichen Garanten von Wirtschaftswachstum und gesellschaftlichem Wohlstand darstellt. Die entscheidende Schwachstelle des Neoliberalismus bilden zudem weder das kaum mehr übersehbare Scheitern seiner ökonomischen Konzepte noch sein Plädoyer für eine Hochleistungs-, Konkurrenz- und Ellenbogengesellschaft, in der sich nur die leistungsstärksten Mitglieder behaupten, sondern sein unermüdlicher Kampf gegen einen Wohlfahrtsstaat, der Leistungsschwächere auffängt, sie sozial integriert und überhaupt erst zu gleichberechtigten Gesellschaftsmitgliedern macht.

Will man den Neoliberalismus in seiner ganzen Komplexität als Wirtschaftstheorie, Sozialphilosophie und politisches Projekt erfassen und sich mit seinen Argumenten genauso fundiert auseinandersetzen wie mit der (Regierungs-)Praxis, muss die Analyse *mehr*dimensional verfahren: Zunächst richtet sich unser Blick auf die *ideologische* Ebene der Sozialstaatskritik, der Begründung einer neoliberalen Reformpolitik und ihrer Verankerung im Massenbewusstsein, sodann auf die *institutionelle* Ebene der Umsetzung von Sozialreformen und schließlich auf die *sozialstrukturelle* bzw. *materielle* Ebene ihrer Konsequenzen für die Arbeits- und Lebensbedingungen einzelner Bevölkerungsgruppen in der Bundesrepublik wie für die Gesamtgesellschaft und die ganze Welt.[1]

---

1 Vgl. zu dieser Methodik bzw. ihrer Begründung: Christoph Butterwegge, Krise und Zukunft des Sozialstaates, 3. Aufl. Wiesbaden 2006, S. 9 ff.

1. Sozialstaatskritik, Diskursstrategien und Legitimationstechniken des Neoliberalismus

Während sich der „klassische" Liberalismus als fortschrittliche Bewegung des Bürgertums in erster Linie gegen den Feudalstaat bzw. seine Überreste richtete, bekämpft der Neoliberalismus, verstanden als eine (Wirtschafts-) Theorie, Ideologie und Strategie, die den Staatsinterventionismus zurückdrängen und den Markt zum universalen, alle Gesellschaftsbereiche übergreifenden Regulierungsmechanismus erheben möchte, vorrangig den Sozialstaat. Da dieser ihrem Wunschbild einer sich selbst organisierenden Marktgesellschaft widerspricht, suchen Neoliberale ihn als bürokratisch verkrustet, ineffizient und freiheitsgefährdend zu entlarven. Gleichzeitig rechtfertigen sie seinen Um- bzw. Abbau durch in säkularen Entwicklungsprozessen, nämlich der Globalisierung und dem demografischen Wandel, wurzelnde Sachzwänge. Man kann in diesem Zusammenhang geradezu von den zwei Großen Erzählungen unserer Zeit sprechen. Darüber hinaus spielt das Gerechtigkeitsverständnis in der Diskussion über die Notwendigkeit von Reformmaßnahmen eine Schlüsselrolle.

1.1 Grundlinien neoliberaler Sozialstaatskritik

Neoliberale eint die staatstheoretische Ausgangsthese, jeder Wohlfahrtsstaat gefährde zumindest der Tendenz nach die Freiheit des (Wirtschafts-)Bürgers und das westliche Regierungssystem, wie sie Friedrich August von Hayek in seiner Schrift „Der Weg zur Knechtschaft" darlegte.[2] Bis auf wenige Außenseiter, die „anarchokapitalistische" Positionen vertreten,[3] lehnen neoliberale Theoretiker den (Sozial-)Staat jedoch nicht pauschal ab. Vielmehr bekämpfen sie taktisch äußerst geschickt einen „überbordenden" Wohlfahrtsstaat, der seiner Klientel eine „Rundumversorgung" gewähre und damit den individuellen Müßiggang und eine „soziale Vollkaskomentalität" fördere. „Privat" geht für Neoliberale nicht zuletzt deshalb „vor Staat", weil der Markt nach ihrer Meinung neben Konsumgütern auch soziale Dienstleistungen effizienter, preisgünstiger und zuverlässiger bereitstellt.

---

2 Vgl. Friedrich A. Hayek, Der Weg zur Knechtschaft. Neuausgabe des Wirtschaftsklassikers mit einem Vorwort von Otto Graf Lambsdorff, München 1994
3 Vgl. z. B. Hans-Hermann Hoppe, Demokratie. Der Gott, der keiner ist. Monarchie, Demokratie und natürliche Ordnung, Waltrop/Leipzig 2003

Hierzulande richtete sich die Sozialstaatskritik hauptsächlich gegen Reformen, welche die SPD/FDP-Koalition unter Bundeskanzler Willy Brandt am Ende der 1960er- bzw. zu Beginn der 1970er-Jahre verwirklicht hatte. Seit der Weltwirtschaftskrise 1974/75 gingen Neoliberale zur Generalabrechnung mit einer „Wohlfahrtsdiktatur" über, die das Land gegen die Wand gefahren habe und einen politischen Neuanfang nötig mache. Günter Schmölders, Kölner Emeritus der Finanzwissenschaft, verkündete damals, der Wohlfahrtsstaat sei „am Ende", und druckte im Anhang seines Buches demonstrativ das sog. Lambsdorff-Papier ab, dessen Forderungen nach spürbarer Verbesserung der Kapitalerträge und einer „Verbilligung des Faktors Arbeit" durch Senkung der Sozialleistungsquote im September 1982 zum Bruch der sozial-liberalen Koalition geführt hatte.[4] Die nachträgliche Lektüre des Memorandums wirft die Frage auf, ob es sich dabei um das Drehbuch für die Wirtschafts- und Sozialpolitik bis heute handelte, so sehr entsprechen zahlreiche Maßnahmen, die seither ergriffen wurden, dem dort niedergelegten Handlungskatalog. Von einer zeitlichen Begrenzung der Bezugsdauer des Arbeitslosengeldes auf zwölf Monate über die Einführung eines „demografischen Faktors" zur Beschränkung der Rentenhöhe („Berücksichtigung des steigenden Rentneranteils in der Rentenformel") bis zur stärkeren Selbstbeteiligung im Gesundheitswesen listete das Lambsdorff-Papier fast alle „sozialen Grausamkeiten" auf, welche die folgenden Bundesregierungen verwirklichten. Erst das „Hartz IV" genannte Gesetzespaket der rot-grünen Koalition ging durch die Abschaffung der Arbeitslosenhilfe und die Absenkung des an deren Stelle tretenden Arbeitslosengeldes (Alg) II auf Sozialhilfeniveau über den Forderungskatalog des damaligen FDP-Wirtschaftsministers hinaus.

Mit dem Fall der Berliner Mauer und dem Kollaps aller „realsozialistischen" Staatssysteme in Ost- bzw. Ostmitteleuropa 1989 bis 1991 verbesserten sich auch in der Bundesrepublik die Rahmenbedingungen einer neoliberalen Fundamentalkritik und der darauf basierenden („Reform"-)Politik. Nun wurde die Entwicklung zum Wohlfahrtsstaat als „Irrweg" gegeißelt und jeder Staatseingriff in die Marktwirtschaft verdammt.[5] Es scheint, als

---

4 Siehe Otto Graf Lambsdorff, Konzept für eine Politik zur Überwindung der Wachstumsschwäche und zur Bekämpfung der Arbeitslosigkeit, 9. September 1982, in: Günter Schmölders, Der Wohlfahrtsstaat am Ende. Adam Riese schlägt zurück, München 1983, S. 253 ff.
5 Vgl. z. B. Gerd Habermann, Der Wohlfahrtsstaat. Die Geschichte eines Irrwegs, Frankfurt am Main/Berlin 1994; Alfred Zänker, Der bankrotte Sozialstaat. Wirtschaftsstandort Deutschland im Wettbewerb, München 1994

sei dem Sozialstaat nach dem „Sieg über den Staatssozialismus" der Krieg erklärt worden. Hans-Olaf Henkel, seinerzeit Präsident des Bundesverbandes
der Deutschen Industrie (BDI), erklärte „Eigenverantwortung" und „Wettbewerbsfähigkeit" zu Grundlagen einer umfassenden Modernisierung aller
Bereiche des Gemeinwesens: „Ludwig Erhard hat die Marktwirtschaft sozial
gemacht. Heute müssen wir die Sozialpolitik mit marktwirtschaftlichen In-
strumenten renovieren, im eigenen Interesse und weil wir es unseren Kindern schulden."[6]

Das neoliberale Staatsverständnis sieht im Sozialstaat nur einen Marktteilnehmer unter anderen, welcher zudem an Gewicht verliert: „Er ist bei
der Produktion von ‚sozialer Sicherheit' bei Krankheit, im Alter und bei
Pflegebedürftigkeit gegenüber privaten Anbietern nicht mehr wettbewerbsfähig."[7] Deshalb müssen Renten-, Kranken- und Pflegeversicherung dem
Würzburger Ökonomen Norbert Berthold zufolge privatisiert werden, wo-
hingegen die Arbeitslosenversicherung – neben der Sozialhilfe institutioneller Kern des Wohlfahrtsstaates – zwar „Fehlanreize" aufweise, jedoch zumindest vorerst in staatlicher Obhut bleiben soll.

Nach neoliberaler Ansicht ist der Wohlfahrtsstaat zu einem Monster ent-
artet, das die Volkswirtschaft lähmt und dessen pseudosozialer Charakter
die damit verbundene Einschränkung der bürgerlichen Freiheitsrechte verdeckt. Der moderne Interventionsstaat erscheint als Wachstumsbremse und
nicht mehr tragbare Belastung des „eigenen" Wirtschaftsstandortes. Meinolf
Dierkes und Klaus W. Zimmermann, die sich auf von Hayek berufen, erklären den Wohlfahrtsstaat zum gigantischen Kapital- und Arbeitsplatzver-
nichter, der das private Sparen, die „eigenverantwortliche Vorsorge" und
das soziale Engagement seiner Bürger/innen verhindere: „Der ausgeuferte
Sozialstaat als ehemals funktional integratives, aber in exponentieller Rate
ineffektives und ineffizientes Moment des Modells Deutschland zerstört damit letztlich auch das Modell selbst, indem er seine ökonomischen und in
letzter Konsequenz auch seine demokratischen Grundlagen ruiniert – seine
ökonomischen, weil er dem einzelnen seine individuelle Entscheidungsfrei-
heit entzieht und den Markt zur Residualgröße werden läßt, seine demokratischen, weil er die Jungen durch die Alten ausbeuten läßt und die Jungen
zwingt, die immer zahlreicher werdenden Alten zu entmachten – aus ‚one

---

6 Hans-Olaf Henkel, Jetzt oder nie. Ein Bündnis für Nachhaltigkeit in der Politik, Berlin
   1998, S. 25 f.
7 Norbert Berthold, Wie sozial kann unser Staat künftig noch sein?, in: Hans-Josef Rüber
   (Hrsg.), Vom Wohlfahrtsstaat zur Sicherung des Existenzminimums?, Berlin 2006, S. 98

man, one vote' wird faktisch (wie auch immer) ,old man, no vote' werden."[8]

Dieter Eißel stützt sich auf Zahlen eines OECD-Vergleichs von nationalen Abgabenquoten, um die neoliberale These zu widerlegen, dass der Sozialstaat ein Konjunkturkiller sei. Zwischen der sozialpolitischen Eingriffsintensität und der Wachstumsschwäche von Industriestaaten besteht nach Ansicht des Gießener Politikwissenschaftlers kein negativer Zusammenhang, ganz im Gegenteil: „Sozialstaatliche Interventionen sind (...) in vielen Fällen Voraussetzung für Wachstum, indem z. B. der Staat durch Bildung die Nachfrage nach qualifizierten Arbeitskräften bedient und die Bedingungen für Innovation durch öffentliche Finanzierung und Organisation der Forschung schafft."[9] Besonders eindrucksvoll zeigen die exzellenten Daten von Finnland, Norwegen, Dänemark und Schweden, wie realitätsfremd manche Vorurteile über den Wohlfahrtsstaat sind. „Die skandinavischen Länder widerlegen (...) das neoliberale Credo, demzufolge breit ausgebaute Wohlfahrtsstaaten mit einer Staatsausgabenquote von um die 50 Prozent und mehr unweigerlich zu Ausfallerscheinungen beim Marktmechanismus führen, deren Folge niedriges Wachstum, hohe Arbeitslosigkeit und Wohlstandseinbußen sind."[10]

Gleichwohl wird der moderne Interventionsstaat von Neoliberalen für immer mehr Übel dieser Welt verantwortlich gemacht. Beispielsweise klagt Norbert Berthold allen Ernstes: „Die finanzielle Unterstützung des Staates kann die Ehe destabilisieren, da sie vor allem für arme Frauen ein Ersatz für das Einkommen des Ehemannes ist. Die geringeren Gewinne aus der Ehe verstärken die Anreize dieser Frauen, erst gar nicht zu heiraten oder sich eher wieder scheiden zu lassen."[11] *Welt*-Chefkorrespondent Konrad Adam schreibt der „sogenannten Wohlfahrtspolitik" nicht nur die gestiegene Zahl der von Sozialhilfe bzw. -geld abhängigen Kinder, sondern auch die primär

---

8 Meinolf Dierkes/Klaus W. Zimmermann, Der Sozialstaat: Change ist, Love it, or Leave it, in: dies. (Hrsg.), Sozialstaat in der Krise. Hat die Soziale Marktwirtschaft noch eine Chance?, Frankfurt am Main/Wiesbaden 1996, S. 276

9 Dieter Eißel, Verteilungspolitik im Zeichen des Neoliberalismus, in: Kathrin Ruhl u. a. (Hrsg.), Demokratisches Regieren und politische Kultur. Post-staatlich, post-parlamentarisch, post-patriarchal?, Berlin 2006, S. 269

10 Cornelia Heintze, Staat als Partner. Deutsche wohlfahrtsstaatliche Perspektiven im Lichte skandinavischer Erfahrungen, in: Angelika Beier u. a. (Hrsg.), Investieren, sanieren, reformieren? – Die Wirtschafts- und Sozialpolitik der schwarz-roten Koalition, Marburg 2006, S. 127

11 Norbert Berthold, Sozialstaat und marktwirtschaftliche Ordnung – Ökonomische Theorie des Sozialstaates, in: Karl-Hans Hartwig (Hrsg.), Alternativen der sozialen Sicherung – Umbau des Sozialstaates, Baden-Baden/Hamburg 1997, S. 33 f.

einer wirksameren Verhütungsmethode (Antibabypille) geschuldete Halbierung der Geburtenzahl zwischen 1965 und 1975 zu.[12] Hingegen stützt sich der Berliner Soziologe Jens Alber auf Ergebnisse der internationalen Wohlfahrtsstaatsforschung, wenn er kritisch anmerkt, dass heute die Verfügbarkeit sozialer Dienste, die es Menschen ermöglichen, Beruf und Familie zu vereinbaren, sowie die Höhe der Transferzahlungen für Kinder umgekehrt zu den wichtigsten Fruchtbarkeitsfaktoren gehören: „Im zeitgenössischen Kontext erweist sich der Sozialstaat damit nicht als Hemmnis, sondern gerade als Stütze der Geburtenhäufigkeit."[13]

Seine öffentlichkeitswirksame Diskreditierung funktioniert fast immer nach demselben Muster: Man fordert Leistungskürzungen, untergräbt das finanzielle Fundament des Wohlfahrtsstaates und erschwert den von ihm abhängigen Menschen, seien es (Langzeit-)Arbeitslose, Obdachlose, Kranke, Behinderte oder Rentner/innen, immer mehr das Leben, ruft jedoch gleichzeitig laut „Haltet den Dieb!" und zeigt mit dem Finger auf das geschwächte System der sozialen Sicherung, um es mit weiteren „Spar"- bzw. Kürzungsvorschlägen sturmreif zu schießen. Beispielsweise macht Rainer Hank, Leiter des Wirtschaftsressorts der *Frankfurter Allgemeinen Sonntagszeitung*, den Wohlfahrtsstaat, dessen fortdauernden Abbau er stets befürwortet hat, nunmehr für die Tatsache verantwortlich, dass Deutschland eine Klassengesellschaft ist und sich die soziale Ungleichheit in der Bundesrepublik verfestigt.[14] Hank sieht Ungleichheit jedoch weniger als Problem denn als Chance, auf die sich hierzulande mehr Menschen einlassen sollten, preist in diesem Zusammenhang die sehr viel günstigere Arbeitsmarktlage des US-amerikanischen Kapitalismus und formuliert ein neoliberales Drei-Punkte-Programm, um den seiner Meinung nach zu unflexiblen und daher beschäftigungspolitisch weniger erfolgreichen „Rheinischen Korporatismus" aufzubrechen: „Nötig wären die Dezentralisierung der Arbeitsmärkte, die Privatisierung der sozialen Sicherung und die Verwettbewerblichung des Föderalismus."[15]

---

12 Siehe Konrad Adam, ... wenn man mich läßt. Vom notwendigen Rückbau in der Sozialpolitik, in: Manfred Bissinger (Hrsg.), Stimmen gegen den Stillstand. Roman Herzogs „Berliner Rede" und 33 Antworten, 2. Aufl. Hamburg 1997, S. 37

13 Jens Alber, Hat sich der Wohlfahrtsstaat als soziale Ordnung bewährt?, in: Karl Ulrich Mayer (Hrsg.), Die beste aller Welten? – Marktliberalismus versus Wohlfahrtsstaat. Eine Kontroverse, Frankfurt am Main/New York 2001, S. 89

14 Vgl. Rainer Hank, Ausgeschlossen aus dem Ganzen. Deutschland ist eine Klassengesellschaft. Schuld daran trägt der Wohlfahrtsstaat, der die Ungleichheit verfestigt, in: Frankfurter Allgemeine Sonntagszeitung v. 22.10.2006

15 Ders., Das Ende der Gleichheit oder Warum der Kapitalismus mehr Wettbewerb braucht, Frankfurt am Main 2000, S. 198

Gemäß der neoliberalen Theorie müssen die „immobilen Faktoren" (gemeint sind vor allem gering qualifizierte Arbeitnehmer/innen) zugunsten der „wirklich Bedürftigen" auf Teile ihres Lohns verzichten und die Sozialversicherungsbeiträge in voller Höhe entrichten, während die Arbeitgeber davon aus Gründen ihrer internationalen Wettbewerbsfähigkeit freigestellt werden sollten, sind die Einkommen stärker zu spreizen sowie die Höhe und die Dauer der Arbeitslosenunterstützung zu beschränken, was – gemäß dem Lohnabstandsgebot – wiederum eine Senkung der Sozialhilfe bzw. des Arbeitslosengeldes II nach sich ziehen muss.[16]

Journalisten sind nicht nur „mediale Wachhunde der neoliberalen Ordnung" (Tariq Ali), sondern als Wirtschaftsredakteure überregionaler Zeitungen und Zeitschriften auch einflussreiche Vordenker, Wegbereiter und Mitgestalter der marktfreundlichen Regierungspolitik. Das Hamburger Nachrichtenmagazin *Der Spiegel*, dessen Redakteure mehrheitlich seit vielen Jahren, wenn nicht Jahrzehnten dafür eintreten, die Arbeitgeber steuerlich wie hinsichtlich ihrer Sozialabgaben zu entlasten, skandalisierte am 2. April 2007 in einer Titelstory unter der Überschrift „Arm durch Arbeit. Wie der Staat die abhängig Beschäftigten immer dreister ausnimmt", dass die Arbeitnehmer/innen von der Großen Koalition stärker zur Kasse gebeten würden: „Die Globalisierung drückt weiter auf die Löhne, und die abhängig Beschäftigten müssen den ausufernden Sozialstaat weitgehend allein finanzieren." Als wäre Letzteres keine zwangsläufige Folge eben jener Politik einer Senkung der unternehmerischen „Lohnnebenkosten" und der Abkehr von einer paritätischen Finanzierung des Sozialversicherungssystems!

Man bezichtigt den Wohlfahrtsstaat, die Armut nicht ernsthaft zu bekämpfen, sondern zu erzeugen oder zu vergrößern. Der FDP-Vorsitzende Guido Westerwelle möchte ungern als „neoliberal" bezeichnet werden, hält sich und seine Partei vielmehr für „neo*sozial*", wie er der *Zeit* (v. 29.9.2005) sagte: „Das Erwirtschaften, also das Schaffen von Wohlstand und Arbeitsplätzen, ist die Voraussetzung für jede sozial gerechte Unterstützung der wirklich Bedürftigen." Entgegen der Stammtischweisheit, dass eine Volkswirtschaft zuerst genügend Reichtum erzeugen müsse, bevor der Sozialstaat mittels teurer Transferleistungen die Armut von Randgruppen und benachteiligten Minderheiten lindern könne, ist dieser aber kein unproduktiver Kostgänger der Ökonomie, seine Interventionstätigkeit vielmehr sogar eine Grundvoraussetzung für das Funktionieren moderner Volkswirtschaften.

---

16 Vgl. Otto G. Mayer, Globalisierung und wohlfahrtsstaatliche Aufgaben, in: Aus Politik und Zeitgeschichte. Beilage zur Wochenzeitung *Das Parlament* 33-34/1997, S. 36 f.

Die neoliberale Wohlfahrtsstaatskritik verwechselt Ursache und Wirkung, indem sie das angebliche Übermaß sozialer Sicherheit zum Krisenauslöser erklärt. Denn es verhält sich genau umgekehrt: Wirtschaftskrisen kann das soziale Sicherungssystem nur schwer verkraften, weil es einen hohen Beschäftigungsstand zur Voraussetzung hat. Je weniger Menschen noch einen Arbeits- bzw. Ausbildungsplatz haben und je stärker ihr Lohn- bzw. Einkommensniveau, bedingt durch die nachlassende Kampfkraft der Gewerkschaften, unter Druck gerät, umso niedriger fallen die Beitragseinnahmen der Sozialversicherung aus, während erheblich mehr Versicherte (häufiger) Gebrauch von deren Leistungszusagen machen müssen.

Statt solcher struktureller Zusammenhänge machen Neoliberale das wachsende „Anspruchsdenken" der Bundesbürger/innen für die „Krise des Sozialstaates" verantwortlich und empfehlen sozial Benachteiligten mehr Selbstbeschränkung und den Verzicht auf großzügige Transferleistungen: „Die Deutschen können sich Lässigkeit, Selbstzufriedenheit, Immobilität und Überbezahlung nicht länger leisten und erst recht keine Sozialsysteme, deren Kosten exponentiell steigen und die Freiheit der Entscheidung von Gesellschaft und Individuen auf ein Minimum reduzieren."[17] In der Diskussion darüber nimmt der internationale Vergleich breiten Raum ein. Uwe Jean Heuser, Leiter des Wirtschaftsressorts der *Zeit*, schreibt im *Parlament* (v. 20.11.2006) über die Bundesrepublik: „Das Land hat einen extrem ineffizienten Sozialstaat. Vielleicht ist er zu groß, wie vielfach behauptet wird, eher nicht ist er einfach zu klein, wie manche sagen, in jedem Fall aber erreicht er – gemessen am Geld und am Einsatz – zu wenig."[18] Häufig dient der Hinweis auf jenseits der Grenzen erprobte Musterlösungen weniger einer Lösung für soziale Probleme im eigenen Land als der Legitimation von Verschlechterungen (Kürzung von Transferleistungen oder deren Bezugsdauer, Verschärfung der Anspruchsvoraussetzungen, Einschränkung von Schutzrechten und Einführung bzw. Ausweitung von Kontrollmechanismen) durch deren Relativierung im Weltmaßstab. Von den benachbarten Niederlanden bis zum fernen Neuseeland, die als Pioniere eines neoliberal orientierten Umbaus des Wohlfahrtsstaates gelten, werden Modelle propagiert, die erhebliche Nachteile gegenüber dem deutschen aufweisen.

---

17 Meinolf Dierkes/Klaus W. Zimmermann, Der Sozialstaat: Change ist, Love it, or Leave it, a. a. O., S. 265

18 Uwe Jean Heuser, Mit Volldampf voraus. Die Reformen greifen – aber es ist noch viel zu tun, in: Das Parlament v. 20.11.2006, S. 1

1.2 Die ideologische Legitimation der Transformation des Sozialstaates

Neoliberale benutzen vor allem die zwei Großen Erzählungen unserer Zeit, um ihrer Forderung nach einem Um- bzw. Abbau des Wohlfahrtsstaates argumentativ Gewicht zu verleihen und sie als unvermeidlich hinzustellen: Während *die Globalisierung* im Rahmen der „Standortkonkurrenz" jede Reformmaßnahme legitimiert, die Menschen stärker als bisher Rentabilitätskalkülen und dem Diktat betriebswirtschaftlicher Effizienzsteigerung unterwirft, erzwingt *der demografische Wandel* scheinbar wie ein Naturgesetz, dass die Bürger/innen in Zukunft kürzer treten, „den Gürtel enger schnallen" und größere Opfer bringen. Die angebliche Notwendigkeit, das deutsche Sozialsystem nach neoliberalen Konzepten um- bzw. abzubauen, wird – für viele Menschen plausibel, aber im Grunde ausgesprochen defensiv – mit vermeintlichen Sachzwängen gerechtfertigt, denen die Politik ungeachtet der Zielsetzungen jener Personen und Parteien, die sie machen, Rechnung tragen müsse.

1.2.1 Deutschland in einer globalisierten Weltwirtschaft: Die soziale Sicherheit wird zum „Standortrisiko" erklärt

„Globalisierung" ist zu einem Schlüsselbegriff der Diskussion über die Wirtschaftslage avanciert, welcher für viele Teilnehmer/innen auch eine bestimmte Entwicklung des Sozialstaates impliziert: Wenn die Volkswirtschaften miteinander verwachsen, der Weltmarkt die Politik der Nationalstaaten diktiert und Gesellschaften nur noch als „Wirtschaftsstandorte" fungieren, deren Konkurrenzfähigkeit über das Wohlstandsniveau aller entscheidet, kann das Soziale keine große Rolle mehr spielen. Hier soll erörtert werden, ob es sich dabei um die Realität, um eine unter mehreren Optionen der Gesellschaftsentwicklung oder um pure Demagogie im Profitinteresse handelt.

Für den Neoliberalismus ist das Soziale eine Gefahr für die Rentabilität der Volkswirtschaft. Früher hätten sozialpolitische Aktivitäten zu einem hohen Wirtschaftswachstum beigetragen, die konjunkturelle Entwicklung gefördert und die Produktion des gesellschaftlichen Reichtums gemehrt, konzediert Norbert Berthold: „Der Sozialstaat war so lange ein Standortvorteil, wie der allgemeine Wohlstand niedrig war und die Kapital- und Versicherungsmärkte noch wenig entwickelt waren."[19] Durch die Globalisierung

---

19 Norbert Berthold, Sozialstaat und marktwirtschaftliche Ordnung – Ökonomische Theorie des Sozialstaates, a. a. O., S. 10

sei Sozialstaatlichkeit jedoch zu einem gravierenden Standortnachteil geworden, der die internationale Konkurrenzfähigkeit des Kontinents gefährde, behauptet Alfred Zänker: „Wenn Europa im 21. Jahrhundert als erfolgreicher Industriestandort überleben und den Weg zurück zur hohen und stabilen Beschäftigung finden soll, muß die optimale Wirtschaftsleistung Vorrang vor der maximalen Sozialleistung haben."[20]

Der europäische Wohlfahrtsstaat erscheint seinen neoliberalen Kritikern als von der ökonomisch-technologischen Entwicklung überholt, als Wachstumsbremse und als moderner „Dinosaurier" (Norbert Berthold), der ins Museum der Altertümer gehört, neben das Spinnrad und die bronzene Axt. Die ökonomische Globalisierung wird denn auch von Ultraliberalen als ein „Geschenk des Himmels" begrüßt, weil sie die Rolle des Sozialstaates beschränke: „Das Gut ‚Sicherheit' wird in Zukunft weitgehend privat hergestellt werden, die Produktion von ‚Gerechtigkeit' bleibt in staatlichen Händen, wenn auch auf niedrigerem Niveau und viel stärker auf bestimmte Zielgruppen orientiert."[21] Sozialpolitik macht der neoliberale Nachtwächterstaat nur, wenn er der Armut repressiv nicht wirksam begegnen kann. Selbst wer sie wie der Kölner Emeritus Carl Christian von Weizsäcker nicht mit der Globalisierung in Verbindung bringt, thematisiert fast ausschließlich die „*Grenzen* der Sozialpolitik", statt ihre *Möglichkeiten* in einer Gesellschaft auszuloten, die noch nie so wohlhabend war wie heute. Dahinter steckt die Furcht, der Wohlfahrtsstaat mache seine Klientel zu Faulenzern und gefährde überdies das Funktionieren der Marktwirtschaft: „Ein zu weit ausgebauter Sozialstaat hemmt die Leistungsbereitschaft seiner Nutznießer."[22]

In der Standortdiskussion fungiert „Globalisierung" als Totschlagargument, das die Notwendigkeit der Senkung von (angeblich die internationale Wettbewerbsfähigkeit eines „Wirtschaftsstandortes" bedrohenden) Sozial-, Arbeitsrechts- und Umweltstandards suggeriert. Die hinter dem Um- bzw. Abbau des Wohlfahrtsstaates steckenden ökonomischen Interessen und die politischen Akteure dieses Vorgangs geraten gleichermaßen aus dem Blickfeld, wenn die Globalisierung als anonyme Macht und wie eine Naturgewalt daherkommt. So schreiben die Wirtschaftspublizisten Klaus Methfessel und Jörg M. Winterberg: „Wie auch immer die Regierung dazu steht, der Prozeß wird unvermeidlich sein: Die Globalisierung setzt Wohlfahrtsstaat und

---

20 Alfred Zänker, Der bankrotte Sozialstaat, a. a. O., S. 57
21 Norbert Berthold, Der Sozialstaat im Zeitalter der Globalisierung, Tübingen 1997, S. 73
22 C. Christian von Weizsäcker, Logik der Globalisierung, Göttingen 1999, S. 64

öffentlichen Dienst auf Diät."[23] In Wirklichkeit handelt es sich hierbei um das Resultat einer Politik, die nach neoliberalen Vorschlägen dessen „Verschlankung" betreibt. Nicht „der Weltmarkt" oder „die Globalisierung", sondern jeweils konkret zu benennende Gruppen sowie identifizierbare Macht- und Profitinteressen sind dafür verantwortlich.

Was als naturwüchsiger Prozess erscheint, der die Bundesrepublik – genauso wie andere Länder – zwingt, ihre Lohn- bzw. Lohnnebenkosten und Sozialleistungen zu senken, um konkurrenzfähig zu bleiben oder zu werden, basiert auf wirtschafts-, währungs- und finanzpolitischen Weichenstellungen der mächtigsten Industriestaaten, die nach dem Zusammenbruch des Weltwährungssystems von Bretton Woods unter dem wachsenden Einfluss des Neoliberalismus versuchten, das Kapital von seinen Fesseln zu befreien. „Im Namen der ökonomischen Heilslehre vom freien, grenzenlosen Markt haben sie seit Beginn der siebziger Jahre systematisch alle Schranken niedergerissen, die ehedem den grenzüberschreitenden Geld- und Kapitalverkehr regierbar und damit beherrschbar machten."[24] Nicht zuletzt im Gefolge der Vereinigung von BRD und DDR setzte sich hierzulande auch bei den damaligen Oppositionsparteien auf Bundesebene die Vorstellung durch, Sozialpolitik sei ein Hemmschuh der Wirtschaftsentwicklung und schwäche den eigenen „Industriestandort" im weltweiten Konkurrenzkampf: „Seit Mitte der neunziger Jahre besteht auch innerhalb der SPD und von Bündnis 90/Die Grünen offenbar kaum ein Zweifel darüber, daß die Lohnnebenkosten gesenkt werden müßten."[25]

Die gegenwärtige Sinnkrise des Sozialen besteht darin, dass es in weiten Teilen der Gesellschaft als potenzielle Gefährdung ihrer Konkurrenzfähigkeit auf den Weltmärkten gilt. Wie selbst Repräsentanten der Großindustrie konzedieren, erfordert Globalisierung jedoch die Abfederung technologischer Anpassungsprozesse der Volkswirtschaft durch einen funktionsfähigen Wohlfahrtsstaat: „Die Peitsche des Wettbewerbs zwingt zur Effizienzsteigerung, aber nicht zu niedrigen Sozialstandards."[26] Neil Fligstein, der die Be-

---

23 Klaus Methfessel/Jörg M. Winterberg, Der Preis der Gleichheit. Wie Deutschland die Chancen der Globalisierung verspielt, Düsseldorf/München 1998, S. 239

24 Hans-Peter Martin/Harald Schumann, Die Globalisierungsfalle. Der Angriff auf Demokratie und Wohlstand, 7. Aufl. Reinbek bei Hamburg 1996, S. 72

25 Martin Seeleib-Kaiser, Globalisierung und Sozialpolitik. Ein Vergleich der Diskurse und Wohlfahrtssysteme in Deutschland, Japan und den USA, Frankfurt am Main/New York 2001, S. 122

26 Tyll Necker, Strukturwandel offensiv gestalten, in: Kurt Biedenkopf u. a., Deutschland an der Schwelle zum 21. Jahrhundert. Vortragsveranstaltung der Deutschen Nationalstiftung am 21. November 1996 in Dresden, Stuttgart 1997, S. 44

hauptungen neoliberaler Ökonomen zur Globalisierung überzeugend widerlegt, weist das Argument, sie erzwinge die Transformation des Wohlfahrtsstaates, gleichfalls energisch zurück: „Der freie Handel hat den Wohlstand der Nationen vermehrt, anhand empirischer Daten ist jedoch überhaupt nicht zu begründen, dass Unternehmen Wettbewerbsvorteile haben, wenn Gesellschaften ihre sozialen Netze abbauen und ihre Bürger großen Unsicherheiten aussetzen."[27] Selbst im Rahmen der Standortlogik gibt es gute Gründe für eine Expansion der Wohlfahrt, die soziale Exklusion ausschließt und kapitalistischen Verwertungsinteressen keineswegs zuwiderläuft. „Eine erfolgreiche Teilnahme an Globalisierungsprozessen setzt nicht weniger Sozialstaat voraus, sondern starke Institutionen, die ökonomische Schocks und soziale Konflikte auffangen können. Gesellschaftliche Ordnung bedarf eines übergreifenden Horizonts von Normen und Werten, die nicht in Marktinteressen aufgehen."[28]

Völlig unlogisch und widersinnig erscheint die neoliberale Konzeption, wenn sie sozial Benachteiligte mehr oder weniger sich selbst überlässt, obwohl nicht einmal der Wohlfahrtsstaat die Lasten der Globalisierung zu schultern vermag. Sogar wenn die „Standortsicherung" neoliberalen Rezepten folgend zum Primärziel der Politik eines Landes avanciert, muss die soziale Sicherheit seiner Bürger/innen keineswegs darunter leiden, zumindest dann nicht, wenn es riesige Exportüberschüsse verzeichnet wie die Bundesrepublik Deutschland. Lohn- und Leistungskürzungen im Sozialbereich sind keine zwangsläufige Konsequenz der sich real verschärfenden Weltmarktkonkurrenz, vielmehr integraler Bestandteil einer Strategie, welche die bestehenden Macht-, Einkommens- und Vermögensverhältnisse zugunsten der ohnehin Privilegierten verschiebt.

1.2.2 Die demografische Entwicklung als weiteres „Naturgesetz" oder Wie man die Biologie zur Rechtfertigung von sozialer Ungleichheit missbraucht

Zwar ist die Beschwörung des demografischen Wandels im Unterschied zum Rekurs auf Globalisierung und damit auf die Notwendigkeit der Standortsicherung kein genuin neoliberaler, sondern eher ein nationalkonservativer und rechtsextremer Diskurs,[29] Marktradikale missbrauchen die Dramatisie-

---

27 Neil Fligstein, Verursacht Globalisierung die Krise des Wohlfahrtsstaates?, in: Berliner Journal für Soziologie 3/2000, S. 374
28 Klaus Müller, Globalisierung, Frankfurt am Main/New York 2002, S. 55
29 Vgl. hierzu: Christoph Butterwegge, Stirbt „das deutsche Volk" aus? – Wie die politische

rung der Bevölkerungsentwicklung jedoch, um damit Leistungskürzungen (etwa die Teilprivatisierung der Altersvorsorge durch Einführung der sog. Riester-Verträge, „Nullrunden" bei den Renten oder die Verlängerung der Lebensarbeitszeit) sowie Strukturveränderungen des Wohlfahrtsstaates als „natürliche", quasi biologisch bedingte und daher alternativlose Reformmaßnahmen erscheinen zu lassen. Beispielsweise untermauerte Daniel Bahr, Sprecher der FDP-Bundestagsfraktion für demografische Entwicklung, Pflege und Behinderte, damit seine Forderung nach einer Privatisierung der Sozialversicherung, als er im Theorieorgan seiner Partei behauptete, das Umlageverfahren stehe angesichts der Bevölkerungsentwicklung „vor dem Kollaps" und müsse möglichst bald durch das Kapitaldeckungsverfahren ersetzt werden: „Ohne einen Systemwechsel wären die Systeme der sozialen Sicherung zum Scheitern verurteilt. Die in der Zukunft erforderlichen Beitragssätze wären von den Jungen nicht mehr zu schultern. Sie bedeuteten höhere Lohnnebenkosten, die wiederum das Problem der strukturellen Arbeitslosigkeit verschärften."[30]

Die demografische Entwicklung erscheint im öffentlichen, Medien- und Fachdiskurs fast ausnahmslos als Krisen- bzw. Katastrophenszenario, das zu einer „Anpassung der sozialen Sicherungssysteme" und einer Nivellierung seiner Leistungen nach unten zwingt. Für Björn Böhning und Kai Burmeister ist die ganze Debatte zur Bevölkerungsentwicklung und zur Verschiebung der Relation zwischen den Generationen nur „Teil eines politischen Kulturkampfes" mit dem Ziel, die Hegemonie innerhalb der nachwachsenden Generation zu erringen: „Bleibt das angebotene Bild der wenigen Jungen, die für die Rente der Alten buckeln müssen, in den Köpfen hängen, wird auf der Ebene des Generationenwechsels der Anspruch auf Sozialstaatlichkeit untergraben."[31]

Der Bielefelder Emeritus Herwig Birg gehört zu jenen Bevölkerungswissenschaftlern, die der Bundesrepublik seit längerem einen demografischen Bankrott prophezeien. Für ihn hängt die *ökonomische* auf das Engste mit der *demografischen* Globalisierung zusammen: „Im Verlauf des Globalisierungs-

Mitte im Demografie-Diskurs nach rechts rückt, in: ders. u. a., Themen der Rechten – Themen der Mitte. Zuwanderung, demografischer Wandel und Nationalbewusstsein, Opladen 2002, S. 167 ff.

30 Daniel Bahr, Der demografische Wandel erfordert einen grundlegenden Systemwechsel in den Sozialversicherungen, in: liberal – Vierteljahreshefte für Politik und Kultur 3/2004, S. 12

31 Björn Böhning/Kai Burmeister, Solidarische Generationen?! – Generationengerechtigkeit in der Diskussion, in: Kai Burmeister/Björn Böhning (Hrsg.), Generationen und Gerechtigkeit, Hamburg 2004, S. 12

prozesses polarisiert sich die Welt immer mehr in eine kleine Gruppe von wirtschaftlich starken Ländern mit demographischer Stagnation oder Schrumpfung und in eine wesentlich größere Ländergruppe mit Bevölkerungswachstum und niedriger Wirtschaftskraft."[32] Birg ist vor allem über die „altersbedingte Erhöhung der Lohnnebenkosten und die daraus folgende demographisch bedingte Verschlechterung der Wettbewerbsposition des Standorts Deutschland" besorgt.[33] Während neoliberale Ökonomen die angebliche „Standortschwäche" und nachlassende Wettbewerbsfähigkeit der Bundesrepublik auf das Steigen der (gesetzlichen) Lohnnebenkosten im deutschen Sozial*versicherungs*staat zurückführen, sieht der nationalkonservative Demograf nicht zuletzt in einer „Bevölkerungsexplosion bei den Älteren" und einer „-implosion bei den Jüngeren" die Ursache dafür: „Deutschland braucht gesellschaftliche Reformen, Innovationen und Ideen, mit denen sich der Schatz an Produktivitätsreserven heben läßt, der ungenutzt im Humankapital der Älteren auf seine Verwandlung wartet."[34]

Birg schaut voller Bewunderung auf die USA, deren Geburtenrate mit zwei Kindern pro Frau für eine Industrienation überdurchschnittlich hoch ist: „Neben dem Nationalstolz dürfte dafür das grobmaschige soziale Netz ursächlich sein. Die staatliche Rente erreicht beispielsweise nur etwa ein Drittel des Niveaus wie in Deutschland. Wer aufgrund von Krankheit oder aus anderen Gründen nicht dazu in der Lage ist, aus seinem Einkommen eine private, kapitalgedeckte Alters- und Krankenversicherung aufzubauen, hat das Nachsehen. Hilfe in Notfällen leistet letztlich nur die eigene Familie, nicht der Staat wie in Deutschland."[35] Hier findet sich fast alles, was die Vereinigten Staaten für Neoliberale zum Musterland macht, wieder: von einem ausgeprägten Standortnationalismus über den „schlanken" Wohlfahrtsstaat bis zum Familienfundamentalismus.

Aus neoliberaler Perspektive erscheint die demografische Entwicklung primär als *ökonomisches* Problem, das durch Geburtenförderung, „Humankapitalbildung" sowie die Mobilisierung von Innovationskraft und Beschäftigungspotenzialen gelöst werden kann. Hans-Werner Sinn, Präsident des

---

32 Herwig Birg, Die demographische Zeitenwende. Der Bevölkerungsrückgang in Deutschland und Europa, München 2001, S. 30
33 Siehe ders., Bevölkerungsentwicklung, Alterung und Einwanderungen in Deutschland – Entwicklung seit dem Zweiten Weltkrieg und Ausblick auf das 21. Jahrhundert, in: Albrecht Weber (Hrsg.), Einwanderungsland Bundesrepublik Deutschland in der Europäischen Union: Gestaltungsauftrag und Regelungsmöglichkeiten, Osnabrück 1997, S. 66
34 Herwig Birg, Die ausgefallene Generation. Was die Demographie über unsere Zukunft sagt, München 2005, S. 117 und 119
35 Ebd., S. 34

ifo Instituts für Wirtschaftsforschung an der Universität München, setzt auf eine aktive Bevölkerungspolitik zur Problembewältigung: „Wenn es gelänge, die Geburtenraten auf ein Niveau anzuheben, wie es eine stationäre Bevölkerung kennzeichnet, dann ließe sich die Bevölkerung allmählich wieder verjüngen. Das Rentenproblem würde sich lösen, der Arbeitsmarkt würde stabilisiert, und unser Land würde wieder zu der Dynamik bei der Wirtschaft und Wissenschaft zurückkehren, die es einmal besaß."[36] Um dieses Ziel zu erreichen, will Sinn die Fertilitätsrate mittels finanzieller Anreize für Familien, aber auch mittels gezielter Sanktionen für Kinderlose steigern. Sinn empfiehlt die Staffelung von Altersrenten (und Pensionen) nach der Kinderzahl sowie eine Rentenkürzung für Kinderlose auf die Hälfte der „normalen" Höhe: „Wer keine Kinder hat und insofern zu wenig tut, um seine eigene Rente im Umlagesystem zu sichern, muss die Konsequenzen tragen und selbst auf dem Wege der Ersparnis für Ersatz sorgen."[37] Altersrenten sollten laut Sinn bloß deshalb „nicht auf Null reduziert" werden, weil dadurch „ihre ökonomische Hauptfunktion als Schutz gegen die ökonomischen Konsequenzen der Kinderlosigkeit" negiert und unberücksichtigt gelassen würde, dass Kinderlose wenigstens über den Familienlastenausgleich mit zur Finanzierung der Kinder anderer beitrügen: „Doch erscheint beim durchschnittlichen Rentenbezieher eine Kürzung der Rente auf die Hälfte als angebracht. Nur wer mindestens drei Kinder großzieht und durchschnittliche Beiträge gezahlt hat, dem kann die umlagefinanzierte Rente im bisher erwarteten Umfang erhalten bleiben."[38]

Hier werden Kinder als „Humankapital" bzw. als Privateigentum ihrer Eltern betrachtet, das (bezüglich der Rente) eine Rendite erbringen muss. Sinns Konzeption beruht auf einer „biologischen Produktionstheorie", die so tut, als sei die menschliche Fortpflanzung der Ursprung eines wachsenden gesellschaftlichen Reichtums, aus dem steigende Altersrenten letztlich stammen, was mit den Verhältnissen einer modernen, auf Kapital- und Wissensakkumulation basierenden Volkswirtschaft jedoch kaum in Einklang steht: „Offensichtlich orientiert sich die ‚biologische Produktionstheorie' am Muster der archaischen vorindustriellen Subsistenzwirtschaft,

---

36 Hans-Werner Sinn, Ist Deutschland noch zu retten?, 4. Aufl. München 2003, S. 369 f.
37 Ebd., S. 393
38 Hans-Werner Sinn, Das demographische Defizit. Die Fakten, die Folgen, die Ursachen und die Politikimplikationen, in: Christian Leipert (Hrsg.), Demographie und Wohlstand. Neuer Stellenwert für Familie in Wirtschaft und Gesellschaft, Opladen 2003, S. 85

ganz so, als wäre die Familie noch immer auch Produktionsbetrieb und Trägerin der sozialen Sicherung."[39]

Ernst Kistler bezweifelt denn auch, dass ein „derartig strafbewehrtes Rentensystem" zur Erhöhung der Geburtenrate beitragen würde, für die seines Erachtens gesamtwirtschaftliche und -gesellschaftliche Rahmenbedingungen entscheidend sind. Marktideologen wie Hans-Werner Sinn suchen ausschließlich die Individuen selbst für den vermeintlichen Nachwuchsmangel haftbar zu machen: „Sie wollen dabei nur vom Versagen eines Wirtschaftssystems ablenken, das größtmöglichen Wohlstand für alle verspricht, dies aber immer weniger realisiert, weil es immer stärker von der sozialen zur freien Marktwirtschaft tendiert."[40]

Moralisch sind die Konsequenzen des Sinn'schen Vorschlags ohnehin kaum vertretbar: Während die Frauen im sog. Dritten Reich mit dem „Mutterkreuz" belohnt wurden, wenn sie vier, sechs und acht (oder mehr) Kinder zur Welt gebracht hatten, kann man „Gebärverweigerung" in einer Demokratie nicht Jahrzehnte später mit Altersarmut bestrafen. Gleichwohl unterstützt der Bielefelder Emeritus Franz-Xaver Kaufmann, der „unsere Nachwuchsschwäche" in einer „schrumpfenden Gesellschaft" beklagt, als bedinge sie deren Niedergang, solche Forderungen und knüpft daran die Vorstellung eines Schrumpfsozialstaates, der nur noch das Existenzminimum seiner Bürger/innen garantiert, sie jedoch ansonsten der Familiensolidarität überantwortet: „Wer keine Kinder großzieht, kann nicht erwarten, von ihnen im Alter unterstützt zu werden, und muß daher selbst vorsorgen."[41] Herwig Birg bereicherte die Rezepte zur Steigerung der Geburtenrate um den Vorschlag, die Personalchefs der Firmen sollten Eltern bei Neueinstellungen bevorzugen, worüber die rheinische Boulevardzeitung *Express* am 17. Januar 2007 unter dem Titel „Keine Jobs für Kinderlose" berichtete.

Martin R. Textor referiert Berechnungen, wonach auf 100 potenzielle Beitragszahler/innen im Jahr 2033 ebenso viele Rentner/innen kommen, und kommentiert: „Daß diese Entwicklung zu stark ansteigenden Beitrags-

---

39 Thomas Ebert, Beutet der Sozialstaat die Familien aus? – Darstellung und Kritik einer politisch einflussreichen Ideologie, in: Christoph Butterwegge/Michael Klundt (Hrsg.), Kinderarmut und Generationengerechtigkeit. Familien- und Sozialpolitik im demografischen Wandel, 2. Aufl. Opladen 2003, S. 103
40 Ernst Kistler, Die Methusalem-Lüge. Wie mit demographischen Mythen Politik gemacht wird, München/Wien 2006, S. 27
41 Franz-Xaver Kaufmann, Schrumpfende Gesellschaft. Vom Bevölkerungsrückgang und (von, *Ch.B.*) seinen Folgen, Frankfurt am Main 2005, S. 238

sätzen führen muß, ist offensichtlich."[42] Der britische Wirtschaftsjournalist Paul Wallace spricht in seinem Buch „Altersbeben" von einer „Rentenfalle", welche demografisch bedingt sei und für Staaten wie die Bundesrepublik nur zwei Auswege offen lasse: „Entweder die Beiträge steigen drastisch, oder die Renten müssen radikal gekürzt werden."[43] Hierbei handelt es sich um eine sozialpolitische Milchmädchenrechnung, die weitere Möglichkeiten ausblendet, etwa bisher nicht beitragspflichtige Gruppen (Selbstständige, Freiberufler/innen, Beamte, Abgeordnete und Minister/innen) in die Gesetzliche Rentenversicherung einzubeziehen, die Beitragsbemessungsgrenze anzuheben und/oder den Bundeszuschuss zu erhöhen.

Wer eine Kürzung der Renten befürwortet oder betreibt, verweist zur Begründung gern auf die wachsende Zahl der älteren Menschen, die von den Erwerbstätigen (wegen ihrer steigenden Lebenserwartung: länger als früher) mit ernährt werden müssten. Häufig heißt es dann mit Hinweis auf die deutsche Alterspyramide, welche Pilzform anzunehmen drohe, bald müsse jeder Arbeitnehmer für einen Rentner aufkommen. Dabei verschlechtert sich die Relation zwischen Erwerbstätigen und Nichterwerbsfähigen seit Kaiser Wilhelms Zeiten ständig, ohne dass dies einen kontinuierlichen Ausbau des Sozialstaates bis 1974/75 verhindert hätte. Wie der Statistikprofessor Gerd Bosbach nachweist, erzwingen das demografische Altern der Bevölkerung und die relativ niedrige Geburtenrate keinen Rückgang der Transferzahlungen. Denn beide Trends sind schon seit etwa 1900 beobachtbar und waren damals sogar stärker ausgeprägt: „Wir haben im letzten Jahrhundert viel mehr verkraftet, als das für die Zukunft erwartet wird. Und das bei massiv steigendem Wohlstand für alle und einem Auf- und Ausbau der Sozialsysteme."[44]

Entscheidend dafür, ob – übrigens bei gleichzeitiger „Verbesserung des Jugendquotienten" (Anteil der von den mittleren Jahrgängen zu versorgenden Menschen, die noch nicht erwerbstätig sind) – die Möglichkeit zur Kompensation der „wachsenden Altenlast" besteht, ist die Höhe der Arbeitsproduktivität. Alle seriösen Berechnungen zeigen, dass sich die Folgen des demografischen Wandels für die Gesetzliche Renten-, Kranken- und Pflegeversicherung in engen Grenzen halten. Denn die (Arbeits-)Produkti-

---

42 Martin R. Textor, Bevölkerungsentwicklung: Konsequenzen für Gesellschaft und Politik, in: ders. (Koord.), Sozialpolitik. Aktuelle Fragen und Probleme, Opladen 1997, S. 23

43 Paul Wallace, Altersbeben. Wie wir die demografische Erschütterung in Wirtschaft und Gesellschaft meistern werden, Frankfurt am Main/New York 1999, S. 187

44 Gerd Bosbach, Demographische Entwicklung – Realität und mediale Aufbereitung, in: Berliner Debatte Initial 3/2006, S. 61

vität, das Bruttoinlandsprodukt und das Volkseinkommen wachsen parallel zu Veränderungen des Altersaufbaus der Bevölkerung, wie Karl Georg Zinn hervorhebt: „Das heute erreichte Niveau sozialstaatlicher Leistungen basiert auf den Produktivitätssteigerungen der Vergangenheit, und die künftig weiter steigende Leistungsfähigkeit der wohlhabenden Volkswirtschaften ermöglicht bei sachgerechter Organisation von Produktion und Verteilung zumindest die Aufrechterhaltung des erreichten Sozialniveaus."[45] Wenn man bedenkt, dass sich das Realeinkommen bei einem Produktivitätsanstieg von nur 1,5 Prozent im Jahr und Rückgang der Arbeitslosigkeit bis zur Jahrhundertmitte verdoppeln würde, kann von einer Überforderung durch den demografischen Wandel gar keine Rede sein: „Die Versorgungsleistungen können (...) aus dem Produktivitätswachstum bestritten werden, ohne dass die zu Versorgenden oder die Erwerbstätigen den Gürtel enger schnallen müssen."[46]

Das lohn- und beitragsbezogene Umlageverfahren in der Gesetzlichen Rentenversicherung erklärt man häufig unter Hinweis auf den demografischen Wandel zum Auslaufmodell, während das Kapitaldeckungsprinzip als vermeintlich „demografieresistent" geradezu glorifiziert wird. Wie Gerhard Mackenroth bereits Anfang der 1950er-Jahre gezeigt hat, muss jedoch „aller Sozialaufwand immer aus dem Volkseinkommen der laufenden Periode gedeckt" bzw. jede Rente aus der aktuellen Wertschöpfung bestritten werden,[47] ganz unabhängig davon, ob ein Kapitalstock existiert oder nicht. „Bei jedem Finanzierungssystem wird entschieden, welche Belastungen die Jüngeren durch Einbußen im Konsum haben und welche Belastungen auf die Älteren durch Minderung ihrer Rentenansprüche zukommen. Beim Umlageverfahren erfolgt diese Entscheidung über den politisch-demokratischen Prozess, bei kapitalfundierten Systemen über ‚anonyme' Marktprozesse."[48] Dabei zeigte das Tief der Aktienkurse nach den Terroranschlägen in New York und Washington am 11. September 2001, wie problematisch es ist, mit der „Riester-Rente" auf die Börse und private Vorsorge zu setzen, wenn es um die langfristige Stabilität und Verlässlichkeit der Alterssicherung geht.

---

45 Karl Georg Zinn, Sozialstaat in der Krise. Zur Rettung eines Jahrhundertprojekts, Berlin 1999, S. 80 f.
46 Eckhard Hein/Bernd Mülhaupt/Achim Truger, WSI-Standortbericht 2004: Demographische Entwicklung – ein Standortproblem?, in: WSI-Mitteilungen 6/2004, S. 296
47 Siehe Gerhard Mackenroth, Die Reform der Sozialpolitik durch einen deutschen Sozialplan, Berlin 1952, S. 41
48 Gerhard Bäcker/Angelika Koch, Die Jungen als Verlierer? – Alterssicherung und Generationengerechtigkeit, in: WSI-Mitteilungen 2/2003, S. 116

Gerd Bosbach betont, dass die Liste derjenigen, die von einer Dramati-
sierung bzw. Dämonisierung des demografischen Wandels und einer damit
mehr schlecht als recht begründeten (Teil-)Privatisierung der Altersvorsorge
profitieren, lang ist: Zu den Nutznießern zählen Versicherungskonzerne,
Großbanken und Finanzdienstleistungsunternehmen, deren Interesse sich
auf Geldzuflüsse seitens verängstigter Privatkunden konzentriert, aber auch
die Arbeitgeber anderer Branchen, denen eine Senkung ihrer Sozialbeiträge
vorschwebt, sowie private Stiftungen und *think tanks*, die an solchen Kampagnen verdienen.[49] Ketzerisch fragt Bosbach, ob mit demografischen Sachzwängen nicht von einem aktuellen Schauplatz der gesellschaftlichen Auseinandersetzungen abgelenkt werden soll, wo die Arbeitgeber mit der Androhung von Werksverlagerungen und Massenentlassungen schmerzhafte
Konzessionen seitens der Belegschaften, Betriebsräte und Gewerkschaften
im Streit um mehr Öffnungsklauseln in Tarifverträgen, die Verlängerung
der Wochenarbeitszeit sowie Lohnverzicht erzwingen: „Will man die Löhne
und Gehälter der Arbeitnehmer langfristig von der Teilhabe am Produktivi-
tätsfortschritt abkoppeln? Dann wären die Arbeitnehmer tatsächlich nicht
so leicht in der Lage, die Versorgung der Jungen und Älteren zu übernehmen. Das hätte allerdings weniger mit den ‚unausweichlichen' Folgen des
Alterungsprozesses zu tun, sondern wäre eine bewusste politische Entscheidung hinsichtlich der Verteilung des gesellschaftlichen Reichtums."[50]
So sehr sich der Neoliberalismus als eine intellektuell anspruchsvolle und
aufgeklärte Theorie gibt, die alle primitiven Denktraditionen weit hinter
sich gelassen hat, so wenig kann er seine enge Geistesverwandtschaft mit
dem Naturalismus und Sozialdarwinismus leugnen. Vielmehr erlebt jener
längst überwunden geglaubte Determinismus durch ihn eine Renaissance,
welcher sich beim Globalisierungsprozess in Ökonomismus, d. h. einer Ver-
absolutierung der *Wirtschafts*entwicklung, und beim demografischen Wandel in Biologismus, d. h. einer Hypostasierung der Natur, äußert. Das neoliberale Konzept verlangt, jeden Glauben an eine fortschrittliche Gestaltung
der Wirtschafts- und Sozialpolitik fahrenzulassen. Fatalismus und tiefe Re-
signation hinsichtlich einer Verbesserung des gesellschaftlichen Status quo
gehören zu seinen zwangsläufigen Folgen.[51] Letztlich läuft die neoliberale

---

49 Vgl. Gerd Bosbach, Demographische Entwicklung – Realität und mediale Aufbereitung,
    a. a. O., S. 64 f.
50 Ders., Demografische Entwicklung – nicht dramatisieren!, in: Gewerkschaftliche Monats-
    hefte 2/2004, S. 103
51 Vgl. Ulrich Beck, Was ist Globalisierung?, Irrtümer des Globalismus – Antworten auf
    Globalisierung, 3. Aufl. Frankfurt am Main 1997, S. 195

Sachzwanglogik damit auf eine Selbstentmächtigung der (Sozial-)Politik und Entmündigung all jener Menschen hinaus, die von ihr betroffen sind.

1.3 Die Erosion des Gerechtigkeitsbegriffs

Offenbar reichen die zwei Großen Erzählungen unserer Zeit immer weniger aus, um die neoliberale Reformpolitik gegen den Widerstand davon Betroffener durchzusetzen. Denn es häufen sich die Bemühungen, bisher allgemein gültige Gerechtigkeitsvorstellungen zu verändern. Reformen neoliberaler Provenienz hätten sonst kaum Chancen, auf Massenakzeptanz zu treffen. Analysiert werden soll jetzt, wie und wohin sich der öffentliche, Medien- und Fachdiskurs über demokratische Grundwerte, etwa Freiheit, soziale Gleichheit oder Gerechtigkeit, bewegt. Die für den Wohlfahrtsstaat konstitutive Wertebasis erodiert und der Gerechtigkeitsbegriff wird in dreifacher Hinsicht modifiziert: von der Bedarfs- zur „Leistungsgerechtigkeit", der Verteilungs- zur „Beteiligungsgerechtigkeit" und der sozialen zur „Generationengerechtigkeit". Zudem diskreditiert man soziale Gleichheit und Gerechtigkeit, indem die Freiheit stärker im Sinne von „Privatinitiative", „Eigenverantwortung" bzw. „Selbstvorsorge" (fehl)interpretiert wird.

1.3.1 Ein fragwürdiger Gerechtigkeitsbegriff oder Sozialpolitik paradox: Wohltaten primär für Wohlhabende

Innerhalb des Neoliberalismus koexistieren zwei Argumentationslinien zur Gerechtigkeit: Während die eine schlichtweg leugnet, dass der Markt soziale Ungleichheit schafft, rechtfertigt das die andere unter Hinweis auf dessen ihrer Überzeugung nach konkurrenzlos große volkswirtschaftliche Effizienz und erklärt soziale Gerechtigkeit, als „Trojanisches Pferd des Totalitarismus" (Friedrich A. von Hayek) diffamiert, kurzerhand zu einer Schimäre sozialistischer und kommunistischer Heilslehren. Entweder ignorieren Neoliberale die extreme soziale Ungleichheit in dem nach ihren Empfehlungen „reformierten" Kapitalismus. Die über den Markt vermittelte Primärverteilung erscheint ihnen als gerecht und darf ihres Erachtens schon deshalb nicht durch Staatseingriffe nachträglich korrigiert bzw. konterkariert werden. Oder man betrachtet soziale Ungerechtigkeit im Hinblick auf die Entwicklung der Gesellschaft als funktional, nimmt sie zwar durchaus wahr, aber wegen der vermeintlichen Vorteile des kapitalistischen Systems gegenüber sämtlichen anderen Wirtschaftsordnungen billigend in Kauf.

Friedrich A. von Hayek vertrat einen äußerst rigiden Gerechtigkeitsbegriff und schloss selbst die Gewährleistung von Chancengleichheit definitiv
aus: „Nicht nur wegen der verschiedenen Begabungen, sondern vor allem
wegen der unvermeidlichen Unterschiede des Milieus und besonders der
Familien, in denen die Menschen aufwuchsen, sind ihre Zukunftsaussichten
unvermeidlich verschieden. Aus diesem Grunde kann die Vorstellung, welche die meisten Liberalen nähren, nämlich daß eine Ordnung nur gerecht
ist, wenn die Startchancen für alle Menschen gleich sind, in einer freien Gesellschaft nicht realisiert werden."[52] Viktor J. Vanberg sieht in der sozialen
Gerechtigkeit gleichfalls eine Leerformel, die zum Missbrauch einlade, und
lässt deshalb nur das Prozesskriterium der Fairness gelten: „Entweder man
entschließt sich, ein Spiel nach allgemeinen Regeln zu spielen, dann muss
man auch bereit sein, die im fairen Spiel zustande kommenden Spielergeb-
nisse als gerecht zu akzeptieren. Oder man will Ergebnisse sicherstellen, die
nach einem vorgegebenen Kriterium als ‚gerecht' betrachtet werden, dann
bedeutet dies aber, dass man nicht bereit ist, ein Spiel nach allgemeinen Regeln zu spielen."[53] Freilich ist der gesellschaftliche Verteilungskampf sowenig ein Spiel wie der Tauschakt auf dem Markt. Dass sich dort zwei gleichberechtigte Partner begegnen, die nach allgemein anerkannten Regeln „fair"
miteinander verkehren, steht zwar in volkswirtschaftlichen Lehrbüchern, gehört aber ins Reich der Mythen und Legenden. Tatsächlich geht es vor allem den ökonomisch dominanten Akteuren um Geld, Macht und Herrschaft, die im Zweifelsfall auch mittels politischer Nötigung, Zwang oder
Gewalt errungen oder verteidigt werden.

Viele neoliberale Theoretiker beschönigen die soziale *Un*gleichheit, in
der sie keine Ungerechtigkeit, sondern eine Triebkraft des menschlichen
Fortschritts, das Herzstück wirtschaftlicher Dynamik und die Grundlage einer wirksamen Bekämpfung der Massenarbeitslosigkeit sehen. Für Rainer
Hank sind die USA ein gutes Beispiel dafür, während der Egalitarismus einer verteilungsgerechten Gesellschaft seiner Meinung nach auf Kosten ihrer
Effizienz geht: „Der Kapitalismus zu Beginn des 21. Jahrhunderts zwingt
auch die Europäer dazu, über die Zumutung wachsender Ungleichheit
nachzudenken."[54] Hank bezieht sich auf das sog. Pareto-Optimum, wenn er
feststellt, dass an einer gesellschaftlichen Reform immer dann nichts auszu-
setzen sei, wenn sie zu irgend jemandes Vorteil ausfalle, ohne für jemand

---

52 Friedrich A. von Hayek, Liberalismus, Tübingen 1979, S. 33
53 Viktor J. Vanberg, Sozialstaatsreform und die soziale Gerechtigkeit, in: Politische Viertel-
    jahresschrift 2/2004, S. 177 f.
54 Rainer Hank, Das Ende der Gleichheit, a. a. O., S. 155

anderen einen Nachteil zu bedeuten: „Wenn sich das Einkommen einiger verbessert, dasjenige anderer aber zugleich nicht verschlechtert, entsteht zwar Spreizung und mehr Ungleichheit, die aber nur zu begrüßen, nicht zu bekämpfen ist."[55] In einem Gastkommentar für die *Welt* (v. 19.12.2002) konstierte Hermann May, an der PH Heidelberg lehrender Wirtschaftswissenschaftler, dass ökonomische Ungleichheit nicht als „Fehlleistung des Marktes" kritisiert werden dürfe, sondern als „höchst erfreuliche, ja notwendige Konsequenz individuellen wirtschaftlichen Handelns" zu gelten habe.

Statt der *Bedarfs-* präferieren Neoliberale *Leistungs*gerechtigkeit. Hierbei handelt es sich jedoch um einen verkürzten Gerechtigkeitsbegriff, weil unter Leistung in erster Linie wirtschaftlicher Erfolg verstanden wird. „Wer ein Vermögen ererbt oder erheiratet oder wem es durch andere günstige Umstände zufällt, der kann dieses am Markt gewinnbringend einsetzen und daraus ohne besondere persönliche Mühe Einkommen erzielen. Die moralische Achillesferse des Neoliberalismus besteht somit darin, daß er – abgesehen von sozialen Gesichtspunkten – nicht einmal die von seinen Protagonisten oftmals behauptete Leistungsgerechtigkeit zu gewährleisten vermag."[56] Wenn ein Superreicher nach Rücksprache mit seinem Anlageberater an der Börse die richtigen Aktien kauft und sie ein Jahr später zum doppelten oder dreifachen Preis verkauft, muss er selbst einen Millionengewinn nicht versteuern. Ob darin eine Leistung besteht, die sich „lohnen" muss, erscheint aus gesamtgesellschaftlicher Perspektive fraglich. Bildet sich ein Arbeitnehmer in seiner Freizeit weiter, muss er den daraus resultierenden Mehrverdienst hingegen voll versteuern. Und auch die Bemühungen eines Menschen mit Behinderungen, seine körperlichen Einschränkungen durch unermüdliches Üben zu verringern, rechnen sich nicht. „Die Eliten suggerieren uns, daß ‚Leistung‘ ein ‚objektiver Maßstab‘ sei, über den die Chancen in unserer Gesellschaft gerecht verteilt würden. Doch wer kann schon sagen, dass die ‚Leistung‘ einer ManagerIn wirklich höher zu bewerten ist als die einer VerkäuferIn, ErzieherIn, LehrerIn oder eines Hausmannes?"[57] Friedhelm Hengsbach weist auf die Präformation und die inhaltliche Reduktion des Leistungsbegriffs durch das bestehende Wirtschaftssystem hin: „Solange die wirtschaftliche Leistung durch die Kaufkraft derer

---

55 Ebd., S. 168
56 Hans Jürgen Rösner, Soziale Sicherung im konzeptionellen Wandel – ein Rückblick auf grundlegende Gestaltungsprinzipien, in: Richard Hauser (Hrsg.), Alternative Konzeptionen der sozialen Sicherung, Berlin 1999, S. 44
57 Erik Weckel, Der Flaschenhals: Leistung – was ist das eigentlich?, in: Marek Neumann-Schönwetter/Alexander Renner/Ralph C. Wildner (Hrsg.), Anpassen und Untergehen. Beiträge zur Hochschulpolitik, Marburg 1999, S. 34

definiert wird, die sich für ein bestimmtes Angebot interessieren, ist die Vorstellung einer leistungsgerechten Entlohnung weithin ein ideologisches Konstrukt."[58]

Man fragt sich sowohl, wer eigentlich bestimmt, was als „Leistung" gilt, wie auch, ob Leistung nicht überhaupt ein missverständlicher Begriff oder ein Mythos ist. Sighard Neckel, Kai Dröge und Irene Somm zufolge nimmt das Leistungsprinzip nämlich aufgrund der jüngsten Sozialreformen eine „paradoxe Gestalt" an. „Denn einerseits ist zu beobachten, dass die Organisation der Statusverteilung auf eine Weise umgestaltet wird, die sich zu den normativen Forderungen des Leistungsprinzips vielfach konträr verhält; andererseits wird aber gerade diese Umgestaltung im gesellschaftspolitischen Diskurs häufig unter Verwendung der Leistungsbegrifflichkeit legitimiert."[59] Wolfgang Maaser spricht von einer „Metaphysik des Marktes", die präventive Sozialpolitik ausschließe: „Sie blendet die permanente Ungleichheitsdynamik, die durch die Marktwirtschaft der Gesellschaft induziert wird, ab, hält sich die teils kontingenten, teils systeminduzierten sozialen Abwärtstrends nicht gegenwärtig und naturalisiert sie in ihrer Wahrnehmungslogik, indem sie diese auf individuelle, kontingente natürliche Fehlbegabungen zurückführt."[60]

Besonders deutliche Anleihen beim Neoliberalismus machte die von ihren Schwesterparteien mit Bill Clinton in den USA bzw. Tony Blair in Großbritannien an der Spitze beeinflusste Sozialdemokratie, genauer gesagt: ihr Regierungsflügel unter dem damaligen Bundeskanzler und Parteivorsitzenden Gerhard Schröder, der sich die Modernisierung des „Standorts D" auf die Fahnen geschrieben hatte. Nicht zufällig beginnt das von Hans-Jürgen Urban herausgegebene „ABC zum Neoliberalismus" mit dem Stichwort „Agenda 2010", also dem Titel jener „Aufbruchrede", die Schröder am 14. März 2003 im Bundestag hielt. Peer Steinbrück, einer der Gefolgsmänner Schröders und seinerzeit nordrhein-westfälischer Ministerpräsident, nahm eine totale Deformation des Gerechtigkeitsbegriffs vor und brach mit dem Sozialstaatspostulat des Grundgesetzes, als er die soziale Gerechtigkeit auf die Sorge des Staates um die Leistungsträger verkürzte: „Soziale Gerech-

---

58 Friedhelm Hengsbach, Gerechtigkeit ist nur ein Wort, in: Christoph Butterwegge/Michael Klundt (Hrsg.), Kinderarmut und Generationengerechtigkeit, a. a. O., S. 14
59 Sighard Neckel/Kai Dröge/Irene Somm, Welche Leistung, welche Leistungsgerechtigkeit? – Soziologische Konzepte, normative Fragen und einige empirische Befunde, in: Peter A. Berger/Volker H. Schmidt (Hrsg.), Welche Gleichheit, welche Ungleichheit? – Grundlagen der Ungleichheitsforschung, Wiesbaden 2004, S. 146
60 Wolfgang Maaser, Normative Diskurse der neuen Wohlfahrtspolitik, in: Heinz-Jürgen Dahme u. a. (Hrsg.), Soziale Arbeit für den aktivierenden Staat, Opladen 2003, S. 26

tigkeit muss künftig heißen, eine Politik für jene zu machen, die etwas für die Zukunft unseres Landes tun: die lernen und sich qualifizieren, die arbeiten, die Kinder bekommen und erziehen, die etwas unternehmen und Arbeitsplätze schaffen, kurzum, die Leistung für sich und unsere Gesellschaft erbringen. Um die – und nur um sie – muss sich Politik kümmern."[61]

Mit der besseren steuerlichen Absetzbarkeit von Kinderbetreuungskosten und dem Elterngeld bot die Familienpolitik der Großen Koalition zwei abschreckende Beispiele für die Transformation von Bedarfs- in Leistungsgerechtigkeit. Während sozial benachteiligte Familien, die aufgrund ihres fehlenden oder zu geringen Einkommens keine Steuern zahlen, gar nicht erst in den Genuss der ersten, bezeichnenderweise im *Gesetz zur steuerlichen Förderung von Wachstum und Beschäftigung* enthaltenen Maßnahme kommen, profitieren Besserverdienende, die sich eine Tagesmutter oder Kinderfrau leisten und zwei Drittel der Aufwendungen hierfür bis zu 4 000 EUR absetzen können, überdurchschnittlich davon. Das seit dem 1. Januar 2007 gezahlte Elterngeld wird als Lohnersatzleistung in Höhe von 67 Prozent des vorherigen Nettoeinkommens gezahlt und erst bei 1 800 EUR pro Monat gedeckelt. Transferleistungsempfänger/innen, die Kinder erziehen, haben dagegen Nachteile: Bisher erhielten Sozialhilfebezieher/innen, Arbeitslose und Studierende das Erziehungsgeld in Höhe von 300 EUR pro Monat zwei Jahre (oder als „Budget" in Höhe von 450 EUR ein Jahr lang); Elterngeld gibt es bloß für ein Jahr und sein Sockelbetrag, mit dem sie auskommen müssen, liegt gleichfalls bei 300 EUR (oder bei 150 EUR, wenn er zwei Jahre lang gezahlt wird). Erwerbstätige Paare können das Elterngeld zwei (Partner-)Monate länger beanspruchen, wenn sie sich die Erziehungsarbeit teilen, und auch erwerbstätige Alleinerziehende kommen 14 Monate lang in dessen Genuss. Mithin erhalten Gutbetuchte auf Kosten von schlechter Gestellten mehr (Eltern-)Geld, das hoch qualifizierte, gut verdienende Frauen motivieren soll, (häufiger) ein Kind zu bekommen und anschließend schnell wieder in den Beruf zurückzukehren.

Zwei weitere Vergünstigungen im Sinne einer neoliberalen Leistungsgerechtigkeit enthält die Unternehmenssteuerreform. Rückwirkend zum 1. Januar 2007 erlässt man Firmenerben die betriebliche Erbschaftsteuer, wenn sie das Familienunternehmen zehn Jahre lang unter bestimmten Bedingungen fortführen. Begründet wird diese Maßnahme mit der Gefahr, dass der Sohn eines Handwerksmeisters den vom Vater geerbten Betrieb aufgrund

---

61 Peer Steinbrück, Etwas mehr Dynamik bitte. Soziale Gerechtigkeit heißt heute: Der Staat muss mehr Geld in Bildung und Familien investieren. Für Gesundheit, Alter und Pflege hingegen werden die Bürger stärker selbst vorsorgen müssen, in: Die Zeit v. 13.11.2003

finanzieller Überforderung schließen und seine Mitarbeiter/innen entlassen müsse. Dies dürfte in der Realität kaum vorgekommen sein, weil ein Freibetrag in Höhe von 225 000 EUR existierte, ein zusätzlicher Bewertungsabschlag von 35 Prozent des Betriebsvermögens die Steuerschuld reduzierte und das Finanzamt diese bisher zehn Jahre lang stunden konnte. Wenigstens banden die Sozialdemokraten eine Steuerbefreiung vage an den Arbeitsplatzerhalt, was Kritiker als bürokratische Willkür und Gängelung des freien Unternehmertums geißelten. Firmenerben für deren massive Begünstigung eine Gegenleistung abzuverlangen, erschien liberalkonservativen Politikern im Unterschied zum „Fördern und Fordern" bei Langzeitarbeitslosen als staatliche Schikane. Konsequenter sind angelsächsische Neoliberale oder Unionspolitiker wie der Stellvertretende Fraktionsvorsitzende Michael Meister (CDU) und Wirtschaftsminister Michael Glos (CSU), welche die Erbschaftsteuer ganz abschaffen wollen. Auch ihnen fällt es aber schwer, diesen Schritt zu rechtfertigen: Zwar soll sich Leistung (wieder) lohnen, ist es jedoch eine Leistung, der Sohn oder die Tochter eines Millionärs oder Milliardärs zu sein?

Dividenden, die bisher dem sog. Halbeinkünfteverfahren unterlagen, müssen ab 1. Januar 2009 voll und Kursgewinne aus Aktien- und Fondsanteilskäufen erstmals ohne Rücksicht auf eine (zuletzt zwölf Monate betragende) Spekulationsfrist versteuert werden. Beide unterliegen jedoch nunmehr genauso wie Zinsen einer Abgeltungssteuer, die unabhängig vom persönlichen Einkommensteuersatz des Bürgers pauschal 25 Prozent beträgt und die gültige Steuerprogression somit unterläuft. Davon profitieren insbesondere jene sehr wohlhabenden Einkommensbezieher, die den Spitzensteuersatz in Höhe von 42 bzw. 45 (sog. Reichensteuer) entrichten müssen, während sich Kleinaktionäre, die mittels entsprechender Wertpapiere privat für das Alter vorsorgen wollen, aufgrund ihres niedrigeren Steuersatzes eher schlechter als bislang stehen.

1.3.2 Bildung für die Armen statt Umverteilung des Reichtums?

Obwohl das Volksvermögen so groß und die Kluft zwischen Arm und Reich so tief wie nie zuvor ist, gilt die Forderung nach Umverteilung von oben nach unten als verstaubt. Harald Schartau, damals Vorsitzender der nordrhein-westfälischen SPD und als Landesminister für Wirtschaft und Arbeit Kabinettskollege Steinbrücks, äußerte die Überzeugung, dass Umverteilungspolitik im Zeitalter der Globalisierung weder zu Vollbeschäftigung noch zu sozialer Gerechtigkeit führe: „Notwendig ist eine Neuinterpretation von sozialer Gerechtigkeit für die heutige Zeit, um marktwirtschaftliche Effizienz und soziale Gerechtigkeit besser in Einklang bringen zu können. Dabei helfen uns nicht die alten Ideologien."[62]

*Verteilungs*gerechtigkeit, traditionelles Ziel sozialstaatlicher Politik, wird durch *Teilhabe-* oder *Beteiligungs*gerechtigkeit ersetzt. In einer Grundsatzrede beim Neujahrsempfang der Industrie- und Handelskammer Frankfurt/ Main am 10. Januar 2006 erklärte Peer Steinbrück die „Chancengerechtigkeit" statt der Ergebnisgleichheit zum Grundprinzip eines modernen, die Bürger „aktivierenden" und ihre „übertriebene Anspruchshaltung" bekämpfenden Sozialstaates. Dessen alleiniges Ziel könne es nicht sein, sagte der Bundesfinanzminister weiter, „jeden Einzelnen gegen alle Unwägbarkeiten des Marktes zu schützen. Das erste Ziel muss mehr denn je werden, den Einzelnen zur Teilnahme und Teilhabe auf den Märkten zu befähigen. Die Schlüssel dazu sind Bildung und Qualifizierung in ihrer ganzen Palette."[63]

„Teilhabe" gewähren die wenigen (Besitz, Reichtum und Macht) Habenden den vielen Habenichtsen, ohne jedoch ihre Güter mit ihnen teilen zu wollen oder zu müssen. Sie ist also politisch wie sozial eindeutig von oben nach unten gerichtet und basiert nicht auf dem Machtanspruch der Beherrschten. Friedhelm Hengsbach kritisiert den Wechsel der Wortwahl und der Sprache, die man innerhalb der Diskussion über Gerechtigkeitsfragen seit geraumer Zeit beobachten kann, weil er ihn an ein idealistisches, feudales Gesellschaftskonzept der Antike oder des Mittelalters erinnert: „Das höherwertige und übergeordnete organische Ganze läßt die geringerwertigen und untergeordneten Mitglieder an der Fülle des Wahren, Guten und Schönen teilhaben."[64] Dagegen sei „Beteiligung" bzw. „Partizipation" ein politischer, emanzipativ-demokratischer Begriff, der auch eine zivilgesellschaftliche Dimension enthalte, jedoch nicht etwa die des bürgerlichen Ehrenamts, sondern jene direkter Demokratie und sozialer Bewegungen im außerparlamentarischen Raum.

Der frühere Wirtschafts- und Arbeitsminister Wolfgang Clement warb in der *Welt am Sonntag* (v. 14.5.2006) für ein „neues Godesberg" der SPD und

---

62 Harald Schartau, Pragmatisch denken. Über die Grundlagen einer sozialdemokratischen Wachstumsstrategie, in: Frankfurter Rundschau v. 29.8.2003

63 Peer Steinbrück, Reduzierung auf die Kernaufgaben. Rede des Bundesministers der Finanzen beim Neujahrsempfang der Industrie- und Handelskammer Frankfurt am Main am 10. Januar 2006, in: Blätter für deutsche und internationale Politik 2/2006, S. 249

64 Friedhelm Hengsbach, „Wer siegt, hat Recht"? – Das kapitalistische Regime unter dem Anspruch der Gerechtigkeit, in: Alexander Grasse/Carmen Ludwig/Berthold Dietz (Hrsg.), Soziale Gerechtigkeit. Reformpolitik am Scheideweg. Festschrift für Dieter Eißel zum 65. Geburtstag, Wiesbaden 2006, S. 60

empfahl seiner Partei den „Abschied vom Wohlfahrtsstaat" sowie die „Hinwendung zum sozialen Bildungsstaat". Hierunter versteht Clement, dass für alle Bürger prinzipiell gleiche Chancen zur beruflichen Qualifikation, zu einer hoch qualifizierten Aus- und Weiterbildung geschaffen werden, damit sie aus eigener Kraft und Kompetenz auf die sich ständig verändernden Anforderungen der Arbeitswelt reagieren können. „Schulische Bildung und berufliche Qualifikation, Wissenschaft und Forschung sind die Motoren des ökonomischen und sozialen Fortschritts. Sie führen in die Wissensgesellschaft des 21. Jahrhunderts. Da müssen wir investieren, statt immer mehr in ein soziales Netz, das um so fadenscheiniger wird, je mehr wir ‚draufsatteln'."

Viel entscheidender als Umverteilung von Geld sei, dass Menschen einen gleichberechtigten Zugang zu den Bildungsinstitutionen und zum Arbeitsmarkt erhalten, heißt es. Zu fragen wäre freilich, weshalb ausgerechnet zu einer Zeit, in der das Geld aufgrund einer zunehmenden Ökonomisierung und Kommerzialisierung von Lebensbereichen wichtiger als früher, aber auch ungleicher denn je verteilt ist, seine Bedeutung für die Beteiligung der Bürger/innen am gesellschaftlichen Leben gesunken sein soll. Damit sie in Freiheit (von Not) leben, ihre Bedürfnisse befriedigen und ihre Pläne verwirklichen können, brauchen die Menschen nach wie vor Geld, das sie bei Erwerbslosigkeit, Krankheit und im Alter als soziale bzw. Entgeltersatzleistung vom Sozialstaat erhalten müssen. Mehr soziale Gleichheit bzw. Verteilungsgerechtigkeit bildet die Basis für Partizipationschancen benachteiligter Gesellschaftsschichten. Dies gilt beispielsweise für die (Aus-)Bildung und den Arbeitsmarkt. Ohne ausreichende materielle Mittel steht die Chance, an Weiterbildungskursen teilzunehmen und ihre persönlichen Arbeitsmarktchancen zu verbessern, etwa für Erwerbslose nur auf dem Papier.

Nichts spricht dagegen, Verteilungs- durch Beteiligungsgerechtigkeit zu *ergänzen*, sozialdemokratische „Modernisierer" wie Jürgen Kocka meinen aber irrtümlich, dass Letztere die Erstere *ersetzen* müsse: „Mehr Teilhabegerechtigkeit ist derzeit nur durch einen Verzicht auf mehr Verteilungsgerechtigkeit zu haben."[65] So sinnvoll die Erweiterung des Gerechtigkeitsbegriffs in Richtung von „Teilhabe-" oder „Beteiligungsgerechtigkeit" sein mag, so wenig darf sie vergessen machen, dass dieser durch soziale Ungleichheit der Boden entzogen wird. Unglaubwürdig wird, wer Bildungs- als Sozialpolitik

---

65 Jürgen Kocka, Sozialdemokratische Grundwerte heute, in: Friedrich-Ebert-Stiftung, Politische Akademie (Hrsg.), Die neue SPD. Menschen stärken – Wege öffnen, Bonn 2004, S. 62

interpretiert und gleichzeitig von der Schule über den Weiterbildungssektor bis zur Hochschule alle Institutionen dieses Bereichs privatisieren möchte. Denn das heißt, sie für Wohlhabende und deren Nachwuchs zu reservieren. In einem solchen Bildungssystem stoßen Kinder nur noch auf Interesse, wenn sie (bzw. ihre Eltern) als zahlungskräftige Kunden firmieren. Kontraproduktiv wirken zweifellos die Beschneidung der Lernmittelfreiheit, die Schließung von (Schul-)Bibliotheken aus Kostengründen und die Einführung von Studiengebühren.

Politiker stützen sich bei ihren Vorstößen auf Konzepte der Fachwissenschaft, die einen Gegensatz zwischen der „nachträglich ausgleichenden Sozialpolitik" traditioneller Machart und einer moderneren, investiven bzw. „präventiven und für das Humankapital ‚Bildung' produktiven Ausrichtung von Sozialpolitik" konstruieren.[66] Ältere und Jüngere geraten auf diese Weise in Gegensatz zueinander, denn so droht ein „(Verteilungs-)Kampf der Generationen" um die knappen Haushaltsmittel. Stattdessen ergänzen sich Bildungs- und Sozialpolitik bezüglich der notwendigen Inklusion von Kindern aus unterprivilegierten Elternhäusern.

Christof Prechtl und Daniel Dettling beklagen, dass die Bundesrepublik sechs Mal soviel Geld für Soziales wie für Bildung aufwende, sehen sie doch in Letzterer den Schlüssel zur Bekämpfung der (Kinder-)Armut: „Da zwischen Bildungsstand und Erfolg am Arbeitsmarkt ein klarer Zusammenhang besteht, produziert das deutsche Bildungswesen heute die Sozialfälle von morgen. Politisch bedeutet dies: Die Vermeidung von Bildungs-, nicht Einkommensarmut, ist die zentrale Herausforderung."[67] Hier unterliegen die Verfasser allerdings einem Irrtum: Was zum individuellen Aufstieg taugen mag, versagt als gesellschaftliches Patentrezept. Wenn alle Kinder mehr Bildung bekommen, konkurrieren sie um die wenigen Ausbildungs- bzw. Arbeitsplätze womöglich nur auf einem höheren Niveau, aber nicht mit besseren Chancen. Um die Erwerbslosigkeit und Armut als gesellschaftliche Phänomene zu beseitigen, bedarf es der Umverteilung von Arbeit, Einkommen und Vermögen.

---

66 Siehe Jutta Allmendinger/Stephan Leibfried, Bildungsarmut im Sozialstaat, in: Günter Burkart/Jürgen Wolf (Hrsg.), Lebenszeiten. Erkundungen zur Soziologie der Generationen, Opladen 2002, S. 292
67 Christof Prechtl/Daniel Dettling, Einleitung: „Wachstum durch Bildung – Chancen für die Zukunft nutzen!", in: dies. (Hrsg.), Für eine neue Bildungsfinanzierung. Perspektiven für Vorschule, Schule und Hochschule, Wiesbaden 2005, S. 9

1.3.3 „Generationengerechtigkeit" – neoliberaler Kampfbegriff und ideologisches Ablenkungsmanöver

24 Bundestagsabgeordnete von Bündnis 90/Die Grünen, FDP und CDU/ CSU unter 40 Jahren traten im Juli 2003 mit einem Memorandum „Deutschland 2020" an die Öffentlichkeit, das unter Mitwirkung der von den Metallarbeitgebern finanzierten „Initiative Neue Soziale Marktwirtschaft" (INSM), der Altana AG und dem *think tank* „res publica" entstanden war, mehr Generationengerechtigkeit forderte und sich gegen eine Verschleppung von Reformen wandte. Nötig sei eine Neudefinition von Gerechtigkeit, die nicht mehr „sozialstaatliche Transfergerechtigkeit" sein dürfe, sondern als „Teilhabegerechtigkeit" für den Zugang zum Arbeitsmarkt und zu ökonomisch tragfähigen Formen sozialer Absicherung sorgen müsse, hieß es darin: „Wer heute die soziale Gerechtigkeit nur an der Höhe staatlicher Transfers mißt, der beschränkt damit die Teilhabegerechtigkeit unserer Kinder und Enkel."[68] Generationengerechtigkeit bedeute, dass die von der aktiven Bevölkerung geschaffenen Ressourcen gerecht verteilt würden und dass die Politik für eine Realisierung dieser Potenziale sorge.

Auch in Gerhard Schröders „Agenda 2010" oder im Gutachten der sog. Rürup-Kommission vom 28. August 2003 wurde die Generationengerechtigkeit als vorrangiges Ziel der Sozialreformen benannt. Darunter versteht man im Alltagssprachgebrauch die faire Aufteilung der Ressourcen, Verpflichtungen und Lasten zwischen den Generationen (beispielsweise im Hinblick auf die Finanzierung der sozialen Sicherungssysteme und die Schulden der öffentlichen Hand). In der Fachliteratur ist der Begriff „Generationengerechtigkeit" äußerst umstritten. Es handelt sich weniger um eine analytische Kategorie als um einen neoliberalen Kampfbegriff, der vernebelt, dass sich die soziale Ungleichheit seit geraumer Zeit *innerhalb jeder* Generation verschärft und die zentrale soziale Trennlinie nicht zwischen Alt und Jung, sondern immer noch, ja mehr denn je zwischen Arm und Reich verläuft.

Oft scheint es geradezu, als sei der Antagonismus zwischen Kapital und Arbeit durch einen neuen Grundwiderspruch, nämlich denjenigen zwischen Jung und Alt, abgelöst und Klassenkampf durch einen „Krieg der Generationen" ersetzt worden. Damit lenkt man von den eigentlichen Problemen wie der ungerechten Einkommens- und Vermögensverteilung ab. Martin

---

68 „Deutschland 2020". Für mehr Generationengerechtigkeit: Reformen nicht auf morgen oder übermorgen verschieben!, Ein Memorandum der jungen Abgeordneten des Deutschen Bundestages, Berlin, 21. Juli 2003, S. 3

Kohli erinnert daran, dass der Diskurs über „intergenerationelle Gerechtigkeit", in den USA schon seit Mitte der 1980er-Jahre geführt, meist „eine verkappte Kritik am Wohlfahrtsstaat überhaupt" war, und betont, er müsse auch hierzulande als „Vehikel für den neo-liberalen Versuch zum Sozialstaatsabbau insgesamt" herhalten.[69] Feuilletonistisch formuliert bildet der Schlachtruf nach mehr Generationengerechtigkeit nur die Begleitmusik für den Um- bzw. Abbau des Sozialstaates.

Mancher neoliberale Wissenschaftler, der von „mangelnder Generationengerechtigkeit" spricht, die Unsicherheit der gesetzlichen Rente in einer „vergreisenden Gesellschaft" beklagt und das Umlageverfahren durch die Kapitaldeckung ersetzen oder zumindest stärker ergänzen will, vertritt mehr oder weniger offen die Interessen großer Versicherungskonzerne.[70] Bernd Raffelhüschen, seinerzeit Mitglied der Rürup-Kommission, beispielsweise plädiert für eine „Kombination von temporär moderaten Rentenkürzungen und langfristig verstärkter privater Altersvorsorge durch die Erwerbstätigen", das „Einfrieren der Nominalrenten" sowie das Absenken des Rentenniveaus auf eine „Grundsicherung", die mit dem Äquivalenz- bzw. Leistungsprinzip unvereinbar und wohl nur noch eine Basisrente zur Sicherung des Existenzminimums wäre.[71]

Rentenkürzungen sind mit Sicherheit kein Beitrag zur „Generationengerechtigkeit", was immer man darunter versteht: Erstens treffen sie nicht in erster Linie *jetzige* Rentner/innen, sondern Jahrgänge, die gegenwärtig noch oder noch nicht erwerbstätig sind. Zweitens haben sie negative Folgen im Hinblick auf das gesellschaftliche Engagement und die familialen Unterstützungsleistungen der Betroffenen, worunter vor allem *jüngere* Altersgruppen leiden würden.[72] Die im März 2007 von Bundestag und -rat beschlossene Erhöhung des gesetzlichen Rentenzugangsalters von 65 auf 67 Jahre *verschlechtert* eher die Arbeitsmarktchancen *künftiger* Generationen, statt Vorteile für diese mit sich zu bringen. Überhaupt müsste, wer in den lauter

---

69 Siehe Martin Kohli, Ausgrenzung im Lebenslauf, in: Sebastian Herkommer (Hrsg.), Soziale Ausgrenzungen. Gesichter des neuen Kapitalismus, Hamburg 1999, S. 128

70 Vgl. Albrecht Müller, Die Reformlüge. 40 Denkfehler, Mythen und Legenden, mit denen Politik und Wirtschaft Deutschland ruinieren, München 2004, S. 131 f.; ders., Machtwahn. Wie eine mittelmäßige Führungselite uns zugrunde richtet, München 2006, S. 304 und 312

71 Vgl. Bernd Raffelhüschen, Eine Generationenbilanz der deutschen Wirtschafts- und Sozialpolitik, in: Otto Graf Lambsdorff (Hrsg.), Freiheit und soziale Verantwortung. Grundsätze liberaler Sozialpolitik, Frankfurt am Main 2001, S. 257

72 Vgl. Martin Kohli/Harald Künemund, Der Alters-Survey: die zweite Lebenshälfte im Spiegel repräsentativer Daten, in: Aus Politik und Zeitgeschichte 20/2003, S. 25

werdenden Ruf nach „Generationengerechtigkeit" einstimmt, darum bemüht sein, dass Heranwachsende auch später noch einen entwickelten Wohlfahrtsstaat vorfinden, statt sie allein der privaten Daseinsvorsorge zu überlassen. Es gibt keine Generationengerechtigkeit ohne soziale Sicherheit: „Intergenerationale Gerechtigkeit ist nämlich ohne intragenerationale Gerechtigkeit und einen starken Staat in einer auf Kurzsichtigkeit programmierten marktgetriebenen Gesellschaft nicht möglich."[73]

Neben den Rentenanwartschaften und den Gesundheitskosten von Älteren sind die durch wachsende „Pensionslasten" von Bund, Ländern und Kommunen bedrohten öffentlichen Budgets ins Visier jener „Experten" geraten, die mehr Generationengerechtigkeit verlangen. So bemängelte Jörg Tremmel die seiner Ansicht nach unsolide Haushaltspolitik der Bundesregierung mit folgender Begründung: „Um den immer teurer werdenden Sozialstaat zu finanzieren, stellt die herrschende Generation ungedeckte Wechsel auf die Zukunft aus. Die Zeche zahlen eines Tages jene, die heute jung sind."[74] Neoliberale tun gern so, als hätten „zukünftige Generationen (...) hohe Schuldenberge" abzutragen, wozu sie weder willens noch in der Lage seien.[75] Aus der öffentlichen Kreditaufnahme resultieren jedoch sowohl Forderungen wie Verbindlichkeiten und *beide* werden an die nächste Generation „vererbt", wie Norbert Reuter bemerkt. Blicke man getrennt auf die gegenwärtige oder auf die folgende Generation, liege „ein gesamtwirtschaftliches Nullsummenspiel vor. Mit einem Verweis auf kollektive finanzielle Belastungen künftiger Generationen lässt sich der gegenwärtige Abbau der Staatsverschuldung somit nicht begründen."[76]

Der frühere sächsische Ministerpräsident und CDU-Politiker Kurt Biedenkopf möchte die *soziale* durch *Generationen*gerechtigkeit ersetzen: „Was sich in der Gegenwart als soziale Gerechtigkeit und Schutz vor angeblichem sozialem Kahlschlag präsentiert, läuft (...) letztlich auf die Ausbeutung der kommenden Generation hinaus."[77] Biedenkopf skandalisiert in seinem Buch „Die Ausbeutung der Enkel" das Missverhältnis zwischen Staatsein-

---

73 Ernst Kistler, Die Methusalem-Lüge, a. a. O., S. 236
74 Jörg Tremmel, Der Generationsbetrug. Plädoyer für das Recht der Jugend auf Zukunft, Frankfurt am Main 1996, S. 26
75 Siehe Bernd Raffelhüschen, Eine Generationenbilanz der deutschen Wirtschafts- und Sozialpolitik, a. a. O., S. 256
76 Norbert Reuter, Generationengerechtigkeit als Richtschnur der Wirtschaftspolitik?, in: Christoph Butterwegge/Michael Klundt (Hrsg.), Kinderarmut und Generationengerechtigkeit, a. a. O., S. 85
77 Kurt Biedenkopf, Die Ausbeutung der Enkel. Plädoyer für die Rückkehr der Vernunft, 2. Aufl. Berlin 2006, S. 174

nahmen und -ausgaben, welches sich künftig zuspitze: „Jeder nachfolgende Jahrgang wird unter den Schulden des Staates und unter seinen Zukunftsverpflichtungen schwerer zu tragen haben. Am größten wird die Last für diejenigen sein, die in den vierziger Jahren des 21. Jahrhunderts den Zenit ihrer Schaffenskraft erreicht haben werden – unsere Enkel. Für die Fähigeren unter ihnen wird die Versuchung unwiderstehlich sein, sich der Last zu entziehen. Niemand wird sie daran hindern können."[78] Weder nehmen die öffentlichen Kreditzinsen in den nächsten Jahrzehnten automatisch zu, noch belasten sie *künftige* Generationen aufgrund des wahrscheinlich steigenden Reichtums stärker. Aber selbst wenn es so wäre, wie Biedenkopf behauptet, müsste man deren Kapitalflucht weder als besondere Cleverness (der „fähigeren" Gesellschaftsmitglieder) bezeichnen, damit positiv bewerten und entschuldigen noch sie einfach hinnehmen, ohne politische Gegenmaßnahmen zu ergreifen.

Herwig Birg teilt mit den Neoliberalen nicht nur das Dogma, die Lohnnebenkosten müssten sinken, um den „Standort D" international (wieder) wettbewerbsfähig zu machen – als ob die Bundesrepublik nicht längst „Exportweltmeister" wäre und fast jedes Jahr neue Rekordexportüberschüsse erzielte! –, sondern führt auch das zu einem Kardinalproblem hochstilisierte Phänomen der Staatsverschuldung auf die demografische Entwicklung zurück: „Wie die zahlenmäßig kleiner werdenden Jahrgänge die pro Kopf ins Schwindelerregende steigenden Schulden abtragen sollen, weiß niemand. Generationengerechtigkeit bei abnehmenden Generationsgrößen ist aus diesem Blickwinkel ein unerreichbares Ziel, dessen permanente Verletzung auf die nachrückenden Leistungsträger demotivierend wirkt."[79] Da sich die Bundesrepublik nicht im Ausland, sondern hauptsächlich bei ihren eigenen, immer wohlhabender werdenden Bürgern verschuldet hat, bei denen sich der Reichtum durch große Erbschaften geradezu massiert, wenn die Bevölkerungszahl so rapide abnimmt, wie Birg annimmt, dürfte ihnen der Schuldendienst kaum schwerer als früheren Jahrgängen fallen.

Mit dem Satz „Wir haben den Staatshaushalt nur von unseren Kindern geborgt" begründet man die Übertragung des Prinzips der Nachhaltigkeit von der Umwelt- auf die Fiskalpolitik, ohne den wesentlichen Unterschied zwischen ökologischen und finanziellen Ressourcen zu berücksichtigen: „Während zukünftige Generationen von einmal vernutzten fossilen Brennstoffen in der Tat nicht mehr Gebrauch machen können, stehen ih-

---

78 Ebd., S. 23
79 Herwig Birg, Die ausgefallene Generation, a. a. O., S. 119

nen für die Beiträge, die sie zur Tilgung von Schulden für öffentliche Aufgaben zu leisten haben, in einer gerecht geordneten Gesellschaft nützliche Infrastrukturangebote gegenüber. Während die Vernutzung natürlicher Ressourcen mithin asymmetrisch zu Gunsten der Gegenwart verläuft, besteht bei Nutzung finanzieller Ressourcen im öffentlichen Rahmen eine gewisse Symmetrie."[80] Durch ein Schlagwort wie „Nachhaltigkeit im finanzpolitischen Bereich" wird eine Politik der Haushaltskonsolidierung verklärt, die gerade für Kinder und Jugendliche nur negative Folgen zeitigt, weil gerade sie betreffenden Bereichen (Vorschule, Schule und Hochschule) nicht mehr die nötigen Mittel zufließen. Sparmaßnahmen im Sozial-, Bildungs- und Gesundheitssystem verbauen im Namen der künftigen Generation eben jener die Zukunftsperspektiven (bei schlechter Kinderbetreuung, defizitärer Schulausstattung, fehlenden Lehrkräften, eingesparten Früherkennungs- bzw. Vorsorgeuntersuchungen etc.).

1.3.4 „Freiheit" und „Eigenverantwortlichkeit" als Formeln zur Rechtfertigung der wachsenden sozialen Ungleichheit

Nach neoliberaler Lesart besteht die Hauptaufgabe des (Wohlfahrts-)Staates darin, die Wirtschaft eines Landes funktions- und konkurrenzfähig zu halten. Ultraliberale ordnen das Soziale völlig dem Markt unter, dient er doch der Ökonomie bzw. dem diese durch seine Aktivitäten in Gang haltenden Wirtschaftssubjekt. „Der Wohlfahrtsstaat", schreibt beispielsweise Wolfgang Kersting, „ist keine egalitaristische Umverteilungsmaschine, erst recht kein moralisches Emanzipationsprogramm. Sein Ziel liegt in der Sicherung der bürgerlichen Selbständigkeit und der Herbeiführung der Marktfähigkeit."[81] Diese bedeutet für Arbeitnehmer/innen aber nicht (mehr) Freiheit, sondern eine Marktabhängigkeit, die es ihnen verwehrt, selbst über ihr Schicksal zu entscheiden und zu bestimmen, wie und wo sie ihren Lebensunterhalt verdienen wollen. Statt im Mittelpunkt aller Bestrebungen zu stehen, wird der Mensch hier vorrangig nach seinem Tauschwert auf dem Arbeitsmarkt beurteilt und zum Gegenstand von Bemühungen um eine Steigerung der (volks)wirtschaftlichen Leistungsfähigkeit herabgewürdigt. „Die Erwerbslosen sind nicht länger Subjekte mit ihren ganz unterschiedlichen Interessen,

---

80 Micha Brumlik, Freiheit, Gleichheit, Nachhaltigkeit. Zur Kritik eines neuen Grundwerts, in: Blätter für deutsche und internationale Politik 12/1999, S. 1464
81 Wolfgang Kersting, Politische Solidarität statt Verteilungsgerechtigkeit. Eine Kritik egalitaristischer Sozialstaatsbegründung, in: ders. (Hrsg.), Politische Philosophie des Sozialstaats, Weilerswist 2000, S. 247

Fähigkeiten und ihrer Würde. Sie werden zu Objekten, über die hinweg geplant und über die verfügt wird, und zwar mit allen Mitteln."[82]

Häufig wird der im Übergang vom beitrags- zum steuerfinanzierten Wohlfahrtsstaat angestrebte Systemwechsel gar nicht neoliberal, vielmehr nach dem Vorbild einer „paradoxen Intervention" mit der angeblich erstrebten Verbesserung von sozialem Ausgleich und der damit einhergehenden Beseitigung von Ungerechtigkeiten begründet. Obwohl sich der Berliner Historiker Paul Nolte scheinbar vom Neoliberalismus distanziert, lässt er dessen Diskursstrategie zumindest erahnen, wenn er nicht auf die Senkung der Lohnnebenkosten abhebt, sondern feststellt, „dass steuerfinanzierte Modelle sozialer Sicherung meist in ihrer Wirkung egalitärer sind als das korporatistische Modell Deutschlands, bei dem Leistungen sehr stark nach sozialer Lage und Einkommen gestaffelt vergeben werden, nicht nach Bedürftigkeit. Dieser Gesichtspunkt ließe sich viel offensiver, als das bisher geschieht, als Argument für einen (Teil-)Ausstieg aus dem deutschen Sozialversicherungssystem alter Provenienz vertreten."[83]

Während der Sozialstaat immer mehr demontiert wird, verlangen Neoliberale gerade von jenen Bürger(inne)n, die ihr Modernisierungsprojekt am härtesten trifft, mehr Privatinitiative, Eigenvorsorge und Selbstverantwortung. Damit meint man aber häufig nur eine Zusatzbelastung für Arbeitnehmer/innen und Rentner/innen, während die Arbeitgeber von Sozialversicherungsbeiträgen (Lohnnebenkosten) entlastet werden. „Eigenverantwortung" wäre ein würdiges Unwort des Jahres, weil dieser neoliberale Kampfbegriff überdeckt, dass ihm öffentliche Verantwortungslosigkeit bzw. ein Rückzug der Gesellschaft und des Staates im Hinblick auf die Versorgung sozial Benachteiligter zugrunde liegt. Frank Nullmeier spricht in diesem Zusammenhang denn auch von „Entverantwortung der Politik" und bemerkt zu Recht: „Eigenverantwortung dient als Politikentlastungsformel, sie ist damit der Tendenz nach ein antipolitischer Begriff."[84]

Daniel Dettling, Gründer und Vorsitzender des *think tanks* „BerlinPolis", formuliert das gesellschaftspolitische Credo aller Neoliberalen, wenn er die „Bürgergesellschaft" – explizit gegen „Besitzstandswahrer" und „Herz-

---

82 Christa Sonnenfeld, Erzwungene Angebote: Beschäftigungsförderung zu Niedriglöhnen, in: Brigitte Stolz-Willig (Hrsg.), Arbeit und Demokratie. Solidaritätspotenziale im flexibilisierten Kapitalismus, Hamburg 2001, S. 107

83 Paul Nolte, Generation Reform. Jenseits der blockierten Republik, München 2004, S. 179

84 Frank Nullmeier, Eigenverantwortung, Gerechtigkeit und Solidarität – konkurrierende Prinzipien der Konstruktion moderner Wohlfahrtsstaaten?, in: WSI-Mitteilungen 4/2006, S. 176

Jesu-Sozialpolitiker" gerichtet – als „Freiheit im Kapitalismus" definiert und damit die „Selbstorganisation von ehemals staatlichen Aufgaben" meint: „Die Mehrheit der Bürger hat in Deutschland ein Wohlstandsniveau erreicht, das es rechtfertigt, ihnen mehr Eigenvorsorge und die Übernahme von Risiken zuzumuten. Die meisten Bürger sind imstande, ohne umfassenden Schutz unter Wettbewerbsbedingungen zu leben. Ein höheres Maß an Ungleichheit ist somit nicht nur vertretbar, sondern auch notwendig, um die wirtschaftliche Leistungsfähigkeit zu steigern."[85]

Während die Eigenverantwortlichkeit ins Zentrum der öffentlichen Aufmerksamkeit rückte, wurde die Gleichheit als integraler Bestandteil sozialer Gerechtigkeit aus dem Wohlfahrtsdiskurs verbannt: „Der rhetorisch beschworenen solidarischen Gesellschaft wird damit real der Boden entzogen, denn ohne die Verknüpfung mit Gleichheit verkommt Solidarität zu einer karitativen Veranstaltung, bei der an die Stelle institutionell gesicherter Solidarität der Appell an die Bereitschaft der Gesellschaftsmitglieder zur freiwilligen Solidarität tritt. Grundakkord bleibt das Selbstverständnis vom nur subsidiär handelnden Sozialstaat, der sein Leistungsangebot rückentwickelt zur Hilfe für die Ärmsten."[86]

Selbst innerhalb der Sozialdemokratie akzentuierte man – dem neoliberalen Zeitgeist folgend – immer stärker die Freiheit. So konstatierte Gerhard Schröder in einem Essay zum 140. Jahrestag der Gründung seiner Partei: „Unser oberstes Leitbild ist die Freiheit der Menschen, ihr Recht auf ein Leben in Würde, Selbstbestimmung und freier Entfaltung ihrer Fähigkeiten in einem solidarischen Gemeinwesen."[87] In seiner berühmtesten Regierungserklärung sprach Schröder am 14. März 2003 im Bundestag nicht weniger als 18 Mal von „(Eigen-)Verantwortung", in seiner Rede auf dem Berliner Sonderparteitag der SPD am 1. Juni 2003 sogar 19 Mal von „(Wahl-)Freiheit". Jürgen Kocka forderte in einem *Vorwärts*-Interview unter dem Titel „Das Wichtigste ist die Freiheit" eine Verringerung der Staatstätigkeiten. Es gehe hierbei um mehr Möglichkeiten der Selbstverwirklichung und Teilhabe: „Staatliche Fürsorge ist nicht mehr so nötig und nicht so wünschenswert wie früher."[88] Am 30. November 2005 gab Angela Merkel im Bundestag

---

85 Daniel Dettling, Freiheit statt Kapitalismus? – Die Zukunft des deutschen Modells, in: ders./Max von Bismarck (Hrsg.), Marke D. Das Projekt der nächsten Generation, Opladen 2003, S. 219

86 Cornelia Heintze, Staat als Partner, a. a. O., S. 115

87 Gerhard Schröder, Das Gestalten der Zukunft braucht den Mut zur Veränderung, in: Neue Gesellschaft/Frankfurter Hefte 5/2003, S. 7

88 Jürgen Kocka, „Das Wichtigste ist die Freiheit". Ein Gespräch über die Grenzen des So-

ihre erste Regierungserklärung ab. Darin nannte sie als Ziel, die Rahmenbedingungen dafür zu schaffen, dass Deutschland in zehn Jahren „wieder unter den ersten Drei in Europa" zu finden sei. Ein berühmtes Wort von Willy Brandt abwandelnd, das jenseits der Mauer wie Musik geklungen habe, sagte Merkel: „Lasst uns mehr Freiheit wagen!" und fügte erläuternd hinzu: „Lassen Sie die Wachstumsbremsen lösen! Lassen Sie uns selbst befreien von Bürokratie und altbackenen Verordnungen."[89] Die von Merkel geführte CDU hat eine Revision ihres Grundsatzprogramms vorgenommen und ihre Programmdebatte unter das Motto „Neue Gerechtigkeit durch mehr Freiheit" gestellt. Norbert Blüm kritisiert diese „Marketingsprache" der Parteiführung, mit der sie Inhaltslosigkeit bzw. Vagheit überdeckt, und fragt, welche Gerechtigkeit damit eigentlich gemeint sei: „Mehr Freiheit für das Finanzkapital, das die Globalisierung beherrscht, ergibt zwar eine ‚neue', andere Gerechtigkeit, aber keine, die sich mit dem christlichen Verständnis von Gerechtigkeit harmonisieren lässt."[90] Blüm weist darauf hin, dass Gerechtigkeit der Freiheit bestimmte Grenzen setzt, denn sonst wäre sie nicht mehr als die Möglichkeit zur Ausbeutung.

Neoliberale und Lobbyisten interpretieren Freiheit als Recht der Kapitaleigentümer, zu investieren, wie und wo sie wollen. Während diese aufgrund ihrer starken Markt- und Machtposition ohnehin über ein enormes, im Zeichen der Globalisierung weiter steigendes Maß an Handlungsfreiheit verfügen, bringt der Wohlfahrtsstaat herkömmlicher Art seinen Klient(inn)en einen Freiheitsgewinn. „Je stärker ein Sozialstaat den wirtschaftlichen Austausch reguliert, je mehr sozialrechtliche Gesetze er erlässt und je intensiver er die Einkommen umverteilt, desto eher ist es sozial und wirtschaftlich benachteiligten Personen möglich, frei von der notdürftigen Unterstützung anderer Privatpersonen und der ständigen Angst vor dem sozialen Abstieg das eigene Leben bis zu einem gewissen Ausmaß selbstbestimmt gestalten zu können."[91] Umgekehrt wird Freiheit durch soziale Ungerechtigkeit bzw. ungleichmäßige Verteilung von materiellen Ressourcen beschränkt. „Je größer die Unterschiede bei Einkommen und Vermögen sind, umso größer ist

zialstaats und das Spannungsverhältnis zwischen Freiheit und Gleichheit, in: Vorwärts 7-8/2003

89 Mehr Freiheit wagen. Auszüge aus der ersten Regierungserklärung von Bundeskanzlerin Angela Merkel vor dem Deutschen Bundestag, in: Frankfurter Rundschau v. 1.12.2005

90 Norbert Blüm, Gerechtigkeit. Eine Kritik des Homo oeconomicus, Freiburg im Breisgau/Basel/Wien 2006, S. 70

91 Andreas Wimmel, Sind sozialpolitische Interventionen aus liberaler Perspektive wertvoll? – Thesen zum Spannungsverhältnis von persönlicher Freiheit und sozialer Sicherheit in modernen Wohlfahrtsstaaten, in: Zeitschrift für Politik 1/2003, S. 69

die Zahl derjenigen, deren soziale Lage sie nicht zu einem freien und selbst-
bestimmten Leben befähigt."[92]

Die schrittweise Transformation des Sozialstaates erhält ihre Legitimation, indem man sie als „Befreiung" bevormundeter Bürger/innen feiert,
was Martin Kutscha als „ideologische Verkehrung" bezeichnet, die perfekter
und wohl auch perfider kaum sein könnte: „Die Freiheit aller, unter Brü-
cken zu schlafen, wird wiederentdeckt. Dass soziale Sicherheit jedoch die
Grundlage für die Wahrnehmung auch von Freiheitsrechten ist, gerät dabei
gänzlich aus dem Blick."[93] In einer wohlfahrtsstaatlichen Demokratie ist
Freiheit die Möglichkeit der Schwächsten, über ihr Leben selbst zu bestimmen, statt unabhängig von der eigentlichen beruflichen Qualifikation wie
der familiären Situation jeden Arbeitsplatz annehmen zu müssen.

2. Institutionelle bzw. Strukturveränderungen: Wohlfahrtsstaat und Staatsordnung im Umbruch

Die neoliberale Sozialstaatskritik, gegen Ende der 1970er-/Anfang der
1980er-Jahre zur Kampagne verdichtet, bewirkte eine sukzessive Modifika-
tion der Regierungspolitik, ohne dass diese je mit dem Marktfundamentalismus ihrer Urheber völlig gleichzusetzen und ausschließlich der Wirtschafts-
lobby bzw. der Standortlogik verpflichtet war. Je mehr sich der Neoliberalismus als wirtschafts- und sozialpolitische Schlüsselideologie durchsetzte,
umso stärker wurde das Staatswesen „modernisiert", d. h. nach seinen Vorschlägen restrukturiert. Hier soll nach den Rahmenbedingungen dafür
gefragt, das Reformkonzept der Bundesregierung skizziert und die Stoßrich-
tung der Strukturveränderungen des Wohlfahrtsstaates einerseits und der
föderalen Staatsordnung andererseits vorgestellt werden.

2.1 Entstehungsgeschichte, politische Hintergründe und konzeptionelle Grundlagen der Sozialreformen

Obwohl keine Bundesregierung die bloße Vollstreckerin neoliberaler Glau-
benssätze zur Wirtschafts- und Sozialpolitik war oder ist, wurde und wird

---

92 Oskar Lafontaine, Politik für alle. Streitschrift für eine gerechte Gesellschaft, Berlin 2005,
   S. 260
93 Martin Kutscha, Erinnerung an den Sozialstaat, in: Blätter für deutsche und internationale Politik 3/2006, S. 359

die Letztere davon entscheidend beeinflusst. Hans-Hermann Hartwich weist darauf hin, dass der Neoliberalismus zwar die Regierungspraxis maßgeblich bestimmt, den in Deutschland strukturell besonders fest verankerten Sozialstaat aber nur schrittweise verändern kann.[94] Auslöser der Reformvorhaben im Wirtschafts- und Sozialbereich war in jüngerer Zeit die sog. Lissabon-Strategie der EU, geistiger Urheber vieler Projekte die Bertelsmann Stiftung und ihr prominentester Ziehvater hierzulande Altbundespräsident Roman Herzog. Die rührigsten Triebkräfte einer Transformation des Sozialstaates im neoliberalen Sinne waren die Unternehmerverbände, konzern- bzw. wirtschaftsnahe Stiftungen und ihre PR-Netzwerke. Beispielsweise forderten die Bertelsmann Stiftung, die Heinz Nixdorf Stiftung und die Ludwig-Erhard-Stiftung im November 2003 in dem Memorandum, das eine gemeinsame Expertengruppe für sie verfasst hatte, einen grundlegenden Umbau der Sozialsysteme, verbunden mit einer drastischen Senkung der Lohnnebenkosten, die „Abschaffung der Arbeitslosenversicherung" und eine Halbierung der Sozialhilfe.[95]

Außer neoliberalen Ökonomen, Interessenverbänden und von ihnen beeinflussten Meinungsbildnern vertraten und vertreten auch (national)konservative Politiker und Publizisten solche Positionen. Wolfgang Schäuble, damals Vorsitzender der CDU/CSU-Bundestagsfraktion und heute wieder Innenminister, sprach beispielsweise in seinem Buch „Und der Zukunft zugewandt" von einer „Hypertrophie des Sozialstaates", die aufgrund hoher Wachstumsraten der Wirtschaft lange kaum als Problem empfunden worden sei, jetzt aber nicht nur Finanzierungsschwierigkeiten bereite: „Ich bin fest davon überzeugt, daß eine Vielzahl unserer Sozialleistungen auch eine demotivierende und damit zukunftsfeindliche Wirkung haben."[96] An gleicher Stelle war zudem von „sozialer Vollkaskomentalität", fehlendem Wagemut („Risikoscheu") und bloßem „Besitzstandsdenken" die Rede, denen man entgegentreten müsse. Schäuble beklagte eine „Transformation der Sozialpolitik von der individuellen Risikoabsicherung zum Krankenlager gesellschaftlicher Modernisierung", wodurch Sozialpolitik „immer mehr zu einer Art allgemeiner Ausgleichs- und Gesellschaftspolitik mutiert (ist), die

---

94 Vgl. Hans-Hermann Hartwich, Marktwirtschaft in Deutschland: Vom Keynesianismus zum Neoliberalismus, in: Gesellschaft – Wirtschaft – Politik 4/2006, S. 497
95 Siehe Bertelsmann Stiftung/Heinz Nixdorf Stiftung/Ludwig-Erhard-Stiftung (Hrsg.), Durch Halbierung der Sozialabgaben aus der Krise. Konzept für den grundlegenden Umbau der Sozialsysteme, Berlin 2003
96 Wolfgang Schäuble, Und der Zukunft zugewandt, Berlin 1994, S. 107

als institutionelle Vorkehrung für die Herstellung von Gleichheit auf immer breiterer Basis kollektive Leistungen bereitstellt und zumißt."[97]

Ein anderer Konservativer, der damalige Bundespräsident Roman Herzog, benutzte in seiner am 26. April 1997 im wiedereröffneten Nobelhotel Adlon gehaltenen Berliner „Ruck"-Rede die Metapher von einem „großen, globalen Rennen", das begonnen habe und eine „Aufholjagd" der als schwerfällig, satt und behäbig dargestellten Deutschen nötig mache. Erforderlich war aus dieser Sicht eine härtere Gangart gegenüber Leistungsunwilligen und Langzeitarbeitslosen. Herzog, der sich als Mahner und Warner verstand, aber immer mehr zum Verkünder neoliberaler Heilslehren wurde, wie sie die Bertelsmann Stiftung propagiert, beklagte in Übereinstimmung mit den Mainstream-Medien einen „Reformstau", der baldmöglichst aufgelöst werden müsse, um Deutschlands Weltmarktstellung nachhaltig zu stärken: „Uns fehlt der Schwung zur Erneuerung, die Bereitschaft, Risiken einzugehen, eingefahrene Wege zu verlassen, Neues zu wagen."[98]

In großformatigen Zeitungsanzeigen der Initiative Neue Soziale Marktwirtschaft lamentierte Herzog über das „verfettete" Gemeinwesen und verkündete larmoyant: „Wir haben so viel Sozialstaat aufgebaut, dass er unsozial geworden ist." Unsozial ist allerdings nicht der Sozialstaat, vielmehr eine Gesellschaft, die glaubt, ihn sich finanziell nicht mehr leisten zu können, obwohl sie reich wie nie ist. In dem wie ein Interview aufgemachten Text führte Herzog, nach einem Beispiel gefragt, die Sozialhilfe an: „Was ich jetzt sage, gilt natürlich nicht für alle (gemeint sind Sozialhilfeempfänger/innen; *Ch.B.*). Aber für viele ist es komfortabler, sich vom Staat aushalten zu lassen, als sich anzustrengen und etwas zu leisten. Das ist eine zum Himmel schreiende Ungerechtigkeit für alle, die arbeiten." Offenbar predigte dort jemand Wasser, der selbst Wein trank: Herzog, der nicht nur sein beträchtliches Gehalt als oberster Staats(ver)diener – durch ansonsten übliche Pensionsabschläge ungeschmälert – bis ans Lebensende bezieht, sondern auf Kosten sehr viel weniger gut betuchter Steuerzahler/innen auch ebenso lange über ein Büro, eine Sekretärin und einen Dienstwagen mit Chauffeur verfügt, war sich keineswegs zu schade, die Ärmsten der Armen (natürlich nicht alle!) des Leistungsmissbrauchs zu bezichtigen, die Hypertrofie der ihn großzügiger als jeden anderen Menschen alimentierenden Bürokratie zu gei-

---

97 Siehe ebd., S. 122
98 Roman Herzog, Aufbruch ins 21. Jahrhundert. „Berliner Rede" vom 26. April 1997, in: Manfred Bissinger (Hrsg.), Stimmen gegen den Stillstand, a. a. O., S. 15

ßeln und die Befreiung der angeblich vom Sozialleviathan entmündigten Wirtschaftssubjekte zu verlangen.

Durch den Verzicht auf die Erhebung der Vermögensteuer und die wiederholte Reduktion des Spitzensteuersatzes bei der Einkommensteuer wie des Körperschaftsteuersatzes wuchs der private Reichtum, während die öffentliche Armut zunahm, weil die Staatseinnahmen relativ sanken. Schon aus diesem Grund griffen manche Ministerien und ihnen nachgeordnete Behörden gern auf Expertisen zurück, die ihnen wirtschaftsnahe Stiftungen zur Verfügung stellten. Vertreter aller etablierten Parteien wallfahrteten geradezu nach Gütersloh, dem Sitz der Bertelsmann Stiftung. Von dort aus wurden immer mehr Politikfelder mit riesigem finanziellen und personellen Aufwand den neoliberalen Strategien, Entwicklungsmodellen und Ideenwettbewerben unterworfen. Beispielsweise förderte die Stiftung des Konzerngründers Reinhard Mohn, der heute ein Großteil seines Medienimperiums gehört, wichtige Vorarbeiten für die „Agenda 2010" und die sog. Hartz-Gesetze der rot-grünen Bundesregierung.[99]

Kurz vor der Jahreswende 2002/03 formulierten Mitarbeiter/innen der Planungsabteilung des damals von Frank-Walter Steinmeier geleiteten Kanzleramtes ein Thesenpapier mit dem Titel „Auf dem Weg zu mehr Wachstum, Beschäftigung und Gerechtigkeit", das fortan die Wirtschafts- und Sozialpolitik der Bundesregierung maßgeblich beeinflusste. Es basierte auf der sog. Lissabon-Strategie, die dem wirtschaftsimperialen Wunsch entsprang, die US-Hegemonie auf dem Weltmarkt zu brechen und selbst eine wissenschaftlich-technisch begründete Führungsrolle zu übernehmen. „Die sozialpolitische Zurichtung der EU steht damit ausschließlich unter der Prämisse, den ökonomischen Krieg um Märkte und Technologievorsprünge zu gewinnen."[100] Die umfassende „Modernisierung" und Anpassung der Sozialstaaten in den Mitgliedsländern an Markterfordernisse bzw. Wirtschaftsinteressen verstand man als Instrument, das der Verwirklichung des in Lissabon beschlossenen Ziels dient.

Nie zuvor hat sich die Sozialpolitik hierzulande ähnlich drastisch verändert wie seit der Bundestagswahl am 22. September 2002. Die als „Agenda 2010" bekannt gewordene Regierungserklärung des damaligen Bundeskanz-

---

99 Vgl. Hersch Fischler, Die Bertelsmann-Stiftung als Macher der Regierungsreformen, in: Thomas Barth (Hrsg.), Bertelsmann: Ein globales Medienimperium macht Politik. Expansion als Bildungsdienstleister und politische Einflussnahme – internationale Perspektive, Hamburg 2006, S. 35 ff.

100 Angela Klein, Sozialreformen und sozialer Widerstand in der EU, in: Holger Kindler/ Ada-Charlotte Regelmann/Marco Tullney (Hrsg.), Die Folgen der Agenda 2010. Alte und neue Zwänge des Sozialstaats, Hamburg 2004, S. 175

lers Gerhard Schröder war einem sozialpolitischen Paradigmawechsel geschuldet, dessen Kern die sog. Hartz-Gesetze bildeten. Das nach Peter Hartz benannte Gesetzespaket markierte eine tiefe Zäsur für die Entwicklung von Armut und Reichtum in Deutschland. Besonders mit dem (als „Hartz IV" bekannt gewordenen) Vierten Gesetz für moderne Dienstleistungen am Arbeitsmarkt waren gravierende Änderungen der Wohlfahrtsarchitektur verbunden,[101] die das (sozial)politische Klima der Bundesrepublik auf Jahre, wenn nicht Jahrzehnte verschlechtern dürften.

Bei der vorgezogenen Bundestagswahl vom 18. September 2005 erteilte eine Mehrheit noch weiter gehenden Kürzungen, wie sie CDU/CSU und FDP für den Fall ihres Wahlsieges planten, zwar eine klare Absage. Kaum hatten die Koalitionsverhandlungen zwischen Union und SPD begonnen, wurde der Sozialstaat jedoch erneut unter Druck gesetzt und die Bevölkerung auf weitere Leistungskürzungen eingestimmt. Darüber hinaus wurde die bundesstaatliche Ordnung mittels der als „Föderalismusreform" bezeichneten Grundgesetzänderungen restrukturiert.

2.2 Strukturprinzipien und Funktionsmechanismen eines nach neoliberalen Grundsätzen „reformierten" Gemeinwesens

Auf der politischen Agenda steht seit geraumer Zeit *weniger*, jedoch auch ein *anderer* Wohlfahrtsstaat. Zusammen mit dem Ab- findet ein Umbau des Sozialstaates statt. Es geht keineswegs um die *Liquidation* des Wohlfahrtsstaates, vielmehr um seine *Reorganisation* nach einem Konzept, das neben unzähligen Leistungskürzungen wie den „Nullrunden" für Rentner/innen (erstmals 2004 geübter Verzicht auf die regelmäßige jährliche Anpassung), einer Verschärfung der Anspruchsvoraussetzungen (z. B. Erhöhung des gesetzlichen Renteneintrittsalters von 65 auf 67 Jahre) bzw. einer Verkürzung der Bezugszeiten (z. B. von Arbeitslosengeld) auch *strukturelle* Veränderungen wie die Reindividualisierung sozialer Risiken bzw. die (Teil-)Privatisierung der staatlichen Altersvorsorge (Einführung der sog. Riester-Rente), die Erhöhung des administrativen Kontrolldrucks und die drastische Ausweitung der Sanktionsmöglichkeiten gegenüber Leistungsempfänger(inne)n (z. B. im Rahmen der sog. Hartz-Gesetzgebung) beinhaltet.

---

101 Vgl. dazu: Gabriele Gillen, Hartz IV. Eine Abrechnung, 3. Aufl. Reinbek bei Hamburg 2005; Agenturschluss (Hrsg.), Schwarzbuch Hartz IV. Sozialer Angriff und Widerstand – eine Zwischenbilanz, Berlin/Hamburg 2006

2.2.1 Wie der Wohlfahrts- zum Wettbewerbsstaat umfunktioniert wurde

Aus dem Wohlfahrtsstaat, wie man ihn bis dahin kannte, wurde im Rahmen der von Neoliberalen und Wirtschaftslobbyisten verlangten Reformmaßnahmen zunehmend ein „nationaler *Wettbewerbs*staat" (Joachim Hirsch), und zwar in zweierlei Hinsicht: Nach außen fördert er die Konkurrenzfähigkeit des „eigenen" Wirtschaftsstandortes auf dem Weltmarkt und nach innen überträgt er die Marktmechanismen und Gestaltungsprinzipien der Leistungskonkurrenz bzw. betriebswirtschaftlicher Effizienz auf seine eigenen Organisationsstrukturen. Durch diese doppelte Transformation gewann der Wohlfahrtsstaat eine ganz andere Qualität, obwohl das Sozialstaatsgebot unserer Verfassung (Art. 20 Abs. 1 und Art. 28 Abs. 1 Satz 1 GG) weder ein Wirtschaftlichkeitspostulat noch eine Weltmarktorientierung des Systems kennt. Gleichzeitig verliert das Soziale seinen ihm vom Grundgesetz zugebilligten Eigenwert und wird dem Ökonomischen von der etablierten Politik im Sinne eines (Markt-)Wirtschaftstotalitarismus unter- bzw. nachgeordnet.

„Standortsicherung" kehrt das Verhältnis von Ökonomie, Staat und Politik, die zur abhängigen Variablen der Volkswirtschaft degradiert wird, um. In den Mittelpunkt sozialpolitischen Handelns rückt die (vermeintlich) akut bedrohte Wettbewerbsfähigkeit des „Industriestandortes D". Zweck und Mittel wohlfahrtsstaatlicher Intervention ändern sich grundlegend: „Nicht der problemadäquate Schutz vor sozialen Risiken und die Korrektur der marktvermittelten Einkommenspolarisierung, sondern der Beitrag der Sozialpolitik zur Konsolidierung der Staatshaushalte, zur Reduzierung der Personalzusatzkosten und zur Deregulierung des Arbeitsrechts- und Tarifsystems avanciert zum Erfolgskriterium einer ‚modernen' Sozialpolitik."[102]

Bei dem durch neoliberale Prinzipien geprägten Wettbewerbsstaat handelt es sich um ein Staatswesen, das nicht mehr für alle sozialen „Kollateralschäden" des kapitalistischen Wirtschaftens die Haftung übernimmt, die hierauf basierende soziale Ungleichheit verschärft und auf diese Weise den Boden für gesellschaftliche Ausgrenzungs- und Ethnisierungsprozesse bereitet. Auf die Liberalisierung des Kapitalverkehrs, die Deregulierung des Arbeitsmarktes, die Flexibilisierung und Ausdifferenzierung der Beschäftigungsverhältnisse sowie die (Re-)Privatisierung der öffentlichen Daseinsvorsorge gerichtet, nimmt der Neoliberalismus die Verschlechterung der Ar-

---

102 Hans-Jürgen Urban, Deregulierter Standort-Kapitalismus? – Krise und Erneuerung des Sozialstaates, in: Horst Schmitthenner (Hrsg.), Der „schlanke" Staat. Zukunft des Sozialstaates – Sozialstaat der Zukunft, Hamburg 1995, S. 17

beits- und Lebensbedingungen eines Großteils der Bevölkerung zumindest billigend in Kauf. Schließlich steht im Zentrum all seiner Bemühungen der sich in Euro und Cent auszahlende Markterfolg bzw. der „Wirtschaftsstandort", nicht der (arbeitende) Mensch.

Die sozialen Sicherungssysteme werden zunehmend Markt-, betriebswirtschaftlichen Leistungs- und Konkurrenzgesetzen unterworfen. Genauso wie Länder, Regionalverbände und Kommunen, die ihre Verwaltung schon vor der Jahrtausendwende mittels sog. Neuer Steuerungsmodelle auf eine nur schwer messbare Qualitätssicherung orientiert haben,[103] streben sie nach größtmöglicher kaufmännischer Effizienz, während ihr eigentlicher Zweck, Menschen in schwierigen Lebenslagen wirksam zu unterstützen, deutlich dahinter zurücktritt. „Ganz im Sinne der Ökonomisierung des Sozialen verdrängt dabei ein betriebswirtschaftlich orientiertes Leitbild von Qualitätsmanagement traditionelle Orientierungen von religiös oder ethisch motivierter Nächstenliebe, von Subsidiarität und Solidarität."[104] Ein anschauliches Beispiel für die Implementation der Marktlogik in Kernbereiche des Wohlfahrtsstaates und der öffentlichen Daseinsvorsorge bietet die Konkurrenzsituation zwischen frei-gemeinnützigen und privat-gewerblichen Trägern im Bereich der ambulanten Pflegedienste, welche nicht nur diverse Betrugsfälle und Abrechnungsskandale nach sich zog, sondern auch einen Mangel an menschlicher Zuwendung und Humanität mit sich bringt.

Wahlfreiheit und Wettbewerb beherrschen jene neoliberale Wohlfahrtsstaatskonzeption, die Roland Vaubel im Auftrag der Forschungsstelle für gesellschaftliche Entwicklungen (FGE) an der Universität Mannheim erstellt hat. Vaubel unterscheidet insgesamt vier Reformoptionen, nämlich eine Regulierungs-, Verstaatlichungs-, Kartell- und Wettbewerbsstrategie. Nur die zuletzt genannte hält er für akzeptabel, wirksam und Erfolg versprechend hält: „Eine freiheitliche, effiziente und innovative Sozialpolitik setzt einen möglichst weitgehenden Wettbewerb unter den Kassen und Versicherungen und unter den Anbietern von Gesundheitsleistungen (Ärzten, Krankenhäusern, Apotheken, Pharma-Unternehmen usw.) voraus. Die Wettbewerbsstrategie geht davon aus, daß die sozialpolitischen Verteilungsziele nicht im Rahmen staatlicher Versicherungsmonopole, sondern über das Steuer- und Transfersystem realisiert werden. Bei der Besteuerung können alle Bedürftigkeitsmerkmale des einzelnen Bürgers umfassend und einheitlich bewertet

---

103 Vgl. dazu: Jörg Bogumil u. a., Zehn Jahre Neues Steuerungsmodell. Eine Bilanz kommunaler Verwaltungsmodernisierung, Berlin 2007
104 Udo Kelle, „Kundenorientierung" in der Altenpflege? – Potemkinsche Dörfer sozialpolitischen Qualitätsmanagements, in: PROKLA 146 (2007), S. 113

werden – auch die höheren Beitragszahlungen der Kinderreichen und chronisch Kranken."[105]

Das neoliberale Leitbild zielt auf die Verbesserung der Konkurrenzfähigkeit des jeweils „eigenen" Wirtschaftsstandortes. Schon im Titel eines ordnungspolitischen Grundsatzpapiers proklamierte die Bundesvereinigung der Arbeitgeberverbände, die Sozialpolitik habe „für mehr Wettbewerbsfähigkeit und Beschäftigung" zu sorgen.[106] „Der Sozialstaat wird nicht mehr als Ergebnis von Machtkämpfen zwischen Arbeit und Kapital, Politik und Markt gesehen, sondern als Hebel, durch gezielte Investitionen in das ‚Humankapital' den Standort für (internationale) Investitionen und für das Finanzkapital attraktiv zu machen."[107] Selbst ein sozialdemokratischer und den Gewerkschaften nahestehender Theoretiker wie Wolfgang Streeck, Direktor des Kölner Max-Planck-Instituts für Gesellschaftsforschung, definiert Sozialpolitik heute als „Beitrag zur Erhöhung der Wettbewerbsfähigkeit des Stand- und Wohnorts im Kampf um Absatzmärkte, Investitionen und Arbeitsplätze", spricht im selben Atemzug von einer „Wettbewerbssolidarität" und ordnet die soziale Gerechtigkeit damit letztendlich der Konkurrenz unter.[108]

2.2.2 Kann der Sozial- als Minimalstaat noch seinen Verfassungsauftrag erfüllen?

Neoliberale lehnen die staatliche Sozialpolitik in aller Regel nicht gänzlich ab, stehen ihr jedoch äußerst skeptisch gegenüber und beschränken sich daher auf einen „sozialpolitischen Minimalismus", den Bernd Reef als „zentrales Charakteristikum" ihrer Konzeption betrachtet.[109] Robert Nozick plädierte bereits Mitte der 1970er-Jahre für einen „Minimalstaat", der nur die (Rechts-)Sicherheit sowie den Schutz seiner Bürger/innen vor Dieben, Betrügern und Gewalt(tätern) gewährleisten, dabei jedoch „Gleichgültigkeit gegenüber den Bedürfnissen und dem Leiden anderer" in Kauf nehmen soll-

---

105 Roland Vaubel, Sozialpolitik für mündige Bürger: Optionen für eine Reform. Studie, erstellt im Auftrag der Forschungsstelle für gesellschaftliche Entwicklungen (FGE) an der Universität Mannheim, Baden-Baden 1990, S. 25
106 Siehe Bundesvereinigung der Arbeitgeberverbände, Sozialpolitik für mehr Wettbewerbsfähigkeit und Beschäftigung. Ordnungspolitische Grundsätze der BDA, Köln, Mai 1998
107 Angela Klein, Sozialreformen und sozialer Widerstand in der EU, a. a. O., S. 173
108 Siehe Wolfgang Streeck, Wohlfahrtsstaat und Markt als moralische Einrichtungen. Ein Kommentar, in: Karl Ulrich Mayer (Hrsg.), Die beste aller Welten?, a. a. O., S. 159
109 Siehe Bernd Reef, Neoliberale Sozialpolitik – ein Ausweg aus der Globalisierungsfalle?, in: Gerd Steffens (Hrsg.), Politische und ökonomische Bildung in Zeiten der Globalisierung. Eine kritische Einführung, Münster 2007, S. 177

te.[110] Norbert Berthold will die Staatseingriffe nicht ganz so drastisch verringern und betrachtet die „Garantie eines Existenzminimums" als „eigentliches Betätigungsfeld" des Sozialstaates, auf welches sich dieser zurückziehen soll.[111] Dass sich der Sozialstaat darauf beschränkt, das Verhungern seiner Bürger/innen zu verhindern, dürfte allerdings weder im Sinne des Grundgesetzes noch in einer so wohlhabenden Gesellschaft wie unserer ethisch verantwortbar sein. Zu fragen ist vielmehr, ob der staatliche Verantwortungsbereich angesichts zuletzt massiv wachsender sozialer und Beschäftigungsprobleme wirklich ohne verheerende Konsequenzen für Wirtschaft und Gesellschaft eingeschränkt werden kann, zumal die Globalisierung neben supranationalen Regulierungserfordernissen einen signifikant größeren politischen Handlungsdruck nach innen schafft.

Leistungskürzungen im Sozialbereich werden meistens als Sparbemühungen ausgegeben, obwohl man die Kosten der Versorgung damit häufig gar nicht senkt, sie vielmehr nur von der Solidargemeinschaft auf die Leistungsempfänger/innen überwälzt. Manchmal wirken von der Bundesregierung eingeleitete „*Spar*maßnahmen" sogar im Sinne ihrer Befürworter kontraproduktiv. So führten die Abschaffung des Schlechtwettergeldes und sein Ersatz durch ein Winterausfallgeld zu höheren Aufwendungen der Bundesanstalt für Arbeit, weil die Baufirmen nach der gesetzlichen Neuregelung einem Teil ihrer Belegschaft beim ersten deutlichen Kälteeinbruch kündigten, um die betroffenen Arbeitnehmer im nächsten Frühjahr wieder einzustellen. Zwischenzeitlich erhielten sie Arbeitslosengeld bzw. -hilfe. Handelt es sich nicht schlicht um eine *unternehmer*freundliche, d. h. reine *Klientel*politik, setzt hier die das sozialpolitische Klima immer mehr dominierende Standortdebatte ein: „Vorrangig ging es darum, ob die Kosten des Sozialstaates nicht den Wirtschaftsstandort Deutschland in der sich verschärfenden internationalen Konkurrenzsituation mit ungebührlichen Nachteilen befrachteten."[112]

Zwar bedeutet der Übergang zum „Minimalstaat" im Sinne seiner Beschränkung auf das unbedingt Nötige keineswegs, dass die Bundesrepublik auf das Wohlfahrtsniveau von Entwicklungsländern der sog. Dritten Welt herabsinkt. Neoliberale möchten die Sozialleistungen aber drastisch reduzie-

---

110 Siehe Robert Nozick, Anarchie, Staat und Utopia, München 1976, S. 11; ähnlich Roland Baader, Fauler Zauber. Schein und Wirklichkeit des Sozialstaats, Gräfelfing 1997, S. 65 ff.
111 Siehe Norbert Berthold, Der Sozialstaat im Zeitalter der Globalisierung, a. a. O., S. 55
112 Gabriele Metzler, Der deutsche Sozialstaat. Vom bismarckschen Erfolgsmodell zum Pflegefall, 2. Aufl. Stuttgart/München 2003, S. 199 f.

ren, was sie nicht immer deutlich zum Ausdruck bringen, und zudem auf die „wirklich Bedürftigen" konzentrieren. Exemplarisch sei der ehemalige Bundeswirtschaftsminister und FDP-Politiker Otto Graf Lambsdorff zitiert: „Bei mehr Marktwirtschaft hätten wir mehr mündige Bürger, weniger Trittbrettfahrer auf dem Wohlfahrtszug und mehr Arbeit in zumutbaren Beschäftigungen. Dann wäre auch mehr Hilfe für die wirklich sozial Schwachen möglich."[113] Leistungskürzungen finden im modernen Wohlfahrtsstaat aber erfahrungsgemäß besonders frühzeitig, spürbar und nachhaltig dort statt, wo sie die am meisten verletzlichen, am wenigsten widerstandsfähigen Bevölkerungsgruppen treffen: (Langzeit-)Arbeitslose, Alte, Kranke, Behinderte und Migrant(inn)en. Dies wird durch solche Behauptungen negiert und außerdem suggeriert, ein Großteil der bisherigen Empfänger/innen sozialer Transferleistungen komme eigentlich ohne Anspruchsberechtigung in deren Genuss.

Hier dürfte auch einer der Gründe dafür liegen, warum ein allgemeines, ohne Bedürftigkeitsprüfung gezahltes Grundeinkommen, das als „Bürger-" bzw. „Existenzgeld", als „Sozialdividende" oder als „negative Einkommensteuer" firmiert, wie sie Milton Friedman in seinem Hauptwerk „Kapitalismus und Freiheit" als Maßnahme zur Armutsbekämpfung favorisiert,[114] seit geraumer Zeit weit über neoliberale Kreise hinaus erörtert wird. Es verbindet Gerechtigkeitsvorstellungen eines utopischen Sozialismus mit bürgerlichen Gleichheitsidealen und aus Sicht neoliberaler Ökonomen bewährten Funktionselementen der Marktökonomie. Die meisten Befürworter/innen eines bedingungslosen Grundeinkommens haben leicht nachvollziehbare Motive und lautere Absichten: Alg-II-Empfänger hoffen, der „Verfolgungsbetreuung" einer herzlosen Bürokratie zu entkommen, und vom patriarchalischen Wohlfahrtsstaat à la Bismarck enttäuschte Frauen glauben, die längst überfällige, eigenständige und ihre existenzielle Abhängigkeit vom (Ehe-)Partner beendende soziale Sicherung verwirklichen zu können. Grünalternative und linksradikale Theoretiker möchten den Sozialstaat mittels eines „leistungslosen" Grundeinkommens weiterentwickeln und ihn an die veränderten Arbeits- und Lebensbedingungen einer postindustriellen Gesell-

---

113 Otto Graf Lambsdorff, Der Weg in die Freiheit. Einführung zur Neuauflage, in: Friedrich A. Hayek, Der Weg zur Knechtschaft, a. a. O., S. 11. Vgl. auch Norbert Berthold, Der Sozialstaat im Zeitalter der Globalisierung, a. a. O., S. 79

114 Vgl. Milton Friedman, Kapitalismus und Freiheit, Frankfurt am Main/Berlin (West)/Wien 1984, S. 245 f.; ergänzend und zum Stand der internationalen Diskussion darüber: Yannick Vanderborght/Philippe Van Parijs, Ein Grundeinkommen für alle? – Geschichte und Zukunft eines radikalen Vorschlags, Mit einem Nachwort von Claus Offe, Frankfurt am Main/New York 2005, S. 28 ff.

schaft mit Massenarbeitslosigkeit, Verarmungstendenzen und Millionen prekären Beschäftigungsverhältnissen anpassen.[115]

Ein *neoliberalen* Modellvorstellungen entsprechendes Grundeinkommen ist kein Gegenentwurf zum Finanzmarktkapitalismus, würde vielmehr nur dem bestehenden Wohlfahrtsstaat den Todesstoß versetzen. Davon hätten die Unter- sowenig Vorteile wie die Mittelschichten zu erwarten, würde ihnen doch mehr „Eigenverantwortung" zugemutet und die Hauptlast der Finanzierung aufgebürdet. Letztlich wirkt das Grundeinkommen als Kombilohn für alle. Weil das Existenzminimum seiner Bezieher/innen gesichert wäre, könnten diese noch schlechter entlohnte Jobs annehmen, wodurch den Unternehmen mehr preiswerte Arbeitskräfte zur Verfügung stünden und sich die Gewinne erhöhen würden. Gleichzeitig wäre die Regierung nicht nur ihrer Pflicht zur Bekämpfung der Arbeitslosigkeit enthoben, sondern auch die Durchsetzung weitreichender Deregulierungskonzepte möglich. Ingrid Hohenleitner, für das von Thomas Straubhaar geleitete Hamburgische WeltWirtschaftsInstitut tätig und seine Koautorin bei der HWWI-Studie „Bedingungsloses Grundeinkommen und Solidarisches Bürgergeld – mehr als sozialutopische Konzepte", erklärte in einem Interview der *taz* (v. 27.3.2007), von dem sich die Ökonomin später allerdings distanzierte: „Wir schlagen vor, den Kündigungsschutz abzuschaffen und auf Mindestlöhne zu verzichten. Diese Schutzmaßnahmen brauchten wir nicht mehr, wenn alle das Grundeinkommen erhielten. Die Erwerbsarbeit würde von einer großen Bürde befreit."

Wenn (fast) alle bisherigen Transferleistungen in einem Grundeinkommen aufgingen, hätten die Ultraliberalen nicht nur ihr Ziel erreicht, das traditionsreiche Sozialversicherungssystem zu zerstören, sondern könnten den Systemwechsel noch dazu als Wohltat für die Bedürftigen hinstellen. Das über eine drastisch erhöhte Mehrwertsteuer finanzierte Grundeinkommen dient somit als Hebel, um die Lohn- und Einkommen- wie auch die Unternehmenssteuern schrittweise abzuschaffen. Selbst Götz W. Werner, anthroposophisch orientierter Gründer und Geschäftsführender Gesellschafter der dm-Drogeriemarktkette, rückt die Finanzierung des bedingungslosen Grundeinkommens so stark in den Mittelpunkt, dass es fast scheint, als bezwecke er weniger die Befreiung der Menschen vom Arbeitszwang als die steuerliche Entlastung der Unternehmer. Denn an die Stelle der Einkom-

---

115 Vgl. z. B. Werner Rätz/Dagmar Paternoga/Werner Steinbach, Grundeinkommen: bedingungslos, Hamburg 2005; Kai Ehlers, Grundeinkommen für alle. Sprungbrett in eine integrierte Gesellschaft, Dornach 2006

men- soll eine von Werner allein für „sozial gerecht" erachtete „Ausgaben-steuer" treten, wodurch das Grundeinkommen, als bloße „Rücküberwei-sung des Grundfreibetrages" interpretiert, zum Abfallprodukt seiner steuer-politischen Reformkonzeption degeneriert.[116]

Der „schlanke Staat", welcher Neoliberalen vorschwebt, ist hinsichtlich seiner Arbeitsmarkt- und Sozialpolitik eher magersüchtig. Wer diese Krank-heit hat, unterzieht sich einer dauerhaften Diät, weil er seinen Körper trotz dramatischer Gewichtsabnahme immer noch für viel zu dick hält und stär-ker abnehmen will. Ultraliberalen sind die Sozialreformen nie radikal, „schmerzhaft" und grundlegend genug. Kai Peter Rath, stellvertretender Chefredakteur der *Wirtschaftswoche*, warnte angesichts konjunkturell be-dingt sinkender Arbeitslosenzahlen die Politiker im Dezember-Heft 2006 davor, in dem nötigen Reformeifer nachzulassen: „Es nützt nichts, die An-strengungen für Deutschlands Wettbewerbsfähigkeit müssen weitergehen, gerade in guten Zeiten. Sobald die Konkunktur wieder abflaut, wird der Schock sonst besonders hart. Flexiblere Arbeitsmärkte, bessere Bildung, schlankere Sozialsysteme – die Rezepte kann man inzwischen jeder mitleiern, auch wenn es keiner hören mag."

Obwohl der Sozialstaat seit geraumer Zeit nach einem neoliberalen Plan „abgespeckt" wird, ist er allerdings keineswegs frei von bürokratischen Aus-wüchsen und Gängelungsversuchen – im Gegenteil! Die zahlreichen Leis-tungskürzungen und schrittweise verschärften Anspruchvoraussetzungen gingen vielmehr mit Strukturveränderungen einher, die nicht nur mehr Markt, sondern teilweise auch mehr Administration bedeuteten. Beispiels-weise sind für Akkreditierungs- bzw. Zertifizierungsagenturen, Evaluations-bürokratien und Leistungskontrollen aller Art womöglich mehr Sach- und Personalmittel nötig als vorher. Dies lässt sich im Bildungs-, Hochschul- und Wissenschaftsbereich gut beobachten, wo es weniger Freiheit gibt, wenn Universitäten zu Unternehmen gemacht werden, die ihre Drittmittel- und Marktabhängigkeit deutlich zu spüren bekommen.

2.2.3 Die schrittweise Entwicklung vom aktiven zum „aktivierenden" Sozialstaat

Eingebettet in ein umfassenderes Reformkonzept, das den ganzen öffentli-chen Sektor modernisieren will,[117] tritt an die Stelle des *aktiven* Sozialstaa-

---

116 Siehe Götz W. Werner, Einkommen für alle, Köln 2007, S. 172 und 211
117 Vgl. dazu: Bernhard Blanke u. a., Vom aktiven zum aktivierenden Staat. Leitbilder, Kon-
    zepte und Strategien zur Reform des öffentlichen Sektors, Wiesbaden 2007

tes, wie man ihn bei uns vorher kannte, immer mehr ein *„aktivierender"*, d. h. Hilfebedürftige nicht ohne entsprechende Gegenleistung alimentierender Sozialstaat. In dem Konzept, das „Eigenverantwortung", „Selbstvorsorge" und „Privatinitiative" eine Schlüsselrolle zuweist, geht es um eine „Neujustierung des Verhältnisses von Individuum und Staat", mithin um die Frage, ob Letzterer die Menschen als mündige Bürger/innen, Bittsteller/innen oder Kund(inn)en behandelt.[118] Schon der Terminus „aktivierende Arbeitsmarktpolitik" diffamiert Erwerbslose im Grunde als (zu) passiv, denn sonst könnten und müssten sie ja nicht durch geeignete Maßnahmen „aktiviert" werden.

Norbert Berthold und Sascha von Berchem markieren den 22. August 1996, als Präsident Bill Clinton die US-amerikanische Sozialhilfereform unterzeichnete und vor dem Kongress „das Ende der Wohlfahrt, wie wir sie kennen" verkündete, als Meilenstein eines Kurswechsels im Kampf gegen Arbeitslosigkeit und Armut: „Seit diesem Tag beruht in den USA die Grundsicherung konsequent auf dem Gegenleistungsprinzip. Die bloße finanzielle Bedürftigkeit ist kein hinreichender Grund mehr für staatliche Geldtransfers. Vielmehr sind nun unbedingte Bereitschaft zur Arbeit und Selbstverantwortung die prägenden Begriffe."[119]

Das neue Paradigma fand in der Bundesrepublik weit über die Wirtschaftsverbände und ihnen nahestehende Kreise hinaus Resonanz. Zu jenen Politikern, die schon früh über die wachsende Ineffizienz, Unwirtschaftlichkeit und mangelnde Transparenz des Sozialstaates lamentierten, gehörte der Pforzheimer Oberbürgermeister Joachim Becker (SPD). Er veröffentlichte Mitte der 1990er-Jahre ein Buch, das im Stammtischton verkündete, nun müsse endlich Schluss mit dem überbordenden Wohlfahrtsstaat sein: „Ein falsches Verständnis von Sozialpolitik hat eine Lawine sozialer Gefälligkeiten ausgelöst. Und der Staat wurde durch eine falsche Politik der Parteien zum Träger und Verantwortlichen für die Wohlfahrt und den Wohlstand unseres Landes. So ist es kein Wunder, daß in Zeiten des notwendigen Abbaus von Subventionen und sozialen Leistungen der Unmut der Bürger sich gegen alle Politiker richtet."[120] Dort fanden sich deutliche Fingerzeige auf die Hinwendung der SPD zum „aktivierenden Staat", welcher seine Unter-

118 Siehe Judith Aust/Silke Bothfeld/Simone Leiber, Eigenverantwortung – eine sozialpolitische Illusion?, in: WSI-Mitteilungen 4/2006, S. 187

119 Norbert Berthold/Sascha von Berchem, Arbeitsmarkt- und Sozialpolitik unter Druck: Lernen von Amerika?, in: Politische Studien 382 (2002), S. 50

120 Joachim Becker, Der erschöpfte Sozialstaat. Neue Wege zur sozialen Gerechtigkeit, Frankfurt am Main 1994, S. 15

stützung von Hilfebedürftigen grundsätzlich an deren Bereitschaft zu einer Gegenleistung (in Form gemeinnütziger Arbeit) bindet: „Leistung ist ein tragender Pfeiler unserer gesellschaftlichen Solidargemeinschaft, Sozialhilfeempfang sollte daher auch aus pädagogischen und rehabilitativen (?!) Motiven so weit wie möglich mit einer erbrachten Leistung verbunden werden."[121]

Ursprünglich war der „aktivierende Sozialstaat" (*social investment state*) konstitutiver Bestandteil eines „Dritten Weges", wie ihn Anthony Giddens, damals Direktor der London School of Economics und Berater des britischen Premiers Tony Blair, in gleicher Distanz gegenüber dem neoliberalen Marktfundamentalismus und dem sozialdemokratischen Neokeynesianismus der „alten" Sozialdemokratie vertrat.[122] Bodo Hombach, Wahlkampfleiter und erster Kanzleramtsminister von Gerhard Schröder, sprach vom „aktivierenden Sozialstaat" als einem „Trampolin", das die Erwerbslosen in den Arbeitsmarkt zurückkatapultieren solle.[123] An diesem Bild, das auch Bundeskanzler Schröder benutzte, übte Heribert Prantl, Leiter des Ressorts „Innenpolitik" der *Süddeutschen Zeitung*, beißende Kritik: „Das herzlose Wort vom sozialen Netz als ‚Trampolin' oder ‚Sprungbrett' spricht weniger für neue Ideen der SPD denn für ihre neue Gefühllosigkeit: Beide Gerätschaften eignen sich nämlich nur für den gesunden und leistungsfähigen Menschen."[124]

Kurz vor der Europawahl am 13. Juni 1999 wiesen der britische Premier Tony Blair und Gerhard Schröder in London Europas Sozialdemokraten einen „Weg nach vorne". Was als „Schröder/Blair-Papier" bekannt wurde, sah im deutschen Sozialstaat ein Beschäftigungshindernis und ein Risiko für die künftige Gesellschaftsentwicklung: „Ein Sozialversicherungssystem, das die Fähigkeit, Arbeit zu finden, behindert, muß reformiert werden. Moderne Sozialdemokraten wollen das Sicherheitsnetz aus Ansprüchen in ein Sprungbrett in die Eigenverantwortung umwandeln."[125] Hier hört man, auch ohne zwischen den Zeilen lesen zu müssen, das Stammtischgerede über die „soziale Hängematte" heraus. Da war von einer „Ausweitung der

---

121 Ebd., S. 60
122 Vgl. Anthony Giddens, Der dritte Weg. Die Erneuerung der sozialen Demokratie, Frankfurt am Main 1998
123 Siehe Bodo Hombach, Aufbruch. Die Politik der Neuen Mitte, 3. Aufl. München/Düsseldorf 1998, S. 18
124 Heribert Prantl, Rot-Grün. Eine erste Bilanz, Hamburg 1999, S. 73
125 Gerhard Schröder/Tony Blair, Der Weg nach vorne für Europas Sozialdemokraten. Ein Vorschlag, in: Hans-Jürgen Arlt/Sabine Nehls (Hrsg.), Bündnis für Arbeit. Konstruktion – Kritik – Karriere, Opladen/Wiesbaden 1999, S. 297

Chancengleichheit" die Rede, aber auch von einem Arbeitszwang für Bezieher/innen staatlicher Leistungen.

In dem Buch „Arbeit ist für alle da" stellte Florian Gerster, kurzzeitig Präsident der Nürnberger Bundesanstalt (heute: -agentur) für Arbeit, seine von Peter Hartz und den angelsächsischen Modernisierern inspirierten Reformpläne vor. Die bisherigen Maßnahmen der *aktiven* Arbeitsmarktpolitik hätten „überwiegend sozialpolitisch motivierte Ziele verfolgt", klagte Gerster: „Arbeitsmarktferne Langzeitarbeitslose wurden zur Teilnahme an Maßnahmen veranlasst, deren Integrationsaussichten gering waren, die ihnen aber das Gefühl einer sinnstiftenden Tätigkeit vermitteln sollten."[126] Durch die Bewilligung solcher Projekte hätten sich die örtlichen Arbeitsämter zu sozialpolitisch agierenden Institutionen entwickelt und die Integrationsfunktion der Arbeitsförderung aus dem Blick verloren: „Die aktive Arbeitsmarktpolitik degenerierte zum sozialen Auffangbecken."[127] Der *aktivierende* Sozialstaat ist meist nur ein wohlklingendes Etikett zur Rechtfertigung der systematischen Kürzung von Leistungen und der Verschärfung von Anspruchsvoraussetzungen, wie Gerster als prominenter Anhänger dieses Konzepts deutlich durchblicken ließ: „Aktivierende Maßnahmen beinhalten zwangsläufig die Abkehr von Versorgungsmentalität, der Abbau negativer Arbeitsanreize ist ohne Leistungseinschränkungen nicht möglich, und die Korrektur historisch gewachsener sozialer Besitzstände (?!) darf kein Tabu sein."[128]

Natürlich zeigt sich die Qualität eines Staates nicht primär an seiner Sozialleistungsquote, also jenem Anteil am Bruttoinlandsprodukt, den ein Land für entsprechende Zwecke ausgibt, weil dieser bloß den immensen Umfang der sozialen Probleme signalisieren kann. Auch erfüllt der Sozialstaat die ihm vom Grundgesetz auferlegte Fürsorgepflicht gegenüber Armen und Arbeitslosen keineswegs allein dadurch, dass er ihnen regelmäßig eine zur Bestreitung des Lebensunterhalts ausreichende Geldsumme überweist. Mit einer sozialen Scheckbuchdiplomatie wie dieser ist es zweifellos nie getan. Neben der finanziellen Seite hat Wohlfahrtsstaatlichkeit nämlich auch eine soziale im weiteren Sinne, die große Herausforderungen für Politik und Verwaltung mit sich bringt. Hierbei geht es z. B. um die gesellschaftliche Integration und die berufliche (Weiter-)Qualifikation von Arbeitslosen. Statt diese nur mittels Geldzahlungen ruhig zu stellen, muss der Wohl-

---

126 Florian Gerster, Arbeit ist für alle da. Neue Wege in die Vollbeschäftigung, München 2003, S. 168
127 Ebd.
128 Ebd., S. 236

fahrtsstaat durch geeignete Maßnahmen dafür sorgen, dass ihnen die Rückkehr auf den (ersten) Arbeitsmarkt gelingt.

Kein einziger Verteidiger des traditionellen Sozialstaatsmodells hat dies je bestritten. Gleichwohl wurde Hartz IV einer skeptischen Öffentlichkeit unter dem wohlklingenden Motto „Fördern und Fordern" näher gebracht und damit einerseits so getan, als hätte die Arbeitsverwaltung bisher nichts oder zu wenig von ihren Klient(inn)en verlangt, und andererseits suggeriert, die Bundesagentur wolle nach der Reform nicht nur den Druck auf Langzeitarbeitslose erhöhen, jede zumutbare Stelle anzunehmen, sondern ihnen auch mehr Unterstützung bei der Wiedereingliederung gewähren. Genau das Gegenteil geschah indes: Die berufliche Weiterbildung wurde drastisch zurückgefahren, was negative Wirkungen sowohl für die einzelnen Weiterbildungsträger und deren Beschäftigte, von denen sich Tausende nunmehr – statt wie bisher Erwerbslose zu qualifizieren – selbst arbeitslos melden mussten, als auch für die (potenziellen) Teilnehmer/innen an Maßnahmen hatte. Durch die massive Kürzung der Mittel für Arbeitsförderung sowie die Vermarktlichung (Ausgabe von Bildungsgutscheinen) und Verbetriebswirtschaftlichung der Weiterbildung geriet eine ganze Branche an den Rand des Ruins. Seither dominieren Billiganbieter auf dem Weiterbildungsmarkt, während Träger, die ihre Mitarbeiter/innen fest angestellt und ihnen Tariflöhne bzw. -gehälter zahlen, auf der Strecke zu bleiben drohen. Eine schnelle Vermittlung war offenbar wichtiger als die Qualität und die Nachhaltigkeit der Weiterbildung: Man begnügte sich nunmehr in aller Regel mit Trainingsmaßnahmen, die nicht lange dauern und wenig kosten durften. In kurzer Zeit wurden die Aufwendungen der BA für Fortbildung bzw. Umschulung halbiert, worunter die sog. Problemgruppen des Arbeitsmarktes (Langzeitarbeitslose, Ältere, Migranten und Berufsrückkehrerinnen) am meisten zu leiden hatten, weil sich die Träger nun noch stärker auf jene Teilnehmer/innen konzentrierten, die sie für leicht (re)integrierbar hielten.[129]

Warum soll ein Langzeit- oder Dauerarbeitsloser, der Mühe hat, seinen Tag normal zu strukturieren, unter einem Mangel an persönlichen Kontakten leidet und es gar nicht mehr gewohnt ist, frühmorgens aufzustehen, pünktlich in einem Betrieb oder einem Büro zu erscheinen und kontinuierlich etwas zu schaffen, eigentlich keine gemeinnützigen bzw. „im öffentlichen Interesse liegenden" Arbeiten verrichten, also z. B. einen Schulhof

---

129 Vgl. Johannes Jakob, Billige Bildung kann schnell teuer werden – vor allem für Arbeitslose, in: Soziale Sicherheit 5/2004, S. 159

beaufsichtigen, den Stadtpark säubern oder Laub von den Straßen fegen, fragen sich viele Bürger/innen. Obwohl es ihnen mittlerweile längst notwendig, wenn nicht absolut sinnvoll erscheint, von Transferleistungsempfänger(inne)n solche „Gegenleistungen" zu verlangen, wird dem Wohlfahrtsstaat hierdurch eine ihm ursprünglich fremde, nämlich die Tauschlogik der Marktökonomie, implantiert. Ein „aktivierender Sozialstaat" ist damit kein Gegengewicht zu dieser, aber auch kein Garant demokratischer Verhältnisse mehr. Achim Trube spricht von einem „Konditionalstaat repressiven Typs", welcher keine Leistung ohne entsprechende Gegenleistung gewähren wolle. „Der Paradigmenwechsel besteht dabei vor allem darin, dass ein zuvor unbedingtes Bürgerrecht, d. h. die existenzielle Grundsicherung des eigentlichen Souveräns der Republik, zur Disposition der (Arbeits-)Auflagen durch den Staat und seine Organe gestellt wird, obwohl der Staat doch seine verfassungsrechtliche Legitimation erst durch die – auch existenziell – souveränen Bürger beziehen kann."[130]

Statt der Bedürftigkeit – wie im aktiven – löst im „aktivierenden Sozialstaat" erst die (Bereitschaft zur) Gegenleistung eines Antragstellers die staatliche Leistungspflicht aus. Damit hören Hilfebedürftige auf, Wohlfahrtsstaatsbürger/innen mit sozialen Rechtsansprüchen zu sein, und werden zu Objekten der von ihnen Entgegenkommen fordernden und sie nur dann ggf. fördernden Verwaltung herabgewürdigt. Wenn ein „Fallmanager" und ein „Betreuungskunde" der ARGE (Arbeitsgemeinschaft von Agentur für Arbeit und kommuner Sozialbehörde) aufeinandertreffen, gibt es zwischen ihnen noch weniger als bei Wirtschaftssubjekten, die Güter auf dem Markt tauschen und einen Kaufvertrag miteinander schließen, eine Machtparität. Mit den Bezieher(inne)n von Alg II werden jedoch „Eingliederungsvereinbarungen" abgeschlossen, die wie alle weder sitten- noch rechtswidrigen Verträge auf dem Reziprozitätsprinzip beruhen. Obwohl ein solches Kontraktmanagement gleichberechtigte Vertragspartner/innen voraussetzt, haben Langzeitarbeitslose per se die schwächere „Verhandlungsposition" und sind offenbar gar keine Kunden, die man eher umwerben würde, vielmehr als zu Aktivierende massiven Sanktionsdrohungen ausgesetzt.[131] Nur wenn dem Betroffenen einsichtig ist, dass „Arbeitsgelegenheiten mit Mehrauf-

---

130 Achim Trube, Vom Sozialstaat zum Konditionalstaat – Grundzüge des Umbaus und die Folgen für das gesellschaftliche Gefüge, in: Björn Böhning/Klaus Dörre/Andrea Nahles (Hrsg.), Unterschichten? Prekariat? Klassen? – Moderne Politik gegen soziale Ausgrenzung, Dortmund 2006, S. 42

131 Vgl. Michael Buestrich, Aktivierung, Arbeitsmarktchancen und (Arbeits-)Moral. Arbeitsmarktpolitik zwischen „Sozial ist, was Arbeit schafft" und „Du bist Deutschland", in: Neue Praxis 4/2006, S. 444

wandsentschädigung" (sog. 1-Euro-Jobs) für ihn selbst nützlich und/oder notwendig sind, können solche Maßnahmen nachhaltig wirken.

Wie in den USA wandelt sich der *„welfare"* zum *„workfare state"*, wenn der Arbeitszwang die Beschäftigungs- und Sozialpolitik kennzeichnet. Ausgerechnet in einer Beschäftigungskrise, wo Millionen Arbeits*plätze* – nicht: Arbeits*willige* – fehlen, wird so getan, als seien die von Erwerbslosigkeit unmittelbar Betroffenen an ihrem Schicksal selbst schuld. Arbeitsförderung wird seit Hartz IV noch stärker als bisher unter Androhung und/oder Anwendung von Sanktionen betrieben. Walter Hanesch und Imke Jung-Kroh heben den „Strafcharakter" dieser Form der Aktivierung hervor und betonen darüber hinaus, „dass künftig eine Eingliederung um jeden Preis erzwungen werden soll, unabhängig davon, ob dadurch eine reale Verbesserung der materiellen Lage für die Betroffenen erreicht werden kann. Die restriktiv-punitive Ausrichtung dieses Aktivierungskonzepts ist jedoch wenig geeignet, eine nachhaltige Eingliederung in das Beschäftigungssystem zu erreichen."[132]

2.2.4 Leistungskürzungen lassen den Sozial- zum „Kriminalstaat" werden

Der neoliberale Minimalstaat ist eher „Kriminal-" als Sozialstaat, weil ihn die (vorgeblich aus Gründen der internationalen Wettbewerbsfähigkeit nötige) Leistungsreduktion verstärkt zur Repression gegenüber Personengruppen zwingt, die als Globalisierungs- bzw. Modernisierungsverlierer/innen und als Opfer seiner rückwärtsgerichteten „Reformpolitik" bezeichnet werden können. „Die Spaltung in eine globale ‚Club-Gesellschaft der Geldvermögensbesitzer' und nationale Gesellschaften, die noch immer ‚Arbeitsgesellschaften' sind, führt in letzter Konsequenz dazu, daß der Rechtsstaat zu einem Staat mutiert, der den ‚inneren Frieden' mit Gewalt aufrechterhalten muß – mit Disziplinierung anstelle von Konsens und mit Sicherheitspolitik anstelle von Sozialpolitik."[133] Zuerst werden die zivilen Bürgerrechte von Menschen angetastet, die sich als Leistungsempfänger/innen ohnehin in einer prekären Situation und einer ausgesprochen schwachen Rechtsposition befinden.

---

132 Walter Hanesch/Imke Jung-Kroh, Anspruch und Wirklichkeit der „Aktivierung" im Kontext der „Sozialen Stadt", in: Walter Hanesch/Kirsten Krüger-Conrad (Hrsg.), Lokale Beschäftigung und Ökonomie. Herausforderung für die „Soziale Stadt", Wiesbaden 2004, S. 233

133 Birgit Mahnkopf, Soziale Demokratie in Zeiten der Globalisierung? – Zwischen Innovationsregime und Zähmung der Marktkräfte, in: Blätter für deutsche und internationale Politik 11/1998, S. 1324

Je weniger großzügig die Sozialleistungen einer reichen Gesellschaft ausfallen, umso schlagkräftiger muss in der Regel ihr Sicherheits- bzw. Gewaltapparat sein. Anders gesagt: Was die Parlamentsmehrheit den Wohlfahrtssystemen an Ressourcen entzieht, wendet sie später für Maßnahmen gegen den Drogenmissbrauch, Kriminalität und Gewalt auf. Justiz, Polizei und (private) Sicherheitsdienste verschlingen jenes Geld, das beim Um- bzw. Abbau des Sozialstaates vorgeblich „eingespart" wird. Wenn man so will, existiert zwischen den Staatsapparaten bzw. -funktionen ein System kommunizierender Röhren. „Gehen wir beispielsweise davon aus, dass Freizeitangebote zur Verminderung der Jugendkriminalität beitragen, müssen die bei der Schließung von Jugendfreizeitheimen eingesparten Summen verrechnet werden mit den zusätzlichen Kosten der Staatsanwaltschaft, der Gerichte und der Strafvollzugsbehörden."[134]

An die Stelle des „wohltätigen" trat auch hierzulande mehr und mehr der „strafende" Staat – wie in den USA, die den Vorreiter für entsprechende Programme spielten, bereits während der frühen 1990er-Jahre. Die damalige Reform der Sozialhilfe ersetzte das soziale Netz durch disziplinierende und diskriminierende Maßnahmen mit dem Ziel, die Staatsausgaben im Wohlfahrtsbereich weiter zu senken, die Armen in die untersten Bereiche des Arbeitsmarktes zu drängen und solche, die noch immer Unterstützungsansprüche stellen, streng zu reglementieren.[135] Nach dem 11. September 2001 wurden die Terroranschläge auf das World Trade Center und das Pentagon nicht nur in den Vereinigten Staaten, die den U.S. Patriot Act erließen, als Vorwand für massive Einschränkungen der Bürgerrechte benutzt, was auch die Möglichkeiten sozial Benachteiligter verringert, Widerstand gegen den Um- bzw. Abbau des Wohlfahrtsstaates zu leisten.

Leitbild des Neoliberalismus ist kein schwacher, demokratischer und toleranter, vielmehr ein hart durchgreifender sowie von der (Arbeits-)Norm abweichende Bürger/innen streng kontrollierender und nötigenfalls disziplinierender Staat: „Langzeitarbeitslose, neuerdings als ‚Kunden' angesprochen und gleichsam veralbert, sind bei Strafe des Leistungsentzugs gezwungen, jede Arbeit anzunehmen, auch in Gestalt so genannter Ein-Euro-Jobs; die Freiheit der Wahl von Arbeitsplatz und Beruf ist ihnen damit genom-

---

134 Albrecht Dehnhard, Der Staat: Auslauf- oder Zukunftsmodell? – Bemerkungen zu einer perspektivischen Täuschung, in: Christoph Butterwegge/Martin Kutscha/Sabine Berghahn (Hrsg.), Herrschaft des Marktes – Abschied vom Staat?, Folgen neoliberaler Modernisierung für Gesellschaft, Recht und Politik, Baden-Baden 1999, S. 15

135 Vgl. Loïc J. D. Wacquant, Vom wohltätigen Staat zum strafenden Staat: Über den politischen Umgang mit dem Elend in Amerika, in: Leviathan 1/1997, S. 61

men."[136] Detlef Hensche weist zu Recht darauf hin, dass der Rückbau des bisherigen Sozialversicherungssystems eine Vermehrung der staatlichen Kontrollbefugnisse und einen Ausbau der Überwachungsbürokratie mit sich bringt, weil eine wirksame Bedürftigkeitskontrolle installiert werden muss, die nicht ohne den Zugriff auf sensible personenbezogene Daten (z. B. Kontoverbindungen) auskommt: „So erwächst eine Überwachungs-Bürokratie, die heute mit Hartz IV, morgen mit der Einführung von Studiengebühren auch die Angehörigen der gesellschaftlichen Mitte trifft."[137]

Das raue öffentliche Klima, die verschärfte Disziplinierung durch Sozialgesetze bzw. Verwaltungsrichtlinien und die zunehmende Repression der Behörden spüren hauptsächlich Langzeitzeitarbeitslose, Bezieher/innen von Sozialhilfe und Wohnungs- bzw. Obdachlose am eigenen Leib. Dorothee Fetzer sieht in der vom damaligen Wirtschafts- und Arbeitsminister Clement im Herbst 2005 angestoßenen Medienkampagne zum Missbrauch von Alg II den Auftakt für eine bundesweite „Großoffensive der Verfolgungsbetreuung", wie man in Gewerkschaftskreisen und Arbeitsloseninitiativen die Drangsalierung der Hartz-IV-Betroffenen mittels mehr oder weniger subtilen Drucks nennt: „Gemeint ist damit, zielgerichtet und absichtlich erwerbslose Menschen durch überzogene Anforderungen, z. B. an den Umfang ihrer Bewerbungsbemühungen, an ihre Flexibilität oder durch verschärfte Kontrollen aus dem Leistungsbezug auszugrenzen bzw. ihnen die Leistungen zu kürzen."[138]

Eine unbegrenzte „Freiheit für die Marktkräfte" nach neoliberalen Modellvorschlägen zu schaffen, bedeutet keineswegs, den arbeitenden Menschen größere Handlungsmöglichkeiten zu gewähren, sondern schränkt den Bewegungsspielraum jener Gesellschaftsmitglieder, die sich nicht an die geltenden Normen halten (können) und Gesetze verletzen, sogar drastisch ein. Loïc Wacquant stellt denn auch einen Zusammenhang zwischen Wirtschaftsliberalität, mehr Kriminalität und strafrechtlicher Rigidität im globalisierten Kapitalismus her: „In all den Ländern, in denen sich die neoliberale Ideologie der Unterordnung unter den ‚freien Markt' ausgebreitet hat, erleben wir einen spektakulären Anstieg der Zahl von Menschen, die hinter Gitter gesperrt werden. Denn der Staat stützt sich zunehmend auf die Polizei und den Strafvollzug, um die Unordnung einzudämmen, die von der

---

136 Detlef Hensche, Arm, aber frei? – Vom freiheitlichen Gehalt des Sozialstaatsgebots, in: Blätter für deutsche und internationale Politik 4/2005, S. 449
137 Ebd., S. 448
138 Dorothee Fetzer, Verfolgungsbetreuung, Schikanen und Verletzungen der Privat- und Intimsphäre, in: Agenturschluss (Hrsg.), Schwarzbuch Hartz IV, a. a. O., S. 31 f.

Massenarbeitslosigkeit, der Durchsetzung prekärer Lohnarbeit und dem Zusammenhang sozialer Schutzmaßnahmen hervorgerufen wurde."[139]
Auch die Haftanstalten der Bundesrepublik waren noch nie so überfüllt wie heute. Deshalb lohnt sich hierzulande eine (Teil-)Privatisierung des Strafvollzuges nach US-amerikanischem und britischem Vorbild für Großinvestoren zunehmend, ohne dass die breite Öffentlichkeit davon bisher groß Notiz nimmt. Zwar werden Arbeitslose nicht überproportional straffällig, genauso wenig wie Arme automatisch rassistische Ressentiments entwickeln und Ausländer verprügeln. Die fortschreitende Kriminalisierung der Betroffenen gibt aber nicht nur unter psychosozialen Gesichtspunkten zu denken, sondern verschränkt sich auch mit einer Kommerzialisierung von immer mehr Gesellschaftsbereichen, die mittlerweile selbst den harten Kern des staatlichen Gewaltmonopols erfasst hat.

2.2.5 Die Aufspaltung des Gemeinwesens in einen Wohlfahrtsmarkt und einen Wohltätigkeitsstaat

Der erwähnte Pforzheimer Oberbürgermeister forderte Mitte der 1990er-Jahre die Umwandlung des Sozialstaates in einen Wohlfahrts*markt*, der besser funktionieren, seine Kunden zur Kasse bitten und sich auf diese Weise „rechnen" sollte: „Die sozialen Dienstleistungen in Deutschland müssen stärker marktorientiert, flexibler und mehr nutzungsorientiert werden. Die Finanzierung hat prinzipiell über Nutzungsentgelte zu erfolgen, die sich streng an den Grundsätzen der Wirtschaftlichkeit und Sparsamkeit zu orientieren haben."[140] Damit würde der Weg in eine „Gebührengesellschaft" beschritten, die heute den allgemeinen, die ökonomische Leistungsfähigkeit seiner Bürger zur Grundlage der Finanzierung öffentlicher Güter erhebenden Steuerstaat – genauso wie der Sozialstaat eine Errungenschaft der Moderne – zurückdrängen soll. Hierin sieht Paul Nolte fälschlicherweise eine Alternative zur radikalen Privatisierung.[141]
Das deutsche Gesundheitssystem wurde durch die Reformpolitik der letzten Jahrzehnte immer stärker betriebswirtschaftlichen Managementtechniken und Standortinteressen unterworfen.[142] Je weiter die Vermarktli-

139 Loïc Wacquant, Die Bestrafung der Armut und der Aufstieg des Neoliberalismus, in: Peter Bathke/Susanne Spindler (Hrsg.), Neoliberalismus und Rechtsextremismus in Europa. Zusammenhänge – Widersprüche – Gegenstrategien, Berlin 2006, S. 112
140 Joachim Becker, Der erschöpfte Sozialstaat, a. a. O., S. 144
141 Vgl. Paul Nolte, Generation Reform, a. a. O., S. 194 f.
142 Vgl. dazu: Hans-Ulrich Deppe, Zur sozialen Anatomie des Gesundheitssystems. Neoliberalismus und Gesundheitspolitik in Deutschland, 3. Aufl. Frankfurt am Main 2005

chung des Gesundheitswesens voranschreitet, umso mehr ärztliche Leistungen müssen Kassenpatient(inn)en selbst bezahlen und desto häufiger gibt es Medikamente nur noch auf Privatrezept. In den Krankenhäusern steht das Personal aufgrund verschärfter Maßnahmen zur Rationalisierung unter massivem Druck, und die Rationierung von medizinischen Ressourcen ist längst keine Horrorvision für die ferne Zukunft mehr. Wer die „falsche" Krankheit hat, mit der Pharmakonzerne zu wenig Geld verdienen können, wird heute schon entweder gar nicht geheilt oder muss zumindest mehr und länger als nötig leiden.

Die mit dem Namen von Walter Riester verbundene Rentenreform 2000/01 war nur ein erster Schritt zur Umstellung der Altersvorsorge vom Umlage- auf das Kapitaldeckungsverfahren. Das rot-grüne Reformwerk lief auf eine (Teil-)Privatisierung der sozialen Sicherung hinaus und entlastete die Arbeitgeberseite, während sich der Leistungsumfang für die Betroffenen im Sinne einer bloßen Minimalabsicherung großer Teile der Bevölkerung verringerte. Es handelt sich dabei letztlich um einen sozialpolitischen Richtungs- bzw. Regimewechsel: „Das ‚Versichertensystem' mit der Garantie eines relativ hohen Lebensstandards soll zum Grundversorgungssystem auf niedrigem Niveau mit geringen Beiträgen/Abgaben umgewandelt werden. Der Lebensstandard soll dann durch eine ergänzende private Absicherung gehalten werden."[143] Riester begründete die Notwendigkeit einer radikalen Strukturreform damit, dass man den Rentenversicherungsbeitrag als wichtiges Element der Lohnnebenkosten in Deutschland stabilisieren müsse, und mit dem demografischen Wandel. Nach der Pflegeversicherung brach nun auch ein „klassischer" Versicherungszweig mit dem Prinzip einer paritätischen Finanzierung der sozialen Sicherung. Privatvorsorge fungiert nicht als Ergänzung der Gesetzlichen Rentenversicherung, sondern – weil nur von den Arbeitnehmer(inne)n bezahlt – als teurer Ersatz für bislang von den Arbeitgebern mitfinanzierte (und künftig vermutlich sehr viel geringere) Leistungen der sozialen Sicherung.[144]

Fondslösungen und private Zusatzversicherungen („mehr Eigenvorsorge") entlasten nicht nur die Arbeitgeber, sondern bieten Versicherungskonzernen und Banken auch ein neues Geschäftsfeld mit riesigen Gewinnmöglichkeiten. Dass es zu der sog. Riester-Reform kam, hatte nicht nur system*interne* Gründe, eine Verstetigung der Altersvorsorge und eine Verringe-

---

143 Christian Christen/Tobias Michel/Werner Rätz, Sozialstaat. Wie die Sicherungssysteme funktionieren und wer von den „Reformen" profitiert, Hamburg 2003, S. 16
144 Vgl. Johannes Steffen, Der Renten-Klau. Behauptungen und Tatsachen zur rot-grünen Rentenpolitik, Hamburg 2000, S. 95 f.

rung der damit verbundenen Risiken betreffend. Vielmehr sollten auch neue Anlagemöglichkeiten für das Finanzkapital erschlossen werden. „Eine zentrale Funktion der Privatisierung der Alterssicherung ist die öffentliche Anschubfinanzierung für die ‚Börse‘ und eine direkte Förderung der Profite der auf dem Finanzmarkt tätigen Unternehmen und Institutionen."[145]

Besserverdiende profitieren davon, dass sie die Aufwendungen für ihre private Altersvorsorge bei der Einkommensteuer absetzen können. „Der steuerliche Sonderausgabenabzug begünstigt vor allem hohe Einkommensgruppen, da mit zunehmendem Einkommen auch der staatliche Förderanteil steigt (bis zu den gesetzlich festgelegten höchsten Beträgen)."[146] Nach dem Riester-Modell gar nicht gefördert werden hingegen jene, die einer Zusatzrente am meisten bedürften: Sozialhilfebezieher/innen. Leer gehen auch Erwerbslose und Arbeitnehmer/innen aus, die zu geringe Entgeltersatzleistungen bekommen bzw. nicht genug verdienen, um die von den großen Versicherungsgesellschaften angebotenen Produkte bezahlen zu können.

Wortführer des Neoliberalismus wie Rainer Hank fordern die Beschränkung auf einen „Kernsozialstaat", der nur noch dann tätig werden soll, wenn für Risiken „auf privaten Kapital- und Versicherungsmärkten eine effiziente Vorsorge nicht möglich ist. Dies gilt beim heutigen Zustand der Kapital- und Versicherungsmärkte allenfalls noch für die Arbeitslosenversicherung, nicht aber für die Kranken- und Rentenversicherung und schon gar nicht für die Pflegeversicherung."[147] Perspektivisch droht das Gemeinwesen in einen Wohlfahrtsmarkt sowie einen Wohltätigkeitsstaat zu zerfallen: Auf dem Wohlfahrtsmarkt kaufen sich Bürger/innen, die es sich finanziell leisten können, soziale Sicherheit (z. B. Altersvorsorge durch Versicherungspolicen der Assekuranz). Dagegen stellt der „postmoderne" Sozialstaat nur noch euphemistisch „Grundsicherung" genannte Minimalleistungen bereit, die Menschen vor dem Verhungern und Erfrieren bewahren, sie ansonsten jedoch der Obhut karitativer Organisationen und privater Wohltäter/innen anheimgibt. Mit dem Sozialstaatsgebot des Grundgesetzes ist diese Entwicklung kaum vereinbar.

Neoliberale möchten den Wohlfahrtsstaat am liebsten auf seine Basisfunktion der Armutsbekämpfung, -vermeidung und -verringerung reduzieren. Darüber hinaus obliegt ihm jedoch die Gewährleistung eines Höchstmaßes an sozialer Sicherheit für alle (im Hinblick auf das erreichte Maß an

145 Christian Christen/Tobias Michel/Werner Rätz, Sozialstaat, a. a. O., S. 63
146 Frank Pilz, Der Sozialstaat. Ausbau – Kontroversen – Umbau, Bonn 2004 (Schriftenreihe der Bundeszentrale für politische Bildung, Bd. 452), S. 171
147 Rainer Hank, Das Ende der Gleichheit, a. a. O., S. 209

Produktivität, Wirtschaftskraft und gesellschaftlichem Wohlstand), d. h.
unter den gegebenen Voraussetzungen nicht zuletzt: Lebensstandardsicherung im Falle des Arbeitsplatzverlustes, der Invalidität oder der Erwerbsun-
fähigkeit im Alter, und die Schaffung eines sozialen Ausgleichs, damit die
Einkommens- bzw. Vermögensunterschiede nicht ins Extreme wachsen.
Schon die neoliberalen „Klassiker" lehnten solche Maßnahmen der Umverteilung prinzipiell ab. Im viel beschworenen „Zeitalter der Globalisierung"
gilt das Soziale erst recht als Luxus, den sich selbst eine wohlhabende Industrienation wie die deutsche nicht mehr leisten kann. Jan Roß stellt beispielsweise – ausgerechnet in einer „Streitschrift gegen den Vulgärliberalismus",
als dessen Kritiker er sich versteht – fest: „Für die dringenden Bedürfnisse
der wenigen wirklich Armen würde das Geld schon reichen. Aber es den
vielen recht zu machen, denen es eigentlich ganz gut geht und deren Ansprüche entsprechend hoch sind – das eben ist nicht mehr zu bezahlen. Deshalb ist der oft angeprangerte ‚Sozialabbau' unvermeidlich."[148]

Milton Friedman erklärte die Privatwohltätigkeit seinerzeit zu der in
mehrerer Hinsicht wünschenswertesten Form der Armutsbekämpfung: „Es
ist bemerkenswert, daß in der Periode des Laissez-faire, in der Mitte und gegen Ende des 19. Jahrhunderts, in den Vereinigten Staaten und in Großbritannien private Hilfsorganisationen und wohltätige Einrichtungen eine au-
ßergewöhnliche Verbreitung erfuhren. Einer der Hauptnachteile der Zunahme öffentlicher Wohlfahrt lag in der gleichzeitigen Abnahme privater
Aktivitäten dieser Art."[149] Umgekehrt haben das karitative Engagement, die
ehrenamtliche Tätigkeit in der „Bürger-" bzw. „Zivilgesellschaft",[150] die
wohltätigen Spenden sowie das Stiftungswesen hierzulande offenbar gerade
deshalb wieder Hochkonjunktur, weil man den Sozialstaat demontiert und
dafür gesellschaftliche Ersatzinstitutionen braucht. Ginge es nach den neoliberalen Theoretikern, würden die meisten Bildungs-, Wissenschafts-, Kul-
tur-, Umweltschutz-, Freizeit-, Sport- und Wohlfahrtseinrichtungen, kurz:
fast alle Bereiche des öffentlichen Lebens, die nicht hoheitlicher Natur sind,
noch stärker als bisher vom Kommerz beherrscht bzw. von der Spendier-
freude privater Unternehmen, Mäzene und Sponsoren abhängig gemacht.
Dabei wäre es erheblich besser, sie in der Obhut staatlicher – und das heißt

---

148 Jan Roß, Die neuen Staatsfeinde. Was für eine Republik wollen Schröder, Henkel, Wes-
     terwelle und Co.? – Eine Streitschrift gegen den Vulgärliberalismus, Berlin 1998, S. 119
149 Milton Friedman, Kapitalismus und Freiheit, a. a. O., S. 244
150 Vgl. dazu: Enquête-Kommission „Zukunft des Bürgerschaftlichen Engagements" des
     Deutschen Bundestages (Hrsg.), Bürgerschaftliches Engagement und Sozialstaat, Wiesba-
     den 2003

bei uns: demokratisch legitimierter – Institutionen zu belassen. Stiftungen, die oftmals eher Steuersparmodelle für Multimillionäre und Milliardäre bilden als philanthropischen Motiven entspringen und sozial Benachteiligten nützen, können den entwickelten Wohlfahrtsstaat nicht ersetzen, sie dürfen ihn aber auch nur so weit ergänzen, als es der Erfüllung seiner verfassungsmäßigen Aufgaben dient. Öffentlich kontrollierten Entscheidungsprozessen gebührt absoluter Vorrang gegenüber privaten, dem Interesse an Imagepflege oder altruistischen Regungen geschuldeten Aktivitäten im sozialen Bereich.

2.2.6 Auf dem Weg vom Sozialversicherungs- zum Fürsorge-, Almosen- und Suppenküchenstaat?

Kennzeichnend für den *deutschen* Wohlfahrtsstaat war seit Otto von Bismarcks Sozialreformen im 19. Jahrhundert, dass die Lohnarbeiter gegen allgemeine Lebensrisiken wie Krankheit, Invalidität und Not im Rentenalter *versichert* wurden. Durch die Zahlung von Beiträgen, an der sich ihre Arbeitgeber später grundsätzlich halbparitätisch beteiligten, erwarben sie – in der Bundesrepublik gemäß Art. 14 Abs. 1 GG verfassungsrechtlich geschützte – Ansprüche, die beim Eintritt des Versicherungsfalls befriedigt werden mussten. Nachteilig wirkte hingegen, dass sich die gesellschaftliche Statushierarchie und berufliche Standesunterschiede durch das Sozialversicherungssystem in den Wohlfahrtsstaat hinein verlängerten bzw. verfestigten: Je mehr man verdiente, umso höher fiel später auch die Altersrente aus. Wer keine (lückenlose) Erwerbsbiografie aufwies und/oder zu den Niedrigverdiener(inne)n gehörte, hatte dagegen auch keine bzw. entsprechend geringere Rentenzahlungen zu erwarten und musste in der Regel mit Fürsorgeleistungen vorliebnehmen.

Sieht man von der Weltwirtschaftskrise gegen Ende der 1920er-/Anfang der 1930er-Jahre, ihren negativen Konsequenzen für die Arbeitsmarkt- und Sozialpolitik im Endstadium der Weimarer Republik sowie der rassistisch gefärbten Regierungspraxis des NS-Regimes ab, wurde der Wohlfahrtsstaat fast ein Jahrhundert lang *auf*- und *aus*gebaut. Besonders markant erscheinen im historischen Rückblick nach 1945 die Große Rentenreform 1957, die das aus Bismarcks Zeiten stammende Kapitaldeckungsprinzip durch ein modifiziertes Umlageverfahren ersetzte und die Altersrente dynamisierte, sowie die Ablösung des überkommenen Fürsorgerechts durch das *Bundessozialhilfegesetz*, mit dem 1961 ein vor Gericht einklagbarer Rechtsanspruch auf Mindestsicherung geschaffen wurde. „Neben der Abkehr von obrigkeitsstaatlichen Fürsorgevorstellungen beinhaltete diese Reform im Wesentlichen zwei Neuerungen: erstens ein gesetzliches Anrecht auf finanzielle Unterstützung im Falle wirtschaftlicher Notlagen für alle Bürger (laufende Hilfe zum Lebensunterhalt) und zweitens spezielle Unterstützungsleistungen für Personen in besonders problematischen Lebenssituationen (Hilfe in besonderen Lebenslagen)."[151]

Seit der Weltwirtschaftskrise 1974/75 betreiben hingegen sämtliche Bundesregierungen mal offen, mal verdeckt einen *Ab*bau des Wohlfahrtsstaates. In allen vier Sozialversicherungszweigen (Gesetzliche Renten-, Kranken-, Unfall- und Arbeitslosenversicherung) sanken die gesetzlich fixierten Leistungen, während die Anspruchsvoraussetzungen zum Teil drastisch verschärft wurden. Gleichzeitig trieben Neoliberale einen *Um*bau des Sozialstaates im Sinne einer grundlegenden Veränderung seiner Finanzierungs-, Verwaltungs- und Leistungsstrukturen voran.

Modellcharakter hatte die Mitte der 1990er-Jahre als fünfter und letzter Versicherungszweig geschaffene Pflegeversicherung. Sie ebnete den künftig womöglich als richtungweisend geltenden Weg vom Sozialversicherungs- zum (stärker steuerfinanzierten) Fürsorgestaat, der sich nicht mehr am individuellen Bedarf orientiert, sondern auf eine Mindestsicherung und Armenfürsorge beschränkt. In der Sozialen Pflegeversicherung gingen das Versicherungs- und das Fürsorgeprinzip, die Sozialstaatlichkeit und die Marktlogik eine merkwürdige Mischung bzw. eine widersprüchliche Verbindung ein. Klient(inn)en der ambulanten Pflegedienste avancierten zu „Kund(inn)en", die sich für einen (Billig-)Anbieter entscheiden können. *Wettbewerbs*strukturen schufen einen regelrechten „Pflegemarkt", der zwar noch politisch reguliert wird, die Konkurrenz als maßgebliches Lenkungsprinzip aber in den Sozialstaat hinein verlängert. In der Praxis sorgten *gewinn*orientierte Pflegedienste weniger durch hohe Qualitätsstandards als durch unseriöse Abrechnungsmethoden für Aufsehen. Erstmals wurde die Beitragsparität zwischen Arbeitnehmer(inne)n und Arbeitgebern durchbrochen, indem man Letzteren als „Kompensation" für ihre finanzielle Beteiligung an der Pflegeversicherung die Streichung des Buß- und Bettages als gesetzlicher Feiertag zubilligte. Insofern erfüllte die Pflegeversicherung im negativen Sinn eine gesellschaftspolitische *Pilot*funktion. Daniel Kreutz sah darin den „Prototyp eines post-sozialstaatlichen Systems", weil sie, unter Preisgabe des Grundsatzes paritätischer Finanzierung einseitig von den Versicherten be-

---

151 Hans-Jürgen Andreß/Martin Kronauer, Arm – Reich, in: Stephan Lessenich/Frank Nullmeier (Hrsg.), Deutschland – eine gespaltene Gesellschaft, Frankfurt am Main/New York 2006, S. 29

zahlt und mittels gedeckelter Leistungen für Bedürftige gleichsam auf eine „Basissicherung" beschränkt, primär der Kostenüberwälzung von den Sozialhilfeträgern auf die abhängig Beschäftigten diene.[152]

Michael Vester charakterisiert die „Agenda 2010" mit ihrer Verlagerung von Existenzrisiken auf Kranke und Arbeitslose als Paradigmenwechsel von einem „Sozialversicherungsstaat für alle" zu einem Fürsorgestaat, der sich nur noch um die Ärmsten kümmert.[153] Vor allem das als „Hartz IV" bezeichnete Gesetzespaket sollte die Arbeitslosigkeit (Verwaltung der davon Betroffenen) wie die Arbeit (Senkung des Reallohnniveaus) billiger und die Bundesrepublik damit auf den Weltmärkten konkurrenzfähiger machen. Beschönigend als „Zusammenlegung mit der Sozialhilfe" charakterisiert, war die Abschaffung der Arbeitslosenhilfe ein Markstein auf dem Weg zum Almosen- bzw. Suppenküchenstaat und ein Rückschritt in der Entwicklung des Arbeits- und Sozialrechts, weil sie mit einer Abschiebung der Langzeitarbeitslosen in die Wohlfahrt einherging. War die Arbeitslosenhilfe noch eine Lohnersatzleistung, die sich selbst Jahre oder Jahrzehnte später nach der Höhe des vorherigen Nettoverdienstes richtete, ist das Arbeitslosengeld II genauso niedrig wie die Sozialhilfe.

Wie durch Verabschiedung der sog. Riester-Reform vorher in der Rentenversicherung, wurde das Prinzip der Lebensstandardsicherung hiermit in einem weiteren Versicherungszweig aufgegeben. Wenn man die Menschen nötigt, komplementär zum eigentlichen Sicherungssystem für ihr Alter privat vorzusorgen, ist dies nicht nur moralisch zweifelhaft bzw. unsozial, weil die realen Bedürfnisse ihrer Empfänger/innen zweitrangig sind, sondern auch ökonomisch falsch, weil ausreichende Sozialtransfers für Rentner/innen die Massenkaufkraft stärken und gerade in Schwächeperioden die Binnenkonjunktur stützen würden.

Neoliberale plädieren seit Jahren für eine stärkere Steuerfinanzierung sozialer Leistungen, obwohl oder genauer: weil sie wissen (müssten), dass die Arbeitnehmer/innen im deutschen „Lohnsteuerstaat" viel stärker zur Ader gelassen werden als Kapitaleigentümer, Großaktionäre und Topmanager. Die weitere Entlastung der Arbeitgeber durch Abschaffung der vormals paritätischen Beitragsfinanzierung würde die Familien der Niedrig- und Nor-

152 Siehe Daniel Kreutz, Neue Mitte im Wettbewerbsstaat. Zur sozialpolitischen Bilanz von Rot-Grün, in: Blätter für deutsche und internationale Politik 4/2002, S. 464

153 Siehe Michael Vester, Der Wohlfahrtsstaat in der Krise. Die Politik der Zumutungen und der Eigensinn der Alltagsmenschen, in: Franz Schultheis/Kristina Schulz (Hrsg.), Gesellschaft mit begrenzter Haftung. Zumutungen und Leiden im deutschen Alltag, Konstanz 2005, S. 26

malverdiener/innen doppelt treffen – von der Tendenz zur Erhebung bzw. Erhöhung *indirekter*, Massen- und Verbrauchssteuern (wie der Mehrwert- und Versicherungssteuer von 16 auf 19 Prozent zum 1. Januar 2007) ganz zu schweigen. Neoliberale präferieren ein Fürsorgesystem nach angelsächsischem Muster, das nicht auf erworbenen Rechtsansprüchen (Eigentumsgarantie bei Sozialleistungen) basiert, sondern die Vergabe von Transferleistungen nach Kassenlage (des Staates) ermöglicht.

Das lohn- und beitragsbezogene Sicherungssystem der Bundesrepublik entspricht aufgrund des gültigen Äquivalenzprinzips (Balance von Leistung und Gegenleistung), welches Ein- und Auszahlungsbeträge etwa in der Gesetzlichen Rentenversicherung miteinander in eine Kausalbeziehung, wenn auch nicht völlig zur Deckung bringt, weitgehend der Leistungsideologie und einem meritorischen Gerechtigkeitsverständnis. Trotzdem droht der Sozial(versicherungs)staat, seit Bismarck darauf gerichtet, die männlichen Industriearbeiter mitsamt ihren Familien vor Standardrisiken wie dem Tod des Ernährers zu schützen, als Fürsorgesystem zu enden, das einerseits weniger über Beiträge von Arbeitgebern und Versicherten als durch Steuermittel finanziert wird und andererseits nicht mehr den Lebensstandard seiner Klientel erhält, sondern dieser nur noch eine Basisversorgung (bloße Existenzsicherung) angedeihen lässt.

An die Stelle der Versicherungs- treten immer stärker (verbrauchs)steuerfinanzierte Fürsorgeleistungen und die Privatwohltätigkeit, was die öffentliche Aufwertung der „Eigenvorsorge" und der „Selbstverantwortung" kaschiert. Dadurch lässt sich nach neoliberaler Überzeugung die Sozialleistungs- bzw. Staatsquote senken sowie die Erwerbslosigkeit deutlich verringern. Der sozialpolitische Dreiklang neoliberaler Modernisierer lautet im Grunde: Entstaatlichung, Entsicherung und Entrechtung jener Menschen, die entweder unfähig oder nicht willens sind, auf dem (Arbeits-)Markt ein ihre Existenz sicherndes Einkommen zu erzielen. Dass er weniger die Verbesserung der Lebenssituation davon Betroffener als die Entlastung der Unternehmen, Kapitaleigentümer und Spitzenverdiener bezweckt, lässt ihn besonders für Letztere attraktiv erscheinen, obwohl die negativen Folgen auch für sie auf der Hand liegen.

Sowohl das Versicherungsprinzip selbst wie auch die Bindung der Sozialleistungen an die Erwerbsarbeit stehen im Kreuzfeuer neoliberaler Kritik. Vor allem die Lohn- und Beitragsbezogenheit der Sozialleistungen gilt als problematisch, weil sie nicht nur den „Produktionsfaktor Arbeit" (tatsächlich gemeint: das investierende Kapital) über Gebühr belaste, sondern aufgrund der gesetzlichen Lohnnebenkosten, vornehmlich der Arbeitgeberbeiträge zur Sozialversicherung, auch die Konkurrenzfähigkeit des „Standorts D" in einer globalisierten Wirtschaft beeinträchtige. Kurt Biedenkopf bemerkt in Anlehnung an das neoliberale Mantra, wonach die Lohnnebenkosten die internationale Wettbewerbsfähigkeit der Bundesrepublik beeinträchtigen: „Es wird eine entscheidende Aufgabe der Reform des Systems der sozialen Sicherheit sein, das Arbeitsverhältnis – zumindest teilweise – von diesen Lasten zu befreien und andere Formen der Finanzierung der sozialen Systeme zu entwickeln."[154]

Seine neoliberalen Kritiker werfen dem Sozialstaat vor, die Freiheit nicht bloß der einzelnen Wirtschaftssubjekte, Unternehmer und Arbeitnehmer/innen, sondern auch seiner armen, erwerbslosen Bürger/innen mit Füßen zu treten. Geradezu beispielhaft argumentiert in diesem Zusammenhang Rainer Hank: „Der Wohlfahrtsstaat entwürdigt, indem er Almosen verteilt."[155] Dies tat der Sozialstaat früher gerade nicht, weil er die Grundrechte achtete und sein Handeln auf Rechtsansprüchen beruhte, die bürokratische Willkürmaßnahmen seitens der Behörden ausschließen sollten. Erst die neoliberale Transformation des Wohlfahrtsstaates reduziert diesen darauf, nur noch das Existenzminimum seiner vom Markt ausgegrenzten Bürger/innen mehr schlecht als recht zu sichern oder durch das zivilgesellschaftliche Engagement der Besserverdienenden sichern zu lassen. Almosen schaffen keine soziale Gerechtigkeit,[156] wie sie der moderne Wohlfahrtsstaat verlangt, vielmehr das Gegenteil davon. Wenn es den Reichen überlassen bleibt, was sie den Armen geben, wird deren Menschenwürde im Schenkungsakt selbst verletzt. Nur der bisher verfassungsgerichtlich garantierte Rechtsanspruch auf Transferleistungen verhindert, dass Lebensrisiken in Existenzkrisen münden. Ohne den Wohlfahrtsstaat wird die Lohnarbeit im globalisierten Kapitalismus zum sozialen Vabanquespiel, was jeder Durchschnittsverdiener weiß, der kein Vermögen besitzt.

Ziel einer sinnvollen Reform des Wohlfahrtsstaates kann nicht die Senkung der Lohnnebenkosten durch eine Steuerfinanzierung der sozialen Sicherung, sondern muss deren Abkopplung von den unter Druck geratenen Löhnen sein.[157] Dafür bietet sich ein Wertschöpfungsbeitrag an, fälschlicherweise auch „Maschinensteuer" genannt. Statt oder neben der Brutto-

---

154 Kurt Biedenkopf, Die Ausbeutung der Enkel, a. a. O., S. 164
155 Rainer Hank, Das Ende der Gleichheit, a. a. O., S. 194
156 Vgl. Norbert Blüm, Gerechtigkeit, a. a. O., S. 70
157 Vgl. hierzu: Christoph Butterwegge, Plädoyer für die Beitragsfinanzierung und eine solidarische Bürgerversicherung. Alternativen zum neoliberalen Um- bzw. Abbau des Sozialstaates, in: Soziale Sicherheit 2/2007, S. 62 ff.

lohn- und -gehaltssumme könnte (auch) die Bruttowertschöpfung eines Unternehmens als Bemessungsrundlage für die Arbeitgeberbeiträge zur Sozialversicherung dienen. Wenn man das Wohlfahrtssystem ganz von der Erwerbsarbeit abkoppeln will, ließe sich die bisherige Sozial- zu einer Volks- oder Bürgerversicherung erweitern, in die alle Wohnbürger/innen einbezogen wären. Sie müssten unabhängig von der Quelle und der Höhe ihres Einkommens (systemwidrige Beitragsbemessungs- und Versicherungspflichtgrenzen entfallen) dann Beiträge entrichten, wenn sie hierzu fähig sind. Ansonsten würde der Staat gewissermaßen als Ausfallbürge einspringen.

2.2.7 Abkehr von der gesamtgesellschaftlichen Solidarität und Rückkehr zur Familiensubsidiarität

Auch im folgenden Punkt trägt die „sozialpolitische Postmoderne" mittelalterliche Züge und ähnelt die jüngste Wohlfahrtsstaatsentwicklung einer Refeudalisierung: Durch die schrittweise Reindividualisierung, Reprivatisierung und Rückverlagerung sozialer Risiken auf die Familien, wie sie CDU-Generalsekretär Ronald Pofalla im August 2006 mit seinem Vorschlag antizipierte, nicht nur Eltern sollten für ihre (erwachsenen) Kinder aufkommen, wenn diese arbeitslos seien, sondern auch (erwachsene) Kinder für ihre arbeitslosen Eltern, fällt die Gesellschaft hinter Errungenschaften des 19. und 20. Jahrhunderts zurück.

Was der neoliberalen Prinzipien gemäß reformierte Wohlfahrtsstaat nicht mehr zu leisten vermag, weil man ihm die dafür benötigten Geldmittel bzw. Ressourcen vorenthält, dem Markt aber nicht überlassen bleiben kann, weil sich davon keiner seiner Teilnehmer/innen irgendeinen Gewinn verspricht, wird der sozial benachteiligten Person (unter dem Stichwort „Eigenverantwortung") entweder selbst aufgebürdet oder ihrer Familie (unter Rückgriff auf den Subsidiaritätsbegriff) als Verpflichtung zugewiesen.

Während das Solidaritätsgebot unserer Verfassung als in der Leistungs-, Wissens- bzw. Wettbewerbsgesellschaft nicht mehr realisierbar und daher antiquiert diffamiert wird, erfährt das Subsidiaritätsprinzip eine späte, ziemlich merkwürdig anmutende Renaissance im neoliberalen Gewand. Kurt Biedenkopf plädiert für seine marktkonforme Auf- und Umwertung mit folgender Begründung: „Mit der Anwendung des Subsidiaritätsprinzips stellen wir die Ordnung des Sozialen vom Kopf wieder auf die Füße. Freiheit in diesem Bereich heißt Vorfahrt für personale Solidarität und Begrenzung der staatlich organisierten Solidarität auf die Sicherung der Grundbedürfnisse."[158] An die Stelle des Sozialstaates tritt in dieser rückwärtsgewandten Utopie des Liberalkonservatismus wieder die Großfamilie als eine Art „Selbsthilfegruppe", wie sich Biedenkopf ausdrückt.[159]

Subsidiarität hat zwei weltanschauliche, politische bzw. religiöse Wurzeln: den Liberalismus und den sozialen Katholizismus, die als einander wechselseitig bedingende und ergänzende Wirkungslinien zu beschreiben sind. „Der historische Entwurf liberaler Subsidiarität diente der Durchsetzung der Strukturen bürgerlicher Vergesellschaftung gegenüber absolutistischem Reglement und damit einem Zurückdrängen des Staates zugunsten marktförmiger Vergesellschaftung. Subsidiarität in der Tradition des sozialen Katholizismus hingegen hat in ihrer über hundertjährigen Geschichte den Auf- und Ausbau der spezifisch deutschen Form des Wohlfahrtsstaates legitimiert – und damit eine Ausweitung staatlichen Handelns."[160]

Als konstitutiver Bestandteil der katholischen Soziallehre übte das Subsidiaritätsprinzip großen Einfluss auf die deutsche Wohlfahrtsstaatsentwicklung aus, zumal es geeignet war, die Verantwortung für die Behebung/Vermeidung prekärer Lebenslagen vom Staat bzw. von einer größeren Gemeinschaft auf kleinere Einheiten oder das einzelne Individuum zu verlagern. In der neoliberalen Konzeption zur Transformation des Wohlfahrtsstaates wird die Subsidiarität im Sinne einer schrittweisen Verschiebung der sozialen Verantwortung nach unten (fehlt)interpretiert und zur Entlastung der Stärkeren gegenüber den Schwächeren missbraucht, die sich gefälligst selbst helfen sollen. Arno Waschkuhn spricht von bloßer „Subsidiaritätsrhetorik", wenn unter Berufung auf diese Formel eine Politik des Sozialabbaus legitimiert bzw. bemäntelt wird.[161] Sie findet dort statt, wo Bedürftige zur Lösung struktureller Benachteiligungen auf die Ausschöpfung ihrer eigenen Kompetenzen und individuellen Ressourcen verwiesen werden. Es dürfe aber nicht darum gehen, meint Waschkuhn, elementare Lebensrisiken unter dem Vorwand einer „neuen Subsidiarität" in den sozialen Nahbereich zurückzuverlagern: „Wie immer man das Subsidiaritätsprinzip im Bereich der Sozialpolitik auch interpretiert – es kann jedenfalls staatliche Maßnahmen nicht ersetzen, so daß es stets auch um deren materiale Ausfüllung geht."[162]

---

158 Kurt Biedenkopf, Die Ausbeutung der Enkel, a. a. O., S. 200

159 Siehe ebd., S. 207

160 Christoph Sachße, Subsidiarität: Leitmaxime deutscher Wohlfahrtsstaatlichkeit, in: Stephan Lessenich (Hrsg.), Wohlfahrtsstaatliche Grundbegriffe. Historische und aktuelle Diskurse, Frankfurt am Main/New York 2003, S. 212

161 Siehe Arno Waschkuhn, Was ist Subsidiarität? – Ein sozialphilosophisches Ordnungsprinzip: Von Thomas von Aquin bis zur „Civil Society", Opladen 1995, S. 48

162 Ebd., S. 49

Nichts schadet Familien mehr als der Um- bzw. Abbau des Sozialstaates und die mit den Schlagworten „Globalisierung" und „Standortsicherung" begründete Vermarktung der zwischenmenschlichen Beziehungen. Eine kapitalistische Hochleistungs-, Konkurrenz- und Ellenbogengesellschaft, die sich eher für Berufskarrieren und Aktienkurse als für Suppenküchen, Kinderarmut und Babyklappen interessiert, bietet sozial benachteiligten Familien keine gesicherte Existenzgrundlage. Flexibilität, Risikofreude und soziale Unsicherheit, wie sie der „Turbokapitalismus" (Edward N. Luttwak) vor allem seinen Arbeitskräften bzw. prekär Beschäftigten abverlangt, sind die Todfeinde der Familie. Der „flexible Mensch" (Richard Sennett) kann sich gar keine Familie mehr „leisten", sei es aufgrund finanzieller Probleme oder infolge jener geografischen Mobilität, die Manager transnationaler Konzerne von ihm fordern. Umso mehr erstaunt die Tatsache, dass die Aufgabe der Gewährleistung sozialer Sicherheit nicht nur auf den Markt, vielmehr auch in die Familie hinein redelegiert wird. Letztlich ist die Rückverlagerung von Verantwortung auf die Familie und das Individuum, welches die Standardlebensrisiken wieder selbst trägt, in einer arbeitsteilig organisierten und extrem ausdifferenzierten Gesellschaft anachronistisch.

2.3 Wettbewerbsföderalismus und Föderalismusreform

„Wettbewerb" dient Neoliberalen als Zauberwort, mit dem sie die angeblich verkrusteten Strukturen des Wohlfahrtsstaates aufbrechen und auch bei einer Reform des Föderalsystems der Staatsordnung die bisherigen, als überholt bezeichneten Verhältnisse zum Tanzen bringen möchten. Rainer Hank verlangt Wettbewerb auf den Arbeitsmärkten, in den sozialen Sicherungssystemen und im Bundesstaat: „Ein wichtiger Schlüssel zu mehr horizontalem Wettbewerb liegt auf dem Felde des Sozialen. Der gegenwärtige Sozialstaat muß stärker privatisiert, der verbleibende Kernsozialstaat stärker dezentralisiert werden."[163] Dabei zeigt die deutsche Gesundheitspolitik, wo das neoliberale Mantra mittlerweile sogar im Namen zentraler Reformvorhaben auftaucht („GKV-Wettbewerbsstärkungsgesetz" heißt die legislative Grundlage der am 1. April 2007 in Kraft getretenen Gesundheitsreform), dass Konkurrenz zwar – wie der Volksmund weiß – das Geschäft belebt, aber keineswegs dem Bedürfnis der Patient(inn)en nach einer optimalen medizinischen Behandlung dient. Vielmehr nährt der Wettbewerb um möglichst niedrige Kosten und möglichst hohe Gewinne weniger die „Kundenfreundlichkeit"

---

163 Rainer Hank, Das Ende der Gleichheit, a. a. O., S. 224

der Leistungsanbieter als die Tendenz zur Ökonomisierung, Privatisierung und Kommerzialisierung des Gesundheitswesens.

Wer – wie mancher Neoliberaler – die kapitalistische Ökonomie verabsolutiert, negiert im Grunde demokratische Politik und repräsentative Demokratie, weil beide Mehrheitsentscheidungen und nicht das Privateigentum an Produktionsmitteln zum Fixpunkt gesellschaftlicher Entwicklungsprozesse machen. Um den „Standort D" zu retten, stellte Jürgen Schrempp, seinerzeit Vorstandsvorsitzender der Deutschen Aerospace AG und Vorstandsmitglied der Daimler-Benz AG, Mitte der 1990er-Jahre die politische Kultur der Bundesrepublik in Frage: „Das etablierte Vorgehen, das die politischen Entscheidungen von ihrer Mehrheitsfähigkeit abhängig macht, ist der heutigen Zeit nicht mehr gewachsen."[164] Den damaligen BDI-Präsidenten Hans-Olaf Henkel trieben ähnliche Sorgen um. Er hielt das deutsche Verhältniswahlrecht für überholt und konstatierte: „Wenn es (...) so ist, daß der Wettbewerb zwischen Standorten eine relative Veranstaltung ist und daß wir selbst bei eigener Bewegung zurückfallen, wenn andere schneller auf die Herausforderungen der Globalisierung reagieren als wir, dann müssen wir uns fragen, ob unser politisches System eigentlich noch wettbewerbsfähig ist."[165]

In seiner Rede zur Auflösung des Bundestages und zur Ausschreibung der Neuwahl seiner Abgeordneten erklärte Horst Köhler am 21. Juli 2005 ein Grundprinzip der Verfassung zumindest in seiner konkreten Ausprägung, das bewährte Institutionengefüge und die vertikale Gewaltenteilung der Bundesrepublik kurzerhand für antiquiert: „Die föderale Ordnung ist überholt."[166] Bisher war der Föderalismus ein institutionelles Hindernis für radikale Reformen des Neoliberalismus, das zu überwinden sich die Bertelsmann Stiftung, der „Konvent für Deutschland" mit Hans-Olaf Henkel und Altbundespräsident Roman Herzog sowie andere Lobbygruppen seit längerem als Ziel ihrer Bemühungen gesetzt hatten. Francis G. Castles, Herbert Obinger und Stephan Leibfried gelangten in einem sechs OECD-Länder erfassenden Vergleich zu dem Ergebnis, „dass der Föderalismus den Rückbau

---

164 Jürgen E. Schrempp, Entscheidungen sind notwendig, um den Standort zu retten, in: Hans Wolfgang Levi/Brigitte Danzer (Hrsg.), Wirtschaftsstandort – Wissenschaftsstandort Deutschland, Stuttgart 1994, S. 39

165 Hans-Olaf Henkel, Für eine Reform des politischen Systems, in: Manfred Bissinger (Hrsg.), Stimmen gegen den Stillstand, a. a. O., S. 89

166 „Unsere Zukunft steht auf dem Spiel". Ansprache von Bundespräsident Horst Köhler zur Bundestagsauflösung vom 21. Juli 2005 in Berlin, in: Blätter für deutsche und internationale Politik 9/2005, S. 1149

des Sozialstaates nicht erleichtert, sondern eher erschwert hat."[167] Dies gilt auch und gerade für Deutschland, wo der Bundesrat häufig als besonders effektives Vetoorgan fungierte, das ärmere Länder begünstigte und eine desto größere Wirkung erzielte, je mehr Landtagswahlen eine Regierungspartei oder -koalition beispielsweise aufgrund der Kürzung von Transferleistungen verlor. Schon deshalb bedeuteten *weniger* Landtagswahlen infolge von vier auf fünf Jahre verlängerter Legislaturperioden, die sich partiell durchsetzten, auch nicht *mehr* Demokratie, sondern trugen eher zum weiteren Abbau des Wohlfahrtsstaates bei.

Selbst das Grundgesetz ist Ultraliberalen ein Dorn im Auge, suchen sie doch sein Sozialstaatsgebot außer Kraft zu setzen und dem Markt nicht nur Vor-, sondern auch Verfassungsrang zu verschaffen. Dabei stören demokratische Willensbildungs- und Entscheidungsprozesse, die (zu) lange dauern, Prinzipien wie die Gewaltenteilung und föderale Strukturen, weil sie Macht tendenziell beschränken, sowie der Konsenszwang eines Parteienstaates. Thomas Darnstädt lästerte denn auch in einem *Spiegel*-Heft (v. 12.5.2003), dessen Titelblatt das Grundgesetz als Erstausgabe mit Goldschnitt zeigt, auf die eine fast heruntergebrannte Kerze ihren Wachs unter der Überschrift „Die verstaubte Verfassung. Wie das Grundgesetz Reformen blockiert" ergießt: „Das Grundgesetz der Hightech-Gesellschaft des 21. Jahrhunderts ähnelt einem VW-Käfer, Baujahr Mai 1949 – das waren die mit den Brezelfenstern." Den hierzulande angeblich bestehenden „Reformstau" erklärte Darnstädt primär mit den voneinander abweichenden Mehrheitsverhältnissen in Bundestag und -rat. Letzterer erschien ihm geradezu als Blockadeinstrument und Bremsklotz jeglicher Reformpolitik: „Wie (...) soll der Staat der 16 Bundesländer funktionieren, wenn das Tempo immer vom Langsamsten bestimmt wird?"

Als mögliches Heilmittel gilt Kritikern ein „sozialer Wettbewerbsföderalismus", den die Bertelsmann-Kommission „Verfassungspolitik und Reformfähigkeit" vorschlug.[168] Gegen einen fairen Wettbewerb, der von freiwillig daran Teilnehmenden nach im Konsens festgelegten, allgemein verbindlichen und keinen von ihnen benachteiligenden Regeln erfolgt, hat

---

167 Siehe Francis G. Castles/Herbert Obinger/Stephan Leibfried, Bremst der Föderalismus den Leviathan? – Bundesstaat und Sozialstaat im internationalen Vergleich, 1880-2005, in: Politische Vierteljahresschrift 2/2005, S. 231

168 Siehe Bertelsmann-Kommission „Verfassungspolitik und Regierungsfähigkeit", Entflechtung 2005. Zehn Vorschläge zur Optimierung der Regierungsfähigkeit im deutschen Föderalismus, Gütersloh 2000, S. 18; zur Kritik an solchen Konzepten vgl. Heribert Schatz/Robert Ch. Van Ooyen/Sascha Werthes (Hrsg.), Wettbewerbsföderalismus. Aufstieg und Fall eines politischen Streitbegriffes, Baden-Baden 2000

niemand etwas einzuwenden. Den neoliberalen „Modernisierern" geht es jedoch um etwas ganz anderes, nämlich eine Form der Konkurrenz, die (Wohlfahrts-)Staaten, Länder und Kommunen wie hart arbeitende Menschen bzw. ihre Familien unter einen permanenten Leistungsdruck setzt und sie teilweise bei der Strafe ihres Untergangs zwingt, auf dem Markt erfolgreicher, billiger und/oder besser als die Mitbewerber/innen zu sein.

Ein typisches Beispiel für die Art und Weise, wie Neoliberale ökonomische Funktionsmechanismen auf politische Entscheidungsprozesse und innerstaatliche Machtverhältnisse übertragen, ohne deren Eigengesetzlichkeit und spezifischen Charakter zu berücksichtigen, bietet das Konzept des Wettbewerbsföderalismus. Da sollen Bundesländer, als „Wirtschaftsstandorte" begriffen, die um Investoren bzw. Großanleger buhlen, gegeneinander konkurrieren, statt wie bisher miteinander zu kooperieren und wechselseitig ihre Schwächen zu kompensieren. Wenn man die (ihrer Zahl nach reduzierten) Länder, einer „Logik des Gaspedals" folgend, wie Unternehmen miteinander konkurrieren lässt, gehören die wohlhabenderen zu den Gewinnern, die bedürftigen hingegen zu den Verlierern. Dadurch würde sich die Kluft zwischen Ost- und West-, Nord- und Süddeutschland vertiefen und die Gleichwertigkeit der Lebensverhältnisse als Staatsziel aufgegeben. „Gerade im Prozess der Internationalisierung/Europäisierung ist eine Politik in Richtung ‚einheitlicher Lebensverhältnisse' geboten. Setzt sich der Wettbewerbsföderalismus durch, so wird Politik auf Länderebene noch stärker als bisher auf wirtschaftsnahe Maßnahmen zu Lasten der sozialen und ökologischen Entwicklung reduziert."[169]

Hier trifft man auch wieder auf den demografischen Wandel, wird doch die unterschiedliche Bevölkerungsentwicklung der Bundesländer als Begründung angeführt, warum das Verfassungsgebot der „Herstellung gleichwertiger Lebensverhältnisse im Bundesgebiet" (Art 72 Abs. 2 GG), erst 1994 im Zuge der durch die deutsche Vereinigung erzwungenen Grundgesetzänderungen an die Stelle des noch strikteren und ehrgeizigeren Postulates „Wahrung der Einheitlichkeit der Lebensverhältnisse" getreten, mittlerweile überholt sei: „Das Schrumpfen (der Bevölkerung, *Ch.B.*) erledigt diesen Auftrag vollends."[170] Eva Barlösius bemängelt, dass in solchen Stellung-

---

169 Rudolf Hickel, Vom kooperativen zum konkurrierenden Föderalismus? – Der Länderfinanzausgleich unter Reformdruck, in: Blätter für deutsche und internationale Politik 12/2000, S. 1492
170 Cordula Tutt. Das große Schrumpfen. Von Wohlstandsinseln und Verliererregionen in Deutschland, in: WZB-Mitteilungen 112 (2006), S. 20; zit. nach: Eva Barlösius, Gleichwertig ist nicht gleich, in: Aus Politik und Zeitgeschichte 37/2006, S. 17

nahmen „Gleichwertigkeit" als weitgehende Gleichheit bzw. Gleichförmig-
keit missdeutet wird, um dieselbe Zugänglichkeit zum Bildungs- und Gesundheitssystem oder identische Erwerbschancen leichter problematisieren
zu können: „Damit wird der demographische Wandel dazu genutzt, einen
bisher geltenden gesellschaftlichen und politischen Grundkonsens in Frage
zu stellen."[171]

Mit seinem Urteil vom 27. Juli 2004 hat das Bundesverfassungsgericht
nicht nur die Einfügung der Juniorprofessur ins Hochschulrahmengesetz
für verfassungswidrig erklärt, sondern auch die Position der Länder im föderalen Gefüge deutlich gestärkt und die Gesetzgebungskompetenzen des
Bundes drastisch beschränkt. Die von Bundestag und -rat eingesetzte
„Kommission zur Modernisierung der bundesstaatlichen Ordnung" unter
dem Vorsitz von Franz Müntefering und Edmund Stoiber erklärte am 17.
Dezember 2004 ihr Scheitern. Nur die engere Zusammenarbeit von CDU/
CSU und SPD auf der Regierungsebene des Zentralstaates bot noch die
Chance eines neuen Anlaufs. Bei der Föderalismusreform, die wegen der
dazu nötigen Grundgesetzänderungen eine Zweidrittelmehrheit in Bundes-
tag und -bundesrat erforderte, brachte die im November 2005 gebildete
Große Koalition den lange erhofften Durchbruch.

Die am 1. September 2006 in Kraft getretene Föderalismusreform war
der schwerwiegendste Eingriff in das Grundgesetz seit den Notstandsgeset-
zen. Durch die größte Verfassungsänderung seit 1949 wurden die sozialpolitischen Kompetenzen des Zentralstaates ebenso beeinträchtigt wie die Einflussmöglichkeiten der ärmeren Bundesländer. Kaum war das Grundgesetz
geändert, schon standen in einigen Ländern soziale Mindeststandards zur
Disposition: Das von CDU und FDP regierte Nordrhein-Westfalen sowie
das von SPD und Linkspartei.PDS regierte Berlin liberalisierten als erste
Bundesländer den Ladenschluss und ermöglichten damit (großen) Geschäf-
ten nunmehr Öffnungszeiten rund um die Uhr; bloß der Sonntag und gesetzliche Feiertage blieben – wohl aus Gründen christlicher Pietät, nicht des
Arbeitsschutzes und der nötigen Erholungspausen für die Verkäufer/innen
wegen – von dieser Freigabe (noch) verschont. Baden-Württemberg wiederum preschte bei den Pensionsregelungen für seine Beamt(inn)en vor; die
Verlängerung von deren Lebensarbeitszeit avancierte praktisch über Nacht
zu einem „Standortvorteil" für ihren Dienstherrn. Umgekehrt verhielt es
sich beim längst überfälligen Nichtraucherschutz in Kneipen, Restaurants
und Diskotheken: Mit der Begründung, dass nur die einzelnen Länder ent-

---

171 Eva Barlösius, Gleichwertig ist nicht gleich, a. a. O.

sprechende Rauchverbotsbestimmungen für diesen Bereich erlassen könnten, setzten die Tabak- und die Gaststättenlobby im Dezember 2006 gemeinsam durch, dass kein Bundesgesetz zustande kam, obwohl sich die Große Koalition darauf in einer gemeinsamen Arbeitsgruppe bereits geeinigt hatte und der immer noch auf zentraler Ebene zu regelnde Arbeitsschutz eine Handhabe dafür bot.

Die negativen Auswirkungen von „Sparmaßnahmen" im Jugend-, Sozialund Gesundheitsbereich wie auch bei den Bundeszuschüssen zum öffentlichen Nahverkehr (Kürzung der sog. Regionalisierungsmittel) beeinträchtigen die Zukunftsperspektiven der künftigen Generationen. Dazu zählt ebenfalls die Beschneidung der Bundeskompetenzen im Bildungsbereich, weil die Föderalismusreform mit ihrer Transformation des kooperativen zum Wettbewerbsföderalismus einer desaströsen Konkurrenz zwischen den Bundesländern nunmehr Tür und Tor öffnete, was den (Hoch-)Schülern in finanzschwachen Ländern besonders schadet, können die guten Lehrkräfte doch leichter abgeworben werden. „Der Wettbewerbsföderalismus liefert (...) die schwächsten Mitglieder der Gesellschaft, die Kinder, endgültig dem Markt aus."[172]

Wolfgang Lieb spricht unter Bezugnahme auf die analoge Entwicklung im deutschen Profifußball von einem „Bayern-München-Effekt", der die (finanz)starken Bundesländer in Südwestdeutschland noch (finanz)stärker und die (finanz)schwachen in Nordostdeutschland noch (finanz)schwächer mache. Dabei gehe es den neoliberalen „Reformern" gar nicht um die Stärkung der föderalen Strukturen. „Ziel ist es vielmehr, der Bundesregierung ein ‚Durchregieren' in der Wirtschafts- und Sozialpolitik zu erleichtern, während als Gegenleistung die Regelungszuständigkeit der Länder gerade auf wichtigen Feldern wächst."[173] Genannt seien in diesem Zusammenhang der öffentliche Dienst, das Hochschulwesen und der Umweltschutz.

Am 15. Dezember 2006 setzten Bundestag und -rat eine gemeinsame Kommission unter dem Vorsitz des SPD-Fraktionsvorsitzenden Peter Struck und des baden-württembergischen Ministerpräsidenten Günther H. Oettinger ein, die Vorschläge zur „Modernisierung" der Bund-Länder-Finanzbeziehungen, gedacht als nächster Schritt der Föderalismusreform, erarbeiten soll. Dabei geht es sowohl um die Steuerhoheit, d. h. die Fähigkeit, Ländersteuern in eigener Regie zu erheben und ihre Höhe zu bestimmen,

---

172 Jutta Roitsch, Föderaler Schlussakt. Von der kreativen Kooperation zum ruinösen Wettbewerb, in: Blätter für deutsche und internationale Politik 8/2006, S. 984
173 Wolfgang Lieb, Der Wettbewerbs-Republik entgegen, in: Freitag v. 13.1.2006

wie auch um den Finanzausgleich (zwischen Bund und Ländern sowie zwischen den Letzteren). In der Diskussion sind unterschiedliche Regelungen, die von einer Übertragung der Kriterien des Europäischen Stabilitäts- und Wachstumspakts auf die nationale Ebene bis zu einem Neuverschuldungsverbot mit Verfassungsrang reichen. Zuerst haben Neoliberale den Staat durch die wiederholte steuerliche Entlastung von Kapitaleigentümern und Spitzenverdienern in finanzielle Nöte gestürzt, nunmehr wollen sie ihm Fesseln hinsichtlich seiner Möglichkeiten zur Aufnahme öffentlicher Kredite anlegen. Debattiert wird auch über Heberechte der Bundesländer bei der Unternehmensbesteuerung sowie Zu- bzw. Abschläge auf die von ihnen mit dem Bund geteilte Einkommen- und Körperschaftsteuer. Sollten die Landesparlamente künftig die Höhe der Steuersätze festlegen, zögen vermutlich noch mehr Einkommensmillionäre und Vermögende in den prosperierenden Südwesten Deutschlands, der es sich viel eher leisten könnte, sie mit Steuernachlässen anzulocken, während die übrigen Regionen noch stärker ins Hintertreffen geraten würden.

Die bisherige Finanzverfassung der Bundesrepublik bezeichnet Roman Herzog, einmal mehr namhaftester Fürsprecher neoliberaler Reformbestrebungen, als „wichtigste Wettbewerbsbremse", was er durch Weiterführung der Föderalismusreform ändern zu können hofft: „Mit dem Pochen auf ‚Einheitlichkeit der Lebensverhältnisse' werden wir die Wende zur lebensnotwendigen Reformfähigkeit unseres Landes nicht schaffen."[174] Dagegen hält Werner Reutter die Herstellung gleichwertiger Lebensverhältnisse in der gesamten Bundesrepublik nicht nur für einen verfassungsrechtlichen Auftrag, sondern auch für eine ökonomische und politische Notwendigkeit, was die Übertragung von Umwelt-, Rechts- und Hochschulpolitik an die Länder im Rahmen des ersten Teils der Föderalismusreform ignoriert bzw. konterkariert: „Während sich die Reform an den Prinzipien Entflechtung und Trennung orientiert, verlangen die Funktionsprinzipien des kooperativen Föderalismus weiterhin Kooperation und Konsens."[175]

Womöglich schweben manchem Ultraliberalen bei der nächsten Stufe der Föderalismusreform, die noch in der laufenden Legislaturperiode mit einer Zweidrittelmehrheit aus dem Regierungslager von CDU/CSU und SPD im Bundestag und -rat beschlossen werden soll, US-amerikanische Verhältnisse vor: Dort gibt es keinen Finanzausgleich zwischen den (armen und rei-

---

174 Roman Herzog, Kooperation und Wettbewerb, in: Aus Politik und Zeitgeschichte 50/2006, S. 5
175 Werner Reutter, Föderalismusreform und Gesetzgebung, in: Zeitschrift für Politikwissenschaft 4/2006, S. 1269

chen) Bundesstaaten, was mit dazu beigetragen hat, dass sich die Lebensverhältnisse der Bewohner/innen je nach Region ganz erheblich voneinander
unterscheiden. Wie das Verfassungsgerichtsurteil zur Haushaltssituation des
Landes Berlin vom 19. Oktober 2006 zeigte, haben finanziell benachteiligte
Gebietskörperschaften auch hierzulande künftig kaum noch Unterstützung
zu erwarten. Vielmehr geht der allgemeine Trend dahin, ihnen mehr „Eigenverantwortlichkeit" abzuverlangen. Für Stefan Bajohr passt die Tatsache,
dass Karlsruhe dem Berliner Senat nahe legte, den Berlin gehörenden So-
zialwohnungsbestand auf den Markt zu werfen, zum neoliberalen Klima in
der Bundesrepublik.[176]

3. Folgen des Wettbewerbswahns: Spaltung der Gesellschaft, soziale Exklusion und allgemeine Destabilisierung

Wer die neoliberale Theorie und die Standortlogik überzeugend widerlegen
möchte, darf ihre praktischen Konsequenzen für die unmittelbar betroffenen „Reformopfer" wie für die Gesellschaft insgesamt nicht aussparen. Da
es sich hierbei vielleicht sogar um das gewichtigste Gegenargument in der
Auseinandersetzung mit dem Neoliberalismus handelt, wird abschließend
skizziert, welche Folgen der von ihm betriebene Um- bzw. Abbau des Wohlfahrtsstaates, die Kürzung von Transferleistungen und die (Re-)Privatisie-
rung bzw. (Re-)Familiarisierung sozialer Risiken zeitigen.

3.1 Die soziale Polarisierung, Pauperisierung und Prekarisierung

Die von neoliberaler Seite verlangte bzw. vorangetriebene „US-Amerikani-
sierung" des Sozialstaates führt zwangsläufig auch zu einer „US-Amerikani-
sierung" der Sozialstruktur, genauer: zu einer Pauperisierung bzw. Preka-
risierung eines größeren Teils der Bevölkerung, einer forcierten, sich auch
sozialräumlich verfestigenden Polarisierung zwischen Arm und Reich sowie
einer Peripherisierung ökonomisch weniger leistungsfähiger bzw. demografisch benachteiligter Regionen. Jenseits des Atlantiks ist diese Entwicklung
zur extremen sozialen Ungleichheit schon viel klarer ausgeprägt, samt ihren
Gefahren für den Zusammenhalt der Gesellschaft, die sich in einer Kon-
flikteskalation, wachsenden Brutalität und steigenden (Gewalt-)Kriminali-

---

176 Vgl. Stefan Bajohr, Das Reformkarussell, in: Blätter für deutsche und internationale Politik 2/2007, S. 181

tät, massenhaftem Drogenmissbrauch sowie einer Verwahrlosung der öffentlichen Infrastruktur manifestieren. Damit verbunden wäre eine tiefe Spaltung, die man in den USA seit langem beobachtet, weil sie das dominante Strukturmerkmal neoliberaler Standort-, Wirtschafts- und Sozialpolitik ist. „So bereitet es der wohlhabenderen Bevölkerung (industrielle Kernbelegschaften, neue und alte Mittelklassen) keine Probleme, wenn die sozialen Sicherungssysteme nicht mehr nach dem Kostendeckungsprinzip funktionieren und eine stärkere Eigenbeteiligung verlangen; es bringt ihnen eher noch Vorteile. (...) Für die sozial Schwachen führen die Kürzungen in der allgemeinen Grundversorgung hingegen dazu, daß die Löcher im Sicherungsnetz immer größer werden."[177] Mit der Armut ist Reichtum eine zahlenmäßig ins Gewicht fallende, wenn nicht zur Massenerscheinung geworden. Vor allem die Steuerpolitik der CDU/CSU/FDP-Regierungen, der rot-grünen und der dieser folgenden Großen Koalition sorgten dafür, dass sich die Einkommensverteilung zulasten von Arbeitnehmer(inne)n und ihren Familien verschoben hat, während begünstigt wird, wer Einkünfte aus Unternehmertätigkeit und Vermögen erzielt.

Neben der Gesamtbevölkerung, die nicht nur zunehmend in Arm und Reich zerfällt, den darin liegenden sozialen Zündstoff vielmehr auch deutlicher wahrnimmt,[178] spaltet sich die Armutspopulation selbst noch einmal. Den armen Erwerbslosen traten die erwerbstätigen Armen zur Seite. Mit mehrjähriger Verspätung der US-Entwicklung folgend, bildete die Bundesrepublik einen Niedriglohnsektor aus, der nicht nur typische Frauenarbeitsplätze umfasst. Je mehr (Dauer-)Arbeitslose es gab, umso problemloser ließen sich Personen für weit unter Tarif bezahlte „McJobs" finden. Längst reichen viele Vollzeitarbeitsverhältnisse nicht mehr aus, um eine Familie zu ernähren, sodass ergänzend mehrere Nebenjobs übernommen werden und nach Feierabend bzw. an Wochenenden (zum Teil schwarz) weitergearbeitet wird. „Zwischen die Ausgegrenzten und die Arbeitnehmer mit zunächst noch gutem Einkommensniveau (bei Industrie, Banken und Versicherungen und beim Staat) schiebt sich die rapide wachsende Schicht der ‚working poor'. Auf mittlere Sicht wird diese schlecht bezahlte Arbeitnehmerschaft im Service-Sektor das Lohnniveau in Deutschland maßgeblich mitbestimmen."[179]

---

177 Hans-Jürgen Bieling, Wohlfahrtsstaat und europäische Integration, in: Michael Bruch/ Hans-Peter Krebs (Hrsg.), Unternehmen Globus. Facetten nachfordistischer Regulation, Münster 1996, S. 83

178 Vgl. Hans-Jürgen Andreß/Martin Kronauer, Arm – Reich, a. a. O., S. 49

179 Stefan Welzk, Wie in Deutschland umverteilt und der Wohlstand ruiniert wird, in: Her-

Man kann mittlerweile von einer Doppelstruktur der Armut sprechen: Einerseits sind davon erheblich mehr Personen betroffen, und zwar auch solche Bevölkerungsgruppen, die früher – weil meist voll erwerbstätig – im relativen Wohlstand des „Wirtschaftswunderlandes" lebten. Andererseits verfestigen sich die Mehrfach- und die Langzeit- zur Dauerarbeitslosigkeit, sodass eine „Unterschichtung" der Gesellschaft stattfindet, im Hinblick auf die Betroffenen, Arbeitsmigrant(inn)en der ersten, zweiten bzw. dritten Generation, Aussiedler/innen und Flüchtlinge, mit ethnischen Zügen.[180] Die beschriebene Dualisierung der Armut impliziert nicht nur eine Fragmentierung bzw. Zerklüftung, vielmehr auch eine weitere soziale Schließung (Innen-außen-Spaltung) der Gesellschaft. Wenn man den Exklusionsbegriff nicht systemtheoretisch verengt, sondern ihn dialektisch-materialistisch versteht, bezeichnet Ausgrenzung kein Randgruppenphänomen, vielmehr eine spezifische Form der sozialen Ungleichheit: „In den hoch entwickelten kapitalistischen Gesellschaften der Gegenwart, unter den Bedingungen transnationaler Marktbeziehungen, universalisierter Normen und gesellschaftlich intern verallgemeinerter Bürgerrechte, muss Ausgrenzung mehr denn je als Ausgrenzung in der Gesellschaft begriffen werden."[181]

Im wahrsten Sinne „abgehängt" wurden Mehrfach-, Langzeit- und Dauererwerbslose, Alleinerziehende, meist Frauen, und Migrant(inn)en, aber auch „Menschen aus der bislang für sicher gehaltenen Mitte der Gesellschaft: Leute, die Arbeit haben, aber schlecht bezahlt werden, Akademiker mit Doktortitel, die keine Anstellung finden, Facharbeiter, die nach zwanzig oder dreißig Jahren ihren Job verlieren und nach einem Jahr Arbeitslosigkeit nur noch von Hartz IV leben."[182] Verarmung vieler Menschen und Wohlstandsmehrung für relativ wenige, verbunden mit der Tendenz zur Spaltung von Wirtschaft, Gesellschaft und (Sozial-)Staat, sind eine logische Konsequenz der bisherigen Reformpolitik. Die wachsende soziale Ungleichheit wird aber keineswegs als Folge des Projekts der neoliberalen Modernisierung beklagt und bekämpft, sondern gilt seinen Wortführern umgekehrt

---

bert Schui/Eckart Spoo (Hrsg.), Geld ist genug da. Reichtum in Deutschland, 3. Aufl. Heilbronn 2000, S. 28

180 Vgl. dazu: Christoph Butterwegge, Globalisierung als Spaltpilz und sozialer Sprengsatz. Weltmarktdynamik und „Zuwanderungsdramatik" im postmodernen Wohlfahrtsstaat, in: ders./Gudrun Hentges (Hrsg.), Zuwanderung im Zeichen der Globalisierung. Migrations-, Integrations- und Minderheitenpolitik, 3. Aufl. Wiesbaden 2006, S. 69 ff.

181 Martin Kronauer, „Exklusion" als Kategorie einer kritischen Gesellschaftsanalyse. Vorschläge für eine anstehende Debatte, in: Heinz Bude/Andreas Willisch (Hrsg.), Das Problem der Exklusion. Ausgegrenzte, Entbehrliche, Überflüssige, Hamburg 2006, S. 40

182 Siehe Nadja Klinger/Jens König, Einfach abgehängt. Ein wahrer Bericht über die neue Armut in Deutschland, Berlin 2006, S. 9

als Grundvoraussetzung für eine Rückkehr zu mehr Wachstum und den Abbau der Massenarbeitslosigkeit.[183]

Genauso wenig, wie die Globalisierung „naturwüchsig" Arbeitslosigkeit und Armut erzeugt, zieht die materielle Deprivation von Menschen automatisch deren soziale Exklusion nach sich. Dafür ist vielmehr die Tatsache verantwortlich, dass der Neoliberalismus mit dem Standortnationalismus eine moderne Spielart des Sozialdarwinismus hervorbringt, welcher die Gesellschaft in mehr und weniger Leistungsstarke bzw. Gewinner und Verlierer/innen unterteilt. Ausgegrenzt wird, wer ökonomisch schwer verwertbar ist und dem „eigenen" Wirtschaftsstandort wenig nützt. Arbeitslose, Greise, Menschen mit Behinderungen und Zuwanderer sehen sich häufig dem Vorwurf ausgesetzt, „Sozialschmarotzer" zu sein und der „Standortgemeinschaft" auf der Tasche zu liegen. Hier findet ein Rechtsextremismus bzw. -populismus ideologische Anknüpfungspunkte, der weder sensationelle Wahlerfolge seiner Parteien noch spektakuläre Gewalttaten meist männlicher Jugendlicher braucht, um die Entwicklung der Gesellschaft durch die Beeinflussung des Denkens von Millionen arbeitender Menschen zu beeinträchtigen.[184]

3.2 Die sozialräumliche Segmentierung: Peripherisierung ländlicher Regionen, Zerfall der Städte und Marginalisierung bestimmter Quartiere

Das neoliberale Projekt verschärft die soziale Ungleichheit nicht nur in der vertikalen, vielmehr auch in der horizontalen Dimension, also hinsichtlich regionaler Disparitäten. Walter Schöni wirft dem Neoliberalismus vor, eine soziale Auslese zu betreiben, die zur Spaltung zwischen Zentren und Randregionen, Einheimischen und Ausländer(inne)n sowie höher und niedriger Qualifizierten führt.[185] Sighard Neckel spricht im selben Zusammenhang von der „Verwilderung gesellschaftlicher Konkurrenz", die mit sozialer Segregation und doppelter Exklusion, von Gewinnern selbst gewählter und Verlierer(inne)n aufgezwungener, einhergeht: „Während die Gewinner öko-

183 Vgl. Dieter Eißel, Verteilungspolitik, soziale Gerechtigkeit und Wirtschaftskrise, in: Angelika Beier u. a. (Hrsg.), Investieren, sanieren, reformieren?, a. a. O., S. 61
184 Vgl. hierzu: Christoph Butterwegge, Globalisierung, Neoliberalismus und Rechtsextremismus, in: Peter Bathke/Susanne Spindler (Hrsg.), Neoliberalismus und Rechtsextremismus in Europa, a. a. O., S. 15 ff.
185 Vgl. Walter Schöni, Standortwettbewerb versus Sozialpartnerschaft. Zur Krise der wirtschafts- und sozialpolitischen Regulierung, in: Widerspruch 27 (1994), S. 72

nomisch, sozialräumlich und symbolisch mittlerweile eine Parallelgesellschaft bilden, endet für Verlierer die Zugehörigkeit beim persönlichen Misserfolg, der ebenso individuell zu verantworten wie sozial ausschließend ist."[186]

Mit der *sozialen* Gerechtigkeit, die einen interpersonalen Ausgleich durch den Wohlfahrtsstaat verlangt, wird auch die *räumliche* Gerechtigkeit verletzt. So wächst jene spezifische Form der territorialen Ungleichheit bzw. Ungleichgewichtigkeit, die man als „Peripherisierung" bezeichnen und in Verbindung mit der Demografisierung gesellschaftlicher Diskurse bringen kann.[187] Gegensätze zwischen Stadt und Land, Metropolen und weniger attraktiven Stadtregionen sowie marginalisierten und Luxusquartieren innerhalb der Gemeinden selbst nehmen zu. Da die Zahl der Einkommensmillionäre laut Gerald Boxberger und Harald Klimenta prozentual ungefähr genauso schnell wie jene der Sozialhilfeempfänger/innen bzw. Alg-II-Bezieher/innen steigt, zerfällt die deutsche Gesellschaft allmählich: „Noch hält das Gummiband staatlicher Umverteilungs- und Sozialpolitik, doch die ,Spannung' steigt, je weiter sich Reich und Arm voneinander entfernen. Wird diese Entwicklung nicht umgekehrt, droht eine gesellschaftliche Entwicklung wie in den USA, mit gut bewachten ,Ghettos' für Millionäre und Slums für eine wachsende Unterschicht."[188]

Je mehr Armut zu einem Massenphänomen wird, gegen das selbst die Mitte der Gesellschaft nicht gefeit ist, umso deutlicher prägt sie auch das Stadtbild. Bettelei, Drogensucht, Aggressivität, (Gewalt-)Kriminalität unterschiedlicher Art und hieraus resultierende Gefahren für die öffentliche Sicherheit beeinträchtigen möglicherweise sogar das Leben in Luxusquartieren. Schon aus diesem Grund stellen selbst Neoliberale dem Staat die Aufgabe, extreme Armut zu bekämpfen: „Die Garantie eines wie auch immer (?!) definierten Existenzminimums ist unumgänglich, wenn man die Kriminalität in einer Gesellschaft in Grenzen halten und den sozialen Frieden garantieren will."[189]

---

186 Sighard Neckel, Gewinner – Verlierer, in: Stephan Lessenich/Frank Nullmeier (Hrsg.), Deutschland – eine gespaltene Gesellschaft, a. a. O., S. 369
187 Vgl. Karl-Dieter Keim, Peripherisierung ländlicher Räume, in: Aus Politik und Zeitgeschichte 37/2006, S. 3 ff.; Eva Barlösius/Claudia Neu, „Gleichwertigkeit – ade?", Die Demographisierung und Peripherisierung entlegener ländlicher Räume, in: PROKLA 146 (2007), S. 77 ff.
188 Gerald Boxberger/Harald Klimenta, Die 10 Globalisierungslügen. Alternativen zur Allmacht des Marktes, 3. Aufl. München 1998, S. 202
189 Norbert Berthold, Sozialstaat und marktwirtschaftliche Ordnung – Ökonomische Theorie des Sozialstaates, a. a. O., S. 37

Die nicht erst im Zeichen der Globalisierung zum Einwanderungsland avancierte Bundesrepublik reproduziert die für solche Staaten typischen Konfliktlinien. Denn durch das neoliberale Konzept der „Standortsicherung" spitzen sich nicht nur die Verteilungskämpfe zwischen Einheimischen und Migrant(inn)en, sondern auch die im traditionellen Wohlfahrtsstaat sozial abgefederten Interessengegensätze zwischen gut oder besser situierten und subalternen Bevölkerungsschichten zu. Migrant(inn)en unterliegen verstärkt der Gefahr sozialer Desintegration, sozialräumlicher Segregation und Exklusion.[190] Wegen der neoliberalen Modernisierung spitzen sich Ab- und Ausgrenzungsprozesse zu, von denen insbesondere Migrant(inn)en und deren Abkömmlinge betroffen sind, was einer sozialräumlichen Spaltung der Großstädte gleichkommt. Man spricht in diesem Zusammenhang von „ethnischer Segregation", die sich auch hierzulande verfestigen kann.

Besonders in boomenden Zentren verbindet sich der Mangel an finanziellen Ressourcen, wie ihn die Zuwanderer mit ihren meist miserabel entlohnten Arbeitsplätzen („bad jobs") verzeichnen, mit einer prekären Situation auf dem Wohnungsmarkt: „Bezahlbar ist, wenn überhaupt, nur schlecht ausgestatteter Wohnraum, welcher sich zudem in infrastrukturell defizitären Quartieren befindet. Hier konzentriert und ghettoisiert sich Armut."[191] Migrant(inn)en leben überwiegend in benachteiligten Wohngebieten, die als „soziale Brennpunkte" diskreditiert, mit einer überhöhten „Ausländerkriminalität" assoziiert oder euphemistisch als „Stadtteile mit besonderem Entwicklungs-" bzw. „Erneuerungsbedarf" tituliert werden. Für den Berliner Stadtforscher Hartmut Häußermann liegen die Ursachen für die Entstehung „problembeladener" Quartiere in der wachsenden sozialen Ungleichheit, einem steigenden Distanzbedürfnis der Etablierten gegenüber den Marginalisierten und der Deregulierung des Wohnungsmarktes: „In einer Periode, in der sich die Ungleichheit der Bewohner nach Einkommen und ethnischer Zugehörigkeit stärker ausfächert, wird die Wohnungsversorgung stärker dem Markt überlassen, und damit spiegelt sich zunehmende soziale Ungleichheit deutlicher in der sozialräumlichen Struktur der Städte."[192]

---

190 Vgl. Walter Hanesch u. a., Armut in Deutschland, Reinbek bei Hamburg 1994, S. 173
191 Gábor M. Hahn, Sozialstruktur und Armut in der nach-fordistischen Gesellschaft. Ökonomische Polarisierung und kulturelle Pluralisierung als Aspekte struktureller Marginalisierungsprozesse, in: Jens S. Dangschat (Hrsg.), Modernisierte Stadt – gespaltene Gesellschaft. Ursachen von Armut und sozialer Ausgrenzung, Opladen 1999, S. 204
192 Hartmut Häußermann, Die Krise der „sozialen Stadt". Warum der sozialräumliche Wandel der Städte eine eigenständige Ursache für Ausgrenzung ist, in: Heinz Bude/Andreas Willisch (Hrsg.), Das Problem der Exklusion, a. a. O., S. 298

Der sozialen Diskriminierung und räumlichen Segmentierung von Migrant(inn)en folgt die Marginalisierung jener Stadtteile, die sie bewohnen, auf dem Fuß. Der soziale Status eines Menschen entscheidet nicht bloß über seine Konsummöglichkeiten, weil Einkommen und Vermögen dafür ausschlaggebend sind, welchen Lebensstandard man sich leisten kann; das Quartier, in dem man wohnt, determiniert vielmehr umgekehrt auch die Aufstiegschancen im Beruf. Jens S. Dangschat und Ben Diettrich weisen auf die steigende Bedeutung des Raumes für die Reproduktion der sozialen Ungleichheit hin.[193] Vor allem „global cities" kommt eine überragende Rolle bei dieser Ausdifferenzierung der Gesellschaftsstruktur in Arm und Reich zu. Stadtentwicklungsplanung, die als Standortpolitik der Kapitallogik folgt, schafft auf der einen Seite glamouröse Schaufenster des Konsums („Räume der Sieger") und auf der anderen Seite vernachlässigte Wohnquartiere („Räume der Verlierer"), die kaum noch etwas miteinander zu tun haben.

3.3 Entsolidarisierung, Ethnisierung und Entdemokratisierung

Wenn der private Reichtum wächst und die öffentliche wie die private Armut zunehmen, müssten sich von Letzterer unmittelbar Betroffene kollektiv dagegen wehren, an den Rand der Wohlstandsgesellschaft gedrängt und sozial ausgegrenzt zu werden. Aber gerade in schwierigen Zeiten nimmt die Solidarität eher ab: „Jeder hofft, dass er es ist, der durchkommt oder den Aufstieg schafft – zur Not eben auf Kosten der anderen. Die anderen: Das sind meistens diejenigen, die weniger Kraft haben, weniger Geschick, weniger Geld."[194] Zusammen mit der Individualisierung und der sozialen Polarisierung trägt die neoliberale Leistungsideologie, wonach „jeder seines Glückes Schmied" ist, zur Entsolidarisierung bei und verhindert, dass eine gemeinsame Abwehrfront zustande kommt. Denn die Armut erscheint teilweise sogar davon unmittelbar Betroffenen nicht als gesellschaftliches Problem, das nur politisch erfolgreich bekämpft werden kann, sondern als selbst verschuldetes Schicksal, das eine gerechte Strafe für Faulheit oder die Unfähigkeit darstellt, sich bzw. seine Arbeitskraft auf dem Markt mit ausrei-

193 Vgl. Jens S. Dangschat/Ben Diettrich, Regulation, Nach-Fordismus und „global cities" – Ursachen der Armut, in: Jens S. Dangschat (Hrsg.), Modernisierte Stadt – gespaltene Gesellschaft, a. a. O., S. 98
194 Nadja Klinger/Jens König, Einfach abgehängt, a. a. O., S. 20

chendem Erlös zu verkaufen, wie der Reichtum umgekehrt als mehr oder weniger angemessene Belohnung für eine überdurchschnittliche Leistung betrachtet wird.

Nach den neoliberalen Vorstellungen muss nicht nur der Wohlfahrtsstaat „weltmarkttauglich", sondern auch das Individuum „arbeitsmarkttauglich" bzw. „beschäftigungsfähig" (Herstellung/Bewahrung der employability) sein oder gemacht werden. Hans J. Pongratz und G. Günter Voß kritisieren, dass die Menschen unter den Bedingungen der *New Economy* und anderer „entgrenzter" Formen der Beschäftigung zu „Arbeitskraftunternehmer(inne)n" avancieren,[195] verbunden nicht nur mit dem Zwang, sich selbst erfolgreich zu vermarkten, sondern auch entsprechenden Existenzrisiken. Ein solches Konzept ist mit den allgemeinen Menschen- und sozialen Bürgerrechten unvereinbar, die ein moderner Staat garantiert, weil es die Betroffenen verdinglicht und sie ohne Rücksicht auf individuelle Befindlichkeiten den Marktgegebenheiten anpasst, statt umgekehrt die Wirtschaft den menschlichen Arbeits- und Lebensbedürfnissen gemäß zu gestalten.

Konkurrenzfähigkeit wird im Zeichen der neoliberalen Modernisierung zum Dreh- und Angelpunkt individueller Lebensgestaltung, was nicht ohne Konsequenzen für das soziale Klima bzw. die politische Kultur bleibt: „Die Betonung des ökonomischen Nutzenkalküls sieht nicht nur von schlichten mitmenschlichen Verpflichtungen ab, sie grenzt auch all jene aus, die uns tatsächlich oder vermeintlich nur zur Last fallen."[196] Je enger die Verteilungsspielräume (gemacht) werden, desto mehr wächst die Versuchung, sog. Randgruppen von Ressourcen auszuschließen. Ethnisierung ist ein dafür geeigneter Exklusionsmechanismus, der Minderheiten konstruiert, diese negativ („Sozialschmarotzer") etikettiert und damit eigene Privilegien zementiert.[197] Für die Nichtdeutschen ergeben sich dadurch ungünstigere Aufenthaltsbedingungen: „In einer Situation, in der das ‚ganze Volk' angehalten wird, ‚den Gürtel enger zu schnallen', liegt es auf den Stammtischen, daß ‚Fremde', seien es Arbeitsmigranten, Asylbewerber oder Flüchtlinge, nicht auch noch von den ohnehin knappen Mitteln bedient werden können.

---

195 Siehe Hans J. Pongratz/G. Günter Voß, Arbeitskraftunternehmer. Erwerbsorientierungen in entgrenzten Arbeitsformen, 2. Aufl. Berlin 2004; dies. (Hrsg.), Typisch Arbeitskraftunternehmer? – Befunde der empirischen Arbeitsforschung, Berlin 2004
196 Gert Schäfer, Ausländerfeindliche Topoi offizieller Politik, in: Wolfgang Kreutzberger u. a., Aus der Mitte der Gesellschaft – Rechtsradikalismus in der Bundesrepublik, Frankfurt am Main 1993, S. 88
197 Vgl. Wolf-Dietrich Bukow, Feindbild: Minderheit. Ethnisierung und ihre Ziele, Opladen 1996

‚Deutsch sein' heißt unter den Bedingungen des modernen Wohlfahrtsstaates, den eigenen Wohlstand zu verteidigen und Ansprüche anderer Gruppen zu delegitimieren und abzuwehren."[198]

Je mehr die Konkurrenz in den Mittelpunkt zwischenstaatlicher und -menschlicher Beziehungen rückt, umso leichter lässt sich die ethnische bzw. Kulturdifferenz politisch aufladen. Gegenwärtig greift verstärkt ein Trend zum „hedonistisch-konsumistischen Sozialdarwinismus" um sich: „Nach dem globalen Sieg der Marktwirtschaft hat jenes Prinzip, demzufolge der Stärkere sich durchsetzt und das Schwache auf der Strecke bleibt, noch an Plausibilität gewonnen. Der aktuelle Rechtsextremismus und Rechtspopulismus beruhen auf einer Brutalisierung, Ethnisierung und Ästhetisierung alltäglicher Konkurrenzprinzipien."[199] Sozialdarwinismus fällt nicht vom Himmel, wurzelt vielmehr in der Erfahrungswelt einer Jugend, die durch das neoliberale Leistungsdenken, die Allgegenwart des Marktmechanismus und den Konkurrenzkampf jeder gegen jeden geprägt wird.[200] Rivalität fungiert als Haupttriebkraft einer zerklüfteten, zunehmend in Arm und Reich gespaltenen Gesellschaft. „Die sozialdarwinistische Alltagsphilosophie, die damit einhergeht, erzeugt eine unauffällige, sich von direkter Gewalt fernhaltende und als ‚Sachzwang' der Ökonomie erscheinende Brutalität."[201]

Wo die Umverteilung von unten nach oben mittels der neoliberalen Ideologie unter Hinweis auf Globalisierungsprozesse – als zur Sicherung des „eigenen Wirtschaftsstandortes" erforderlich – legitimiert wird, entsteht ein gesellschaftliches Klima, das (ethnische) Ab- und Ausgrenzungsbemühungen stützt. Standortnationalismus, (Kultur-)Rassismus und Gewalt sind keineswegs bloß „hinterwäldlerisch" anmutende Reaktionsweisen direkt betroffener oder benachteiligter Gruppen auf Globalisierungs-, neoliberale Modernisierungs- und soziale Marginalisierungsprozesse. Vielmehr verursachen

---

198 Frank-Olaf Radtke, Fremde und Allzufremde. Der Prozeß der Ethnisierung gesellschaftlicher Konflikte, in: Forschungsinstitut der Friedrich-Ebert-Stiftung, Abt. Arbeits- und Sozialforschung (Hrsg.), Ethnisierung gesellschaftlicher Konflikte. Eine Tagung der Friedrich-Ebert-Stiftung am 11. Oktober 1995 in Erfurt, Bonn 1996, S. 14

199 Jutta Menschik-Bendele/Klaus Ottomeyer, Sozialpsychologie des Rechtsextremismus. Entstehung und Veränderung eines Syndroms, 2. Aufl. Opladen 2002, S. 305

200 Vgl. Reinhard Kühnl, Nicht Phänomene beschreiben, Ursachen analysieren. Zum Problem der extremen Rechten in der Bundesrepublik Deutschland, in: Ulrich Schneider (Hrsg.), Tut was! – Strategien gegen Rechts, Köln 2001, S. 32 f.

201 Arno Klönne, Schwierigkeiten politischer Jugendbildung beim Umgang mit dem Thema „Rechtsextremismus", in: Christoph Butterwegge/Georg Lohmann (Hrsg.), Jugend, Rechtsextremismus und Gewalt. Analysen und Argumente, 2. Aufl. Opladen 2001, S. 266

diese auch in der gesellschaftlichen Mitte bzw. genauer: auf den „höheren Etagen" bedrohliche Erosionstendenzen. „Gefahren der Entwicklung – auch solche der sozialen Desintegration und rechtsextremer Potentiale – gehen nicht von der ‚Masse' der Bevölkerung aus. In der politischen Qualifikation der alten und neuen Eliten liegt das Problem."[202]

Wenn der Marktradikalismus von (bildungs)bürgerlichem Sendungsbewusstsein, einem Rückzug auf religiöse Werte, einem Aufwallen patriotischer Gefühlsregungen und einer übermäßigen Betonung der sog. Sekundärtugenden verbunden ist und sich mit biedermeierlichen Moralvorstellungen paart,[203] schlägt der Neoliberalismus in Neokonservatismus um, für den Autorennamen wie Udo di Fabio, Paul Kirchhof, Frank Schirrmacher und Botho Strauß stehen. Ludwig Elm sieht denn auch im Neoliberalismus „nach Ursprung und sozialem Auftrag wie nach seiner erkennbaren gesellschaftspolitischen Rolle eine der Rechten zugehörige, sie ergänzende und stützende Erscheinung",[204] ohne ihm eine autonome Stellung in der Ideengeschichte des Bürgertums oder eine spezifische Funktion im bestehenden Herrschaftssystem zuzugestehen. Neoliberalismus und -konservatismus gehen zwar Hand in Hand, wenn die ökonomische, politische und geistigmoralische Vorherrschaft des Kapitals bedroht ist, sind jedoch eigenständige Gedankengebäude.

Solidarität zerfällt nicht von selbst, wird vielmehr gezielt zerstört und damit auch der gesellschaftliche Zusammenhalt, welcher das friedliche Zusammenleben der Menschen gewährleistet. Neoliberal heißt unsozial zu sein, weil der Markt als gesellschaftlicher Regelungsmechanismus vergöttert wird, obwohl er die Gesellschaft ohne Rücksichtnahme auf deren schwächste Mitglieder in Arm und Reich spaltet sowie die Rivalität zwischen und die Brutalität von Menschen fördert, während der Wohlfahrtsstaat abgelehnt wird, welcher für einen gewissen Ausgleich sorgt und ein Mindestmaß an sozialer Sicherheit gewährleistet. Die neoliberale Hegemonie, verstanden als öffentliche Meinungsführerschaft des Marktradikalismus, verschärft aber nicht

---

202 Michael Vester, Wer sind heute die „gefährlichen Klassen"? – Soziale Milieus und gesellschaftspolitische Lager im Wandel, in: Dietmar Loch/Wilhelm Heitmeyer (Hrsg.), Schattenseiten der Globalisierung. Rechtsradikalismus, Rechtspopulismus und separatistischer Regionalismus in westlichen Demokratien, Frankfurt am Main 2001, S. 343

203 Vgl. Claudia Pinl, Das Biedermeier-Komplott. Wie Neokonservative Deutschland retten wollen, Hamburg 2007, S. 122 und passim

204 Siehe Ludwig Elm, Der deutsche Konservatismus nach Auschwitz. Von Adenauer und Strauß zu Stoiber und Merkel, Köln 2007, S. 23

nur die soziale Asymmetrie, bedeutet vielmehr auch eine Gefahr für die Demokratie.[205]

---

205 Vgl. hierzu: Christoph Butterwegge, Marktradikalismus, Standortnationalismus und Wohlstandschauvinismus – die Sinnkrise des Sozialen als Nährboden der extremen Rechten, in: ders./Rudolf Hickel/Ralf Ptak, Sozialstaat und neoliberale Hegemonie. Standortnationalismus als Gefahr für die Demokratie, Berlin 1998, S. 121 ff.; Christoph Butterwegge, „Globalisierung, Standortsicherung und Sozialstaat" als Thema der politischen Bildung, in: ders./Gudrun Hentges (Hrsg.), Politische Bildung und Globalisierung, Opladen 2002, S. 83 ff.

Bettina Lösch

Die neoliberale Hegemonie als Gefahr für die Demokratie

Der Neoliberalismus ist keine „Theorie aus einem Guss", knüpft vielmehr an diverse staats- und demokratietheoretische Auffassungen sowie unterschiedliche Traditionen liberalen und konservativen Denkens an. Aus diesem Grund findet sich in der neoliberalen Theorie auch keine einheitliche Antwort auf die Frage, was unter Demokratie zu verstehen ist. Allerdings wird durchgängig eine starke Demokratieskepsis gepflegt und bisweilen eine Begrenzung von Demokratie zur Gewährleistung der Marktfreiheit gefordert. In der praktischen Umsetzung des neoliberalen Projekts fällt die Ablehnung demokratischer Verfahren meist sehr viel deutlicher aus: Zur Implementierung neoliberaler Politik werden seit jeher autoritäre Herrschaftsstrukturen befürwortet, die der Verteidigung und Aufrechterhaltung marktwirtschaftlicher Prinzipien dienen.

Zunächst werden in den folgenden Ausführungen einige Grundannahmen des Neoliberalismus zum Thema „Demokratie" vorgestellt und anschließend die Prozesse der Entdemokratisierung bei der Umsetzung seines Projekts beschrieben. Die neoliberale Globalisierung bietet aufgrund der damit einhergehenden Privatisierung und Informalisierung von Politik ein ideales Einfallstor für Versuche zur Unterminierung demokratischer Verfahren und Institutionen, was Neoliberale ebenso als historische Gelegenheit erkannt und für sich genutzt haben wie die Notwendigkeit einer kommunikativen Bearbeitung und Beeinflussung der sog. Zivilgesellschaft. Wer die öffentliche Meinung beherrscht, kann (formal)demokratisch über alles abstimmen lassen. Dies ist ein Grund dafür, weshalb Neoliberale in der Regel kein Problem mit direktdemokratischen Verfahren haben, wenngleich sie klassische Demokratieprinzipien wie Gleichheit oder Selbstbestimmung ablehnen. Der gängige Mythos der Zivilgesellschaft als eines macht- und herrschaftsfreien Raums trägt dazu bei, von demokratischer Meinungsvielfalt, Konfliktfreiheit und entideologisiertem Denken in der Gesellschaft auszugehen. Stattdessen arbeiten neoliberale *think tanks* (Denkfabriken) und

PR-Agenturen stetig daran, die öffentliche Meinung einseitig zu prägen, wobei sie eine grundlegende demokratische Voraussetzung untergraben: das Denken in Alternativen. Neoliberale negieren jedoch noch eine weitere wichtige Voraussetzung der Demokratie: die Berücksichtigung ihrer sozialen Grundlagen und ihres öffentlichen Charakters. Was bleibt, ist die Aufrechterhaltung *schein*demokratischer Strukturen – bei substanzieller Aushöhlung demokratischer Praktiken und Prinzipien.

1. Vom Elend der Politik im Neoliberalismus: Demokratie als Funktion der Ökonomie

Als politisch-praktisches Projekt basiert der Neoliberalismus auf verschiedenen theoretischen Konzeptionen, denen gemeinsam ist, dass sie die Herrschaft des Marktes und einen Primat der Ökonomie proklamieren. Die freie Marktwirtschaft gilt ihnen als überlegen effizient, während staatliche Steuerung zu totalitären Tendenzen neige. Der staatlichen Politik kommt im neoliberalen Gesellschaftsmodell höchstens die Aufgabe zu, Strukturen für die Entfaltung der Wettbewerbsfreiheit bereitzustellen und zu sichern. Mit dieser Reduktion der Funktion von Politik geht eine Umdeutung des klassischen Demokratieverständnisses einher. Im Folgenden werden neoliberale Deutungen und Theoriestränge herausgearbeitet, die in der Regel von einem grundsätzlichen Staatsversagen ausgehen und deshalb auch die Demokratie als Bereich politischer Selbst- bzw. Mitbestimmung Marktmechanismen unterordnen.

1.1 Neoliberale Grundannahmen im Hinblick auf die Demokratie

Es gibt unterschiedliche Wege, wie politische Programme und theoretische Prinzipien in einer Gesellschaft wirkungsmächtig „von oben" implementiert werden können. Eine Option bestand für Neoliberale darin, ihre politischen Vorstellungen in Experimentierländern wie Chile oder Peru unter diktatorischen und autoritären Bedingungen mittels Dominanz, Zwang und Repression durchzusetzen. Um in demokratisch verfassten Ländern hegemonial zu werden, müssen die Vertreter des Neoliberalismus jedoch die Allgemeinheit für ihre Grundannahmen gewinnen und die Basis für einen breiten gesellschaftlichen Konsens schaffen.[1] Eine wichtige Voraussetzung dafür ist der

---

1 Vgl. dazu: Dieter Plehwe/Bernhard Walpen, Wissenschaftliche und wissenschaftspoliti-

Kampf um die Deutungshoheit über Begriffe. Die neoliberale Theoriearbeit liefert insofern nicht nur Vorlagen für die konkrete Politikberatung bzw. -empfehlung, dient vielmehr auch der für ihre gesellschaftliche Wirkungsmächtigkeit zentralen Umdeutung und Rekonstruktion von Begrifflichkeiten. Dies trifft insbesondere die seit jeher umstrittenen Grundwerte und Hauptprinzipien der Aufklärung: Demokratie, Freiheit, Gleichheit und Gerechtigkeit.

Die Umdeutung der Begriffe durch den und die spezifischen Argumentations- und Diskurslogiken des Neoliberalismus haben bereits Eingang in das Massenbewusstsein gefunden und stellen Deutungsmuster zur Verfügung, sich die Welt und die alltägliche Wirklichkeit zu erklären. Es fällt meist schwer, sich diesen Argumentationslogiken zu entziehen, weil sie immer wieder das Gleiche betonen, nämlich die (Markt-)Freiheit als Segen für die Menschheit, und mit einem ausgeprägten Wahrheitsethos verkündet werden. Unter dem Deckmantel einer „Ideologie der Ideologielosigkeit", d. h. mittels der Behauptung, dass es jenseits des historischen Antagonismus zwischen „realsozialistischer" und kapitalistischer Gesellschaftsform keinerlei Große Erzählungen mehr gebe, verfestigen sich neoliberale Denkweisen in der Öffentlichkeit, ohne als eindimensionale, sehr stark interessengeleitete Weltanschauung wahrgenommen zu werden.

Die Geschichte der Demokratietheorie weist einen bestimmten Pfad auf, der zur Umdeutung des Demokratiebegriffs sowie der Prinzipien von Freiheit und Gleichheit geführt und dem neoliberalen Demokratieverständnis Vorschub geleistet hat. Diese Denkschule, wonach Politik nur ein anderer Markt ist und Demokratie darauf reduziert wird, Dienerin der Ökonomie zu sein, firmiert meist unter der Bezeichnung „Ökonomische Theorie der Demokratie". Die frühen Vertreter solcher Demokratieauffassungen, etwa der US-amerikanische Sozialwissenschaftler Anthony Downs, verstanden ihre Arbeiten noch als Produkt wissenschaftlicher Erkenntnis und haben sich keiner eindeutigen politischen Linie verschrieben. Sie ahnten nicht, dass sie die Basis einer Methodologie schufen, die von den Neoliberalen quasi als Passepartout für alle Weltfragen benutzt wird. Die neueren Ausformungen der ökonomischen Demokratietheorie legten jedoch immer weiter die Grundsteine des neoliberalen Theoriefundaments der Demokratie bzw. entfalteten Theorien des Demokratieversagens.

---

sche Produktionsweisen im Neoliberalismus. Beiträge der Mont Pèlerin Society und marktradikaler Think Tanks zur Hegemoniegewinnung und -erhaltung, in: PROKLA 115 (1999), S. 203 ff.

Methodologisch sind die ökonomischen Theorien der Demokratie insgesamt dem *Rational-Choice*-Ansatz und dem methodologischen Individualismus verpflichtet, wonach gesellschaftliche Strukturen und Prozesse durch Betrachtungen von individueller Motivation und Handlung erklärt werden können. Mit der Annahme des grundsätzlichen Primats der Ökonomie wird auch der Mensch an sich zum *homo oeconomicus* reduziert, der in allen Fragen des Lebens als rational handelndes und seinen Nutzen maximierendes Individuum agiert. Damit das Individuum nach Maßgabe der Nutzenmaximierung und der persönlichen Präferenz entscheiden und handeln kann, muss es allerdings privates Eigentum besitzen. Kollektive und öffentliche Güter sowie Kollektiventscheidungen sollen daher nach neoliberaler Auffassung umfassend privatisiert werden: „Die konsequentesten Verfechter der Theorie würden am liebsten den Erdball in Stücke schneiden und vom Magma bis zur Ozonschicht an Privatleute aufteilen."[2]

Mittlerweile gibt es eine Vielzahl von neuen ökonomischen Theorien, die das Wirtschaftliche per se zum Maßstab aller Dinge erheben und für die bisher kein Oberbegriff existiert. Gemeinsam ist ihnen, dass sie unter den Reformansätzen im Bereich der Arbeitsmarkt-, Renten-, Gesundheits-, Bildungs- bzw. Hochschulpolitik etc. nur solche Vorschläge gelten lassen, die von der Notwendigkeit einer Ökonomisierung und Privatisierung ausgehen. Die neoliberale Theoriebildung basiert auf einem totalen Erklärungsanspruch, den sie für die Ökonomie erhebt: Wirtschaftliche Annahmen werden auf traditionell außerökonomische Bereiche – Politik, Recht, soziale Institutionen, Menschenbild etc. – übertragen. Diesem „ökonomischen Imperialismus" (Gary Becker) liegt die Behauptung zugrunde, dass alle politischen bzw. staatlichen Interventionen und Handlungsweisen die Marktfreiheit und somit die Wachstumsdynamik der Wirtschaft lähmten. Andere (außerökonomische) Werte und Prinzipien – etwa ethische – gelten als Privatsache. Demokratie wird dementsprechend nicht an Werten gemessen, sondern als Marktmodell konstruiert.

1.1.1 Der Rückgriff auf Elite- und Konkurrenztheorien der Demokratie

Einer der ersten Theoretiker, die sich ausdrücklich vom klassischen Verständnis der Demokratie verabschiedeten und damit, wenn auch ursprünglich keinesfalls intendiert, ein Fundament für spätere neoliberale Demokra-

---

2 Elmar Altvater, Der gar nicht diskrete Charme der neoliberalen Konterrevolution, in: PROKLA 44 (1981), S. 20

tievorstellungen lieferte, war Joseph A. Schumpeter. In seinem bis heute einflussreichen Buch „Kapitalismus, Sozialismus und Demokratie", das er zu Beginn der 1940er-Jahre verfasste, entwarf der österreichische Nationalökonom in Abgrenzung zur und in Negation der klassischen Lehre eine „andere Theorie der Demokratie". Schumpeter griff für die Konzeption seiner Elite- und Konkurrenzdemokratie auf verschiedene theoretische Grundannahmen zurück und orientierte sich zunächst an den klassischen Elitetheorien der 1920er-Jahre, wie sie Gaetano Mosca, Vilfredo Pareto und Robert Michels entwickelt hatten.[3] Diesen Theorien liegt ein Gesellschaftsverständnis zugrunde, wonach es immer Eliten sein werden, welche die Geschicke der Mehrheit bestimmen. Sie folgen damit der abschätzigen Haltung gegenüber dem Denk- und Handlungsvermögen der Bürger/innen, wie sie in den massenpsychologischen Analysen etwa von Gustave Le Bon aufscheint. Einen weiteren theoretischen Pfad bilden Max Webers Herrschafts- und Bürokratiekritik sowie seine Theorie plebiszitärer Führerschaft. Für Weber ist Demokratie grundsätzlich nur ein technischer Apparat, dessen Aufgabe darin besteht, eine optimale Führungsauslese zu gewährleisten und der Bürokratie Schranken zu setzen.[4] Im Unterschied zu Weber, der eine durch Volkswahl legitimierte Führerdemokratie anvisierte, überwiegt bei Schumpeter allerdings das institutionelle Arrangement der Konkurrenz um die Führungspositionen und die Auswahl der Kandidaten. Geprägt von der klassischen Nationalökonomie überträgt Schumpeter wettbewerbstheoretische Elemente und damit verbundene Kosten-Nutzen-Überlegungen auf die politische Ebene.

In Zusammenführung dieser Grundannahmen – Führungselite, Wettbewerb und den zur Selbstaufklärung unfähigen Bürger(inne)n – verneint Schumpeter die Kernelemente der klassischen Demokratielehre wie Selbstbestimmung, demokratische Meinungs- und Willensbildung sowie weitreichende politische Partizipation. Eine Theorie der Demokratie braucht laut Schumpeter nicht mit Inhalten, Grundwerten (z. B. Freiheit und Gleichheit) oder Zielen (z. B. Emanzipation) verbunden zu sein. Vielmehr reduziert er sie auf eine Verfahrensweise bzw. eine Methode zur Auslese der Führungselite und der politischen Entscheidungsfindung: „Die demokratische

---

3 Vgl. dazu: Vgl. Friedrich Eberle, Die Ursprünge der „realistischen" Demokratietheorie: Mosca, Pareto, Michels und Schumpeter, in: Iring Fetscher/Herfried Münkler (Hrsg.), Pipers Handbuch der politischen Ideen, Neuzeit: Vom Zeitalter des Imperialismus bis zu den neuen sozialen Bewegungen, Bd. 5, München 1987, S. 156 ff.

4 Vgl. dazu: Franz Neumann, Demokratietheorien – Modelle zur Herrschaft des Volkes, in: ders. (Hrsg.), Handbuch Politische Theorien und Ideologien, Bd. 1, 2. Aufl. Opladen 1998, S. 52 ff.

Methode ist diejenige Ordnung der Institutionen zur Erreichung politischer Entscheidungen, bei welcher einzelne die Entscheidungsbefugnis vermittels eines Konkurrenzkampfes um die Stimmen des Volkes erwerben."[5] Die Demokratie verliert in dieser Deutung ihren ursprünglichen Sinn, eine Herrschaft des Volkes zu sein, und wird zur Herrschaft der (Berufs-)Politiker/innen erklärt. Den Bürger(inne)n bleibt somit lediglich die Möglichkeit, die Führungselite zu akzeptieren oder abzulehnen, wodurch die Souveränität des Volkes in einem erheblichen Maße eingeschränkt wird.

Die Souveränität der Bürger/innen zu begrenzen, hält Schumpeter insofern für gerechtfertigt, als diese grundsätzlich nicht zu großer Vernunft begabt und an Politik nur mäßig interessiert seien. Menschen könnten zwar relativ rational wählen, wenn ihre unmittelbaren Bedürfnisse betroffen sind. Bei politischen Belangen attestierte Schumpeter ihnen jedoch einen verminderten Wirklichkeitssinn, ein reduziertes Verantwortungsgefühl und inkohärente Willensäußerungen.[6] Der „typische Bürger" falle auf eine tiefere Stufe gedanklicher Leistung, sobald er den politischen Bereich betrete: „Er argumentiert und analysiert auf eine Art und Weise, die er innerhalb der Sphäre seiner wirklichen Interessen bereitwillig als infantil anerkennen würde. Er wird wieder zum Primitiven. Sein Denken wird assoziativ und affektmäßig."[7] Der Bürger zeige sich durch die Komplexität politischer Abläufe überfordert, habe keinen eigenen Willen und werde schnell zum Spielball von Privatinteressen oder Berufspolitiker(inne)n: „Hier ist einzig wichtig, daß sie angesichts der ‚Menschlichen Natur in der Politik‘, wie sie nun einmal ist, fähig sind, den Volkswillen zu formen und innerhalb sehr weiter Grenzen sogar zu schaffen."[8]

Für Schumpeter, der in den 1940er-Jahren bereits den Konkurrenzkampf um die Wählerstimmen in den US-amerikanischen Wahlkämpfen vor Augen hatte, lag die politische Freiheit der Bürger/innen in der Möglichkeit, zwischen miteinander konkurrierenden (Gruppen von) Eliten zu wählen. Die regelmäßig wiederkehrende Wahl garantiere ihnen die Chance zur Abwahl der Amtsträger/innen. Damit sei ein ständig florierender Wettbewerb unter den politischen Eliten gewährleistet, die sich immer wieder neu überlegen müssten, mit welcher Reklame und PR-Arbeit sie die Stimmen der Bürger/innen erlangen könnten. Unbeantwortet bleibt dabei je-

5 Joseph A. Schumpeter, Kapitalismus, Sozialismus und Demokratie, München 1993 (1946), S. 428
6 Vgl. ebd., S. 415
7 Ebd., S. 416 f.
8 Ebd., S. 418

doch, woher die in Schumpeters Augen unmündigen und affektbeladenen Wähler/innen eigentlich die Fähigkeit nehmen, das richtige Führungspersonal auszuwählen, und wieso die gewählten politischen Führungseliten mit größerer politischer Vernunft ausgestattet sein sollten. Schumpeter erreichte aber mit seiner Interpretation von Demokratie, dass diese nicht mit Meinungs- und Willensbildung „von unten" gleichgesetzt werden muss, sondern auch als Wettbewerb der politischen Eliten verstanden werden kann.

1.1.2 Demokratie als Markt oder als Simulation des Marktes

Nach dem Zweiten Weltkrieg konnten Neoliberale an die skizzierten elite- und konkurrenzdemokratischen Annahmen unmittelbar anknüpfen. Diese Demokratiekonzeptionen hatten den Vorteil, dass sich trotz weit verbreiteter Demokratieskepsis und -abneigung unter den gesellschaftlichen Eliten eine rigorose Demokratiekritik erübrigte. Eine deutliche Ablehnung demokratischer Strukturen war nach dem Faschismus in Europa nicht mehr so leicht öffentlich vertretbar wie noch zu Zeiten der Weimarer Republik. Die als „realistisch" bezeichnete Wende der Demokratietheorie ermöglichte stattdessen, den Demokratiebegriff derart umzudeuten, dass er nur noch wenig mit dem ursprünglichen Ideal der Volkssouveränität gemeinsam hatte. Die Behauptung, dass diese Art der Demokratieanalyse besonders „realistisch" sei, dürfte vor allem auf die Verneinung der Ideale und Grundprinzipien wie Freiheit, Gleichheit und Gerechtigkeit zurückzuführen sein. Vertreter einer realistischen Demokratietheorie sehen ihre Aufgabe darin, sich über die Wirklichkeit keine Illusionen zu machen, sondern ihre Analyse auf eine vorgeblich nüchterne Bestandsaufnahme der Praxis demokratischer Institutionen und Verfahrensweisen zu richten. Sie gehen von der Annahme aus, dass Demokratie eine Herrschafts- und Gesellschaftsform sei, die eigentlich gar nicht funktionieren könne. Möglichkeit und Aufgabe der Demokratietheorie bestünden folglich darin, die Fehlentwicklungen der demokratischen Institutionen und Verfahrensweise zu analysieren und dann konzeptionell zu berichtigen. Das bedeutet: Nicht die Wirklichkeit des politischen Prozesses muss sich an den demokratischen Prinzipien messen lassen, sondern die Idee wird durch die Wirklichkeit geformt. „Die normative Kraft des Faktischen ist Gegenwart, die faktische Kraft des Normativen ist Vergangenheit."[9] Erst mit der Zeit entwickelte sich unter Demokratietheoretikern das Bewusstsein heraus, dass auch die „realistischen" Ansätze mit

---

9 Franz Neumann, Demokratietheorien – Modelle zur Herrschaft des Volkes, a. a. O., S. 65

Grundannahmen und eigenen normativen Prinzipien operieren, die sich zwar von den klassischen Idealen unterscheiden, aber auch nur eine gewisse Sichtweise der gesellschaftlichen und politischen Verhältnisse abbilden und weder rein objektiv noch in besonderer Weise wirklichkeitsnah sind.

Erfolg und Attraktivität der realistischen Demokratietheorien, die noch heute unter neoliberalem Vorzeichen tonangebend sind, erklären sich auch aus bestimmten Antagonismen der kapitalistischen Demokratie. Demokratie und Kapitalismus stehen in einem grundsätzlichen Widerspruch zueinander. Das kommt etwa darin zum Ausdruck, dass aufgrund der ungleichen materiellen Ausstattung, die durch eine unterschiedliche Verfügungsmacht über privates Eigentum bedingt ist, politische Verfahren nicht für alle gleichermaßen gerecht und politische Beteiligungschancen ungleich verteilt sind. Vertreter realistischer Demokratietheorien betrachten solche Fehlentwicklungen politischer Prozesse als vorherrschende Realität und als der Demokratie inhärent. Sie verzichten auf eine kritische Analyse, woher die Defizite der kapitalistisch fundierten Demokratie – etwa die starke Beeinflussung des Parlaments durch private Interessengruppen und die Ungleichheit der Möglichkeiten politischer Partizipation – eigentlich rühren, und tragen so zur Aufgabe des Zieles einer Demokratisierung gesellschaftlicher Verhältnisse bei und unterminieren das emanzipatorische Potenzial der Demokratie.

Anthony Downs' „Ökonomische Theorie der Demokratie" (1957/1968) kann als Adaption und Fortführung von Schumpeters wettbewerbsorientierter Demokratiedefinition verstanden werden. Downs übertrug darin marktwirtschaftliche Prinzipien und Methodologien der Wirtschaftswissenschaften vollständig auf den politischen Bereich. Das in den Wirtschaftswissenschaften noch immer verbreitete Menschenbild des *homo oeconomicus* – des zweckrational handelnden, den eigenen Nutzen maximierenden Produktanbieters und Konsumenten – projizierte er auf den Parteienwettbewerb. Die widersprüchliche Beziehung zwischen Regierenden, Parteien und Wähler(inne)n wird dabei als komplexes Tauschsystem betrachtet. Die Parteien entsprächen den Unternehmern, die Wähler/innen den Konsument(inn)en. In dieser Betrachtung der Demokratie handelt es sich um eine modellhafte Anschauung, in der die Akteure auf der Basis rationalen Abwägens unter Berücksichtigung der jeweiligen Kosten-Nutzen-Bilanz ihre politischen Entscheidungen treffen. Die Demokratie wird als ein Markt konzipiert, auf dem die Parteien ihre Politik(en) anbieten und die Wähler/innen gemäß ihren Präferenzen Politikprodukte nachfragen können. Ziel der Parteien sei es, ebenso wie private Unternehmen zu versuchen, ihre Gewinne, d. h. die Wählerstimmen, zu maximieren.[10]

Kandidat(inn)en für die politischen Führungspositionen könnten den Marktgesetzen folgend nur dann erfolgreich sein, wenn ihr Angebot den Präferenzen der Wählerschaft entspreche und gleichsam das Angebot der Konkurrenz übertreffe. Mit einer Theorie der kollektiven Entscheidungsfindung, wie Downs sie entwirft, wird zwar von der Annahme Abstand genommen, dass sich individuelle Präferenzen nicht widerspruchsfrei mit gemeinschaftlichen Zielen, etwa der gesellschaftlichen Wohlfahrt, in Einklang bringen lassen.[11] Dennoch vernachlässigt auch Downs konzeptionell die Vermittlungsinstanz zwischen den Bürger(inne)n und den politischen Repräsentant(inn)en. Während die Wähler/innen im politischen Prozess von der Erarbeitung und demokratischen Beratung politischer Alternativen getrennt bleiben, kommt selbst den Parteien nur eine begrenzt aktive Rolle zu, denn ihnen verbleibt lediglich die Möglichkeit, auf die Wünsche der Wähler/innen zu reagieren. Die Parteien haben in dieser Betrachtung weder einen aufklärerischen Anspruch noch gemäß Art. 21 Abs. 1 Satz 1 GG bei der demokratischen Willensbildung des Volkes mitzuwirken.[12] Da die Parteien in Downs' Marktmodell der Demokratie maßgeblich auf das Ziel kurzfristiger Gewinnmaximierung konzentriert sind, vernachlässigen sie jegliche Art langfristiger inhaltlicher und programmatischer Ausrichtung. Statt konzeptionelle Alternativen zu entwickeln und Grundsatzdiskussionen darüber zu führen, treffen ihre Vorstände kurzfristige, situations- und sachzwanggebundene Entscheidungen: „Die Parteien treten mit politischen Konzepten hervor, um Wahlen zu gewinnen; sie gewinnen nicht die Wahlen, um mit politischen Konzepten hervortreten zu können."[13]

Den Bürger(inne)n wird in diesem marktfixierten Demokratiemodell die Freiheit der Wahl suggeriert. Ebenso, wie „der Kunde König ist" (angebliche Konsumentensouveränität), stehen laut Downs die autonomen Wähler/innen im Vordergrund. Käufer/innen wie auch Wähler/innen sind aber nur insofern frei, wie ihnen von den Anbieter(inne)n verschiedene Waren und somit Entscheidungsvarianten offeriert werden. Hinsichtlich des Parteienwettbewerbs müsste das zumindest bedeuten, dass sich seine Teilnehmer/innen auf der Angebotsseite in ihren Wahlprogrammen deutlich von-

---

10 Vgl. Anthony Downs, Ökonomische Theorie der Demokratie, Tübingen 1968, S. 11

11 Vgl. Kenneth J. Arrow, Social Choice and Individual Values, New Haven/London 1963

12 Vgl. dazu: Herbert Schui/Stephanie Blankenburg, Neoliberalismus: Theorie, Gegner, Praxis, Hamburg 2002, S. 125

13 Anthony Downs, Ökonomische Theorie der Demokratie, a. a. O., S. 7 f.

einander unterscheiden. Freiheit wird hier immer als Freiheit des Marktes und als Wahlfreiheit auf dem Markt verstanden und hat keine darüber hinausweisende Bedeutung. Um nicht an den Wünschen der Wähler/innen vorbei zu produzieren bzw. zu politisieren, hat sich ein breites Spektrum von Markt- und Meinungsforschungsinstituten (Demoskopie) im politischen Bereich etabliert. Dasselbe gilt für die zahlreichen Werbe- und Marketing-Agenturen, die per Wahlwerbung spezifische Bedürfnisse von Käufer(inne)n bzw. Wähler(inne)n zu wecken suchen und gleichsam suggerieren, dass es sich dabei um die ureigensten Wünsche der Wähler/innen handle. Es sind dieselben Agenturen, die mit ähnlichen Methoden für Waschmittel oder Katzenfutter werben, und ihr Ziel bleibt immer dasselbe: die Maximierung von Profit, die Steigerung an Markt- oder Stimmenanteilen oder eben der Machterhalt von Parteien und einzelnen Politikern.

Ebenso wie Schumpeters „andere Theorie der Demokratie" wurde auch Downs' „ökonomische Theorie der Demokratie" nicht in neoliberaler Absicht formuliert. Beide Entwürfe trugen jedoch zu einer Auffassung der Demokratie bei, deren Grundannahmen – Elite- und Konkurrenztheorie sowie Wettbewerbs- und Marktorientierung – von neoliberalen Theoretikern aufgegriffen und weiter zugespitzt wurden. Wenn die Wähler/innen von ihnen als Konsument(inn)en behandelt werden, sinkt nicht nur die Bedeutung von demokratischen Verfahren und Institutionen, sondern auch die Relevanz jedes einzelnen Bürgers bzw. jeder einzelnen Bürgerin. Die öffentliche Meinung wird mit kommerzieller Reklametechnik fabriziert und dadurch eindimensionales Denken erzeugt. An die Stelle der demokratischen Meinungs- und Willensbildung von mündigen Bürger(inne)n tritt die Beeinflussung und Manipulation der Wähler/innen.

1.1.3 Staats- bzw. Bürokratieversagen und der Einfluss von Interessenpolitik

Downs ging in seinem Ansatz – wirtschaftswissenschaftlich betrachtet – nachfrageorientiert vor und gestand den Wähler(inne)n eine entscheidende Rolle im politischen Prozess zu. James Buchanan und Gordon Tullock, Mitglieder der *Mont Pèlerin Society* (MPS), verstehen dagegen in ihrem *Public-Choice*-Ansatz den politischen Markt als angebotsorientiert.[14] Gemäß der *Public-Choice*-Theorie wird der Bereich der Politik radikal ökonomisiert so-

---

14 Vgl. James Buchanan/Gordon Tullock, The Calculus of Consent. Logical Foundations of Constitutional Democracy, Ann Arbor 1962

wie das politische Verhalten von Individuen und Gruppen unter Kos-
ten-Nutzen-Gesichtspunkten interpretiert. In diesem neoliberalen Theorie-
strang wird quasi ein Versagen des „Anbieters" von Politik unterstellt, den
der Staat und sein bürokratischer Apparat repräsentieren. Die Bürokratie
neige in modernen Gesellschaften grundsätzlich dazu, sich gegenüber Staat
und Gesellschaft zu verselbstständigen. Wie jedes Individuum und jede
Gruppe strebe sie nach Machtgewinn und verfolge ihre eigenen Interessen,
statt den Bürger(inne)n zu dienen. Die Folge sei eine Überversorgung mit
öffentlichen Gütern und die Behinderung des freien Wettbewerbs.[15]

Die neoliberale Diagnose des Staatsversagens zielt dabei vornehmlich auf
den „alten" Wohlfahrtsstaat, der mit seinem bürokratischen Apparat das In-
novationspotenzial der modernen Demokratien behindere und die Freiheit
des Einzelnen bedrohe. Die interessengeleitete Umverteilungspolitik führe
zur beständigen Erhöhung der Staatsquote (Verschuldung des Staates) und
hemme das Wirtschaftswachstum. Die Eingriffe des Staates behinderten
nicht nur die individuelle Freiheit, sondern beschränkten die allokative und
distributive Effizienz des Marktes und gefährdeten insgesamt den Wohlstand aller in der „offenen Gesellschaft" (Karl Popper).[16]

Nach Auffassung der *Public-Choice*-Theorie ist es jedoch nicht nur die
selbstsüchtige Bürokratie, sondern es sind auch die verschiedensten Interessengruppen, die sich des Staates bemächtigen, um ihn z. B. durch verteilungspolitische Eingriffe für ihren eigenen Nutzen zu funktionalisieren. In
dem neoliberalem Theoriegebilde wird der Staat deshalb wahlweise als tyrannische Verwaltung interpretiert oder als zu schwach betrachtet, weil er
von Interessengruppen – allen voran den Gewerkschaften – unterwandert
sei. Die negativen Charakterisierungen oszillieren zwischen einem zu „starken" Staat, dessen tyrannische und ineffiziente Bürokratie man kritisiert,
und einem zu „schwachen" Staat, der zur leichten Beute von Interessengruppen wird.[17]

Den für die neoliberale Theoriebildung wohl einflussreichsten Beitrag
zur Entstehung und zur Rolle von Interessengruppen in der modernen Demokratie hat Mancur Olson in seinem Buch zur „Logik des kollektiven

---

15 Vgl. z. B. William A. Niskanen, Bureaucracy: Servant or Master?, London 1973
16 Vgl. dazu kritisch: Jörg Reitzig/Sebastian Brandl, Vom wohlfahrtsstaatlichen Grundkon-
     sens zum „schlanken Staat". Die marktradikale Wendung der Gesellschaftstheorie, in: Jo-
     hanna Klages/Peter Strutynski (Hrsg.), Kapitalismus am Ende des 20. Jahrhunderts, Ham-
     burg 1997, S. 54 ff.
17 Vgl. ausführlich dazu: Herbert Schui/Stephanie Blankenburg, Neoliberalismus, a. a. O.,
     S. 124

Handelns" formuliert.[18] Olson geht von einer Welt rationaler, eigeninteressiert handelnder Individuen aus und erörtert jene Probleme, die sich bei der Organisation von (Interessen-)Gruppen ergeben. In größeren, heterogenen Gruppen, die allgemeine Interessen vertreten, wollen die Individuen demnach an den Erfolgen der Gruppe teilhaben, ohne selbst einen spezifischen Beitrag dazu geleistet zu haben. Dieser Ansatz folgt der Logik des Trittbrettfahrer-Dilemmas aus der Theorie öffentlicher Güter: Ähnlich, wie von dem Nutzen eines öffentlichen Gutes niemand ausgeschlossen werden kann, profitierten die Mitglieder einer Großorganisation von dem Kollektivgut, d. h. der erbrachten Leistung und dem Gewinn der Organisation. Es kann deshalb für einzelne Gruppenmitglieder rationaler sein, nicht im Interesse der Gruppe zu handeln, sondern als „Trittbrettfahrer" ihren eigenen Nutzen zu maximieren. Kleinere Interessengruppen, die nur sehr spezielle Interessen vertreten, böten hingegen weniger oder gar keine Anreize zum Trittbrettfahren.

Diese spezifische, auf dem normativen Fundament der *Rational-Choice*-Theorie basierende Deutung kollektiven Handelns benutzten neoliberale Theoretiker insbesondere dazu, Kritik an den Gewerkschaften zu üben. Obgleich die Organisationskritik auch Wirtschafts- und Arbeitgeberverbände treffen müsste, geht es den Neoliberalen hier primär um den ihrer Ansicht nach wachstumshemmenden Charakter der gewerkschaftlichen Verteilungspolitik. Dadurch, dass der Staat besondere Interessengruppen absichere und privilegiere – etwa durch korporatistische politische Strukturen (Konzertierte Aktion, „Bündnis für Arbeit" und Tarifautonomie) –, behindere er die Entstehung von kleinen Interessengruppen. Unter expliziter Bezugnahme auf Olson entwickelte Friedrich August von Hayek denn auch seine radikale Gewerkschaftskritik: Gewerkschaften sind für ihn durch staatliche Politik geförderte Massenorganisationen, die ihre Überlegenheit zur Wettbewerbsbeschränkung auf dem Arbeitsmarkt nutzen.[19] Würde der Staat dagegen nicht die Existenz von derartigen Großgruppen absichern, könnten kleine Interessengruppen entstehen, die nicht in der Lage wären, den Staat zur Durchsetzung der eigenen Interessen zu nötigen.

---

18 Vgl. Mancur Olson, Die Logik des kollektiven Handelns. Kollektivgüter und die Theorie der Gruppen, Tübingen 1968

19 Vgl. Friedrich A. von Hayek, Recht, Gesetzgebung und Freiheit. Eine neue Darstellung der liberalen Prinzipien der Gerechtigkeit und der politischen Ökonomie, Bd. 3, Landsberg am Lech 1981, S. 195 f.; kritisch dazu: Herbert Schui/Stephanie Blankenburg, Neoliberalismus, a. a. O., S. 131

Nach Hayeks Auffassung hat die Demokratie insgesamt eine verhängnisvolle Entwicklung vollzogen. Während er in seiner Schrift „Der Weg zur Knechtschaft" die individuelle Freiheit vor allem durch die Planwirtschaft bedroht sah, beanstandete er in „Recht, Gesetzgebung und Freiheit" die Fehlentwicklung des Parlamentarismus durch den Einfluss von Sonderinteressen.[20] Der „wahre Wert" der Demokratie besteht für Hayek eigentlich darin, „als eine heilsame Vorsichtsmaßnahme zu dienen, die uns gegen den Mißbrauch der Macht schützt. Sie befähigt uns, einer Regierung ledig zu werden und zu versuchen, sie durch eine bessere zu ersetzen. (...) Sie ist die einzige Konvention, die wir bisher entdeckt haben, um einen friedlichen Wechsel möglich zu machen."[21]

Für Hayek gilt es nur so lange an dem Prinzip der Demokratie festzuhalten, wie sie ein Schutz vor der Tyrannei der Staatsmacht ist und als Garantin der (Markt-)Freiheit dient. In Zeiten wohlfahrtsstaatlicher Umverteilungspolitik, die auf Chancengleichheit abzielt, habe die Demokratie diese ursprüngliche Bedeutung eingebüßt und sei zu einer *unbeschränkten* Demokratie verkommen. Statt des Schutzes der Freiheit der Individuen vor den Übergriffen des Staates stehe nun die Gleichheit der Bürger/innen im Vordergrund: „Demokratie ist an sich nicht Egalitarismus, aber unbeschränkte Demokratie artet notwendig zum Egalitarismus aus."[22] Dieser „unbeschränkten" Demokratie zieht Hayek eine beschränkte Regierungsform vor. Deren Begrenzung sucht er über die von ihm konstatierten Fehlentwicklungen der Demokratie als notwendig zu rechtfertigen. Im Wohlfahrtsstaat bildet sich laut Hayek eine Form der „Schacherdemokratie" heraus, in der organisierte Gruppen zur Durchsetzung ihrer Sonderinteressen das Parlament belagern. Die Demokratie werde dadurch immer mehr zu einem Spielball von Gruppeninteressen und führe schließlich zu einer Diktatur der Minderheiten. Demgegenüber plädiert Hayek für eine rechtsstaatlich beschränkte Verfassung, d. h. eine Herrschaft des Gesetzes, wo politische Freiheit vorherrsche. Er entwirft deshalb ein elitäres Gegenmodell zur parlamentarischen Demokratie, das nicht nur Sonderinteressen, sondern einer unbegrenzten Volkssouveränität generell Einhalt gebieten soll.

---

20 Vgl. Friedrich A. von Hayek, Der Weg zur Knechtschaft, München 2003 (1944), S. 82 ff.; ders., Recht, Gesetzgebung und Freiheit, a. a. O., S. 137 ff.
21 Ebd., S. 188
22 Friedrich A. von Hayek, Drei Vorlesungen über Demokratie, Gerechtigkeit und Sozialismus, Tübingen 1977, S. 14 f.

1.2 Neoliberale Gegenmodelle: ein Rat der Weisen oder individualistische Tausch- und Vertragsverhältnisse

In der Regel empfiehlt die neoliberale Literatur eine Vielzahl von Einzelkorrekturen in den verschiedensten gesellschaftlichen Bereichen, die tendenziell auf Privatisierung und Deregulierung abheben. Für die Verfassung des Staates und die institutionellen Ausgestaltungen wurden darüber hinausgehend – basierend auf der neoliberalen Grundannahme eines Staats- und Demokratieversagens – konkrete antiparlamentarische Gegenmodelle entworfen. Unter den neoliberalen Theoretikern war es Friedrich August von Hayek, der am energischsten eine Reformulierung von Liberalismus und Demokratie betrieben hat. Sein erklärtes Ziel bestand darin, den Bedeutungsverschiebungen entgegenzutreten, die diese Begriffe in Zeiten der Wohlfahrtspolitik und des Parlamentarismus erfahren hatten. Hayek plädiert in seinen Schriften für eine Beschränkung der parlamentarischen Demokratie, die er als „unbegrenzte" oder „totalitäre" Demokratie bezeichnet.[23] Anstatt solche wichtigen Entscheidungen wie die Steuergesetzgebung etc. dem Parlament zu überlassen, das von Massenmeinungen, wetterwendischen Wähler(inne)n und organisierten Sonderinteressen abhängig sei, fordert er, einen „Rat der Weisen" einzurichten und mit gesetzgeberischen Kompetenzen auszustatten. Hayeks Rat der Weisen soll die wichtigsten Staatsgeschäfte übernehmen und aus „reifen" Männern und Frauen im Alter zwischen 45 und 60 Jahren bestehen, die sich im gesellschaftlichen Leben bewährt haben. Dieses gesellschaftliche Elitegremium soll „die Probleme in langer Sicht betrachten und nicht von den schwankenden Moden und Leidenschaften einer wandelbaren Masse abhängig" sein.[24] Seine Mitglieder würden deshalb für einen Zeitraum von 15 Jahren gewählt, wobei jedes Jahr ein Fünfzehntel von ihnen neu gewählt werden soll.

Hayeks Antwort auf das von ihm diagnostizierte Versagen der parlamentarischen Demokratie ist der Entwurf eines Zwei-Kammer-Systems. Das Elitegremium eines „Rates der Weisen" soll gesetzgeberische Kompetenzen erhalten und quasi die Legislative bilden. In scharfer Abgrenzung dazu fungiert die zweite Kammer als Regierungsversammlung, als Exekutive. Die Intention Hayeks ist klar erkennbar: die Ausschaltung des Parlamentarismus zwecks Errichtung einer Elitenherrschaft, welche die gesellschaftliche Entwicklung bestimmt. Die Demokratie würde dann ihres eigentlichen Ge-

---

23 Siehe ebd., S. 22
24 Siehe ebd., S. 18

halts, der Selbstbestimmung mündiger Bürger/innen sowie der Konstituierung einer politischen Öffentlichkeit zur Meinungs- und Willensbildung, endgültig beraubt.

Im Unterschied zu diesem Elitemodell zielt James Buchanan auf die Ersetzung des Politischen bzw. des Staates durch private Tauschakte auf der Basis eines hypothetischen Gesellschaftsvertrages ab.[25] In Anlehnung an den „Minimalstaats-Philosophen" Robert Nozick, welcher eine Außenseiterrolle spielte, aber nicht ohne Nachfolger blieb,[26] definiert der *Public-Choice*-Theoretiker Buchanan die Verhältnisse zwischen den Menschen als Markt- und Tauschverhältnisse. Er entwirft eine neue Gesellschaftsvertragstheorie, bei der jede Form aktiver staatlicher Lenkung unterbleibt. In Buchanans Konzeption fließen verschiedene Grundannahmen neoliberaler Theoriebildung zusammen. Staatliche Politik existiert hier nur noch, um die individuellen, privaten Tauschakte der kapitalistischen Gesellschaft zu gewährleisten.

Als eine der neueren Varianten ökonomischer Politik- und Demokratietheorie lässt sich die „Neue Institutionenökonomik" (NIÖ) nennen.[27] Sie wird von der Auffassung getragen, „daß rational und frei handelnde Individuen bei Staats- *und* Marktversagen spontan weiter Institutionen herausbilden, die optimale Lösungen ohne Politik ermöglichen."[28] Neben der Elitenbildung und der Übertragung des Marktparadigmas auf den politischen Bereich ist also noch eine weitere Ausrichtung neoliberaler bzw. neoliberal orientierter Demokratieauffassungen zu identifizieren: die vollkommene Verdrängung des Politischen durch Herausbildung neuer institutioneller Arrangements wie beispielsweise private Vertragsakte. Der politische Bereich wird in dieser Theorierichtung nicht mehr allein als Markt verstanden und Politik nicht mehr als Ware zwischen Anbietern und Nachfragern gehandelt. Vielmehr treten Einzel- und Tauschverträge an die Stelle der politi-

---

25 Vgl. James M. Buchanan, Die Grenzen der Freiheit, Tübingen 1984; kritisch dazu: Jörg Reitzig/Sebastian Brandl, Vom wohlfahrtsstaatlichen Grundkonsens zum „schlanken Staat", a. a. O., S. 58 ff.

26 Vgl. Robert Nozick, Anarchie, Staat und Utopia, München 1976. Anarcholiberale bzw. -kapitalistische Strömungen üben in der Regel eine radikale Kritik an Demokratie und Wohlfahrtsstaat und plädieren für die Abschaffung demokratischer Strukturen. Vgl. z. B. Hans-Hermann Hoppe, Demokratie. Der Gott, der keiner ist. Monarchie, Demokratie und natürliche Ordnung, Waltrop/Leipzig 2003

27 Vgl. z. B. Douglass C. North, Institutionen, institutioneller Wandel und Wirtschaftsleistung, Tübingen 1992; Rudolf Richter/Eirik Furubotn, Neue Institutionenökonomik. Eine Einführung und kritische Würdigung, Tübingen 1996

28 Siehe Herbert Schui u. a., Wollt ihr den totalen Markt? – Der Neoliberalismus und die extreme Rechte, München 1997, S. 86 (Hervorh. im Original)

schen Wahl sowie anderer etablierter politischer Institutionen und Verfahren. Es handelt sich hierbei um Regelungen und Analogien des Privatrechts, die auf einer individuellen Aushandlung zwischen Vertragspartner(inne)n basieren sowie kollektive politische Strukturen, Auseinandersetzungen und Beratungen umgehen. Beispielhaft können die neuen Formen der Leistungs- bzw. Zielvereinbarungen, aber auch Gutscheinsysteme, Umweltzertifikate etc. angeführt werden, wie sie derzeit in vielen gesellschaftlichen Bereichen in unterschiedlichster Art die Vertrags- und Verhandlungsbasis bestimmen.

1.3 Weniger – statt: mehr – Demokratie als neoliberale Maxime

Eine „tyrannische Bürokratie" und ein „aufgeblähter" öffentlicher Sektor, Trittbrettfahrerverhalten, die Vereinnahmung des Staates durch gesellschaftliche Interessengruppen, Informationsasymmetrien und die Vergeudung von Ressourcen führen nach neoliberaler Auffassung zu Staatsversagen und machen die Unterordnung des Staates unter die Prinzipien des Marktes notwendig. Anstatt die Ausweitung demokratischer Prinzipien mit dem Ziel einer Begrenzung der staatlichen Eingriffe in die Gesellschaft bzw. des privatwirtschaftlichen, ökonomischen Einflusses auf die staatliche Politik zu fordern, peilt das neoliberale Theoriekonzept den Abbau von demokratischen Strukturen an. Der Staat soll auf lange Sicht – wenn überhaupt – nur die Regeln aufstellen und die Rahmenbedingungen schaffen, die es der privaten Unternehmerschaft ermöglichen, ihr Ziel der Profitmaximierung zu verfolgen und im internationalen Wettbewerb zu bestehen. In der Übergangszeit bis zum neoliberalen Staat, der sich seiner sozialstaatlichen Aufgaben entledigt hat, ist allerdings ein autoritärer und „starker" Staat erforderlich, denn es gilt, die Fehlentwicklungen wohlfahrtsstaatlicher Politik zu korrigieren sowie die Interessengruppen (sprich: die Gewerkschaften) und die demokratischen Institutionen (sprich: das Parlament), die sich im Zuge des Wohlfahrtstaates herausgebildet haben, in ihrer Funktion zu delegitimieren und zu beseitigen. Der „schlanke" Staat des Neoliberalismus wird also durch eine vollends abgemagerte Demokratie flankiert.

Das massive Drängen neoliberaler Theoretiker nach Aufkündigung wohlfahrtsstaatlicher Prinzipien führt bei gleichzeitiger Inthronisation oder zumindest Simulation des Marktes in allen Gesellschaftsbereichen zur fundamentalen Veränderung der Funktions- und Verfahrensweisen der parlamentarischen Demokratie. Das Prinzip des Eigennutzens und die Logik individueller Nutzenmaximierung avancieren zum Maßstab aller sozialen Beziehungen. Möglichkeiten gesellschaftlicher Lernfähigkeit sowie die Nützlichkeit kooperativen Handelns zur Verbesserung der allgemeinen Lebenslagen werden dagegen konsequent negiert.[29] Demokratie reduziert sich im neoliberalen Denken auf die Abfrage von Meinungsbildern bzw. auf eine reine Abstimmungsmaschinerie. Im Mittelpunkt steht nicht der demokratische Prozess der Willensbildung, sondern allenfalls ein Ereignis, etwa der Wahlakt. Dieser wird in Analogie zu anderen *Events* betrachtet und erhält einen ähnlichen Stellenwert wie jedwede beliebige TV-Show, in der das Publikum die Möglichkeit hat, einen Kandidaten oder einen Superstar auszuwählen. Demokratische Meinungs- und Willensbildung ist in dieser Betrachtungsweise eigentlich nicht mehr vorgesehen, allenfalls in Form von politischer Manipulation durch gezielte PR- und Marketingkampagnen, keineswegs jedoch im Sinne politischer Bildungs- und gesellschaftlicher Aufklärungsarbeit oder gar kollektiver, öffentlicher Beratschlagung und Diskussion.

In diesem Zusammenhang ist auch die partielle Befürwortung direktdemokratischer Verfahren durch Neoliberale zu betrachten.[30] Die Forderung nach Mechanismen direkter Demokratie verbleibt innerhalb der Logik, Demokratie entweder als plebiszitäre Legitimation einer Eliten- und Führerauswahl zu begreifen oder vollständig Marktmechanismen preiszugeben, sodass Demokratie als effizientes Mittel zur Erreichung von Sachentscheidungen fungiert. Das Schweizer Modell direkter Demokratie wird in letzter Zeit von verschiedenen Seiten als Prototyp vorgeschlagen, weil es modern, erfolgreich, entwicklungsfähig und insofern „exporttauglich" sei.[31] Um individuellen Präferenzen am effektivsten Geltung zu verschaffen, stelle der direktdemokratische Weg eine optimale Organisationsform dar. Mit „direkter Demokratie" ist im neoliberalen Denken jedoch nicht eine Ausweitung der politischen Partizipationsmöglichkeiten der Bürger/innen gemeint. Vielmehr geht es lediglich um eine weitere Auszehrung des Staates, vor al-

---

29 Vgl. Jörg Reitzig/Sebastian Brandl, Vom wohlfahrtsstaatlichen Grundkonsens zum „schlanken Staat", a. a. O., S. 63
30 Vgl. Arbeitsgemeinschaft selbständiger Unternehmer e. V. (Hrsg.), Für Effizienzstaat und Direktdemokratie. Ein Plädoyer der selbständigen Unternehmen, Schriftenreihe des Unternehmerinstituts UNI, Berlin 2001; Gerd Habermann, Demokratiereform als Standortfrage im Zeitalter fortschreitender Globalisierung, in: Forschungsjournal Neue Soziale Bewegungen 3/1998, S. 71 ff.
31 Vgl. z. B. Gebhard Kirchgässner/Lars P. Feld/Marcel R. Savioz, Die direkte Demokratie: modern, erfolgreich, entwicklungs- und exportfähig, München 1999; Bruno S. Frey/Gebhard Kirchgässner, Demokratische Wirtschaftspolitik: Theorie und Anwendung, München 1994

lem seiner demokratischen Einrichtungen, damit die Interessen der Wirtschaft und der gesellschaftlichen Eliten schneller zur Geltung gelangen können.

Die neoliberale Theoriebildung greift in ihrer Parlamentarismuskritik und mit ihren Forderungen nach einem „starken Staat" außerdem vorbehaltlos auf rechtskonservatives Gedankengut zurück. So hat der Staatsrechtler Carl Schmitt bereits in den 1920er-Jahren den Versuch unternommen, Demokratie ihrer ursprünglichen Bedeutung als Herrschaft des Volkes zu entledigen, und auf politiktheoretischer Ebene die Quadratur des Kreises vollzogen, indem er Demokratie und Diktatur gleichgesetzt hat: „Es kann eine Demokratie geben ohne das, was man modernen Parlamentarismus nennt, und einen Parlamentarismus ohne Demokratie, und Diktatur ist jedenfalls nicht der entscheidende Gegensatz zur Demokratie und Demokratie nicht der zur Diktatur."[32] In deutlicher Ablehnung des Parlamentarismus plädierte Schmitt für einen „starken Staat" und schlug direktdemokratische Verfahren vor, um per Akklamation des Volkes eine Führungsriege zu bestimmen, die dann schon die richtigen Entscheidungen für das Volk treffen werde. Schmitt lehnte als einflussreichster Verfassungsrechtler der Weimarer Republik die Integrationsmechanismen der bürgerlichen Gesellschaft – Parlamentarismus und Sozialstaatlichkeit – ab, um letztlich einer gesellschaftlichen Elite bzw. der Exekutive das vollständige politische Entscheidungsmonopol zu übertragen. Eine kurzzeitige Suspendierung der Demokratie im Namen der *wahren*, erst noch zu schaffenden Demokratie nahm Schmitt hierfür gern in Kauf: „Auch während einer (...) vom Diktator beherrschten Übergangszeit kann die demokratische Identität herrschen und der Wille des Volkes allein maßgebend sein."[33]

Diese mehr als fragwürdige Ansicht teilte Friedrich August von Hayek mit Carl Schmitt, wie er in seinen „Vorlesungen über Demokratie, Gerechtigkeit und Sozialismus" offenbarte: „Und wenn es auch gute Gründe gibt, eine beschränkte demokratische Regierung einer nicht demokratischen Regierung vorzuziehen, so muß ich doch gestehen, daß ich eine beschränkte nicht-demokratische Regierung einer unbeschränkten und daher im Grunde gesetzlosen vorziehe."[34] Die Außerkraftsetzung der Demokratie auf Zeit, die Negation des Parlamentarismus sowie die Forderung nach einem „starken

---

32 Carl Schmitt, Die geistesgeschichtliche Lage des heutigen Parlamentarismus, München/Leipzig 1923, S. 20
33 Ebd., S. 17
34 Friedrich A. v. Hayek, Drei Vorlesungen über Demokratie, Gerechtigkeit und Sozialismus, a. a. O., S. 9

Staat" sind Grundannahmen, die von neoliberaler Seite bedenkenlos aufgegriffen wurden und trotz der zwischenzeitlichen Erfahrungen mit dem Faschismus in Europa nach wie vor propagiert werden.

Neoliberale Formeln sind vor allem deshalb so anschlussfähig an das Alltagsdenken der Menschen, weil sie gegenwärtige Problemlagen des Staates und der repräsentativ-parlamentarischen Demokratie aufgreifen. Wer hat keine Einwände gegenüber einem Übermaß an Bürokratismus, gegenüber dem Lobbyismus oder gegenüber den Fehlentwicklungen der Parteiendemokratie? Ganz im Gegensatz zu der verfassungsmäßigen Bestimmung, dass die Parteien bei der politischen Willensbildung der Bürger/innen mitwirken sollen, tragen sie immer weiter zur Distanzierung der Bevölkerung vom politischen Establishment bei. Das Parlament ist tatsächlich belagert von einer unüberschaubaren Zahl von Interessengruppen und es mangelt an Transparenz und Öffentlichkeit, wer eigentlich welche politischen Entscheidungen zu wessen Gunsten trifft.

Quer zu den Empfehlungen der Neoliberalen, die eine Revision demokratischer Errungenschaften fordern und mit der Einführung neuer bürokratischer Methoden (z. B. Evaluationsverfahren, Rankings und Zertifizierung) zur Ausweitung statt zur Beschränkung der Bürokratie beitragen, steht die Perspektive einer Demokratisierung der Gesellschaft. Anstatt das Politische nach ökonomischen Prinzipien auszurichten, müsste das Ökonomische wieder stärker politisch gedacht werden.[35] Dann würde erneut in den Vordergrund rücken, dass es nicht die Unternehmer sind, die gesellschaftlichen Reichtum erzeugen, sondern dass der Wohlstand der Gesellschaft auf dem Rücken vieler Millionen Menschen und durch deren (entlohnte wie unentlohnte) Arbeit entsteht. Die Demokratiefrage stellt also einen der zentralen Punkte dar, an denen sich zeigt, dass die neoliberale Theoriebildung keine sinnvolle Antwort auf die Frage nach der künftigen Gesellschaftsentwicklung gibt: „Weniger Demokratie wagen!" lautet ihre zweifelhafte Devise.

---

35 Vgl. dazu: Jörg Reitzig, Die Furcht vor den Habenichtsen. Zum Verhältnis von Neoliberalismus und Demokratie, in: Das Ende der Bescheidenheit – Aneignung. Dokumentation des 27. Bundeskongresses (BUKO) vom 20.-23. Mai in Kassel, o. O. 2004, S. 128 ff.

2. Die Demontage liberaler Demokratie im Zeichen der neoliberalen Hegemonie

Vertreter des neoliberalen Projekts sprechen sich selten offen gegen eine demokratische Verfasstheit der Gesellschaft aus, warnen jedoch regelmäßig vor den „Gefahren" einer unbegrenzten Demokratie, die auf Gleichheit abziele und damit die individuelle Freiheit, exakter ausgedrückt: die Freiheit des Eigentums und des Wettbewerbs, bedrohe. Neoliberale negieren die sozialen und materiellen Voraussetzungen der Demokratie und betrachten diese als ein rein formales Verfahren. Sie fragen nicht danach, was Menschen benötigen, um zur sozialen und politischen Teilhabe befähigt und ermutigt zu werden. In den folgenden Ausführungen wird einerseits der von neoliberaler Seite häufig konstatierte Zusammenhang von Demokratie und Marktwirtschaft hinterfragt. Andererseits wird gezeigt, wie die neoliberale Politik der letzten Jahrzehnte einen schleichenden, gleichwohl rabiaten Abbau demokratischer Errungenschaften verursachte. Mit dem Ende der Phase eines demokratisch und sozialstaatlich eingehegten Kapitalismus steht die Bedeutung der liberalen Demokratie generell in Frage.

2.1 Wechselbeziehungen zwischen Marktwirtschaft und Demokratie

Auf der Ebene neoliberaler Theoriebildung wird in der Regel die Abschaffung der parlamentarischen und die Begrenzung der Demokratie gefordert oder es findet eine vollständige Umdeutung des Demokratiebegriffs statt. In der praktischen Umsetzung und Propagierung des neoliberalen Politikprojekts werden Demokratie und Marktwirtschaft allerdings häufig als einander wechselseitig bedingende Ordnungssysteme angepriesen. Die liberale Demokratie, wie sie sich in den westlichen Industrieländern nach den bürgerlichen Revolutionen herausgebildet hat, gilt als optimale Organisationsform kapitalistischer Gesellschaften. Umgekehrt wird die Behauptung aufgestellt, dass es in den nicht (liberal)demokratisch organisierten Teilen der Welt nur entschiedener marktwirtschaftlicher „Strukturanpassungen" bedürfe, um auch dort demokratische Verhältnisse durchzusetzen und allgemeinen Wohlstand herbeizuführen.[36]

---

36 Vgl. etwa Informedia Stiftung, Demokratie und Marktwirtschaft – ein Koppelprodukt?, Köln 1989, S. 11 ff.; dagegen kritisch: Joachim Hirsch, Materialistische Staatstheorie. Transformationsprozesse des kapitalistischen Staatensystems, Hamburg 2005, S. 75

Neoliberale *think tanks* tragen seit Jahrzehnten erheblich dazu bei, Demokratie und Marktwirtschaft als Leitbilder gesellschaftlichen Wandels und der Modernisierung zu etablieren. Mit dieser Motivation veröffentlicht etwa die Bertelsmann Stiftung, Hauptträgerin eines globalen Medienimperiums,[37] alle zwei Jahre eine Rangliste von Entwicklungs- und Transformationsländern, die den politischen Wandel hin zur marktwirtschaftlichen Demokratie in den Staaten außerhalb der OECD-Welt veranschaulichen und dokumentieren soll. Der „Bertelsmann Transformation Index" (BTI) dient dazu, die Wettbewerbssituation unter den noch nicht stabilen marktwirtschaftlichen Ländern zu stimulieren sowie die Entscheidungsträger/innen der Länder anzuhalten, ihre Regierungs- und Managementtechniken dahingehend zu reformieren, dass Marktfreiheit uneingeschränkt gewährleistet und somit Wirtschaftswachstum garantiert sei.[38] Staatliche Politik erhält so die Aufgabe zugesprochen, Rahmenbedingungen für eine leistungsstarke Marktwirtschaft bereitzustellen. Das bedeutet: Demokratie als politische Organisationsform wird im neoliberalen Denken insbesondere dann und auch nur in einem sehr eingeschränkten Sinne befürwortet, wenn sie als Absicherungs- und Ordnungssystem zur Gewährleistung kapitalistisch-marktliberaler Freiheiten dient.

Die Vertreter der Auffassung, dass Demokratie und Marktwirtschaft in einer Interdependenzbeziehung zueinander stehen, stört dabei wenig, dass die realen Entwicklungen ihren Verlautbarungen widersprechen. Blickt man beispielsweise auf Chile, das unter der Militärdiktatur von Augusto Pinochet in den 1970er-Jahren zum Experimentierfeld neoliberaler Marktstrategen auserkoren wurde, hat man einen der blutigsten Belege dafür, dass die Durchsetzung marktwirtschaftlicher Verhältnisse nicht auf demokratischem Wege stattgefunden hat. Außerdem bedurfte es historisch betrachtet seit jeher eines autoritären oder zumindest stark interventionistischen Staates zur Durchsetzung einer kapitalistischen Marktwirtschaft. Auch für die ostasiatischen „Tigerstaaten" mit ihrem exorbitant steigenden Wirtschaftswachstum und das prosperierende China gilt autoritäre Herrschaft eindeutig als „Standortvorteil" im internationalen Wettbewerb. Die Existenz eines autoritären Staates macht sie gegenüber den entwickelten kapitalistischen Staa-

---

37 Vgl. dazu: Frank Böckelmann/Hersch Fischler, Bertelsmann. Hinter der Fassade des Medienimperiums, Frankfurt am Main 2004; Jens Wernicke/Torsten Bultmann (Hrsg.), Netzwerk der Macht – Bertelsmann. Der medial-politische Komplex aus Gütersloh, Marburg 2007

38 Vgl. dazu: Jörn Hagenloch, Neoliberales Nationen-Ranking – Der Bertelsmann Transformation Index, in: Thomas Barth (Hrsg.), Bertelsmann. Ein globales Medienimperium macht Politik, Hamburg 2006, S. 88 ff.

ten überhaupt erst konkurrenzfähig. Der Zusammenhang zwischen Demokratie und Marktwirtschaft ist deshalb zunächst keineswegs so plausibel, wie
von neoliberaler Seite behauptet wird. Weder erfordert die Marktwirtschaft
auf politischer Ebene eine Demokratie, noch ist die (kapitalistische) Marktwirtschaft das einzig passende Gegenstück zur politischen Organisationsform der Demokratie.

Wenngleich sie gegenüber der breiten Öffentlichkeit den Eindruck zu er-
wecken suchen, als existiere zwischen Marktwirtschaft und Demokratie ein
Bedingungszusammenhang, lassen neoliberale Vordenker auf theoretischer
und programmatischer Ebene erkennen, dass sie für eine „beschränkte Demokratie" (Friedrich A. von Hayek) plädieren, wenn nicht gar in manchen
historischen Situationen eine „befristete Diktatur, (...) sozusagen eine Diktatur mit Bewährungsfrist", favorisieren.[39] Die Forderung nach einem „starken" Staat und das angespannte Verhältnis zur parlamentarischen Demokratie sind grundsätzlich kennzeichnend für die neoliberale Politikauffassung.[40] Allerdings vermeidet man es tunlichst, sich offen gegen die Demokratie zu stellen, da ihr die breite Bevölkerungsmehrheit trotz wachsenden
Misstrauens gegenüber „den Politikern" einen hohen Wert als politischer
Organisationsform beimisst. Ebenso schwierig gestaltet es sich, den für viele
Neoliberale so unangenehm anmutenden Begriff „sozial" über Bord zu werfen, weshalb man sich – zumindest in Deutschland – propagandistisch immer wieder auf die „Soziale Marktwirtschaft" beruft.[41] Aus neoliberaler
Sicht ist die demokratische Regierungsform grundsätzlich nur dann akzeptabel, wenn sie die Entfaltung einer freien Marktwirtschaft nicht behindert
und der Legitimation der Gesellschaftsordnung dient. Andernfalls und in
Situationen, wo die kapitalistische Gesellschaftsordnung ins Wanken gerät,
präferiert man mehr oder weniger offen eine autoritäre Regierung und einen
starken Staat.

Diagnosen über den Zustand der Demokratie und vor allem des Parlamentarismus fallen bei Neoliberalen stets defätistisch aus. Dabei lassen sie
durchblicken, dass die Politik bzw. der Staat in jeder Beziehung versage, zu-

39 Siehe Alexander Rüstow, Diktatur innerhalb der Grenzen der Demokratie. Dokumentation des Vortrages und der Diskussion von 1929 an der „Deutschen Hochschule für Politik", in: Vierteljahreshefte für Zeitgeschichte1/1959, S. 91
40 Vgl. dazu ausführlich: Ralf Ptak, Der Neoliberalismus als antiegalitäre, antidemokratische
   Ideologie, in: Norman Paech/Eckhart Spoo/Rainer Butenschön (Hrsg.), Demokratie – wo
   und wie?, Hamburg 2002, S. 94 f.; Dieter Haselbach, Autoritärer Liberalismus und Soziale Marktwirtschaft, Baden-Baden 1991
41 Vgl. hierzu: Ralf Ptak, Vom Ordoliberalismus zur Sozialen Marktwirtschaft. Stationen des
   Neoliberalismus in Deutschland, Opladen 2004, S. 279 ff.

mindest jedoch dem Markt bei der Gesellschaftsorganisation unterlegen sei. Bevor die Demokratie sich ihr eigenes Grab schaufele und eine tatsächliche Volkssouveränität konstituiere, welche die freie Marktwirtschaft behindern könnte, gelte es die Demokratie vor sich selber zu schützen. Hayek hat „für den Fall, daß die gegenwärtige Demokratie endgültig versagt", bereits ein alternatives elitäres Verfassungs- und Politikmodell entworfen.[42] Auf nationalstaatlicher Ebene ist die Implementierung solcher theoretischer Modelle zwar schwer durchführbar, die Konstituierung der EU bietet aber für Neoliberale eine willkommene historische Chance, den Parlamentarismus einzuschränken.

Fareed Zakaria, geistiger Schüler und ehemaliger Doktorand des einflussreichen Politikberaters Samuel P. Huntington, ist gegenwärtig einer der bedeutendsten politischen Meinungs- und Stimmungsmacher in den USA, die in neokonservativer Manier die Missstände liberaler Demokratien anprangern, um im gleichen Atemzug vor den Gefahren der Demokratie zu warnen und deren Abschaffung zu fordern. Es gelte, quasi rechtzeitig und präventiv einzugreifen, um zu verhindern, dass sich die Demokratie selbst diskreditiere.[43] Die Argumentation, dass ein Übermaß an im ursprünglichen Sinne der Volksherrschaft funktionierender Demokratie diese selbst bzw. den ihr innewohnenden Freiheitsgehalt gefährde, gehört auch hierzulande zu den Kernelementen neoliberaler Demokratiekritik und wird fast gebetsmühlenartig wiederholt. So schrieb Stefan Baron, damaliger Chefredakteur der *Wirtschaftswoche*, in seiner Zeitschrift: „Ein Zuviel an Demokratie, (...) das bedeutet eine allein am hier und heute orientierte, kurzsichtige Politik (...), zu hohe Bereitschaft zum Schuldenmachen und zum Aufblähen des Staatsumfanges. (...) Ein Zuviel an Demokratie heißt auch ein Zuviel an Umverteilung, lähmt sowohl den Leistungswillen derer, die dabei ohne große Anstrengung Geschenke erhalten, als auch derer, die diese Geschenke zu zahlen haben."[44] Am Ende drohten angeblich die allgemeine Leistungsverweigerung, der riesige Schlund des Wohlfahrtstaates und damit der volkswirtschaftliche Bankrott.

Neoliberale verlautbaren zum Thema „Demokratie" immer dasselbe: Ihre Forderung nach *weniger* Demokratie dient vermeintlich allein dem Ziel, wieder *mehr* Freiheit, Selbstverantwortung und Leistungsbereitschaft zu ge-

---

42 Siehe Friedrich August von Hayek, Drei Vorlesungen über Demokratie, Gerechtigkeit und Sozialismus, a. a. O., S. 22

43 Vgl. Fareed Zakaria, Das Ende der Freiheit? – Wieviel Demokratie verträgt der Mensch?, Frankfurt am Main 2005, S. 246

44 Stefan Baron, L'Etat c'est Moi, in: Wirtschaftswoche v. 12.8.2004, S. 28 f.

winnen und die Demokratie auf diese Weise in ihrem Kern zu erhalten. Der alternative Lösungsvorschlag, dem Verlust an demokratischer Substanz mit mehr und tatsächlicher Demokratisierung von unten zu begegnen, läuft der neoliberalen Politikauffassung hingegen völlig zuwider. Unter solchen Bedingungen ist die Demokratie quasi permanent auf dem Prüfstand, muss sich erst bewähren und zeigen, ob sie einen geeigneten Ordnungsrahmen abgibt, der nicht nur die privaten Eigentumsverhältnisse absichert, sondern auch so flexibel und anpassungsfähig ist, durch permanente Reformanstrengungen auf die dem Kapitalismus eigene Krisenhaftigkeit zu reagieren. Neoliberale Denker und Strategen versetzen die Demokratie so in eine dauerhafte Probezeit, in der das Vertrauensverhältnis zu ihr jederzeit aufgekündigt werden kann, und zwar fristlos: unverzüglich und ohne Vorankündigung.

2.2 Vom demokratisch „gezähmten" zum entfesselten Kapitalismus

Gegen Ende des 20./Anfang des 21. Jahrhunderts wurde viel darüber spekuliert, ob der Neoliberalismus erledigt sei und das neue Millennium das Ende aller Ideologien und der politischen Lager von Links und Rechts bedeute. Entgegen vieler Vermutungen hat der Neoliberalismus allerdings weder das Zeitliche gesegnet, noch ist das „Ende der Geschichte" (Francis Fukuyama) eingetreten. Stattdessen wurde das Verhältnis von Kapitalismus und Demokratie nach dem Zusammenbruch der realsozialistischen Staaten in veränderter Form auf die Tagesordnung gesetzt. Neoliberale Leitsätze wie „schlanker Staat", „Freiheit der Märkte" als wichtigste Garantie von Gerechtigkeit und die Privatisierung der sozialen Sicherung sind durch den Umbruch von 1989/90 scheinbar mehrheitsfähig geworden, während gesellschaftliche Gegenkräfte und politische Alternativen es schwerer haben, öffentlich Gehör zu finden und die Bevölkerung anzusprechen. Ähnlich, wie der Begriff „Sozialismus" durch seine Vereinnahmung von autoritären Regimen bei einem Großteil der Bevölkerung in Verruf geraten ist, wurde der Kapitalismusbegriff von Neoliberalen zumindest im deutschsprachigen Raum eine Zeit lang eher gemieden und der populärere Terminus „Soziale Marktwirtschaft" als Leitformel und „Kosename für den Kapitalismus" (Dieter Lattmann) verwendet. „Da mit dem Begriff des ‚Kapitalismus' im Laufe der Zeit so viele abschätzige Assoziationen verknüpft wurden, spricht man inzwischen eher von ‚freier Marktwirtschaft'."[45] „Freie Marktwirtschaft" wurde damit

---

45 Francis Fukuyama, Das Ende der Geschichte. Wo stehen wir?, München 1992, S. 81

zum Deckmantel und Beinamen eines globalen und uneingeschränkten Kapitalismus.

Im Zuge der globalen Ausbreitung des Kapitalismus haben Regierungen ihre Wirtschaftspolitik den Imperativen des Wettbewerbs angepasst und ihre Ausgaben für die soziale Sicherung gesenkt. Mit dem für die Nachkriegszeit typischen sozialen Grundkonsens wurde auch der demokratische Kompromiss aufgekündigt. Gegenwärtig konzentriert sich die Regierungspolitik hauptsächlich darauf, Strategien zu entwickeln, um im internationalen Wettbewerb zu bestehen und auf den unzähligen Rankinglisten der Ländervergleiche jeweils einen der Spitzenplätze zu ergattern. Wenn aufgrund des neoliberalen Wettbewerbswahns und der Glorifizierung von Marktfreiheit die Option für alternative Wirtschaftspolitiken und Gesellschaftsformen entfällt, verschwindet eine wichtige Voraussetzung demokratischer Politik: in Alternativen zu denken und frei entscheiden zu können. Vor allem wird die demokratische Situation für die Bürger/innen paradox. Formell können sie zwar in gewissem Sinne politisch partizipieren, da zumindest die Möglichkeit allgemeiner Wahlen noch besteht. Bei einer Entscheidung gegen die „Marktfreiheit" droht ihnen jedoch – so die unmissverständliche neoliberale Botschaft – der mögliche Arbeitsplatzverlust.[46] Mit der Transformation von Staat und Demokratie unter den Bedingungen einer neoliberalen Globalisierung kommt es daher auf vielfältige Weise zu einer „Demokratieentleerung" (Wilhelm Heitmeyer), die den seit jeher wackligen Kompromiss eines „demokratisch gezähmten" Kapitalismus in Frage stellt.

In unmittelbarer Konkurrenz zu den Volksdemokratien der realsozialistischen Staaten Ost- und Ostmitteleuropas sahen sich selbst prominente Neoliberale gezwungen, die bestehende Regierungsform als „liberale Demokratie" zu verteidigen. So bemerkte Hayek in seiner während des Zweiten Weltkrieges entstandenen Streitschrift gegen Sozialismus und Planwirtschaft: „Man kann heute oft hören, daß die Demokratie den ,Kapitalismus' nicht länger dulden will. Wenn ,Kapitalismus' hier ein auf Wettbewerb und Privateigentum beruhendes Wirtschaftssystem bedeuten soll, so ist es weit wichtiger, sich darüber klar zu sein, daß nur im Rahmen eines solchen Systems die Demokratie möglich ist."[47] Demnach wäre die Demokratie nicht nur kompatibel mit und systemadäquat zur Marktwirtschaft, sondern dasselbe würde auch für den Kapitalismus gelten.

Was genau unter „Demokratie" verstanden werden kann und welcher Wirtschaftsform sie bedarf, ist ganz im Gegensatz zu Hayeks einseitig ideo-

46 Vgl. Urs Marti, Demokratie. Das uneingelöste Versprechen, Zürich 2006, S. 193
47 Friedrich A. von Hayek, Der Weg zur Knechtschaft, a. a. O., S. 98

logischer Auslegung seit Jahrhunderten ein Streitgegenstand in der politischen Theorie und Praxis. Weder existiert eine überhistorische Form noch eine homogene Auffassung von Demokratie. Historisch betrachtet hat es verschiedenste Ansätze und Erscheinungsformen von Demokratie gegeben: beispielsweise die antike Demokratie der griechischen Stadtstaaten, die eine Gleichheit aller (freien) Bürger garantieren wollte und dementsprechend nicht auf Wahl-, sondern auf Losverfahren setzte, um jedem von ihnen die Möglichkeit politischer Beteiligung einzuräumen – allerdings unter Ausschluss von Sklaven, Frauen und Metöken, d. h. „Mitbewohnern" bzw. Fremden, die über keine Bürgerrechte verfügten. Ganz anders verhält es sich bei den Rätedemokratien im Übergang vom 19. zum 20. Jahrhundert, die sich jeweils in Situationen gesellschaftlicher Umbrüche und Revolutionen herausbildeten.[48] In der rätedemokratischen Praxis wurden gänzlich andere Strukturen und Mechanismen entwickelt, als sie die parlamentarisch-repräsentative Form der Demokratie kennt (etwa Delegation, imperatives Mandat sowie Rotations- und Recall-Verfahren). Rätedemokratien beruhen z. B. nicht auf einer Repräsentation von politischen Interessen durch Abgeordnete, sondern sehen basisdemokratische Strukturen vor, in denen jede/r an politischen Beratungs- und Entscheidungsprozessen direkt beteiligt werden kann. Es gibt somit vielfältige Erfahrungen und gelebte Praktiken von Demokratie als politischer Organisationsform der Gesellschaft, die nicht unbedingt kapitalistischer Strukturen bedürfen und verschiedene Ausgestaltungen der Wirtschaftsdemokratie vorsehen.

Die bürgerlich-liberale Demokratie als derzeit vorherrschende Form ist historisch betrachtet in sehr widersprüchlicher Weise mit der Entwicklung des Kapitalismus und des modernen Nationalstaates verbunden. Durchgesetzt wurde sie in den revolutionären Umbrüchen des 18. und 19. Jahrhunderts sowie im Rahmen der Überwindung absolutistisch-feudaler Produktionsverhältnisse. Mit der allmählichen Auflösung feudaler und ständischer Strukturen etablierten sich Markt- und Vertragsverhältnisse, die den liberalen Ideen von Freiheit, Gleichheit und Gerechtigkeit eine materielle Grundlage gaben.[49] Um eine Volksherrschaft im umfassenden oder gar direkten Sinne handelt es sich dabei allerdings nicht.

Dem liberalen Bürgertum ging es zur damaligen Zeit bei seiner Forderung nach politischen und demokratischen Rechten in erster Linie um die

---

48 Vgl. dazu: Udo Bermbach (Hrsg.), Theorie und Praxis der direkten Demokratie. Texte und Materialien zur Räte-Diskussion, Opladen 1973
49 Vgl. Joachim Hirsch, Materialistische Staatstheorie, a. a. O., S. 202

Absicherung neuer, von ihm geschaffener privater Eigentumsverhältnisse und um den Schutz seiner Unternehmungen gegenüber staatlicher Willkürherrschaft, d. h. ökonomischer Intervention. Mit der eingängigen Parole „No taxation without representation!" brachten etwa die nordamerikanischen Revolutionäre ihre Position zum Ausdruck, der Staat müsse ihnen aufgrund der pflichtgemäßen Abführung von Steuern in beträchtlicher Höhe auch politische Mitspracherechte einräumen. Die bürgerlich-liberale Demokratie war vielerorts dementsprechend zunächst mit einem an den Besitz geknüpften und dadurch auf Minoritäten beschränkten Wahlrecht verbunden. Es bedurfte weiterer harter gesellschaftlicher Auseinandersetzungen und Kämpfe, bis über das etablierte Bürgertum hinaus der breiten Bevölkerungsmehrheit und vor allem den Frauen annähernd gleiche politische Rechte eingeräumt wurden. Die meisten Menschen kämpfen noch heute dafür, gleiche Beteiligungs- und Mitspracherechte sowie politische Unabhängigkeit zu erlangen.

Wenn gegenwärtig von „liberaler Demokratie" die Rede ist, herrscht in der Regel ein eher begrenztes, auf das formale Prozedere zugeschnittenes Demokratieverständnis vor. Eine Gesellschaft gilt bereits dann als demokratisch verfasst, wenn sie ein Minimum an demokratischen Strukturen aufweist: etwa allgemeine und freie Wahlen, bestimmte demokratische Institutionen und eine gewisse Form der Gewaltenteilung. Im Vergleich zu früheren Epochen handelt es sich dabei zwar um weitreichende emanzipatorische Fortschritte, deren Bedeutung man gerade dann erkennt, wenn sie eingeschränkt werden oder nicht mehr zur Verfügung stehen. Allerdings ist die liberale Demokratie innerhalb einer kapitalistischen Marktwirtschaft eben immer nur eine auf formale Prozeduren und den politischen Bereich begrenzte, weshalb ihre Weiterentwicklung zur „sozialen" oder „sozialistischen Demokratie" der Arbeiterbewegung und ihren Theoretiker(inne)n lange Zeit als erstrebenswert galt.[50]

Im Gefolge zweier Weltkriege und der einschneidend wirkenden Weltwirtschaftskrise von 1929 bis 1932 gelang es reformorientierten Kräften, den Kapitalismus auf parlamentarischem Weg wohlfahrtsstaatlich und demokratisch einzuhegen.[51] Die meisten demokratischen Errungenschaften sind aus harten politischen Auseinandersetzungen in der Weimarer Repu-

---

50 Vgl. Wolfgang Abendroth, Zum Begriff des demokratischen und sozialen Rechtsstaates im Grundgesetz der Bundesrepublik Deutschland, in: ders., Antagonistische Gesellschaft und politische Demokratie, 2. Aufl. Neuwied/Berlin (West) 1972, S. 109 ff.

51 Vgl. Jörg Reitzig/Sebastian Brandl, Vom wohlfahrtsstaatlichen Grundkonsens zum „schlanken Staat", a. a. O., S. 56

blik hervorgegangen. Hier wurden nicht nur wesentliche politische Rechte
für eine breite Bevölkerungsschicht und auch das Frauenwahlrecht erstrit-
ten. Auch die Durchsetzung sozialer Sicherungs- und Teilhaberechte (z. B.
Tarifautonomie, Wirtschaftsdemokratie, Mitbestimmung sowie Kündi-
gungs- und Mutterschutz), auf denen die liberale Demokratie basiert, war
dem starken Druck geschuldet, den die Arbeiter- und die Frauenbewegung
erzeugten. Anders als in Deutschland meist angenommen, wurden soziale
und politische Rechte nicht etwa durch die Regierung oder besonders wohl-
wollende Politiker/innen eingeführt. Demokratische Verhältnisse und soziale Fortschritte wurden vielmehr mühsam erkämpft und den Herrschenden
abgetrotzt, wie eben auch die Bismarck'schen Sozialreformen im Wesentlichen politische Zugeständnisse an die erstarkende Arbeiterbewegung und
sozialistische Kräfte waren.[52]

Ihren vorläufigen Höhepunkt und ihre bisher am weitesten gehende Annäherung an eine soziale erfuhr die liberale Demokratie nach 1945 aufgrund wirtschaftlicher Prosperität und der Umsetzung wohlfahrtstaatlicher
Politik. Durch die Außerparlamentarische Opposition (APO) sowie die
Schüler- und Studentenbewegung bzw. die Forderung der „68er" nach Demokratisierung aller Gesellschaftsbereiche (Universitäten, Schulen, Kindergärten etc.) erlebte die Demokratie eine wesentliche Vertiefung.[53] Mit dem
Versprechen des ersten nicht der CDU angehörenden Bundeskanzlers,
„mehr Demokratie wagen" (Willy Brandt) zu wollen, erlangte die Forderung nach Ausweitung demokratischer Verhältnisse über die formalen staatlichen Institutionen und Prozeduren hinaus gegen Ende der 1960er-/An-
fang der 1970er-Jahre gesellschaftliche Breitenwirkung. Die Systemkonkur-
renz zwischen Kapitalismus und Sozialismus während des Kalten Krieges
trug außerdem dazu bei, dass den Herrschenden weitere soziale und politische Zugeständnisse abgerungen und diese für eine gewisse Zeitspanne aufrechterhalten werden konnten. In der Bundesrepublik wurde ein „sozial-
partnerschaftliches" Verhalten zwischen den Vertreter(inne)n von Kapital
und Arbeit hoffähig; man besiegelte damit den sozialen Frieden zwischen
den Klassen und betrachtete das Parlament als Forum des institutionalisierten und eingehegten Klassenkampfes.

---

52 Vgl. Volker Hentschel, Geschichte der deutschen Sozialpolitik (1880-1980). Soziale Si-
    cherung und kollektives Arbeitsrecht, Frankfurt am Main 1983, S. 9 f.
53 Vgl. dazu: Udo Bullmann, Politische Partizipation – soziale Teilhabe: Die Entfaltung der
    demokratischen Idee, in: Franz Neumann (Hrsg.), Handbuch Politische Theorien und
    Ideologien, a. a. O., S. 79 ff.

Diese Form eines demokratisch gezähmten oder gar „zivilisatorisch eingehegten" Kapitalismus (Marion Gräfin Dönhoff) war jedoch nur von kurzer Dauer. Die neoliberale Gegenoffensive und die ab Ende der 1970er-/ Anfang der 1980er-Jahre unübersehbare Aufkündigung des wohlfahrtsstaatlichen Grundkonsenses haben auch zu einer Neubestimmung des politisch-institutionellen Arrangements geführt. Grenzen und Widersprüche der bürgerlich-liberalen Demokratie treten seither immer stärker zutage, selbst wenn nach den weltpolitischen Ereignissen von 1989/90 noch versucht wurde, das triumphale Finale der liberalen Demokratie zu feiern. Mit dem neoliberalen Um- bzw. Abbau des Sozialstaates ging eine schleichende Demontage demokratischer Institutionen und Strukturen einher.[54] Gleichzeitig wird das Verhältnis von Staat, Gesellschaft und Ökonomie neu justiert, während bislang vom Staat erfüllte Aufgaben abgeschafft oder privaten Akteuren überlassen werden.

Anders als von neoliberaler Seite stets suggeriert, soll der Staat nicht „entbürokratisiert", vielmehr seiner sozialstaatlichen und -integrativen Bindungen und Aufgaben beraubt werden. Die neoliberale Diagnose, es gebe „zu viel Staat", bezieht sich primär auf die wohlfahrtsstaatlichen Funktionen, aber auch auf die Möglichkeiten demokratischer Partizipation. Dem steht in neoliberaler Auffassung „zu wenig Staat" gegenüber, wo es um dessen Rolle als Sicherheitsapparat und um Staatsloyalität geht, die angesichts der globalen Verteilungskonflikte und des Konkurrenzkampfes auf dem Weltmarkt sichergestellt werden müssten: „Wir haben zuviel Staat in der durch ein problematisches Gleichheitsstreben und fachmännischen Perfektionsdrang ausgeweiteten Gesetzgebung und Verwaltung. Wir haben zuwenig Staat in allem, was die Behauptung unserer äußeren und inneren Sicherheit und Ordnung betrifft, wir haben zuwenig Staatsgesinnung. Wir haben zuviel und zuwenig Staat – jeweils an der falschen Stelle."[55] Die hier von Ernst Forsthoff beschriebenen Defizite müssen nach Überzeugung der Neoliberalen dringend behoben werden: Der „schlanke" soll im Kern ein „starker Staat" sein. Neoliberalen geht es in erster Linie um eine Profilbildung des staatlichen Gewaltmonopols sowie die Stärkung der Exekutive und von deren Kontrollfunktionen. Es kann also nicht von einem umfassenden Abbau des Staates die Rede sein. Demontiert werden vielmehr jene demokratischen

---

54 Vgl. hierzu: Christoph Butterwegge, Krise und Zukunft des Sozialstaates, 3. Aufl. Wiesbaden 2006, S. 115 ff.
55 Ernst Forsthoff, Haben wir zuviel oder zuwenig Staat? (1955), in: ders., Rechtsstaat im Wandel. Verfassungsrechtliche Abhandlungen 1950-1964, Stuttgart 1964, S. 77

und sozialen Errungenschaften, die auf den ersten Blick dem grundlegenden Gebot des Kapitalismus, der Profitmaximierung, im Wege stehen.

Mit der neoliberalen Transformation eines entfesselten Kapitalismus wird das Spannungsverhältnis zwischen Kapitalismus und Demokratie immer offensichtlicher. Demokratische Prinzipien wie Selbstbestimmung oder die Verwirklichung von Freiheit und Gleichheit aller klingen angesichts des Diktats ökonomischer Sachzwänge immer antiquierter und nahezu unerreichbar. Zu den politischen Grundrechten gehört seit der Konstituierung bürgerlich-liberaler Demokratien auch das Recht auf Privateigentum an Produktionsmitteln, in das politisch bzw. durch den demokratischen Willensbildungsprozess nicht eingegriffen werden kann.[56] Damit sind der demokratischen Willensbildung in der liberalen Demokratie klare Grenzen gesetzt. Die Produktions- und Eigentumsverhältnisse können nicht einfach durch demokratische Mehrheitsentscheidungen abgeschafft werden, was letztlich bedeutet: Die kapitalistische Gesellschaftsform und ihre Produktionsverhältnisse bilden die Grundlage und markieren zugleich die Grenze der liberalen Demokratie.[57] Dieser grundlegende Widerspruch zwischen Kapitalismus und Demokratie lässt sich allerdings nicht einebnen oder auf Dauer überlagern. Unter den Bedingungen neoliberaler Vorherrschaft tritt er vielmehr offen zutage. Die Schäden einer Destruktion der Demokratie zugunsten eines uneingeschränkten Kapitalismus und der Vermarktlichung sämtlicher Lebensbereiche sind so gravierend, dass es kein Leichtes sein wird, ihnen entgegenzuwirken.

3. Neoliberale Globalisierung: neue politische Akteure und die Privatisierung von Politik

Während sich das neoliberale Projekt auf der nationalstaatlichen Ebene wegen schwer überwindbarer Hürden, seien es Verfassungen oder Widerstand der Bevölkerung, nicht immer durchsetzen ließ, bieten die Verschiebung politischer Entscheidungen auf die supra- oder transnationale Ebene und das Auftreten neuer Akteure geeignete Möglichkeiten zur Implementierung neoliberaler Politik. Die Unübersichtlichkeit, auf welcher Ebene eigentlich politische Entscheidungen getroffen werden und wer letztlich dafür verantwortlich ist, verstärkte den Glauben an sog. Sachzwänge. Im Folgenden geht

---

56 Vgl. Joachim Hirsch, Materialistische Staatstheorie, a. a. O., S. 76
57 Vgl. ebd., S. 78

es um die Frage, welche Veränderungen die neoliberale Globalisierung z. B. hinsichtlich der Politikformen sowie der politischen Akteure nach sich zog. Aufgrund der Privatisierung und Informalisierung von Politik wird es immer schwieriger, politische Entscheidungen demokratisch zu kontrollieren oder gar Alternativen gegen das neoliberale Projekt durchzusetzen. Gerade deshalb ist es notwendig, die politischen Entscheidungen kritisch nachvollziehen zu können, die getroffen wurden, um einen dauerhaften globalen politischen Reformprozess unter neoliberaler Regie voranzutreiben.

3.1 Die neoliberale Modernisierung als Motor der Entdemokratisierung

Spätestens seit den 1990er-Jahren ist ein Begriff kaum mehr aus dem weltweiten Wortschatz wegzudenken: „Globalisierung" steht stellvertretend für vielfältige Prozesse neoliberaler Umstrukturierungen, die das Leben der Menschen in rasanter Weise und nachhaltig verändern. Glaubte man zunächst, der neoliberale Umbau der Gesellschaften im Weltmaßstab sei dem freien Markt und seinen Gesetzen zuzuschreiben, ist man mittlerweile, was die Rolle der Politik bzw. des Staates betrifft, zu einer ganz anderen Erkenntnis gelangt: Die ökonomische Globalisierung wurde von Beginn an politisch vorangetrieben, wobei Institutionen und Strukturen entstanden, die das neoliberale Ziel der Liberalisierung und Deregulierung von Märkten gewährleisten sollten. „Die Öffnung nationaler Ökonomien und ihre Integration zu einem Weltmarkt für Güter, Dienstleistungen und vor allem für Geld und Kapital, der Abbau von Handelshemmnissen im Rahmen der Zollrunden des GATT, später der WTO, und die Deregulierungsoffensive in den 1970er Jahren waren und sind politisch gewollt."[58]

Durchsetzung, Verwirklichung und Gewährleistung eines „freien Weltmarktes" bilden ein politisches Projekt, das von mächtigen Interessen geleitet und seitens gesellschaftlicher Eliten vorangetrieben wird. Die ökonomische Globalisierung bewirkt eine Funktionsverschiebung des (National-)Staates sowie der damit verbundenen und historisch errungenen liberaldemokratischen Institutionen. Mit der Transformation des Nationalstaates schafft man die Bedingungen dafür, dass die neoliberale Politik der Privatisierung und Deregulierung umgesetzt wird und globale Märkte entstehen können. Zwar wird die neoliberale Globalisierung überwiegend von Fakto-

---

58 Birgit Mahnkopf, Politik (in) der Globalisierung, in: dies. (Hrsg.), Management der Globalisierung. Akteure, Strukturen und Perspektiven, Berlin 2003, S. 13

ren determiniert, die man als ökonomische begreift, wie etwa die Internationalisierung der Produktion oder die Liberalisierung der Finanzmärkte. Diese Entwicklungen hängen jedoch direkt mit dem Umbau des politischen Institutionengefüges, etwa einer Stärkung der Rolle von Zentralbanken und der Finanzpolitik, zusammen.[59] Politik und Ökonomie der neoliberalen Modernisierung bedingen sich somit wechselseitig.

Die politischen Institutionen und Verfahrensweisen eines demokratisch „eingehegten" Kapitalismus, nach 1945 in den meisten hoch industrialisierten Ländern durchgesetzt, sind der neoliberalen Modernisierung ausgesetzt und werden dadurch zunehmend geschwächt. Neoliberale wollen vor allem jene Institutionen begrenzen oder abschaffen, die ihrer Ansicht nach die Freiheit des Marktes beschränken und somit wachstumshemmend wirken. Dies trifft insbesondere die traditionellen Institutionen des demokratischen Wohlfahrtsstaates, welche an der Entwicklung von Kompromissen zwischen den divergierenden gesellschaftlichen Interessengruppen orientiert sind und zur sozialen Integration beitragen. Die neoliberale Politik richtet sich gegen den Parlamentarismus, gegen die Gewerkschaften und das ganze Tarifvertragssystem, gegen das kollektiv-solidarische Sozialversicherungssystem sowie gegen eine stabilitäts- und beschäftigungsorientierte Wirtschafts- und Fiskalpolitik. Im Gegensatz dazu gewinnen internationale Institutionen und Organisationen an Bedeutung, die der neoliberalen Ideologie verpflichtet sind. Auf globaler Ebene entsteht so etwas wie ein „neoliberaler Konstitutionalismus" (Stephen Gill), der ein Netz von neuen politischen Institutionen, Regeln und Verfahrensweisen umspannt. Dieses globale Regulierungssystem schließt demokratische Partizipation weitgehend aus und verändert die herkömmliche verfassungsmäßige und lehrbuchhafte Vorstellung von Politik und Demokratie nachhaltig.

Auf inter- und supranationaler Ebene agieren mittlerweile höchst unterschiedliche politische Akteure und Organisationen, die erhebliche Demokratiedefizite aufweisen, obgleich sie zentrale politische Entscheidungen treffen. Einerseits beeinträchtigen sie die Autonomie der demokratisch gewählten nationalstaatlichen Regierungen und Parlamente, andererseits sind sie intern keineswegs demokratisch strukturiert. Selbst die UNO als einzige Institution der Nachkriegsweltordnung, die noch Hoffnungen darauf weckte, formaldemokratischen Ansprüchen gerecht zu werden, und deren Organisationen und Mitarbeiter sich mit Fragen nachhaltiger Entwicklung, mit

---

59 Vgl. Christoph Görg, Globalisierung, Macht und Gewalt. Die Krise des Neoliberalismus und die Internationalisierung des Staates, in: Kurt Imhof/Thomas S. Eberle (Hrsg.), Triumph und Elend des Neoliberalismus, Zürich 2005, S. 232

politischen und sozialen Menschenrechten etc. beschäftigen, verliert erheblich an Bedeutung und wird permanent von den Mächtigsten der Welt missachtet. Stattdessen erstarken ökonomische Institutionen, die wenig bis nichts zur sozialen Integration beitragen und nicht mehr auf die Sicherung des gesellschaftlichen Friedens abzielen, sondern auf die Erhöhung der internationalen Wettbewerbsfähigkeit der Staaten untereinander ausgerichtet sind.[60] Dazu zählen die klassischen Bretton-Woods-Organisationen wie der Internationale Währungsfonds (IWF) und die Weltbank ebenso wie die Nachfolgeorganisation des GATT, die Welthandelsorganisation (WTO). Gegenüber solchen Zielen wie der Durchsetzung sozialer Gerechtigkeit, ökonomischer Nachhaltigkeit oder demokratischer Partizipation sind diese Institutionen gegenwärtig an erster Stelle den neoliberalen Prinzipien der Liberalisierung und Deregulierung von Märkten verpflichtet sowie auf die Privatisierung öffentlicher Unternehmen und Güter festgelegt.

Die Art und Weise, wie das internationale Institutionensystem die nationalstaatliche Souveränität bzw. Autonomie beeinträchtigt oder untergräbt, divergiert stark und hängt vom Einfluss der Staaten in den jeweiligen Organisationen ab. Am stärksten von den politischen Vorgaben betroffen waren und sind die Entwicklungsländer, die aufgrund jener Schuldenfalle, in der sie nicht zuletzt wegen der Kreditvergabe sowie den damit verbundenen Strukturanpassungsprogrammen von IWF und Weltbank seit den frühen 1980er-Jahren stecken, politisch und ökonomisch enorm geschwächt wurden. Die Verarmung großer Teile der Weltbevölkerung, die verstärkte Produktion globaler Ungleichheit und der Zusammenbruch mancher Volkswirtschaften ist auch auf die Interessenpolitik der mächtigen G-8-Staaten zurückzuführen, die diese über die internationalen ökonomischen Institutionen auszuüben vermögen. Den entwickelten kapitalistischen Ländern des sog. globalen Nordens dient das Schlagwort „Globalisierung" zur Durchsetzung und zur vordergründigen Legitimation des neoliberalen Umbaus der Gesellschaft und der dafür notwendigen Reformmaßnahmen. Es reicht bereits der Hinweis auf die Sachzwänge der Globalisierung, welche wie eine Naturkatastrophe über die Welt kommen, um die angebliche Notwendigkeit neoliberaler Modernisierung als quasi von außen auferlegtes Diktat zu unterstreichen. Unter dem Damoklesschwert dieser spezifischen Form der Globalisierung bleibt den Ländern nichts anderes übrig, als sich dem internationalen Wettbewerbsdruck unterzuordnen, den sie praktisch selbst ausgelöst haben.

---

60 Vgl. Joachim Hirsch, Materialistische Staatstheorie, a. a. O., S.145 ff.

Industrieländer erleben ihre Subordination unter neoliberale Prinzipien vor allem durch supranationale Zusammenschlüsse wie die EU. Letztere weist nach wie vor nicht nur hinsichtlich ihrer politischen Institutionen und des machtvollen Übergewichts ihrer Exekutive erhebliche Demokratiedefizite auf. Mit der Festschreibung neoliberaler Wirtschaftsprinzipien auf EU-Ebene (z. B. im Vertrag von Maastricht oder in dem vom Verfassungskonvent 2002/03 ausgearbeiteten „Entwurf eines Vertrags über eine Verfassung für Europa") und dem massiven Einfluss der Europäischen Zentralbank auf die Währungs- und Finanzpolitik nicht nur der Kommission verstärkt sich die Tendenz zur Entdemokratisierung. Die demokratische Meinungs- und Willensbildung in den Mitgliedstaaten wird durch das Aushandeln politischer Entscheidungen auf supra- bzw. transnationaler Ebene unterlaufen, missachtet oder eingeschränkt. Insbesondere mit der konstitutionellen Festschreibung marktwirtschaftlicher Prinzipien im vorerst gescheiterten EU-Verfassungsvertrag sollten wirtschaftspolitische Grundsätze festgelegt werden, die auf nationalstaatlicher Ebene nach dem Zweiten Weltkrieg nicht durchsetzbar waren.

Das französische und das niederländische Nein zum Vertragsentwurf haben deutlich gemacht, dass der EU-Verfassungskonvent nicht primär die Interessen der Bevölkerung ihrer Mitgliedstaaten vertrat. Man fühlte sich eher an das von Hayek theoretisch anvisierte Eliteorgan eines „Rates der Weisen" erinnert, der nur spezifische gesellschaftliche Interessen, nicht aber den Mehrheitswillen verkörpert. Der bloß in wenigen Ländern zur Volksabstimmung gelangte Vertragsentwurf war der Versuch, den derzeitigen Mehrheitswillen in der Bevölkerung für eine europäischen Einigung zu nutzen, um andere (wirtschafts)politische Inhalte festzuschreiben, die sich den Bürger(inne)n aufgrund ungenügender politischer Aufklärung und mangelnder politischer Meinungs- und Willensbildung entziehen. Andreas Wehr geht so weit, das Datum der beiden Referenden im Mai/Juni 2005 als Termin für den Beginn einer möglichen Krise der neoliberalen Orientierung in Europa zu nennen.[61]

Sieht man von der auf Eis gelegten EU-Verfassung ab, wird über den europäischen Umweg in wachsendem Maße durchsetzbar, was innerhalb der Mitgliedstaaten an dafür zu mobilisierenden Mehrheiten scheitern würde. Der Widerstand der Bevölkerung gegen neoliberale Vorstöße des Sozialstaatsabbaus findet seine Grenzen immer wieder an den institutionalisierten

---

61 Vgl. Andreas Wehr, Das Publikum verlässt den Saal. Nach dem Verfassungsvertrag: Die EU in der Krise, Köln 2006, S. 8; ergänzend: Carolin Rüger, Aus der Traum? – Der lange Weg zur EU-Verfassung, Marburg 2006

Zwängen der EU-Politik oder dem Diktat der wettbewerbsstaatlichen Standortoptimierung aufgrund der auf globaler Ebene durchgesetzten Marktliberalisierung. Vertreter neoliberaler Politik versuchen sich stets hinter diesen angeblichen Sachzwängen zu verstecken und waschen ihre Hände in Unschuld, wenn es darum geht, angebliche Diktate der Brüsseler Bürokratie auf nationalstaatlicher Ebene durchzusetzen. Nicht sie seien für politische Maßnahmen verantwortlich, die den Bürgerinteressen zuwiderlaufen, heißt es dann. Vielmehr führten die Sachzwänge selbst zur Einschränkung staatlicher Handlungsmöglichkeiten, zur Zerstörung der Systeme sozialer Sicherung und zu der daraus folgenden gesellschaftlichen Destabilisierung. Politik wird auf die Adaption an ökonomisch vorgegebene Bedingungen reduziert, wodurch aus dem Blick gerät, dass die sog. Sachzwänge ihrerseits Resultate politischer Entscheidungen sind, die zu einem bestimmten Zeitpunkt von dafür verantwortlichen Politiker(inne)n getroffen wurden. Die neoliberale Logik des Sachzwangs verbindet sich in der Politik oftmals mit einem ausgeprägten Pragmatismus, der inhaltliche Alternativen ausblendet und als unrealisierbar verwirft. Damit geht ein wichtiges Element der Demokratie, die Wahlmöglichkeit der Bürger/innen zwischen politischen Alternativen, verloren. Wo jedoch Alternativlosigkeit herrscht, steht nichts mehr zur Wahl und zerfällt die Demokratie.

Dass bestimmte Sachzwänge im Zuge der neoliberalen Modernisierung geschaffen wurden, ist nicht zu bestreiten. Die nationalstaatlichen Regierungen haben ihren Handlungsspielraum allerdings zum Teil selbst beschnitten, etwa als sie einwilligten, dass über die EU als auch die WTO nationale Regelungen und Verfassungen veränderbar und angreifbar sind. Das (nationale) Parlament als wichtigstes demokratisches Organ wandelt sich so mehr und mehr zu einer Instanz, die anderswo getroffene Entscheidungen nur noch abnicken kann und gegenüber den unmittelbar Betroffenen legitimieren soll.[62] Politische Verantwortlichkeiten werden durch diese Form der „Mehrebenenpolitik" unkenntlich gemacht und aus den dafür vorgesehenen Institutionen in mehr oder weniger undurchschaubare und nicht kontrollierbare private Verhandlungsrunden ausgelagert.[63] Die transnationale Politik des Neoliberalismus bietet damit die Möglichkeit der Aufrechterhaltung demokratischer Politikformen und -strukturen bei ihrer gleichzeitigen sub-

---

62 Vgl. Achim Brunnengräber/Marianne Beisheim, Eine Runde der Abnicker? – Die parlamentarische Demokratie in der Globalisierungsfalle, in: Blätter für deutsche und internationale Politik 12/2006, S. 1499 ff.
63 Vgl. Joachim Hirsch, Materialistische Staatstheorie, a. a. O., S. 204

stanziellen Aushöhlung.[64] Nicht der Staat, sondern die Demokratie wird abgebaut – mit der Folge einer autoritären Verselbstständigung der übrigen Staatsapparate.

Anders als zu Beginn der Globalisierungsdebatte vielfach angenommen, verlieren die Nationalstaaten nicht an Bedeutung, sondern werden zu „nationalen Wettbewerbsstaaten" (Joachim Hirsch) transformiert. Die Vermutung, dass die neoliberale Theoriebildung einen „schlanken Staat" anvisiert, führt leicht in die Irre. Denn der Nationalstaat behält seine Sicherheits- und Ordnungsfunktion ebenso wie seine Relevanz hinsichtlich der Durchsetzung neoliberaler Politik auf internationaler Ebene. Angesichts wachsender gesellschaftlicher Desintegrations- und Krisenerscheinungen sowie einer Zunahme internationaler Konflikte verstärken die Regierungen ihre Maßnahmen im Bereich der Sicherheits- und Kontrolltechniken – eine Entwicklung, die auch als „disziplinierender Neoliberalismus" bezeichnet wird.[65] Trotz der skizzierten Tendenzen zur Privatisierung von Politik bleibt das staatliche Gewaltmonopol bestehen. Gerade im Hinblick auf die „Äußere" und „Innere" Sicherheit kann also keine Erosion des Nationalstaates festgestellt werden.

Die Politik der internationalen Institutionen ist Ausdruck unterschiedlicher Interessen und Kräfteverhältnisse. Institutionen wie der IWF oder die WTO entwickeln durchaus ihre Eigenlogik, sind aber maßgeblich durch die Interessen und den Einfluss der großen Industriestaaten gekennzeichnet. Zwar suchen die Institutionen der neoliberalen Globalisierung die Souveränität nationaler Regierungen einzuschränken, sind ihrerseits jedoch durch die relative Macht der verschiedenen Staaten und Staatengemeinschaften geprägt. Beispielsweise ist die WTO mit ihrem Unterabkommen zu geistigen Eigentumsrechten und Dienstleistungen deutlich von der Verhandlungsmacht und den Interessen der Industrieländer abhängig.[66] Die technologisch weit fortgeschrittenen Industrieländer verfolgen etwa mit dem TRIPS-Abkommen zu handelsbezogenen geistigen Eigentumsrechten, das internationale Schutzstandards in Bezug auf Copyrights und Patente regelt, ein protektionistisches Interesse zum Schutz ihrer eigenen Industrien.[67]

---

64 Vgl. Frieder Otto Wolf, Der „Epochenbruch" als historisches Periodisierungsproblem: Epochenmerkmale der jüngeren Vergangenheit, in: Dieter Scholz u. a. (Hrsg.), Turnaround?, Strategien für eine neue Politik der Arbeit – Herausforderungen an Gewerkschaften und Wissenschaft, Münster 2006, S. 185 f.
65 Siehe Stephen Gill, Power and Resistance in the New World Order, New York 2003, S. 116 ff.
66 Vgl. Christoph Görg, Globalisierung, Macht und Gewalt, a. a. O., S. 236
67 Vgl. Markus Wissen, TRIPs, TRIPs-plus und WIPO. Konflikte um die Eigentumsrechte

Neben den internationalen Institutionen agieren auf der Weltebene eine Vielzahl weiterer privater Akteure mit erheblichem politischen Einfluss: die sog. *global players* wie transnationale Konzerne (TNCs) oder Banken sowie eine Reihe von Wirtschaftsverbänden und Lobbygruppen. Hinzu kommt eine sehr heterogene Ansammlung von Nichtregierungsorganisationen (NGOs), die aufgrund des materiellen Ungleichgewichts deutlich weniger Einflussmöglichkeiten besitzen. NGOs verfügen im Gegensatz zu den anderen Akteuren über ein demokratisches Potenzial, sind aber aufgrund ihrer Heterogenität nicht immer eindeutig zu verorten.

Wegen des sich abzeichnenden Strukturwandels der internationalen politischen Öffentlichkeit sowie des Auftretens neuer politischer Institutionen und Akteure sind die globalen Herrschaftsverhältnisse meist komplexer, als dies etwa bei einer Kritik an der unilateralen Dominanz der USA zunächst erscheinen mag.[68] In der Analyse globaler neoliberaler Hegemonie kann nicht mehr allein von der Dominanz mächtiger Nationalstaaten in der Weltpolitik ausgegangen werden. Während der Einfluss einzelner *global players* und ihrer Lobbyorganisationen sowie der internationalen Institutionen gestiegen ist, wechseln die Interessenkonstellationen zwischen den Staaten häufig, auch wenn sich die derzeit politisch und ökonomisch mächtigsten Staaten der Welt gegenüber dem globalen Süden als einheitlicher Block (G-8) präsentieren.[69] Fraglich ist deshalb, ob die gegenwärtige neoimperiale Politik der großen Industriestaaten und Staatengemeinschaften, der USA oder der EU, der Durchsetzung neoliberaler Positionen dient oder ganz im Gegenteil aus dem Scheitern des neoliberalen Projekts und seinen verheerenden Folgen sozialer Destabilisierung zu erklären ist.

3.2 Global Governance als sozialdemokratisches Gegenprojekt zur neoliberalen Politik?

Die neue Architektur von Institutionen, Regeln und Verfahrensweisen sowie die Kooperation von staatlichen und *nicht*staatlichen Akteuren auf internationaler Ebene wird gemeinhin unter der Bezeichnung „Global Governance" zusammengefasst. Popularisiert wurde der Begriff vor allem durch die der UNO nahestehende *Commission on Global Governance*, die auf Ini-

---

an genetischen Ressourcen, in: Ulrich Brand/Christoph Görg (Hrsg.), Postfordistische Naturverhältnisse, Münster 2003, S. 128 ff.
68 Vgl. Christoph Görg, Globalisierung, Macht und Gewalt, a. a. O., S. 240
69 Vgl. Christine Buchholz/Katja Kipping (Hrsg.), G8: Gipfel der Ungerechtigkeit. Wie acht Regierungen über 6 000 000 000 Menschen bestimmen, Hamburg 2006

tiative von Willy Brandt in den 1990er-Jahren gegründet worden war.[70] Zu jener Zeit richteten insbesondere Länder des globalen Südens ihre Hoffnungen auf UN-Weltkonferenzen – zu Entwicklungs- und Umweltfragen, frauenpolitischen Themen, der Bekämpfung von Armut etc. –, die geradezu als Lernwerkstätten für *Global Governance* betrachtet wurden und eine Kooperation vielfältiger Akteure auf internationaler Ebene darstellten.

Mit der Begriffsverschiebung von *Government* als einem dirigistischen „Top-down"-Regieren zu *Governance* als politischer Steuerung in horizontalen Netzwerken suchte man nach Formen des zeitgemäßen Regierens, die den Erfordernissen moderner Gesellschaften gerecht werden.[71] Darunter werden im Unterschied zum traditionellen Begriff „government" Ansätze globaler politischer Kooperation verstanden, „die in verflochtenen Mehr-Ebenen-Systemen grenzüberschreitende Probleme bearbeiten und Regulierungsfunktionen jenseits der einzelstaatlichen Ebene haben."[72] An die Stelle hierarchischer Politik treten netzwerkartige Steuerungsprozesse, die dazu beitragen sollen, den angeblichen nationalstaatlichen Kompetenzverlust unter Bedingungen ökonomischer Globalisierung zu kompensieren.

Bei der *Global Governance* handelt es sich dementsprechend nicht um Regierungshandeln im klassischen Sinne, sondern um das formelle und informelle Zusammenwirken von Regierungen, inter- und supranationalen Institutionen, regionalen Zusammenschlüssen sowie ökonomischen und anderen Nichtregierungsakteuren.[73] Der Staat ist in dieser Vorstellung nur noch ein Akteur neben anderen politischen oder privaten Akteuren und erhält die Funktion eines Moderators und Koordinators politischer Prozesse zugesprochen. Mit den neuen Politiknetzwerken zwischen Regierungen und gesellschaftlichen Interessenvertretern wird zwar das Spektrum der an politischen Entscheidungen Beteiligten erweitert. Kooperationspartner des Staates bilden allerdings in der Regel nur solche Akteure und Organisationen, die finanzstark und machtvoll genug sind, um ihre Interessen organisieren und durchsetzen zu können.

In den *Global-Governance*-Theorien wird davon ausgegangen, dass die auf nationalstaatlicher Ebene errungenen demokratischen Institutionen und

---

70 Vgl. Ulrich Brand u. a., Global Governance. Alternative zur neoliberalen Globalisierung?, Münster 2000, S. 28
71 Vgl. Yannis Papadopoulos, Governance und Demokratie, in: Arthur Benz (Hrsg.), Governance – Regieren in komplexen Regelsystemen. Eine Einführung, Wiesbaden 2004, S. 216 ff.
72 Siehe Birgit Mahnkopf, Politik (in) der Globalisierung, a. a. O., S. 18
73 Vgl. zur Kritik: Ulrich Brand u. a., Global Governance, a. a. O., S. 13 f.

Strukturen auf supra- oder internationaler Ebene nicht vorzufinden und in der herkömmlichen Weise auch nicht etablierbar sind. Auf internationaler Ebene existieren weder ein staatliches Gewaltmonopol noch demokratische Institutionen, die für die Kontrolle der ausführenden Staatsgewalt, der Exekutive, zuständig wären. Selbst auf der EU-Ebene kann nicht von einer komplementären Form der parlamentarischen Demokratie gesprochen werden, denn es handelt sich primär um den Zusammenschluss nationalstaatlicher Regierungen. Die politischen Arenen der *Governance* befinden sich dementsprechend häufig außerhalb demokratischer Institutionen – etwa des Parlaments. Aufgrund des damit verbundenen Funktionsverlustes des Parlaments wird bereits von einer neuen Phase der „postparlamentarischen Demokratie" bzw. der „internationalen Verhandlungsdemokratie" gesprochen.[74]

Wenn in den *Governance*-Theorien von „Demokratie" die Rede ist, geht es denn auch weniger um politische Beteiligung oder Selbstbestimmung als um technische Optimierungs- und Effizienzkalküle.[75] Es gilt, den politischen Steuerungsverlust des Staates auf internationaler Ebene auszugleichen. *Governance* ziele insofern in erster Linie auf Legitimität durch effektive, d. h. an betriebswirtschaftlichen Managementstrukturen orientierte Politik und weniger auf Demokratie im Sinne von politischer Partizipation.[76] Diese veränderte Auffassung von Demokratie und demokratischer Legitimation hängt bisweilen damit zusammen, dass man sich auf internationaler Ebene von klassischen Mechanismen der Volksrepräsentation und den damit einhergehenden Verfahren politischer Beteiligung weitestgehend verabschiedet hat. Gemessen an den konventionellen nationalstaatlich verankerten demokratischen Institutionen weisen internationale Organisationen und Verhandlungsrunden grundsätzlich ein Demokratiedefizit auf, da sie nicht in der Lage sind, ein einheitliches Volk zu repräsentieren. Das klassische bürgerlich-liberale Verständnis von Demokratie beruht hingegen maßgeblich auf dem Prinzip der Volkssouveränität („Alle Staatsgewalt geht vom Volke aus") sowie den Institutionen und Strukturen der Repräsentation innerhalb eines nationalstaatlich begrenzten Raumes. Es ist aber gerade das

---

74 Siehe Fritz Scharpf, Demokratie in der transnationalen Politik, in: Ulrich Beck (Hrsg.), Politik in der Globalisierung, Frankfurt am Main 1998, S. 228 ff.; Arthur Benz, Postparlamentarische Demokratie und kooperativer Staat, in: Claus Leggewie/Richard Münch (Hrsg.), Politik im 21. Jahrhundert, Frankfurt am Main 2001, S. 263 ff.

75 Vgl. kritisch dazu: Christoph Görg/Joachim Hirsch, Chancen für eine „internationale Demokratie", in: Das Argument 225 (1998), S. 329

76 Vgl. Yannis Papadopoulos, Governance und Demokratie, a. a. O., S. 220

Volk im Sinne einer nationalstaatlichen Identität, welches auf internationaler Ebene fehlt.

In den *Global-Governance*-Theorien wird nach neuen politischen Akteuren Ausschau gehalten, die dieses demokratische Repräsentations- und Legitimationsdefizit kompensieren sollen. Der Suchprozess führt in aller Regel dazu, die internationale, pluralistisch strukturierte Zivilgesellschaft demokratietheoretisch als Gegenpol zum mehr oder minder hierarchisch zentralisierten (Welt-)Staat zu stilisieren. Von einer prinzipiell demokratisierenden Wirkung der internationalen Zivilgesellschaft kann allerdings kaum gesprochen werden, weil auf supranationaler Ebene höchst unterschiedliche Akteure und nur wenige demokratisch strukturierte Organisationen tätig sind. Es besteht ein gravierender Unterschied zwischen transnationalen Konzernen und ihrer Lobbymacht, großen Banken, Wirtschaftsverbänden etc., die auf globaler Ebene informell wie auch formell in politische Entscheidungen eingebunden sind, sowie den NGOs, Gewerkschaften und sozialen Bewegungen, die vor allem dann herangezogen und vereinnahmt werden, wenn es der Konfliktentschärfung und einer kommunikativen Vermittlungsstrategie dient.

Mit dem *Global-Governance*-Ansatz wurde der Versuch unternommen, die Neugestaltung von Staatlichkeit sowie von demokratischen Regierungsformen im neoliberalen Globalisierungsprozess zu erfassen. Der Begriff sollte – zumindest in seiner sozialdemokratischen Variante – nicht nur einen wissenschaftlichen, sondern auch einen politisch-strategischen Reformansatz bieten, der eine Alternative zum hegemonialen neoliberalen Wirtschafts- und Politikmodell darstellt. Die moderne Sozialdemokratie, personell vom Duo der Regierungschefs Tony Blair und Gerhard Schröder verkörpert, präsentierte sich bei ihrem Regierungsantritt in den späten 1990er-Jahren zunächst im Gewand einer Kämpferin gegen den Neoliberalismus. So enthält das viel zitierte Schröder/Blair-Papier einen Abgesang auf die neoliberale Phase der konservativen Regierungsära: „Die beiden vergangenen Jahrzehnte des neoliberalen Laisser-faire sind vorbei."[77] In die Parteiprogramme hielten fortan neue Begriffe wie „Leistung", „Effizienz", „Innovation" und „Eigenverantwortung" Einzug, die eine Abkehr von traditionellen sozialdemokratischen Werten signalisierten. In diesem Prozess der „Modernisierung" und Generalüberholung sozialdemokratischer Überzeugungen ist auch die Debatte um *Global Governance* zu verorten. Es handelt sich da-

77 Gerhard Schröder/Tony Blair, Der Weg nach vorne für Europas Sozialdemokraten. Ein Vorschlag (London, 8. Juni 1999), in: Hans-Jürgen Arlt/Sabine Nehls (Hrsg.), Bündnis für Arbeit. Konstruktion – Kritik – Karriere, Opladen/Wiesbaden 1999, S. 292

bei um die Suche nach einem Politikmodell, das den davongaloppierenden Märkten wieder Zügel anlegen könnte und dem Staat – wennzwar in veränderter Form und in Kooperation mit privaten Akteuren – neuerlich eine gewisse Steuerungsfähigkeit zugesteht.

Anders als von sozialdemokratischer Seite zunächst proklamiert und versprochen, ist das Ende des neoliberalen Projekts nicht in Sicht, obwohl die destruktiven Folgen für die Gesellschaft immer deutlicher werden und sich die kritischen Stimmen aus unterschiedlichen Lagern häufen. Die neoliberale Globalisierung hat die Gesellschaften und die demokratischen Strukturen bereits tiefgreifend verändert, weshalb eine umfassende Abkehr vom neoliberalen Politikmodell ohne eine konsequente Neuorientierung auch auf internationaler Ebene kaum realisierbar ist. In den letzten Jahrzehnten wurden auf supra- und internationaler Ebene – politisch forciert – neue Institutionen und Sachzwänge geschaffen, die sich auf *alle* parteipolitischen Richtungen, Maßnahmen und Entscheidungen auswirken. Der Neoliberalismus hat keinen einheitlichen Protagonisten, ist vielmehr eher als Denkmuster oder -schablone mit den immer gleichen Prägungen zu begreifen. Die sozialdemokratische bzw. rot-grüne Regierungspolitik führte den neoliberalen Kurs weiter, indem sie den handlungsleitenden Imperativ der internationalen Wettbewerbsfähigkeit nicht in Frage stellte und staatliche Politik in erster Linie als Anpassung an ökonomische Bedingungen verstand. So war mancher Vertreter der *Global-Governance*-Konzeption sicherlich angetreten, die Rolle des Staates und seiner Kooperationspartner in Abgrenzung zum neoliberalen Projekt unter einem stärker sozialdemokratischen Profil zu bestimmen. Der sozialdemokratische „Dritte Weg" hat sich jedoch als modifizierte Weiterführung neoliberaler Politik erwiesen.

Auch wenn das Reformprojekt der *Global Governance* in den 1990er-Jahren unter anderen Vorzeichen angedacht war und konzipiert wurde, machen es die Nachlässigkeit und Leichtfertigkeit des *Global-Governance*-Diskurses gegenüber den internationalen Herrschaftsverhältnissen und den destruktiven Aspekten des kapitalistischen Marktes zur Revitalisierung und Stabilisierung neoliberaler Denkweisen (miss)brauchbar. Die Debatte um *Global Governance* verdeutlicht, dass neoliberale Grundannahmen in verschiedenen Formen ihren Ausdruck finden können. Das Fundament bleibt jedoch immer ein und dasselbe: „Standortsicherung" durch Steigerung der Wettbewerbsfähigkeit, Liberalisierung der Märkte sowie Deregulierung und Privatisierung (auch von Politik).

3.3 Demokratiedefizite internationaler Organisationen

Die mit dem Konzept der *Global Governance* als alternativer Form von Politik in Zeiten der Globalisierung verbundene Hoffnung richtete sich vor allem auf die UNO, die als einzige internationale Organisation mit fast 200 Mitgliedstaaten einen nahezu universellen Zuschnitt aufweist. Die mächtigen Industrieländer haben jedoch die Forderung nach einer Demokratisierung und Reformierung des UN-Systems bislang stets zurückgewiesen. Allen voran sind es die USA als einflussreichstes Mitglied, welche das System der Vereinten Nationen immer wieder missachten und zu seiner Schwächung beitragen, indem sie ihrer Verpflichtung zur Beitragszahlung nicht oder nur zögerlich nachkommen. Nicht nur aufgrund der personellen Zusammensetzung und der Übermacht des Sicherheitsrates leidet auch die UNO unter einem internen Demokratiedefizit. Obgleich laut Art. 1 UN-Charta „die Völker der Erde" das demokratische Organ bilden sollen, sind die Mitgliedstaaten und deren Regierungen die eigentlichen „Herren der Verträge" und der politischen Entscheidungen dieser Organisation. Aufgrund der permanenten Missachtung des UN-Systems wuchsen auch die Ernüchterung und die Skepsis gegenüber dem Anliegen der *Global Governance*, während die Hoffnungen auf eine Reformierung der Weltpolitik schwanden. Im Vergleich zu internationalen Organisationen wie dem IWF oder der WTO sind die internen Demokratiedefizite der UNO allerdings als gering zu erachten.[78]

Mittels der sog. Bretton-Woods-Organisationen wurde ab 1944 versucht, die Weltökonomie, zunächst beschränkt auf den Bereich der Währungspolitik, einer politischen Steuerung zu unterwerfen. Die Versuche einer Regulierung der Weltwirtschaft waren als Antworten auf die Weltwirtschaftskrise 1929 bis 1932 und die beiden Weltkriege zu betrachten. Das Bretton-Woods-System stand zunächst unter dem Vorzeichen einer keynesianischen Stabilitätspolitik und diente dem Wiederaufbau der vom Zweiten Weltkrieg geschwächten Volkswirtschaften. Während der 1970er-Jahre haben IWF und Weltbank, die als wichtigste Stützen der mächtigen Industrieländer gelten, um das reibungslose Funktionieren des Weltmarktes zu gewährleisten, einen radikalen Politikwechsel vollzogen und sind zu Vorreitern der neoliberalen Transformation geworden. Der IWF erhielt die Aufgabe, Mitgliedstaaten bei Zahlungsschwierigkeiten kurzfristige Kredite zur Verfügung zu stellen und dadurch zur Bildung einer stabilen internationa-

---

78 Vgl. Birgit Mahnkopf, Politik (in) der Globalisierung, a. a. O., S. 36

len Währungs- und Finanzordnung beizutragen. Hohe Kredite verursachten starke Abhängigkeiten der Schuldnerländer und bewirkten, dass sich diese zahlreichen Vorgaben unterwerfen mussten, die ihre politische Handlungsfähigkeit einschränkten.

Der Maßnahmenkatalog, welcher unter dem Begriff „Washington Consensus" die Grundlage der von IWF und Weltbank geforderten Strukturanpassungspolitik für die Schuldnerländer bildet, enthält das gesamte ABC neoliberaler Umstrukturierung von Staaten und suspendiert faktisch jegliche selbstbestimmte Politik durch Regierungen der betroffenen Länder. Die Strukturanpassungsprogramme haben in zahlreichen Ländern der Welt die soziale Polarisierung verschärft, ganze Volkswirtschaften in den Abgrund gerissen sowie Korruption und organisierter Kriminalität Auftrieb gegeben. Blickt man auf die Stimmrechte innerhalb des IWF, zeigt sich ein erhebliches Machtungleichgewicht. Hier gilt nicht wie für die UN-Generalversammlung „One country, one vote", sondern es zählt ausschließlich die „ökonomische Potenz" eines Landes. Die Mehrheit der Stimmrechte halten infolgedessen die Industrieländer. Außerdem verfügen die USA über eine Sperrminorität von 17,5 Prozent der Stimmen, was sie in die Lage versetzt, nahezu alle Entscheidungen, vor allem in Hinblick auf eine demokratische Reform der Institution, zu blockieren.[79]

Jegliche demokratische Legitimität und Transparenz fehlt der WTO, die den freien Welthandel fördern soll und als Motor der Entdemokratisierung internationaler Politik gilt. Den langjährigen und langwierigen Verhandlungsrunden zu Problemen und Streitfällen des Welthandels mangelt es grundsätzlich an Öffentlichkeit und Transparenz. Anders als IWF und Weltbank kennt die WTO keine Berichts- oder Veröffentlichungspflicht. Der WTO-Vertrag ist ohne öffentliche Anhörung und Diskussion unterzeichnet worden, obgleich er über den Verfassungen der Mitgliedstaaten steht, nationales Recht wie auch EU-Recht außer Kraft setzen kann und andere internationale Abkommen (wie die Erklärung der Menschenrechte oder die „Agenda 21" der UN-Konferenz über Umwelt und Entwicklung, die vom 3. bis 14. Juni 1992 in Rio de Janeiro stattfand) unterminiert und verletzt.[80] Das Machtungleichgewicht innerhalb der WTO resultiert vor allem aus der überlegenen technologischen und personellen Ausstattung der Industrieländer. Die Kritiker aus dem globalen Süden sehen in der Freihan-

---

79 Vgl. Burak Copur/Ann-Kathrin Schneider, IWF & Weltbank. Dirigenten der Globalisierung, Hamburg 2004, S. 59 f.
80 Vgl. Birgit Mahnkopf, Politik (in) der Globalisierung, a. a. O., S. 42

delsideologie ein „koloniales Diktat", das die Wirtschaft der Industrieländer stärkt, während es für die Landwirtschaft sowie die kleinen Handwerks- und Industriebetriebe in den Entwicklungsländern nur negative Auswirkungen hat.[81]

Die WTO steht nicht nur unter dem äußerst machtvollen Einfluss der Staaten des globalen Nordens. Sie gilt vielmehr auch als Sprachrohr transnationaler Unternehmen und ihrer einflussreichen Lobbyorganisationen. Darunter befinden sich die *International Chamber of Commerce* (ICC) und der *Transatlantic Business Dialogue* (TABD) – ein Zusammenschluss der wichtigsten Unternehmen aus den USA und der EU mit öffentlichem Beraterstatus bei der EU-Kommission und dem US-Außenhandelsministerium. Bei den handelspolitischen Entscheidungen innerhalb der WTO stehen neoliberale Prinzipien der Liberalisierung, Deregulierung und Privatisierung über allen anderen Wert- und Entscheidungsgrundlagen. Demokratische, Sozial- und Umweltstandards sowie Menschen-, Arbeitnehmer- und Frauenrechte gelten nicht als „handelsrelevante" Themen, weshalb man sie einfach ignoriert.

3.4 Die Krise der liberalen Demokratie – eine postdemokratische Phase?

Der nach 1989/90 lautstark verkündete Triumph der liberalen Demokratie über den Staatssozialismus offenbart sich eher als tiefe Krise. Mit der partiellen Abkopplung ökonomischer Prozesse vom nationalstaatlichen Gestaltungsrahmen und der freiwilligen Subordination von Regierungen unter internationale Institutionen und Zusammenschlüsse wird nicht nur die *staatliche* Souveränität in Frage gestellt, verliert vielmehr auch die Entscheidungsgewalt der mit dem Nationalstaat bislang verbundenen Staatsbürger/innen an Bedeutung. Demokratische Entscheidungsfindung hat keinen spezifischen Ort mehr und politische Verantwortlichkeiten verschwimmen. Für die Wähler/innen ist kaum noch erkennbar, wer eigentlich für welche politischen Entscheidungen zuständig ist und auf welcher Ebene die Entscheidungen getroffen werden. Ein für die liberale Demokratie bislang zentrales Mittel, das der parlamentarischen Kontrolle der Regierenden, wird dadurch ausgehebelt. Es kommt zu gravierenden Veränderungen des liberaldemokratischen Verständnisses von Partizipation, Repräsentation und demo-

---

81 Siehe Walden Bello, De-Globalisierung. Widerstand gegen die neue Weltordnung, Hamburg 2005

kratischer Legitimation. Ralf Dahrendorf, Wortführer des klassischen Liberalismus, kritisiert die Art und Weise, wie die repräsentative Demokratie im Zuge der neoliberalen Globalisierung zu einem „schleichenden Autoritarismus" transformiert wird.[82] Manche Demokratietheoretiker sprechen bereits von einer *post*demokratischen" Phase, da zum einen internationale Kapitalmärkte, Rating-Agenturen und global agierende Hedgefonds einen wachsenden Einfluss auf die konkreten Lebensbedingungen der Bürger/innen moderner Demokratien ausüben und zum anderen suprastaatliche Verbände, internationale Institutionen und transnationale Regime den Rahmen vorgeben, dem sich demokratisch legitimierte Regierungen zunehmend fügen müssen.[83]

Nicht nur die neoliberale Transformation des Staates trägt zur Entdemokratisierung bei. Unter den Bedingungen eines entgrenzten, schrankenlosen Kapitalismus wird Politik zunehmend informalisiert: Man verlagert Entscheidungen aus den dafür eigentlich vorgesehenen, demokratisch legitimierten Gremien in informelle Zirkel, Gremien und Ad-hoc-Treffen. Informelle Politik kann sowohl demokratisch illegitime wie auch gänzlich illegale Formen annehmen. Die Staaten und Regierungen etwa, die nicht in der Lage sind, die zahlreichen Kriterien der Kreditvergabe, die Bonitätskriterien der internationalen Rating-Agenturen oder die Maastricht-Kriterien zu erfüllen, sind gezwungen, die *formellen* Möglichkeiten von Politik, wie sie auf nationalstaatlicher Ebene bislang existierten, zu korrigieren, zu brechen oder zu unterlaufen.[84] *Informelle* Politik reicht von der Ergänzung der formellen Politik durch „Schattenpolitik" über Beeinflussung und Bestechung im kleineren Rahmen bis hin zur systemischen Korruption.[85] Bei der Letzteren sind zwischen staatlichen und kriminellen Privatinteressen kaum noch Unterschiede sichtbar. Dieser als „state capture" bezeichnete Zustand tritt dann ein, wenn die politische Klasse von ökonomisch interessierter Seite gekauft oder wichtige Funktionsstellen mit Personen besetzt werden, die vorwiegend ökonomische Interessen bedienen und nicht durch legitime Wahlen in ihre Ämter gelangt sind. *State capture* ist ein Mechanismus, der sich keineswegs auf *nicht*demokratische Länder beschränkt. Die Inbesitznahme des Staates zur Durchsetzung privater Sonderinteressen findet sich in allen Ländern – wenngleich in unterschiedlicher Ausprägung.

---

82 Siehe Ralf Dahrendorf, Die Krise der Demokratie. Ein Gespräch, München 2002, S. 127
83 Vgl. dazu: Hubertus Buchstein/Dirk Jörke, Ende des Fortschrittsoptimismus, in: Frankfurter Rundschau v. 23.5.2006
84 Vgl. hierzu ausführlich: Birgit Mahnkopf, Politik (in) der Globalisierung, a. a. O., S. 27
85 Vgl. Elmar Altvater/Birgit Mahnkopf, Globalisierung der Unsicherheit. Arbeit im Schatten, Schmutziges Geld und informelle Politik, Münster 2002

Im Zuge der politisch gesteuerten Deregulierung und Liberalisierung von Märkten sind Freiräume entstanden, die nicht nur von der sog. Organisierten Kriminalität als lukrativ empfunden werden. Ganz legal betriebene Unternehmen und seriöse Politiker haben – in unterschiedlicher Form – Teil an der Privatisierung insbesondere der öffentlichen Infrastrukturunternehmen wie der Telekommunikation oder der Energie- und Wasserversorgung. Durch korruptive Praktiken, verstärkten Lobbyismus und die undeutliche Trennung zwischen politischen und ökonomischen Interessen werden demokratische Strukturen umgangen oder ausgehebelt. Italien bot unter den Regierungen Silvio Berlusconis nur ein Beispiel dafür, wie auf formaldemokratischem Weg und im Rahmen freier Wahlen die Staatsmacht gekapert und Straflosigkeit für Machenschaften der Mächtigsten im Staat gesichert werden kann.[86] Auch die mittel- und osteuropäischen Transformationsländer haben auf ihrem Weg zur kapitalistischen Marktwirtschaft mit ähnlich gelagerten Problemen und kriminellen Praktiken zu kämpfen. Deren Bandbreite variiert stark, aber eines ist ihnen gemeinsam: Die Privatisierung bietet ein Einfallstor für die Umgehung demokratischer Regeln, denn das Interesse der Gewinnerzielung und -maximierung steht im Vordergrund.

4. Die Rolle der Zivilgesellschaft bei der Umsetzung neoliberaler Politik

Insbesondere in liberaldemokratisch verfassten Gesellschaften müssen Neoliberale die Bevölkerung für ihre Konzepte gewinnen, um die Meinungshoheit und eine breite Akzeptanz für ihre Politik zu erlangen. Obgleich sich wahrscheinlich relativ wenige Menschen eindeutig als Anhänger/innen der neoliberalen Ideologie verstehen, sind deren Grundannahmen – ob bewusst oder unbewusst – bereits fest im Denken vieler Menschen verankert. Betrachtet man den Aufwand, den Neoliberale betreiben, und die Möglichkeiten, die sie besitzen, um auf die öffentliche Meinung einzuwirken, verwundert das wenig. Abschließend steht deshalb die Rolle der sog. Zivilgesellschaft bei der Akzeptanzbeschaffung und -sicherung im Blickpunkt. Es wird vor allem gefragt, mit welchen Mitteln Neoliberale die Meinungsbildung beeinflussen und welche neuen Politikformen sich unter neoliberaler Vorherrschaft herausbilden.

---

86 Vgl. Christian Christen, Italiens Modernisierung von Rechts. Berlusconi, Bossi, Fini oder die Zerschlagung des Wohlfahrtstaates, Berlin 2001

4.1 Der Mythos der zivilen Gesellschaft als herrschafts- und machtfreier Raum

Der Begriff „Zivilgesellschaft" erfreut sich gegenwärtig bei fast allen Parteien und Verbänden großer Beliebtheit und kaum eine Situation lassen Politiker ungenutzt, sich positiv auf privates Bürgerengagement und Eigenverantwortlichkeit zu beziehen. Mit den Ereignissen von 1989/90 erfuhr das Schlagwort der „zivilen" Gesellschaft eine starke Aufwertung dadurch, dass die realsozialistischen Systeme nicht zuletzt durch das Aufbegehren und den Widerstand der Bevölkerung gegen staatliche Bevormundung gestürzt wurden. Aus linksliberaler Sicht verbindet man mit diesem Terminus das Potenzial einer demokratischen Selbstbestimmung von unten oder zumindest das Ansinnen, die politischen Partizipationsmöglichkeiten von Bürger(inne)n in der liberalen Demokratie auszuweiten. Auf rechtsliberaler und konservativer Seite versuchte man sich zunächst deutlich von dieser Position abzugrenzen, machte sich dann aber selbst den Begriff „Bürgergesellschaft" zu eigen. Dieser sollte in Zeiten großer Orientierungslosigkeit und allgemeinen Werteverlusts neue bürgerliche Prinzipien und Tugenden transportieren.

Der Diskurs um die „neue Bürgerlichkeit" wird hierzulande derzeit von neokonservativen Autoren wie Udo di Fabio und Paul Nolte vorangetrieben, die Friedrich August von Hayeks These der notwendigen Entlastung des Staates stützen. Die Autoren der neuen Bürgerlichkeit kombinieren wirtschaftsliberales, marktradikales und nationalkonservatives Gedankengut miteinander und argumentieren auf anthropologischer Basis. Sie geben vor, die menschlichen Grundbedürfnisse zu kennen und zu wissen, wie menschliche Freiheit zu verwirklichen ist und ein gelungenes Leben auszusehen hat.[87] Die Berufung auf die „Bürgergesellschaft" und ihre Pflichten dient dazu, den Rückzug des Staates aus seiner gesellschaftlichen Verantwortung zu kompensieren. PR-Kampagnen wie „Du bist Deutschland!" oder „Deutschland packt's an" sollen den Bürger(inne)n vermitteln, dass die vormals an den Staat gestellten Ansprüche nun auf sie selbst zurückfallen. „Eigenverantwortung", „Leistungsbereitschaft" und „Flexibilität" sind Leitvokabeln, die den Bürger(inne)n ihre neue Rolle im neoliberalen Gesellschaftskonzept plausibel machen sollen. Die in letzter Zeit immer lauter werdenden Appelle an das Nationalgefühl, den Patriotismus und die natio-

---

87 Vgl. Paul Nolte, Generation Reform. Jenseits der blockierten Republik, München 2004; ders., Riskante Moderne. Die Deutschen und der neue Kapitalismus, München 2006; Udo di Fabio, Die Kultur der Freiheit, München 2005; kritisch dazu: Claudia Pinl, Das Biedermeier-Komplott. Wie Neokonservative Deutschland retten wollen, Hamburg 2007

nale Identität sollen den Bürger(inne)n ebenso wie die neokonservative Beschwörung der Familiengemeinschaft helfen, den Verlust an politischer Kollektivität und Solidarität zumindest auf der Gefühlsebene – wenn schon nicht materiell – auszugleichen, und sie dafür ideologisch entschädigen.

Während der Begriff „Bürgergesellschaft" gegenwärtig deutlich von neokonservativer Seite besetzt ist und dem neoliberalen Projekt der Marktfreiheit ideologische Schützenhilfe leistet, ist der Terminus „Zivilgesellschaft" weniger eindeutig zu verorten. Er wird von unterschiedlichen Kräften benutzt, und es ist unklar, wie die Zuschreibung „zivil" zu verstehen ist und welche Akteure und Organisationen dieser Sphäre zugerechnet werden können. Obgleich diese neue Wortkreation der Sozialwissenschaften bereits als Versuch bezeichnet wurde, „einen Pudding an die Wand zu nageln" (Wolf-Dieter Narr), hält er sich hartnäckig und ist aus dem aktuellen Sprachgebrauch kaum mehr wegzudenken.

In der demokratietheoretischen Debatte versteht man unter „Zivilgesellschaft" jene Sphäre, die von staatlichen Machtverhältnissen oder ökonomischer Interessenpolitik unberührt bleiben soll. Ihr werden gänzlich unterschiedliche Akteure und Organisationen zugerechnet: von Verbänden wie dem ADAC oder dem Deutschen Sportbund über NGOs wie Greenpeace, Amnesty international oder Medico international bis hin zu den alternativen Organisationsformen der Neuen Sozialen Bewegungen. Diese Organisationen haben gemeinsam, dass sie nicht Teil des Staates und seiner verschiedenen Apparate sind, sondern nach ihrem Selbstverständnis davon unabhängig, obgleich Regierungen und Verwaltungen oftmals massiv auf sie Einfluss nehmen können, etwa mittels finanzieller Unterstützung oder deren Verweigerung. Da der Staat in der Regel als *die* politische Sphäre verstanden wird, gelten die zivilgesellschaftlichen Akteure formell als *privat;* paradoxerweise auch solche, die bedeutende Träger und Stimmen der politischen Öffentlichkeit darstellen.

Die liberale Demokratietheorie macht seit jeher eine Trennung von Staat, Ökonomie und Gesellschaft aus, obwohl Interessenverflechtungen zwischen diesen Bereichen immer vorhanden waren und es für eine demokratische Organisation von Gesellschaft wichtig wäre, die gegenseitigen Bedingtheiten und Überschneidungen zu analysieren. In harmonisierender Sicht postuliert man ein Gleichgewicht von Staat, Ökonomie und Gesellschaft, wo längst ein Übergewicht des ökonomischen Steuerungsmechanismus des Marktes in allen Bereichen zu verzeichnen ist. Außerdem wird die ökonomische Basiertheit der Gesellschaft ausgeblendet und ihre politische Funktion darauf reduziert, den Austausch pluraler und meist beliebiger

Meinungen zu gewährleisten. Der Meinungsaustausch ist jedoch wenig wert, wenn ein neoliberales Einheitsdenken das gesellschaftliche Bewusstsein bestimmt und politisch kaum noch etwas zur Wahl steht, da keine Alternativen aufgezeigt werden.[88] Darüber hinaus sind die Möglichkeiten zur politischen Einflussnahme und zur Gestaltung der gesellschaftlichen Verhältnisse insofern für viele Akteure der Zivilgesellschaft eingeschränkt, als die politische Entscheidungshoheit über wichtige gesellschaftliche Fragen den staatlichen Instanzen und einflussreichen Wirtschaftsakteuren vorbehalten bleibt. Den Akteuren der Zivilgesellschaft wird – wenn überhaupt – nur noch eine eingeschränkte, beratende Funktion zuerkannt. Ihre Vorschläge und Beratungsergebnisse bleiben jedoch meist ungehört oder vom politischen Establishment unbeachtet. Die politische Partizipation der Bürger/innen konzentriert sich in der liberalen Demokratie vorwiegend auf das formale Prozedere, d. h. die Möglichkeit der periodischen Wahl politischer Eliten, weshalb das demokratische Potenzial unausgeschöpft bleibt.

Die Zivilgesellschaft ist alles andere als das harmonische Miteinander pluraler Interessen oder gar eine Sphäre konsens- und verständigungsorientierten Handelns. Sie ist ein Ort ungleicher Macht- und gesellschaftlicher Kräfteverhältnisse sowie widerstreitender Interessen. Mit einer einseitigen Fokussierung auf zivilgesellschaftliche Akteure und Prozesse, wie sie derzeit in der sozialwissenschaftlichen Debatte beliebt ist, geraten nicht nur die Herrschafts- und Machtstrukturen etablierter staatlicher Institutionen und Verfahren, sondern auch politische Veränderungen aus dem Blick. Auf supra- und internationaler Ebene haben sich mittlerweile eine ganze Reihe neuer politischer Akteure neben dem Staat herausgebildet, die massiv die politische Themensetzung bestimmen sowie demokratische Institutionen und Strukturen unterminieren. Auch auf nationaler Ebene steigt der politische Einfluss bestimmter privater – oder wie es meist heißt: zivilgesellschaftlicher – Akteure, weshalb die großen Medienkonzerne, Lobbyorganisationen und Politik-Beratungsagenturen (*consultives*) von Kritiker(inne)n bereits als „vierte" bzw. „fünfte" Gewalt im Staate bezeichnet werden.[89]

Rolf-E. Breuer, damals als Vorstandssprecher der Deutschen Bank ein prominenter Fürsprecher des Neoliberalismus, erklärte seinerseits die Finanzmärkte zur „fünften Gewalt" und relativierte damit die Bedeutung der Verfassungsorgane noch mehr. Zwischen der Politik und offenen Finanz-

---

88 Vgl. Wolf-Dieter Narr, Warum fast nichts mehr zur Wahl steht, in: Norman Paech/Eckhart Spoo/Rainer Buntenschön (Hrsg.), Demokratie – wo und wie?, a. a. O., S. 46 ff.

89 Siehe Thomas Leif/Rudolf Speth (Hrsg.), Die fünfte Gewalt. Lobbyismus in Deutschland, Wiesbaden 2006

märkten existiere in Zeiten der Globalisierung nicht bloß eine „weitgehende Interessenkongruenz", Letztere seien vielmehr auch „effiziente Sensoren" gegenüber Fehlentwicklungen in einem Land, das schlecht regiert werde, ohne dass sie eine bestimmte Politik erzwängen. Regierungen sollten Anlegerwünsche, in denen Breuer die westlichen Wertvorstellungen manifestiert wähnt, deshalb auch viel stärker als bisher berücksichtigen: „Die berechtigten Interessen in- und ausländischer Investoren, der Wunsch der Finanzmarktteilnehmer nach Rechtssicherheit und Stabilität müssen respektiert werden. Diese Wünsche stehen freilich nicht im Gegensatz zu den Grundorientierungen einer an Wohlstand und Wachstum orientierten Politik, sondern sind mit ihnen identisch. Offene Finanzmärkte erinnern Politiker allerdings vielleicht etwas häufiger und bisweilen etwas deutlicher an diese Zielsetzungen, als die Wähler dies vermögen."[90] Friedhelm Hengsbach warf Breuer daraufhin vor, die Finanzmärkte zu idealisieren, deren falsche Signale häufig genug Fehlsteuerungen hervorriefen, und leitete daraus die Gegenthese ab, „dass nicht die globalen Finanzmärkte tauglich sind, die Demokratie zu steuern, sondern dass sie selbst erst demokratiefähig gemacht werden müssen."[91]

Unter den gegenwärtigen Bedingungen einer neoliberalen Hegemonie fällt es besonders schwer, dem Mythos der herrschaftsfreien Zivilgesellschaft Glauben zu schenken. Nach neoliberaler Auffassung lässt sich das Maß gesellschaftlichen Fortschritts vor allem am Grad der Freiheit des Marktes ermessen. Statt von einer „zivilen" kann deshalb gegenwärtig eher von einer „Marktgesellschaft" gesprochen werden, wo die Tendenz vorherrschend ist, jegliche soziale Beziehungen als Marktbeziehungen zu strukturieren und alles Gesellschaftliche bis hin zu den inneren Antrieben der Subjekte zu ökonomisieren. Diese neoliberale Subjektivierung findet in den Stichworten des „Arbeitskraftunternehmers" (Hans J. Pongratz/G. Günter Voß), der „Ich-AG" und des „Selbstmanagement" ihren Ausdruck. Über die Ökonomisierung bzw. Kommerzialisierung des Sozialen setzt sich nicht nur die Wettbewerbs- und Konkurrenzlogik in allen gesellschaftlichen Bereichen durch, sondern die Kriterien für oder gegen die Marktlogik scheinen ganz zu verschwimmen. In der Marktgesellschaft büßen Werte wie Autonomie, Indivi-

---

90 Rolf-E. Breuer, Die fünfte Gewalt. Herrscht die Wirtschaft über die Politik? Nein! Aber freie Finanzmärkte sind die wirkungsvollste Kontrollinstanz staatlichen Handelns, in: Die Zeit v. 27.4.2000

91 Siehe Friedhelm Hengsbach, Gerechtigkeit ist nur ein Wort, in: Christoph Butterwegge/Michael Klundt (Hrsg.), Kinderarmut und Generationengerechtigkeit. Familien- und Sozialpolitik im demografischen Wandel, 2. Aufl. Opladen 2003, S. 22

dualismus, Selbstverwirklichung, Genuss und Kreativität zunehmend ihren Status als kritischer Widerpart ein. Das neoliberale Projekt vereinnahmt diese Bewertungsmaßstäbe und erhebt sie zu eigenen Leitprinzipien, sodass etwa die Nachfrage von Arbeitskräften und Personal sowie die gesellschaftlichen Reformprozesse an den Universitäten, den Schulen etc. an diesen attraktiven Leitbildern ausgerichtet werden.[92] Prinzipien und Werte, die früher als Gegensatz zu den Funktionslogiken des Marktes und des Wettbewerbs galten, werden heute den Menschen unter dem Banner der Marktfreiheit selbst abverlangt und ihres emanzipatorischen Gehalts entkleidet.

Im Zuge der neoliberalen Umstrukturierung fast aller Lebensbereiche haben sich völlig neue Regierungsweisen und Herrschaftsformen herausgebildet. In der Marktgesellschaft funktioniert die Beherrschung der Menschen nicht ausschließlich per Zwang, Repression oder Androhungen seitens des Staates. Anders als der Wohlfahrtsstaat, welcher vorrangig mittels bürokratischer Disziplinierung eine bestimmte Verhaltensweise der Bürger/innen beförderte, arbeitet der Staat der neoliberalen Ära stärker mit diversen Anreizen und Versprechungen, welche die Menschen zur Selbstbeherrschung und -regulierung animieren sollen. Aus passiven sozialstaatlichen Leistungsempfänger(inne)n und verwalteten Bürger(inne)n sollen aktive, eigenverantwortliche und sich selbst kontrollierende Individuen werden. Eigenverantwortung statt „sozialer Vollkaskomentalität" lautet das neoliberale Motto. Das gesellschaftliche Leitbild ist ein Bürger, der sich so autonom und frei fühlt, dass er sich quasi aus Eigeninteresse und zwecks Erfüllung seiner unmittelbaren Interessen den herrschenden Verhältnissen anpasst bzw. unterwirft. Das bedeutet in der neoliberalen Logik: „Wer es an Initiative, Anpassungsfähigkeit, Dynamik, Mobilität, Flexibilität fehlen lässt, zeigt objektiv seine oder ihre Unfähigkeit, ein freies und rationales Subjekt zu sein."[93]

Mit Appellen an den unternehmerischen Geist und an den Willen zur Selbstverwirklichung werden Vorstellungen von Emanzipation und Wohlfahrt individualisiert. Das Individuum als „Unternehmer seiner selbst" wird zur Grundfigur sozialer Beziehungen. Zielvorstellungen einer kollektiven, politischen Form der Veränderung von Gesellschaft gehen verloren und geraten mit der eingeschränkten Sicht auf das Selbstmanagement und der un-

---

92 Vgl. Sighard Neckel, Die Marktgesellschaft als kultureller Kapitalismus. Zum neuen Synkretismus von Ökonomie und Lebensform, in: Kurt Imhof/Thomas S. Eberle (Hrsg.), Triumph und Elend des Neoliberalismus, a. a. O., S. 208

93 Ulrich Bröckling/Susanne Krasmann/Thomas Lemke, Gouvernementalität, Neoliberalismus und Selbsttechnologien. Eine Einleitung, in: dies. (Hrsg.), Gouvernementalität der Gegenwart. Studien zur Ökonomisierung des Sozialen, Frankfurt am Main 2000, S. 30

entwegten Anstrengung, sich selbst bei all dem Konkurrenzzwang irgendwie durchs Leben zu schlagen, in Vergessenheit. Der Staat wird dagegen durch die Privatisierung sozialer Risiken von Ansprüchen entlastet und entzieht sich zunehmend der Verantwortung zur sozialen Sicherung des politischen Gemeinwesens, denn seine Bürger/innen sollen für die Risiken des Alters, der Gesundheit und des Arbeitsplatzes selbst vorsorgen. Persönliches Durchsetzungsvermögen und individuelles Konkurrenzverhalten prägen deshalb in wachsendem Maße das gesellschaftliche Zusammenleben.

Unsicherheit und Ungleichheit, welche der Rückzug des Staates aus der kollektiven sozialen Absicherung bewirkt, schaffen durchaus widersprüchliche Verhaltensnormen für die Individuen. Auf der einen Seite verlangt man von ihnen, dass sie umsichtige und vorausschauende Subjekte werden, die von langer Hand privat ihre Altersvorsorge planen und als souveräne Konsument(inn)en in allen Lebensbereichen einen verantwortungsvollen, soll heißen: risikominimierenden Lebensstil wählen. Auf der anderen Seite fordert man von ihnen unternehmerisches Handeln und prämiert Risikobereitschaft als Tugend.[94]

Hinzu kommt, dass die neoliberalen Verhaltensformen von den Subjekten nicht nur selbst und freimütig angeeignet werden. Der aufgebaute Druck und das Bedrohungsszenario sind meist so groß, dass marktkonformes Verhalten quasi existenziell ist. Das Damoklesschwert, welches über jedem Einzelnen schwebt, ist entweder die neoliberale Globalisierung und der damit verbundene Standortwettbewerb oder spätestens seit dem 11. September 2001 der internationale Terrorismus, welcher die Bürger/innen zur Unterordnung unter den schutz- und sicherheitsverheißenden Staat zwingt. Dies bedeutet eine erhebliche Einschränkung individueller Freiheitsrechte, obgleich das neoliberale Projekt ausgerechnet mit dem Versprechen angetreten ist, diese zu schützen und zu garantieren.

Zwecks Gewährleistung des Wohlstandes für wenige, der „Inneren" und „Äußeren" Sicherheit sowie der Freiheit des Marktes müssen Einschränkungen des Wohlstandes einer Mehrheit der Bevölkerung, der sozialen (Ab-)Sicherung und der persönlichen Freiheit in Kauf genommen werden. Der äußere Zwang und die staatlichen Kontroll- bzw. Disziplinierungsmechanismen nehmen aufgrund der von den Bürger(inne)n geforderten Mechanismen zur Selbstbeherrschung nicht ab. Ein zentraler Bestandteil neoliberaler Politik und Regierungsweise ist vielmehr der Ausbau des Sicherheits- bzw.

---

94 Vgl. Thomas Lemke, Dispositive der Unsicherheit im Neoliberalismus, in: Widerspruch 46 (2004), S. 93

Überwachungsapparates. Neoliberale unterscheiden zwischen einem autoritären und einem totalitären politischen System: Ein *autoritäres* System ist für sie durchaus akzeptabel, weil staatliche Autorität zur Aufrechterhaltung von Ordnung und Sicherheit unabdingbar ist; greift der Staat jedoch in andere gesellschaftliche Bereiche ein und beschränkt die Marktfreiheit, dann mutiert er ihrer Meinung nach zu einem *totalitären* System.[95] Der Neoliberalismus bringt somit seine eigene Totalitarismustheorie hervor, wonach die Einschränkung *ökonomischer* Freiheiten zur Unfreiheit der Gesellschaft führt, während eine Einschränkung *demokratischer* und *sozialer* Rechte bzw. *politischer* Freiheiten legitim erscheint.

Die wachsende Bedeutung der Zivilgesellschaft geht mit Veränderungen der politischen Institutionen und Verfahrensweisen einher. Selbst traditionsreiche Parteien verfügen nicht mehr über das Vertrauen, als Volksparteien massenintegrativ zu wirken oder Stammwähler/innen zu binden. Deshalb muss die Zustimmung für das neoliberale Projekt der Umstrukturierung von Staat und Gesellschaft anders organisiert werden. Neben der klassischen Arbeit von Parteien oder Großverbänden etablieren sich sowohl neue Formen von (informeller) Politik als auch neue politische Legitimationsdiskurse, die meist gezielt von PR- und Werbeagenturen entworfen wurden.

4.2 Neoliberale Akteure der „zivilen" Gesellschaft: „think tanks", Reforminitiativen und Lobbyorganisationen

Vordenker des Neoliberalismus wie Friedrich August von Hayek haben sich bereits früh mit der Hegemoniefrage beschäftigt, d. h. mit dem Problem, was zu tun sei, damit neoliberales Gedankengut eine Vormachtstellung in der Gesellschaft erringen und bewahren könne.[96] Auch wenn es heute kaum noch vorstellbar ist, bedurfte es für die neoliberalen Strategen eines langen Atems, um die in den 1950er- und 1960er-Jahren noch bevorzugten Ansichten des *New Deal* und des Keynesianismus – für Hayek und seinesgleichen waren dies bereits milde Formen des Sozialismus – zurückzudrängen.

---

95 Vgl. Elmar Altvater, Der gar nicht diskrete Charme der neoliberalen Konterrevolution, a. a. O., S. 13

96 Vgl. dazu: Dieter Plehwe/Bernhard Walpen, Wissenschaftliche und wissenschaftspolitische Produktionsweisen im Neoliberalismus, a. a. O., S. 203 ff.; zur Hegemoniefrage außerdem: Mario Candeias, Neoliberalismus, Hochtechnologie, Hegemonie. Grundrisse einer transnationalen kapitalistischen Produktions- und Lebensweise. Eine Kritik, Hamburg 2004

Für die Umsetzung neoliberaler Ideologie spielen nach Hayeks Auffassung die Intellektuellen eine bedeutende Rolle. Die Mehrheit der Bevölkerung stellte für Hayek dagegen ganz in der Tradition abschätziger Elitetheorien eine manipulierbare Masse dar. Es bedürfte also lediglich eines breiten Netzwerks von marktradikalen Utopisten, pragmatischen Intellektuellen und Politikern sowie der Etablierung von Institutionen und Organisationen, um den Neoliberalismus als Weltanschauung durchzusetzen.[97]

Neoliberale Akteure wirken dementsprechend nicht nur mittels Politikberatung und politischer Empfehlungen auf den politischen Diskurs ein. Sie haben erkannt, dass die öffentliche Meinung in den heutigen Zeiten liberaler Demokratie das wichtigste Medium der Machterlangung bzw. -erhaltung ist. Die eigentlichen Interessenvertreter des neoliberalen Projekts sind gesellschaftlich betrachtet immer in der Minderheit, denn die von Lohnarbeit abhängige Bevölkerung übersteigt die Unternehmer- und Eigentümerelite zahlenmäßig bei weitem – ein Grund, warum Neoliberale wie -konservative seit jeher gegen die Mehrheitsregel und das parlamentarische System der liberalen Demokratie polemisieren. Bislang waren sie bei der Umsetzung ihrer elitären Gegenmodelle, etwa eines „Rates der Weisen", auf nationalstaatlicher Ebene nicht sonderlich erfolgreich. Auf supranationaler EU- und internationaler Politikebene sieht das hingegen ganz anders aus; hier wurden neue Politikverfahren etabliert, die demokratische Institutionen wie das Parlament oder Mehrheitsvoten mit Erfolg unterlaufen.

Um die eine Hegemonie konstituierende Zustimmung für ihre politischen Maßnahmen in der Bevölkerung zu erzeugen, bedienen sich Neoliberale unterschiedlicher Strategien und Methoden der Einflussnahme. Um kurzfristig auf öffentliche Debatten einwirken zu können, nutzen sie Instrumente der Kampagnenarbeit und des *Lobbying*. Zur langfristigen Verankerung der neoliberalen Weltanschauung in der Gesellschaft wurden zahlreiche *think tanks* und ähnliche Organisationen gegründet, die eine aus der neoliberalen Wissenschaft abgeleitete Informations- und Wissenspolitik betreiben. Die bekannteste ist sicherlich die 1947 gegründete *Mont Pèlerin Society*, deren Mitglieder zahlreiche weitere *think tanks* gegründet haben oder stark beeinflussen.[98]

---

97 Zur internationalen Dimension vgl. Dieter Plehwe/Bernhard Walpen/Gisela Neunhöffer (Hrsg.), Neoliberal Hegemony. A Global Critique, London/New York 2006
98 Vgl. Dieter Plehwe, Internationale Vorbilder und transnationale Organisation deutscher Neoliberaler, in: Ulrich Müller/Sven Giegold/Malte Arhelger (Hrsg.), Gesteuerte Demokratie? – Wie neoliberale Eliten Politik und Öffentlichkeit beeinflussen, Hamburg 2004, S. 29 ff.

Wer sind also die neoliberalen *think tanks*, Reforminitiativen, Berater und Gruppierungen, die starke Medienpräsenz erlangen, die politische Themensetzung maßgeblich beeinflussen, politische Inhalte bestimmen und auf die öffentliche Meinungsbildung einwirken? Einer der einflussreichsten und finanzstärksten Akteure der öffentlichen Meinungsbildung bzw. -manipulation ist derzeit die „Initiative Neue Soziale Marktwirtschaft" (INSM).[99] Bereits ihr Name ist in doppelter Hinsicht missverständlich, irreführend und provokativ: Der Begriff „Initiative" suggeriert Entschlossenheit, Unternehmungsgeist und Einsatzbereitschaft. Dabei denkt man gleichsam an eine alternative politische Organisationsform, etwa an eine Bürger*initiative*, die aktiv wird, um politische Missstände zu kritisieren und diesen entgegenzuwirken. Bei der INSM handelt es sich jedoch um nichts weniger als um eine Bürgerinitiative „von unten". Denn sie ist ein Projekt der gesellschaftlichen Eliten mit marktradikaler Ausrichtung, macht sich jedoch – zumindest sprachlich – alternative Politikformen zu eigen und missbraucht diese für ihre Interessenpolitik. Mittels eines semantischen Taschenspielertricks vermag diese Organisation vorzutäuschen, sie agiere im Interesse des „kleinen Mannes", obwohl sie im Jahr 2000 vom Arbeitgeberverband Gesamtmetall, der Interessenvertretung der Metall- und Elektroindustrie, mit der Absicht gegründet wurde, auf die politische Meinungsbildung im Interesse der Privatwirtschaft einzuwirken. Meinungsumfragen ließen damals erkennen, dass in der Bundesrepublik starke Widerstände gegenüber der neoliberalen Umstrukturierung der Gesellschaft und dem Abbau sozialer Absicherung existierten. Selbst der Begriff „Soziale Marktwirtschaft", welcher während des Kalten Krieges dazu diente, der Bevölkerung in Abgrenzung zum „realexistierenden Sozialismus" die Machtstrukturen des „Rheinischen" Kapitalismus schmackhaft zu machen, schien in Zweifel gezogen zu werden. Man beauftragte deshalb eine PR- und Marketingagentur mit dem Ziel, durch strategische Öffentlichkeitsarbeit ein wirtschafts- und unternehmerfreundlicheres „Reformklima" zu erzeugen. Den Zuschlag erhielt die Agentur Scholz & Friends, die unter dem erschwindelten Etikett „Initiative Neue Soziale Marktwirtschaft" eine vermeintlich überparteiliche Reform*bewegung* kreierte, die zwar über keinerlei Basis in der Bevölkerung verfügt, wie sonst

---

99 Vgl. hierzu und zum Folgenden: Rudolf Speth, Die politischen Strategien der Initiative Neue Soziale Marktwirtschaft, Hans-Böckler-Stiftung, Arbeitspapier 96, Düsseldorf 2004; ders./Thomas Leif, Lobbying und PR am Beispiel der Initiative Neue Soziale Marktwirtschaft, in: Thomas Leif/Rudolf Speth (Hrsg.), Die fünfte Gewalt, a. a. O., S. 302 ff.; Ulrich Müller, „Reform"initiativen, in: ders./Sven Giegold/Malte Arhelger (Hrsg.), Gesteuerte Demokratie?, a. a. O., S. 41 ff.; Albrecht Müller, Machtwahn. Wie eine mittelmäßige Führungselite uns zugrunde richtet, München 2006, S. 308 ff.

für eine Bewegung typisch, allerdings großzügig von Gesamtmetall alimen-
tiert wird. Aus diesem Grund stehen der INSM genug Mittel zur Verfügung, um ständig Kampagnen loszutreten, welche die Bürger/innen für den
Markt und die neoliberalen Reformen begeistern sollen.

Die zahlreichen „Reform"initiativen und Organisationen, die mittlerweile neoliberale Lobbyarbeit betreiben, sind kaum noch zu überblicken. Manche existieren nur für kurze Zeit oder nutzen lediglich das Internet als Kom-
munikationsmedium, andere arbeiten mit einer langfristigen Perspektive,
um ihren ideologischen Masterplan in den verschiedensten gesellschaftlichen Bereichen umzusetzen. Durch die arbeitsteilige Aufgabenerfüllung
wird der Anschein erweckt, als ob kein ideologischer Zusammenhang zwischen den einzelnen Initiativen bestünde und die Republik durch einen
vielfältigen Pluralismus an Initiativen und Organisationen geprägt sei. Wie
eng die meisten Gruppierungen jedoch miteinander vernetzt sind, zeigt sich
meist, wenn man ihre Wortführer betrachtet. Es handelt sich um einen kleinen, überschaubaren Personenkreis von Spitzenmanagern, Professoren,
Publizisten und Politikern, die das neoliberale Projekt in der Öffentlichkeit
bewerben.

Einige der gegenwärtig wichtigsten Initiativen und Organisationen seien
hier exemplarisch genannt, obgleich immer wieder neue PR- und Marke-
tingkreationen auftauchen, die mit ähnlichen Inhalten, aber anderen Titeln
oder Slogans operieren: Nicht zu verwechseln mit der INSM ist die „Stiftung Marktwirtschaft", die sich derzeit vorwiegend mit Steuerfragen – genauer: der Senkung von Unternehmenssteuern – beschäftigt und im Gegensatz zur INSM ihre Finanziers ungenannt lässt.[100] Schaut man auf die Mitglieder des Kuratoriums und des Stiftungsrates, liegt die Vermutung nahe,
dass große deutsche Unternehmen in diese Organisation investieren. Der
Stiftung Marktwirtschaft ist als wissenschaftlicher Beirat der „Kronberger
Kreis" angegliedert, welcher bereits 1982 in Anlehnung an angelsächsische
think tanks und der MPS gegründet wurde. Die Mitglieder des Kronberger
Kreises, allesamt eiserne Verfechter marktradikaler Positionen, spielten bereits in der „Kohl-Ära" eine bedeutende Rolle. Sie nehmen einflussreiche
Funktionen und Ämter in Wissenschaft, ökonomischer Politikberatung und
Publizistik wahr, stellen Mitglieder des Sachverständigenrates für die Begutachtung der gesamtwirtschaftlichen Entwicklung, gehören dem wissenschaftlichen Beirat des Bundeswirtschaftsministeriums oder der Monopol-
kommission an und halten beste Beziehungen zu Unternehmen, zur Deut-

---

100 Vgl. Albrecht Müller, Machtwahn, a. a. O., S. 310

schen Bundesbank sowie zu anderen neoliberalen Einrichtungen, etwa dem Walter Eucken Institut. Ihre Aufgabe ist die Popularisierung und Verbreitung neoliberaler Positionen in Deutschland. Um ein breites Publikum anzusprechen, sind die Publikationen des Kronberger Kreises leicht verständlich geschrieben, kurz gehalten und sehr plakativ. Dieser politisch einflussreiche *think tank* gibt sich gern den Anstrich der Überparteilichkeit und parteipolitischen Unabhängigkeit, um desto leichter Kritik an staatlicher Politik äußern und neoliberale Prinzipien auch gegen mögliche Widerstände der bürgerlichen Parteien durchsetzen zu können. Tatsächlich sind die Grenzen zwischen parteiischem und parteilichem Charakter vieler *think tanks* fließend.[101]

Andere *think tanks* haben sich konkreten Aufgaben und Zielsetzungen im Rahmen einer neoliberalen Modernisierung der Gesellschaft verschrieben.[102] Der „Konvent für Deutschland" treibt beispielsweise den Wettbewerbsdruck unter den Bundesländern voran und ist tonangebend in der Föderalismusdebatte.[103] Ein zentraler Sektor neoliberaler Umstrukturierung ist seit geraumer Zeit der Hochschulbereich, dem sich das „Centrum für Hochschulentwicklung" (CHE) widmet,[104] eine Tochter der Bertelsmann Stiftung, die unter ihrem Gründer Reinhard Mohn einer der bedeutenden Akteure des neoliberalen Projekts wurde. Jüngeren Leuten neoliberale Maßnahmen schmackhaft zu machen, ist die Aufgabe von „berlinpolis" („Innovationsrat der nächsten Generation"). Dort beklagt man die Benachteiligung der jungen Generation und zeichnet ein negatives Bild des (Sozial-)Staates. Ein regelrechtes Zerrbild des Staates, verbunden mit einer populistischen Anti-Parteien-Rhetorik, liefert insbesondere der „Bürgerkonvent", welcher als gemeinnütziger Verein organisiert ist und wiederum in Anlehnung an die Politikform von Bürgerinitiativen versucht, eine lokale Basis zu schaffen, und sich entsprechend basisnah gibt. An der Spitze dieser Organisation steht Meinhard Miegel, Direktor des Instituts für Wirtschaft und Ge-

---

101 Vgl. Herbert Schui u. a., Wollt ihr den totalen Markt?, a. a. O., S. 239 ff.; Claus Leggewie, Der Geist steht rechts. Ausflüge in die Denkfabriken der Wende, Berlin (West) 1987

102 Vgl. Rudolf Speth, Die zweite Welle der Wirtschaftskampagnen. Von „Du bist Deutschland" bis zur „Stiftung Marktwirtschaft", Hans-Böckler-Stiftung, Arbeitspapier 127, Düsseldorf 2006

103 Vgl. dazu die Studie von Lobbycontrol: www.lobbycontrol.de/download/kurzstudie_konventfuerdeutschland.pdf, 4.4.2007

104 Vgl. Martin Bennhold, „Private Berater" – Weichensteller im Dienste der Wirtschaft. Funktionen des Centrums für Hochschulentwicklung (CHE) und des Bertelsmann-Konzerns in der Hochschulstrukturdiskussion, in: Christoph Butterwegge/Gudrun Hentges (Hrsg.), Alte und Neue Rechte an den Hochschulen, Münster 1999, S. 54 ff.

sellschaft (IWG) und enger Vertrauter des früheren sächsischen Ministerpräsidenten Kurt Biedenkopf (CDU); betrieben wird sie von neoliberalen
Eliten und Fürsprechern marktradikaler Positionen. Einzelne Kampagnen
wie „Deutschland packt's an" oder „Du bist Deutschland!" sollen trotz aller
Individualisierung und gesellschaftlichen Entsolidarisierung durch den Appell an die nationale Identität und die Gemeinschaft ein Gefühl von Zu-
sammengehörigkeit erzeugen und die Stimmung in der Bevölkerung im
Sinne einer „Gute-Laune-Politik" beflügeln. Die Zielsetzung ist meist dieselbe: Deutschland soll für den internationalen Wettbewerb „fit gemacht"
und die Fremdsteuerung des „übermächtigen Staates" außer Kraft gesetzt
werden. Wie es heißt, zählt die Eigeninitiative jedes Einzelnen, um dieses
Ziel zu erreichen und nicht als Verlierer aus dem globalen Rennen zu gehen
oder etwa den Abstieg aus der Wohlstandsliga zu riskieren.

Einflussreich und machtvoll sind hauptsächlich die großen Unterneh-
mensstiftungen, allen voran die Bertelsmann Stiftung, die den politischen
Diskurs in der Bundesrepublik maßgeblich steuert und als Mittlerin zwischen Politik und Wirtschaft agiert. Sie finanziert nicht nur gemeinsam mit
dem Wissenschaftsrat das CHE, welches im Wesentlichen die hochschulpo-
litischen Forderungen des Bundesverbandes der Deutschen Industrie (BDI)
umzusetzen hilft, z. B. die Einführung von Studiengebühren und Hoch-
schulräten, die Privatisierung der Hochschulfinanzierung (Sponsoring),
Leistungsmessung durch Evaluationen sowie die demokratische Aushöhlung
der Hochschulpolitik durch die Ermächtigung der Dekane und Präsidenten. Das CHE veröffentlicht außerdem Rankings, die den Wettstreit der
Universitäten um Gelder und Studierende forcieren. Der Bertelsmann Stiftung ist auch das „Centrum für angewandte Politikforschung" (CAP) in
München angegliedert. Es richtet u. a. Symposien aus, darunter jenes, auf
dem Roman Herzog seine berühmt-berüchtigte „Ruck"-Rede hielt.[105] Zudem wurden dort Vorlagen für politische Entscheidungen (etwa bei den
sog. Hartz-Gesetzen) erarbeitet. Die Aufgaben der Unternehmensstiftung
liegen sowohl in der Politikberatung als auch in der Einflussnahme auf die
Meinungsbildung innerhalb der „zivilen" Gesellschaft.

Weitere *think tanks* wie etwa DB Research, die ökonomische For-
schungsabteilung der Deutschen Bank, produzieren unentwegt Papiere und
Materialien im neoliberalen Geiste und erstellen Rankings, die den Wettbe-
werbs- und Konkurrenzdruck in sämtlichen gesellschaftlichen Bereichen er-

---

105 Vgl. Roman Herzog, Aufbruch ins 21. Jahrhundert. „Berliner Rede" vom 26. April 1997,
     in: Manfred Bissinger (Hrsg.), Stimmen gegen den Stillstand. Roman Herzogs „Berliner
     Rede" und 33 Antworten, 2. Aufl. Hamburg 1997, S. 13 ff.

höhen. Die Medien greifen diese augenscheinlich nicht objektiven Materialien dankbar auf; jedenfalls findet man die Rankings regelmäßig in diversen Zeitungen und Zeitschriften. Lehrer/innen wiederum benutzen sie gern bei der Vorbereitung ihres Unterrichts, zumal den genannten Initiativen, Kampagnen und Stiftungen häufig eine bessere didaktische Aufbereitung des Stoffs gelungen ist als der Bundeszentrale oder den Landeszentralen für politische Bildung, denen dafür immer weniger Geld zur Verfügung steht, wenn sie nicht wie die niedersächsische längst selbst dem staatlichen Rotstift zum Opfer gefallen sind.

4.3 Politische Beratung ohne Öffentlichkeit: Privatisierung von Politik

Seit geraumer Zeit ist die deutsche Öffentlichkeit zunehmend damit konfrontiert, dass politische Entscheidungen nicht mehr in den ursprünglich dafür vorgesehenen und demokratisch legitimierten Foren politischer Beratung – dem Parlament und seinen Ausschüssen – getroffen werden, sondern dass ein ganzes Heer von Politikberatern, Lobbyisten und Consulting-Firmen, Werbe- und PR-Agenturen auf die Themensetzung und Entscheidungsfindung der politischen Agenda Einfluss nehmen. Zahlreiche Skandale und Affären, die trotz der Kurzlebigkeit medialer Öffentlichkeit zumindest punktuell für Empörung oder gar Furore sorgten, gaben einen Einblick in die politische Neuformierung der „Berliner Republik".

Diese neuartigen Formen informeller Politik firmieren meist als Varianten politischer Beratung.[106] Politikberatung hat es zwar in verschiedensten politischen Herrschafts- und Regierungsformen sowie in der Geschichte der Bundesrepublik immer gegeben. Gegenwärtig findet jedoch eine Ausweitung und Überhöhung dieses Bereiches statt, was die politische Themensetzung sowie Diskussions- und Entscheidungsprozesse nachhaltig verändert. Unter der Politikberatung wurde gemeinhin die Beratung von staatlichen Institutionen durch externen, meist wissenschaftlichen Sachverstand verstanden. Die wissenschaftliche Politikberatung bildet jedoch nur noch einen Teilbereich politischer Beratung. Entscheidend für die Ausweitung der politischen Beratungsorgane war bereits in den 1960er-Jahren die Einrichtung des Sachverständigenrates zur Begutachtung der gesamtwirtschaftlichen

---

106 Vgl. dazu: Werner Rügemer (Hrsg.), Die Berater. Ihr Wirken in Staat und Gesellschaft, Bielefeld 2004; Christine Resch, Berater-Kapitalismus oder Wissensgesellschaft. Zur Kritik der neoliberalen Produktionsweise, Münster 2005

Entwicklung, welcher erheblichen Einfluss auf die wirtschaftspolitische Ausrichtung hat. Die „Fünf Wirtschaftsweisen" propagieren mit wenigen Ausnahmen neoliberale Rezepte als einzig gangbaren Weg und stellen somit eine der tragendenden Säulen dar, welche den Glauben an solche Lösungsformeln stützen. Die jahrzehntelangen Misserfolge neoliberaler Wirtschaftspolitik stimmen zwar den einen oder anderen Betrachter nachdenklich; dennoch hält man an diesem Projekt fest und lässt abweichende Meinungen nicht gelten.

Zur Politikberatung zählen mittlerweile sowohl die Arbeit der parlamentarischen Beiräte und Ausschüsse (Enquête-Kommissionen etc.) als auch die Tätigkeit der diversen Expertenkommissionen, die nicht mehr dem Parlament als ursprünglichem Forum politischer Beratung und Entscheidung, sondern der Regierung und den Ministerien direkt zuarbeiten. Darüber hinaus existiert eine Reihe von Einrichtungen und Akteuren – *think tanks*, Unternehmens- bzw. PR-Agenturen, Lobbyisten etc. –, die sich eigenmächtig dem Geschäft der Politikberatung zuordnen, das allemal seriöser klingt als die eher undurchsichtige und suspekte Tätigkeit politischer Einflussnahme und Interessenpolitik. Dementsprechend firmieren auch die zentralstaatlichen „Konsensrunden" zwischen Regierung und gesellschaftlichen Großverbänden (etwa das „Bündnis für Arbeit, Ausbildung und Wettbewerbsfähigkeit" 1998 bis 2002) unter der Aufgaben- und Zielsetzung politischer Beratung und lassen dabei ganz vergessen, dass es hierbei weniger um Beratung denn um konfliktreiche und machtpolitische Prozesse der Interessenaushandlung geht.

Legt man einen formaldemokratischen Anspruch zugrunde, erscheinen bereits die Ausschüsse des Parlaments hinsichtlich ihrer demokratischen Legitimation und der Undurchsichtigkeit ihrer Zusammensetzung fragwürdig. Zu einer gravierenden Entmachtung und Schädigung des Parlaments tragen jedoch maßgeblich die Einrichtung von Expertenkommissionen auf Regierungs- und Ministerialverwaltungsebene sowie die neokorporatistischen „Konsensrunden" bei, deren demokratischer Status vollends im Dunkeln bleibt.[107] Diese neuartigen Politikberatungsgremien dienen neben der Kompromissfindung bei einer Blockadehaltung verschiedener Interessengruppen der medialen und symbolischen Inszenierung von Politik sowie der Vermittlung unangenehmer Botschaften und Maßnahmen. Die Kommissionen werden häufig in Kurzform mit den Nachnamen der Kommissionsvorsit-

---

107 Vgl. Julia von Blumenthal, Auswanderung aus den Verfassungsinstitutionen. Kommissionen und Konsensrunden, in: Aus Politik und Zeitgeschichte. Beilage zur Wochenzeitung *Das Parlament* 43/2003, S. 9

zenden – etwa Hartz-, Rürup- oder Süssmuth-Kommission – bezeichnet. Damit findet eine Personifizierung politischer Entscheidungen statt, die zum einen die inhaltlichen Sachverhalte in den Hintergrund treten lässt und zum anderen die Regierung vordergründig ihrer politischen Verantwortung für die getroffenen Entscheidungen enthebt.

Neben der Interessenaushandlung mit elitären gesellschaftlichen Kräften werden solche Gremien auch dazu benutzt, einen neuen Regierungs- und Führungsstil zu kreieren: Angesichts der harten Verteilungskämpfe, die bei der neoliberalen Reformpolitik im Allgemeinen wie dem Um- bzw. Abbau des Sozialstaates im Besonderen anstehen, scheint „Führung im Konsens" (Frank-Walter Steinmeier) eine geeignete Strategie zu sein, um politische Entscheidungen und Maßnahmen, die eine materielle Verschlechterung und existenzielle Bedrohung für einen Großteil der Bevölkerung darstellen, argumentativ und ohne direkten staatlichen Zwang durchzusetzen.

Mit der neuen Rolle eines „kooperativen Staates", der in Beratungsgesprächen direkte Verhandlungen mit Interessenvertretern führt oder wie beim „Bündnis für Arbeit" als mittelbar beteiligter Dritter und scheinbar neutraler „Schiedsrichter" fungiert, sollte eigentlich der politische Handlungsspielraum erweitert werden. Faktisch bedeutet dieser neue Regierungsstil jedoch die Zurücknahme der Interventions- und Sanktionsmöglichkeiten des Staates gegenüber der kapitalistischen Privatwirtschaft, die unter den gegenwärtigen Bedingungen der Globalisierung über genügend Drohpotenzial verfügt, aus Deutschland auszuwandern und Arbeitsplätze zu vernichten. Der Staat verzichtet angesichts dieser Androhung selbst dort auf Zwangsmittel bzw. gesetzliche Regelungen, wo sie rechtlich möglich wären.

Gegenüber dem klassischen Regierungsstil sollen die Kommissionen und Konsensrunden die Effizienz und Effektivität von politischen Entscheidungen verbessern. Externer Sachverstand täuscht Objektivität, Unabhängigkeit und Überparteilichkeit vor. Mit der auf Konsens abzielenden Führungs- bzw. Herrschaftstechnik wird gesellschaftlicher Widerstand vermieden und Konfliktstoff entschärft. Ziel der Kommissionen ist oftmals gerade nicht die Gewinnung von Expertisen, da die notwendigen Daten und vielfältigen Konzepte längst vorliegen und bekannt sind. Ihre wesentliche Funktion besteht vielmehr darin, die Durchsetzungschancen von politischen Entscheidungen zu erhöhen.[108] Generell unterstellt die Einrichtung von Expertenkommissionen und Konsensrunden, dass gesellschaftliche Probleme wie die

---

[108] Vgl. Hans-Jürgen Papier, Reform an Haupt und Gliedern. Eine Rede gegen die Selbstentmachtung des Parlamentes, in: FAZ v. 31.1.2003

Massenarbeitslosigkeit, Finanzierungslücken der sozialen Sicherungssysteme, Defizite der Gesundheitsvorsorge etc. trotz grundsätzlicher ökonomischer Krisenhaftigkeit kurz- bzw. mittelfristig lösbar seien, wenn die Ratschläge der Experten befolgt und ihre Konzepte „eins zu eins" in die Realität umgesetzt würden. Insbesondere bei den Ratschlägen der Hartz-Kommission kann man bereits jetzt bilanzieren, dass das proklamierte Ziel, nämlich die Arbeitslosigkeit in kurzer Zeit zu halbieren, verfehlt wurde.[109]

Insgesamt ist festzustellen, dass die neue Rolle des Staates, d. h. die verstärkte Kooperation der Regierung mit bestimmten gesellschaftlichen Kräften bzw. privatwirtschaftlichen Verbänden, den Regierungs- und Gesetzgebungsprozess undurchschaubar macht, Politik informalisiert und das Parlament tendenziell entmachtet. Es fehlt der Gesellschaft, also der breiten politischen Öffentlichkeit, das Wissen darüber, welche Entscheidungen eigentlich schon gefallen sind, bevor Abgeordnete im Parlament gesellschaftspolitische Fragen beraten. Außerdem bleibt die politische Beteiligung und Beratung auf einen elitären, nichtöffentlichen und nicht demokratisch legitimierten Kreis von Personen beschränkt. Problematisch ist des Weiteren, dass gesellschaftliche Interessen nicht in gleicher Weise organisations- und durchsetzungsfähig sind. Es stellt sich die Frage, wie solchen gesellschaftlichen Belangen Geltung verschafft werden kann, „die nicht von sich allein aus die Kraft und Fähigkeit haben, sich zu artikulieren, sich zu organisieren und sich durchzusetzen."[110] In den meisten Kommissionen und Konsensrunden sind betroffene gesellschaftliche Gruppen gar nicht erst repräsentiert.

Seit ihrer Gründung ist die liberale Demokratie weit entfernt von gesellschaftlich egalitärer Einflussnahme auf die politische Entscheidungsfindung. Gremien und Kommissionen der „neoliberalen Ära" haben jedoch das Problem ungleicher politischer Beteiligungschancen weiter verschärft. Im Zuge der Informalisierung und Privatisierung von Politik wurde Demokratie zu einer Fassade, hinter der einflussreiche und nicht legitimierte politische bzw. private Akteure ihre Politikgeschäfte betreiben und ihre Interessen durchsetzen. Eine politische Beteiligung seitens der Bevölkerung, d. h. die Herstellung von Öffentlichkeit, ist in diesem ausgezehrten Demokratieverständnis nicht mehr vorgesehen. Man setzt stattdessen auf die kommunikative, sprich: mediale Vermittlung jener Entscheidungen, die hinter ver-

---

109 Vgl. Christoph Butterwegge, Krise und Zukunft des Sozialstaates, a. a. O., S. 201
110 Siehe Hans-Jürgen Papier, Eine Mutprobe für die Abgeordneten. Zum Spannungsverhältnis von Lobbyismus und parlamentarischer Demokratie, in: Frankfurter Rundschau v. 27.2.2006

schlossenen Türen und von einem kleinen, möglichst exklusiven Kreis der neoliberalen Ideologie verpflichteter Personen getroffen wurden.

Diese „Top-down"-Implementierung politischer Entscheidungen in die Gesellschaft kann nur so lange reibungslos funktionieren, wie die Meinungen der Menschen von neoliberalen Denkmustern geprägt und dominiert sind. Gegenüber dem „neoliberalen Wahrheitsregime" formiert sich allerdings zunehmend Widerstand.[110] Die scheinbare Alternativlosigkeit neoliberaler Praktiken wird immer mehr in Frage gestellt und nach Möglichkeiten „solidarischer Ökonomie" und demokratischer Politik gesucht.[111] Diese Suchbewegung vollzieht sich bisher jenseits der politischen Repräsentant(inn)en und sog. Entscheidungsträger, die ihre demokratische Verantwortlichkeit zugunsten der vermeintlichen Steigerung von Wirtschaftskraft und ökonomischer Effizienz leichtfertig preisgeben. Obwohl unter dem Einfluss des Neoliberalismus viel zerstört wird, wofür lange gekämpft wurde, bleibt jedoch eine Gewissheit: Eine andere, demokratische Politik ist möglich.

---

111 Vgl. Ulrich Brand, Globalisierung als Projekt und Prozess. Neoliberalismus, Kritik der Globalisierung und die Rolle politischer Bildung, in: Gerd Steffens (Hrsg.), Politische und ökonomische Bildung in Zeiten der Globalisierung, Münster 2007, S. 239
112 Siehe Elmar Altvater/Nicola Sekler (Hrsg.), Solidarische Ökonomie. Reader des wissenschaftlichen Beirates von Attac, Hamburg 2006

Abkürzungsverzeichnis

a. a. O.	am angegebenen Ort
Abs.	Absatz
ADAC	Allgemeiner Deutscher Automobil-Club
AG	Aktiengesellschaft
Alg	Arbeitslosengeld
APO	Außerparlamentarische Opposition
ARGE	Arbeitsgemeinschaft von Agentur für Arbeit und kommunaler Sozialbehörde
Art.	Artikel
ASM	Aktionsgemeinschaft Soziale Marktwirtschaft
ASU	Arbeitsgemeinschaft Selbständiger Unternehmer
Attac	Association pour la Taxation des Transactions financières pour l'Aide aux Citoyens – Vereinigung zur Besteuerung der (Finanz-)Transaktionen zugunsten der Bürger
Aufl.	Auflage
BA	Bundesanstalt/-agentur für Arbeit
BDA	Bundesvereinigung der Deutschen Arbeitgeberverbände
BDI	Bundesverband der Deutschen Industrie
BGB	Bürgerliches Gesetzbuch
Bio.	Billion(en)
BK	Bundeskanzleramt
BMWi	Bundesministerium für Wirtschaft (und Technologie)
BRD	Bundesrepublik Deutschland
BT-Drs.	Bundestags-Drucksache
BTI	Bertelsmann Transformation Index
BFS	Bundesanstalt für Flugsicherung
BVG	Berliner Verkehrsgesellschaft
bzw.	beziehungsweise
CAP	Centrum für Angewandte Politikforschung
CBL	Cross Border Leasing
CDU	Christlich Demokratische Union Deutschlands
CHE	Centrum für Hochschulentwicklung

CIA	Central Intelligence Agency – Auslandsgeheimdienst der Vereinigten Staaten von Amerika
CSU	Christlich-Soziale Union in Bayern
D	Deutschland
DAX	Deutscher Aktienindex
DB	Deutsche Bahn/Deutsche Bank
DDR	Deutsche Demokratische Republik
ders.	derselbe
DGB	Deutscher Gewerkschaftsbund
d. h.	das heißt
DIAG	Deutsche Industrieanlagen AG
dies.	dieselbe(n)
DIHT	Deutscher Industrie- und Handelskammertag
DIW	Deutsches Institut für Wirtschaftsforschung
DM	Deutsche Mark
DSL	Deutsche Siedlungs- und Landesrentenbank
dt.	deutsch/deutschsprachig
ebd.	ebenda
EG	Europäische Gemeinschaft(en)
EKD	Evangelische Kirche in Deutschland
engl.	englischsprachig
ERT	European Round Table of Industrialists – Europäischer Industriekreis
EU	Europäische Union
EUR	Euro
e. V.	eingetragener Verein
EZB	Europäische Zentralbank
FAZ	Frankfurter Allgemeine Zeitung
FDP	Freie Demokratische Partei
FGE	Forschungsstelle für gesellschaftliche Entwicklungen an der Universität Mannheim
Fn.	Fußnote
franz.	französisch(sprachig)
FU	Freie Universität (in Berlin)
GATS	General Agreement on Trade in Services
GATT	General Agreement on Tariffs and Trade
GmbH	Gemeinschaft mit beschränkter Haftung
GG	Grundgesetz
GKV	Gesetzliche Krankenversicherung

GRV	Gesetzliche Rentenversicherung
HBS	Hans-Böckler-Stiftung
Hervorh.	Hervorhebung(en)
HIV	Humanes Immundefizienz-Virus
Hrsg.	Herausgeber/in
HWWI	Hamburgisches WeltWirtschaftsInstitut
ICC	International Chamber of Commerce
i. d. R.	in der Regel
i. e. S.	im engeren Sinne
IfW	Institut für Weltwirtschaft Kiel
IG	Industriegewerkschaft
INSM	Initiative Neue Soziale Marktwirtschaft
IT	Informationstechnologie(n)
IWF	Internationaler Währungsfonds
IWG	Institut für Wirtschaft und Gesellschaft
i. w. S.	im weiteren Sinne
KGaA	Kommanditgesellschaft auf Aktien
Koord.	Koordination/Koordinator
KPMG	Klynveld, Peat, Marwick und Goerdeler
LBK	Landesbetrieb Krankenhäuser (in Hamburg)
m. E.	meines Erachtens
Mio.	Million(en)
MPS	Mont Pèlerin Society
Mrd.	Milliarde(n)
NAFTA	North American Free Trade Agreement – Nordamerikanische Freihandelszone
NATO	North Atlantic Treaty Organization – Nordatlantikpakt
NGO	Non-Governmental Organization – Nichtregierungsorganisation
NIÖ	Neue Institutionenökonomik
Nr.	Nummer
NS	Nationalsozialismus
NSDAP	Nationalsozialistische Deutsche Arbeiterpartei
o. Ä.	oder Ähnliches
OECD	Organization for Economic Cooperation and Development – Organisation für ökonomische Zusammenarbeit und Entwicklung
o. g.	oben genannt(e/r)
o. J.	ohne Jahr

o. O.	ohne Ort
o. O. u. J.	ohne Ort und Jahr
OPEC	Organization of Petroleum Exporting Countries – Organisation Erdöl exportierender Länder
ÖPNV	Öffentlicher Personennahverkehr
p. a.	per anno
PDS	Partei des Demokratischen Sozialismus
PH	Pädagogische Hochschule
PPP	Public Private Partnership
PR	Public Relations
PROKLA	Probleme des Klassenkampfes
PSA	Personal-Service-Agenture(n)
RLS	Rosa-Luxemburg-Stiftung
RWE	Rheinisch-Westfälisches Elektrizitätswerk
RV	Rentenversicherung
S.	Seite(n)
SGB	Sozialgesetzbuch
SNCF	Société Nationale des Chemins de fer Français – Staatliche Französische Eisenbahngesellschaft
sog.	so genannte(r)
S&P	Standard & Poor's
SPD	Sozialdemokratische Partei Deutschlands
SZ	Süddeutsche Zeitung
TABD	Transatlantic Business Dialogue
taz	die tageszeitung
TNC	Transnational Corporation – Transnationaler Konzern
TRIPS	Trade Related Aspects of Intellectual Property Rights
UK	United Kingdom – Vereinigtes Königreich
UNICE	Union of Industrial and Employers Confederation of Europe – Union der Industrie- und Arbeitgeberverbände
UNO	United Nations Organization
US/USA	United States (of America) – Vereinigte Staaten (von Amerika)
usw.	und so weiter
v. a.	vor allem
VEBA	Vereinigte Elektrizitäts- und Bergwerks AG
ver.di	Vereinigte Dienstleistungsgewerkschaft
VIAG	Vereinigte Industrieunternehmen AG
vs.	versus

VW	Volkswagen (AG)
WSI	Wirtschafts- und Sozialwissenschaftliches Institut (in der Hans-Böckler-Stiftung des DGB)
WTO	World Trade Organization – Welthandelsorganisation
WWW	World Wide Web
WZB	Wissenschaftszentrum Berlin für Sozialforschung
z. B.	zum Beispiel

Literaturauswahl

Basistexte (von „Klassikern") des Neoliberalismus

Becker, Gary S.: Der ökonomische Ansatz zur Erklärung menschlichen Verhaltens, Tübingen 1982 (engl. Erstausgabe 1976)

Böhm, Franz: Die Ordnung der Wirtschaft als geschichtliche Aufgabe und rechtschöpferische Leistung, Stuttgart/Berlin 1937

Buchanan, James M.: Die Grenzen der Freiheit. Zwischen Anarchie und Leviathan, Tübingen 1984 (engl. Erstausgabe 1975)

Buchanan, James M./Tullock, Gordon: The Calculus of Consent. Logical Foundations of Constitutional Democracy, 5. Aufl. Ann Arbor 1974 (1. Aufl. 1962)

Downs, Anthony: Ökonomische Theorie der Politik, Tübingen 1968 (engl. Erstausgabe 1957)

Eucken, Walter: Die Grundlagen der Nationalökonomie, Jena 1940

Eucken, Walter: Grundsätze der Wirtschaftspolitik, 6. Aufl. Tübingen 1990 (1. Aufl. 1952)

Friedman, Milton: Die Tyrannei des Status quo, München 1985 (engl. Erstausgabe 1984)

Friedman, Milton: Kapitalismus und Freiheit, München 1976 (engl. Erstausgabe 1962)

Hayek, Friedrich August von: Der Weg zur Knechtschaft, München 2003 (engl. Erstausgabe 1944)

Hayek, Friedrich August von: Die Verfassung der Freiheit, Tübingen 1971 (engl. Erstausgabe 1960)

Hayek, Friedrich August von: Freiburger Studien. Gesammelte Aufsätze, Tübingen 1969

Hayek, Friedrich August von: Recht, Gesetzgebung und Freiheit, 3 Bde., München 1980/81 (engl. Erstausgabe 1979)

Lippmann, Walter: Die Gesellschaft freier Menschen, Bern 1945

Miksch, Leonhard: Wettbewerb als Aufgabe. Die Grundsätze einer Wettbewerbsordnung, Stuttgart/Berlin 1937

Mises, Ludwig von: Die Gemeinwirtschaft: Untersuchungen über den Sozialismus, Jena 1922

Mises, Ludwig von: Human Action, 2. Aufl. Chicago 1966 (1. Aufl. 1949)

Mises, Ludwig von: Kritik des Interventionismus. Untersuchungen zur Wirtschaftspolitik und Wirtschaftsideologie der Gegenwart, Jena 1929

Müller-Armack, Alfred: Entwicklungsgesetze des Kapitalismus. Ökonomische, geschichtstheoretische und soziologische Studien zur modernen Wirtschaftsverfassung, Berlin 1932

Müller-Armack, Alfred: Genealogie der Sozialen Marktwirtschaft. Frühschriften und
weiterführende Konzepte, 2. Aufl. Bern/Stuttgart 1981 (1. Aufl. 1974)

Müller-Armack, Alfred: Wirtschaftslenkung und Marktwirtschaft, Hamburg 1947

Nozick, Robert: Anarchie, Staat und Utopia, München 1976 (engl. Erstausgabe
1974)

Olson, Mancur: Der Aufstieg und Niedergang der Nationen, Tübingen 1991 (engl.
Erstausgabe 1982)

Röpke, Wilhelm: Civitas Humana, 2. Aufl. Erlenbach-Zürich 1946 (1. Aufl. 1944)

Röpke, Wilhelm: Die Gesellschaftskrisis der Gegenwart, 6. Aufl. Bern/Stuttgart 1979
(1. Aufl. 1942)

Rüstow, Alexander: Das Versagen des Wirtschaftsliberalismus, 2. Aufl. Bad Godesberg 1950 (1. Aufl. 1945)

Weiterentwicklung, Konkretisierung und Popularisierung
der neoliberalen Positionen

Atteslander, Peter: Die Grenzen des Wohlstands. An der Schwelle zum Zuteilungs-
staat, Stuttgart 1981

Baader, Roland: Fauler Zauber. Schein und Wirklichkeit des Sozialstaats, Gräfelfing
1997

Berthold, Norbert: Der Sozialstaat im Zeitalter der Globalisierung, Tübingen 1997

Brittan, Samuel: Ökonomie der Freiheit. Plädoyer für eine liberale Wirtschaft,
2. Aufl. Frankfurt am Main/New York 1976

Dierkes, Meinolf/Zimmermann, Klaus W. (Hrsg.): Sozialstaat in der Krise. Hat die
Soziale Marktwirtschaft noch eine Chance?, Frankfurt am Main/Wiesbaden
1996

Donges, Juergen B./Andreas Freytag (Hrsg.): Die Rolle des Staates in einer globalisierten Wirtschaft, Stuttgart 1998

Erhard, Ludwig: Deutschlands Rückkehr zum Weltmarkt, Düsseldorf 1953

Erhard, Ludwig: Wohlstand für alle, Düsseldorf 1957

Fukuyama, Francis: Das Ende der Geschichte. Wo stehen wir?, München 1992

Grossekettler, Heinz: Privatisierung, Deregulierung und Entbürokratisierung. Zeichen des Zeitgeistes oder ordnungspolitische Daueraufgabe?, Münster 1993

Habermann, Gerd: Der Wohlfahrtsstaat. Die Geschichte eines Irrwegs, Frankfurt am
Main/Berlin 1994

Hank, Rainer: Das Ende der Gleichheit oder Warum der Kapitalismus mehr Wettbewerb braucht, Frankfurt am Main 2000

Hartwell, Ronald M.: A History of the Mont Pèlerin Society, Indianapolis 1995

Methfessel, Klaus/Winterberg, Jörg M.: Der Preis der Gleichheit. Wie Deutschland die
Chancen der Globalisierung verspielt, Düsseldorf/München 1998

Sinn, Hans-Werner: Ist Deutschland noch zu retten?, 8. Aufl. München 2004

Watrin, Christian: „Marktversagen" versus „Staatsversagen". Zur Rolle von Markt und Staat in einer freien Gesellschaft, Zürich 1986

Weizsäcker, C. Christian von: Logik der Globalisierung, Göttingen 1999

Willke, Gerhard: Neoliberalismus, Frankfurt am Main/New York 2003

Zänker, Alfred: Der bankrotte Sozialstaat. Wirtschaftsstandort Deutschland im Wettbewerb, München 1994

Kritik an den neoliberalen Theorien

Bauman, Zygmunt: Der Mensch im Globalisierungskäfig, Frankfurt am Main 2001

Blüm, Norbert: Gerechtigkeit. Eine Kritik des Homo oeconomicus, Freiburg im Breisgau/Basel/Wien 2006

Candeias, Mario: Neoliberalismus, Hochtechnologie, Hegemonie. Grundrisse einer transnationalen kapitalistischen Produktions- und Lebensweise. Eine Kritik, Hamburg 2004

Girkinger, Michael: Neoliberalismus – Freiheit und struktureller Zwang. Eine ideen- und strukturgeschichtliche Untersuchung, Hamburg 2005

Goldschmidt, Werner/Klein, Dieter/Steinitz, Klaus (Hrsg.): Neoliberalismus – Hegemonie ohne Perspektive. Beiträge zum sechzigsten Geburtstag von Herbert Schui, Heilbronn 2000

Foucault, Michel: Geschichte der Gouvernementalität II. Die Geburt der Biopolitik, Frankfurt am Main 2004

Harvey, David: Kleine Geschichte des Neoliberalismus, Zürich 2007

Harvey, David: Räume der Neoliberalisierung. Theorie der ungleichen Entwicklung, Hamburg 2007

Haselbach, Dieter: Autoritärer Liberalismus und Soziale Marktwirtschaft. Gesellschaft und Politik im Ordoliberalismus, Baden-Baden 1991

Herkommer, Sebastian: Metamorphosen der Ideologie. Zur Analyse des Neoliberalismus durch Pierre Bourdieu und aus marxistischer Perspektive, Hamburg 2004

Imhof, Kurt/Eberle, Thomas S. (Hrsg.): Triumph und Elend des Neoliberalismus, Zürich 2005

Krugman, Paul: Der Mythos vom globalen Wirtschaftskrieg. Eine Abrechnung mit den Pop-Ökonomen, 2. Aufl. Frankfurt am Main/New York 1999

Michalitsch, Gabriele: Die neoliberale Domestizierung des Subjekts. Von den Leidenschaften zum Kalkül, Frankfurt am Main/New York 2006

Misik, Robert: Mythos Weltmarkt. Vom Elend des Neoliberalismus, Berlin 1997

Müller, Florian/Müller, Michael (Hrsg.): Markt und Sinn. Dominiert der Markt unsere Werte?, Frankfurt am Main/New York 1996

Naumann, Robert: Theorie und Praxis des Neoliberalismus. Das Märchen von der freien oder sozialen Marktwirtschaft, Berlin 1957

Nawroth, Egon Edgar: Die Sozial- und Wirtschaftsphilosophie des Neoliberalismus, Heidelberg 1961

Niechoj, Torsten/Wolf, Dorothee: Der Mensch als Anpasser. Genese und Evolution von Ordnungen bei Hayek, Marburg 2000

Nordmann, Jürgen: Der lange Marsch zum Neoliberalismus. Vom Roten Wien zum freien Markt – Popper und Hayek im Diskurs, Hamburg 2005
Peter, Hans: Freiheit der Wirtschaft. Kritik des Neoliberalismus, Köln 1953
Plehwe, Dieter/Walpen, Bernhard/Neunhöffer, Gisela (Hrsg.): Neoliberal Hegemony. A Global Critique, London/New York 2006
Polanyi, Karl: The Great Transformation. Politische und ökonomische Ursprünge von Gesellschaften und Wirtschaftssystemen, 4. Aufl. Frankfurt am Main 1997
Ptak, Ralf: Vom Ordoliberalismus zur Sozialen Marktwirtschaft. Stationen des Neoliberalismus in Deutschland, Opladen 2004
Röttger, Bernd: Neoliberale Globalisierung und eurokapitalistische Regulation. Die politische Konstitution des Marktes, Münster 1997
Schui, Herbert (u. a.): Wollt ihr den totalen Markt? – Der Neoliberalismus und die extreme Rechte, München 1997
Schui, Herbert/Blankenburg, Stephanie: Neoliberalismus: Theorie, Gegner, Praxis, Hamburg 2002
Walpen, Bernhard: Die offenen Feinde und ihre Gesellschaft. Eine hegemonietheoretische Studie zur Mont Pèlerin Society, Hamburg 2004

Kritik an der neoliberalen Praxis

Altvater, Elmar: Das Ende des Kapitalismus, wie wir ihn kennen. Eine radikale Kapitalismuskritik, 5. Aufl. Münster 2007
Altvater, Elmar/Mahnkopf, Birgit: Grenzen der Globalisierung. Ökonomie, Ökologie und Politik in der Weltgesellschaft, 7. Aufl. Münster 2007
Bathke, Peter/Spindler, Susanne (Hrsg.): Neoliberalismus und Rechtsextremismus in Europa. Zusammenhänge – Widersprüche – Gegenstrategien, Berlin 2006
Bischoff, Joachim/Deppe, Frank/Kisker, Klaus Peter (Hrsg.): Das Ende des Neoliberalismus? – Wie die Republik verändert wurde, Hamburg 1998
Boris, Dieter/Schmalz, Stefan/Tittor, Anne: Lateinamerika: Verfall neoliberaler Hegemonie?, Hamburg 2005
Bröckling, Ulrich/Krasmann, Susanne/Lemke, Thomas (Hrsg.): Gouvernementalität der Gegenwart. Studien zur Ökonomisierung des Sozialen, Frankfurt am Main 2000
Butterwegge, Christoph/Hickel, Rudolf/Ptak, Ralf: Sozialstaat und neoliberale Hegemonie. Standortnationalismus als Gefahr für die Demokratie, Berlin 1998
Butterwegge, Christoph/Kutscha, Martin/Berghahn, Sabine (Hrsg.): Herrschaft des Marktes – Abschied vom Staat?, Folgen neoliberaler Modernisierung für Gesellschaft, Recht und Politik, Baden-Baden 1999
Candeias, Mario/Deppe, Frank (Hrsg.): Ein neuer Kapitalismus?, Akkumulationsregime – Shareholder Society – Neoliberalismus und Neue Sozialdemokratie, Hamburg 2001
Chomsky, Noam: Profit over People. Neoliberalismus und globale Weltordnung, 2. Aufl. Hamburg/Wien 2000

Deppe, Hans-Ulrich: Zur sozialen Anatomie des Gesundheitssystems. Neoliberalismus und Gesundheitspolitik in Deutschland, 3. Aufl. Frankfurt am Main 2005

Dixon, Keith: Die Evangelisten des Marktes. Die britischen Intellektuellen und der Thatcherismus, Konstanz 2000

Eberhart, David: Massenarbeitslosigkeit und Neoliberalismus. Ein wirtschaftspolitisches Konzept auf dem Prüfstand, Stuttgart 1998

Ferguson, Niall: Politik ohne Macht. Das fatale Vertrauen in die Wirtschaft, München 2001

Forrester, Viviane: Der Terror der Ökonomie, Wien 1997

Forrester, Viviane: Die Diktatur des Profits, München 2001

Fritz, Thomas: Daseinsvorsorge unter Liberalisierungsdruck. Wie EU und GATS öffentliche Dienste dem Markt ausliefern, Berlin 2004

George, Susan: Der Lugano-Report oder Ist der Kapitalismus noch zu retten?, Reinbek bei Hamburg 2001

Grande, Edgar/Eberlein, Burkard: Der Aufstieg des Regulierungsstaates im Infrastrukturbereich. Zur Transformation der politischen Ökonomie der Bundesrepublik Deutschland, München 1999

Gray, John: Die falsche Verheißung. Der globale Kapitalismus und seine Folgen, Berlin 1999

Hauschild, Peter (u. a.): Privatisierung: Wahn und Wirklichkeit. Kommunen im Fadenkreuz, Hamburg 2004

Heine, Michel/Herr, Hansjörg: Die Europäische Zentralbank. Eine kritische Einführung in die Strategie und Politik der EZB, Marburg 2004

Hengsbach, Friedhelm: Das Reformspektakel. Warum der menschliche Faktor mehr Respekt verdient, Freiburg im Breisgau/Basel/Wien 2004

Hirsch, Joachim: Der nationale Wettbewerbsstaat. Staat, Demokratie und Politik im globalen Kapitalismus, Berlin/Amsterdam 1995

Huffschmid, Jörg (Koord.): Die Privatisierung der Welt. Hintergründe, Folgen, Gegenstrategien. Reader des wissenschaftlichen Beirats von Attac, Hamburg 2004

Huffschmid, Jörg: Politische Ökonomie der Finanzmärkte, 2. Aufl. Hamburg 2002

Jahnke, Joachim: Falsch globalisiert. 30 Schlaglichter auf die neoliberale Wirtschaftskonzeption, Hamburg 2006

Klautke, Roland/Oehrlein, Brigitte (Hrsg.): Prekarität – Neoliberalismus – Deregulierung. Beiträge des „Kritischen Bewegungsdiskurses", Hamburg 2007

Klein, Naomi: No Logo! – Der Kampf der Global Players um Marktmacht. Ein Spiel mit vielen Verlierern und wenigen Gewinnern, München 2001

Krämer, Werner/Gabriel, Karl/Zöller, Norbert (Hrsg.): Neoliberalismus als Leitbild für kirchliche Innovationsprozesse? – Arbeitgeberin Kirche unter Marktdruck, Münster 2001

Kurz, Robert: Schwarzbuch Kapitalismus. Ein Abgesang auf die Marktwirtschaft, Frankfurt am Main 1999

Martin, Hans-Peter/Schumann, Harald: Die Globalisierungsfalle. Der Angriff auf Demokratie und Wohlstand, 11. Aufl. Reinbek bei Hamburg 1997

Müller, Albrecht: Die Reformlüge. 40 Denkfehler, Mythen und Legenden, mit denen Politik und Wirtschaft Deutschland ruinieren, München 2004

Müller, Albrecht: Machtwahn. Wie eine mittelmäßige Führungselite uns zugrunde richtet, München 2006

Müller, Ulrich/Giegold, Sven/Arhelger, Malte (Hrsg.): Gesteuerte Demokratie? – Wie neoliberale Eliten Politik und Öffentlichkeit beeinflussen, Hamburg 2004

Mundorf, Hans: Nur noch Markt, das ist zu wenig, Mit einem Vorwort von Jürgen Peters, Hamburg 2006

Pelizzari, Alessandro: Die Ökonomisierung des Politischen. New Public Management und der neoliberale Angriff auf die öffentlichen Dienste, Konstanz 2001

Reimon, Michel/Felber, Christian: Schwarzbuch Privatisierung. Was opfern wir dem freien Markt?, Wien 2003

Resch, Christine: Berater-Kapitalismus. Zur Kritik der neoliberalen Produktionsweise, Münster 2005

Rügemer, Werner (Hrsg.): Die Berater. Ihr Wirken in Staat und Gesellschaft, Bielefeld 2004

Rügemer, Werner: Privatisierung in Deutschland. Von der Treuhand zu Public Private Partnership. Eine Bilanz, Münster 2006

Saul, John R.: Der Markt frißt seine Kinder. Wider die Ökonomisierung der Gesellschaft, Frankfurt am Main/New York 1997

Schindelbeck, Dirk/Ilgen, Volker: „Haste was, biste was!" – Werbung für die Soziale Marktwirtschaft, Darmstadt 1999

Schmee, Josef/Weissel, Erwin (Hrsg.): Die Armut des Habens. Wider den feigen Rückzug vor dem Neoliberalismus, Wien 1999

Schneider, Volker/Tenbücken, Marc (Hrsg.): Der Staat auf dem Rückzug. Die Privatisierung öffentlicher Infrastrukturen, Frankfurt am Main 2004

Sennett, Richard: Der flexible Mensch. Die Kultur des neuen Kapitalismus, 5. Aufl. Berlin 1998

Soros, George: Die Krise des globalen Kapitalismus. Offene Gesellschaft in Gefahr, Berlin 1998

Stötzel, Regina (Hrsg.): Ungleichheit als Projekt. Globalisierung – Standort – Neoliberalismus, Marburg 1998

Todd, Emmanuel: Die neoliberale Illusion. Über die Stagnation der entwickelten Gesellschaften, Zürich 1999

Urban, Hans-Jürgen (Hrsg.): ABC zum Neoliberalismus. Von „Agenda 2010" bis „Zumutbarkeit", Hamburg 2006

Weizsäcker, Ernst Ulrich von/Young, Oran R./Finger, Matthias (Hrsg.): Grenzen der Privatisierung. Wann ist des Guten zu viel? – Bericht an den Club of Rome, Stuttgart 2006

Widowitsch, Roland/Breiner, Gerlinde/Wall-Strasser, Sepp (Hrsg.): Im Roulette der Finanzmärkte. Alterssicherung in Zeiten des Neoliberalismus, Wien 2002

Alternativen zum Neoliberalismus

Altvater, Elmar/Sekler, Nicola (Hrsg.): Solidarische Ökonomie. Reader des wissenschaftlichen Beirates von Attac, Hamburg 2006

Arbeitsgemeinschaft für wissenschaftliche Wirtschaftspolitik (Hrsg.): Wirtschaftspolitische Alternativen zur globalen Hegemonie des Neoliberalismus, Wien 1997

Bello, Walden: De-Globalisierung. Widerstand gegen die neue Weltordnung, Hamburg 2005

Bourdieu, Pierre: Gegenfeuer. Wortmeldungen im Dienste des Widerstands gegen die neoliberale Invasion, Konstanz 1998

Boxberger, Gerald/Klimenta, Harald: Die 10 Globalisierungslügen. Alternativen zur Allmacht des Marktes, 3. Aufl. München 1998

Brand, Ulrich: Gegen-Hegemonie. Perspektiven globalisierungskritischer Strategien, Hamburg 2005

Brand, Ulrich (u. a.): Global Governance. Alternative zur neoliberalen Globalisierung?, Münster 2000

Brunnhuber, Stefan/Klimenta, Harald: Wie wir wirtschaften werden. Szenarien und Gestaltungsmöglichkeiten für zukunftsfähige Finanzmärkte, Frankfurt am Main/Wien 2003

Buchholz, Christine (u. a.): Unsere Welt ist keine Ware. Handbuch für Globalisierungskritiker, Köln 2002

Butterwegge, Christoph: Krise und Zukunft des Sozialstaates, 3. Aufl. Wiesbaden 2006

Castel, Robert: Die Metamorphosen der sozialen Frage. Eine Chronik der Lohnarbeit, Konstanz 2000

Cockett, Richard: Thinking the unthinkable. Think-Tanks and the economic counter-revolution, London 1994

Duchrow, Ulrich (u. a.): Solidarisch Mensch werden. Psychische und soziale Destruktion im Neoliberalismus – Wege zu ihrer Überwindung, Hamburg 2006

Ehrenberg, Herbert: Die große Standortlüge. Plädoyer für einen radikalen Kurswechsel in der Wirtschafts-, Finanz- und Sozialpolitik, Bonn 1997

Eppler, Erhard: Auslaufmodell Staat?, Frankfurt am Main 2005

Eppler, Erhard: Die Wiederkehr der Politik, Frankfurt am Main/Leipzig 1998

Galtung, Johan: Die andere Globalisierung. Perspektiven für eine zivilisierte Weltgesellschaft im 21. Jahrhundert, Münster 1998

George, Susan (u. a.): Globalisierung oder Gerechtigkeit? – Politische Gestaltung und soziale Grundwerte, Hamburg 2003

Giegold, Sven/Embshoff, Dagmar (Hrsg.): Solidarische Ökonomie im globalisierten Kapitalismus, Hamburg 2007

Grefe, Christiane/Greffrath, Mathias/Schumann, Harald: attac. Was wollen die Globalisierungskritiker?, Berlin 2002

Greif, Wolfgang/Leitgeb, Gerlinde/Wintersberger, Gerald (Hrsg.): Alternativen zum Neoliberalismus. Sozial ins 21. Jahrhundert, Wien 1999

Heinrich, Michael/Messner, Dirk (Hrsg.): Globalisierung und Perspektiven linker Politik. Festschrift für Elmar Altvater zum 60. Geburtstag, Münster 1998

Hengsbach, Friedhelm: Abschied von der Konkurrenzgesellschaft. Für eine neue Ethik in Politik, Wirtschaft und Gesellschaft, München 1995

Kessler, Wolfgang: Weltbeben. Auswege aus der Globalisierungsfalle, Oberursel 2002

Klein, Ansgar/Koopmans, Ruud/Geiling, Heiko (Hrsg.): Globalisierung – Partizipation – Protest, Opladen 2001

Klein, Naomi: Über Zäune und Mauern. Berichte von der Globalisierungsfront, Frankfurt am Main/New York 2003

Lafontaine, Oskar/Müller, Christa: Keine Angst vor der Globalisierung. Wohlstand und Arbeit für alle, 2. Aufl. Bonn 1998

Leggewie, Claus: Die Globalisierung und ihre Gegner, München 2003

Mies, Maria: Globalisierung von unten. Der Kampf gegen die Herrschaft der Konzerne, Hamburg 2001

Schulmeister, Stephan (u. a.): Wirtschaftspolitische Alternativen zur globalen Hegemonie des Neoliberalismus, Wien 1997

Schulte, Dieter (Hrsg.): Global denken – sozial handeln. Neue Perspektiven der Gewerkschaften, Reinbek bei Hamburg 1996

Wahl, Peter/Waldow, Peter: Tobin-Steuer: Kapital braucht Kontrolle, Hamburg 2002

Zeitler, Gerd: Der Freihandelskrieg. Von der neoliberalen zur zivilisierten Globalisierung, Münster 2006

Ziegler, Jean: Die neuen Herrscher der Welt und ihre globalen Widersacher, München 2003

Theorie

Dirk Baecker (Hrsg.)
Schlüsselwerke der Systemtheorie
2005. 352 S. Geb. EUR 24,90
ISBN 978-3-531-14084-1

Ralf Dahrendorf
Homo Sociologicus
Ein Versuch zur Geschichte,
Bedeutung und Kritik der Kategorie
der sozialen Rolle
16. Aufl. 2006. 126 S. Br. EUR 14,90
ISBN 978-3-531-31122-7

Shmuel N. Eisenstadt
Die großen Revolutionen und die Kulturen der Moderne
2006. 250 S. Br. EUR 34,90
ISBN 978-3-531-14993-6

Shmuel N. Eisenstadt
Theorie und Moderne
Soziologische Essays
2006. 607 S. Geb. EUR 49,90
ISBN 978-3-531-14565-5

Rainer Greshoff / Uwe Schimank (Hrsg.)
**Integrative Sozialtheorie?
Esser – Luhmann – Weber**
2006. 582 S. Geb. EUR 39,90
ISBN 978-3-531-14354-5

Axel Honneth /
Institut für Sozialforschung (Hrsg.)
Schlüsseltexte der Kritischen Theorie
2006. 414 S. Geb. EUR 29,90
ISBN 978-3-531-14108-4

Niklas Luhmann
Beobachtungen der Moderne
2. Aufl. 2006. 220 S. Br. EUR 24,90
ISBN 978-3-531-32263-6

Uwe Schimank
Differenzierung und Integration der modernen Gesellschaft
Beiträge zur akteurzentrierten
Differenzierungstheorie 1
2005. 297 S. Br. EUR 27,90
ISBN 978-3-531-14683-6

Uwe Schimank
Teilsystemische Autonomie und politische Gesellschafts-steuerung
Beiträge zur akteurzentrierten
Differenzierungstheorie 2
2006. 307 S. Br. EUR 29,90
ISBN 978-3-531-14684-3

Erhältlich im Buchhandel oder beim Verlag.
Änderungen vorbehalten. Stand: Januar 2007.

www.vs-verlag.de

VS VERLAG FÜR SOZIALWISSENSCHAFTEN

Abraham-Lincoln-Straße 46
65189 Wiesbaden
Tel. 0611.7878-722
Fax 0611.7878-400

Neu im Programm Soziologie

Hans Paul Bahrdt

Die moderne Großstadt
Soziologische Überlegungen
zum Städtebau
Hrsg. von Ulfert Herlyn
2. Aufl. 2006. 248 S. Br. EUR 34,90
ISBN 978-3-531-14985-1

Nina Baur

Verlaufsmusteranalyse
Methodologische Konsequenzen
der Zeitlichkeit sozialen Handelns
2005. 367 S. Br. EUR 39,90
ISBN 978-3-531-14727-7

Jürgen Gerhards

**Kulturelle Unterschiede
in der Europäischen Union**
Ein Vergleich zwischen Mitgliedsländern,
Beitrittskandidaten und der Türkei
2., durchges. Aufl. 2006. 316 S.
Br. EUR 27,90
ISBN 978-3-531-34321-1

Andreas Hadjar / Rolf Becker (Hrsg.)

Die Bildungsexpansion
Erwartete und unerwartete Folgen
2006. 362 S. Br. EUR 27,90
ISBN 978-3-531-14938-7

Ronald Hitzler /
Michaela Pfadenhauer (Hrsg.)

Gegenwärtige Zukünfte
Interpretative Beiträge zur sozialwissenschaftlichen Diagnose und Prognose
2005. 274 S. Br. EUR 19,90
ISBN 978-3-531-14582-2

Jürgen Mackert

Ohnmächtiger Staat?
Über die sozialen Mechanismen
staatlichen Handelns
2006. 240 S. Br. EUR 32,90
ISBN 978-3-531-15044-4

Gunter Schmidt / Silja Matthiesen /
Arne Dekker / Kurt Starke

Spätmoderne Beziehungswelten
Report über Partnerschaft und Sexualität
in drei Generationen
2006. 159 S. Br. EUR 21,90
ISBN 978-3-531-14285-2

Georg Vobruba

**Entkoppelung von Arbeit
und Einkommen**
Das Grundeinkommen in der
Arbeitsgesellschaft
2006. 211 S. Br. EUR 24,90
ISBN 978-3-531-14934-9

Erhältlich im Buchhandel oder beim Verlag.
Änderungen vorbehalten. Stand: Januar 2007.

www.vs-verlag.de

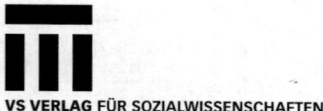

VS VERLAG FÜR SOZIALWISSENSCHAFTEN

Abraham-Lincoln-Straße 46
65189 Wiesbaden
Tel. 0611.7878-722
Fax 0611.7878-400